房地产开发与经营

（第3版）

冯斌　杜强　主编

清華大学出版社

北京

内 容 简 介

本书以房地产开发与经营过程为主线,系统介绍了房地产开发与经营全过程的有关理论知识、实务和操作方法,主要内容包括:房地产开发与经营的有关概念程序及主要模式、房地产开发与经营的管理制度与政策、房地产开发策划、房地产开发项目可行性研究、房地产开发项目融资管理、开发用地的取得、国家土地储备开发制度、开发项目的规划设计及其评价、房地产开发项目招标与投标、房地产开发合同、房地产开发项目的工程建设管理、房地产营销、房地产开发经营中的税收等。

本书可作为工程管理、房地产开发与管理、物业管理及相关专业本科生和研究生教材使用,也可供从事房地产开发与经营管理的人员参考。

图书在版编目(CIP)数据

房地产开发与经营/冯斌,杜强主编. —3 版. —北京:清华大学出版社,2024.8(2025.1重印)
ISBN 978-7-302-65137-6

Ⅰ. ①房…　Ⅱ. ①冯… ②杜…　Ⅲ. ①房地产开发 ②房地产经济　Ⅳ. ①F293.34

中国国家版本馆 CIP 数据核字(2024)第 019302 号

责任编辑:王向珍　王　华
封面设计:陈国熙
责任校对:欧　洋
责任印制:刘　菲

出版发行:清华大学出版社
　　　　网　　　址:https://www.tup.com.cn,https://www.wqxuetang.com
　　　　地　　　址:北京清华大学学研大厦 A 座　　　邮　　　编:100084
　　　　社 总 机:010-83470000　　　　　　　　邮　　　购:010-62786544
　　　　投稿与读者服务:010-62776969,c-service@tup.tsinghua.edu.cn
　　　　质量反馈:010-62772015,zhiliang@tup.tsinghua.edu.cn
印 装 者:涿州汇美亿浓印刷有限公司
经　　销:全国新华书店
开　　本:185mm×260mm　　印　　张:22.25　　　　字　　数:541 千字
版　　次:2014 年 8 月第 1 版　2024 年 8 月第 3 版　　印　　次:2025 年 1 月第 2 次印刷
定　　价:69.80 元

产品编号:089179-01

前言
PREFACE

《房地产开发与经营》第1版自2014年出版以来，受到了师生们的较好评价，一再加印。在出版社的支持下，我们对本书进行了修订，在此对出版社及读者表示衷心感谢。

近几年来，我国房地产市场发生了巨大的变化。随着国家"房住不炒"政策的提出，我国房地产在经过了20年的市场化之路、10年的金融化之路后，已完成了拉动经济增长的历史使命，进入了平稳发展阶段。有人认为中国房地产市场已经由"白银时代"跳过"青铜时代"，直接进入"黑铁时代"。国家为了引导房地产市场的健康发展，近年来新颁布或修改完善了一系列有关房地产开发的法律、法规。基于此，我们对相关章节进行了修订，如开发筹资、工程招标、房地产开发过程中的各类合同、营改增税制变化等，对房地产融资部分进行了重新编写，更新了部分案例，并增加了反映我国房地产开发的理论和实践不断丰富与发展的有关内容。另外，在课后增加了部分研讨性的问题，希望通过这些问题，引导读者探索思考，更好地培养独立思考能力。

本次修订由内蒙古工业大学冯斌和长安大学杜强主编，内蒙古工业大学刘子杰、仲作伟任副主编，内蒙古工业大学李淑娟、吴迪参与编写。具体修订分工如下：

第1~第3章由冯斌修订；第4章、第7章由刘子杰修订；第5章、第9章由李淑娟修订；第6章、第13章由仲作伟修订；第8章由吴迪修订；第10~第12章由杜强修订；全书由冯斌统稿。

本书在修订过程中参考了大量前人的论著，除书后所附参考文献外，还借鉴了其他学者和媒体的研究成果与文章，在此未一一列出，一并向著作权人表示敬意。此外，本书还以数字资源形式为读者提供案例解读、政策分析与产业发展评述等（可扫文后二维码了解数字资源目录）。

由于时间仓促和编者水平有限，书中难免有不妥之处，敬请读者批评指正。

编　者
2024年7月16日

二维码目录

目 录
CONTENTS

第1章

导 论

【学习要点及目标】
◆ 了解房产、地产、房地产及房地产业的概念及行业属性。
◆ 掌握房地产开发的内涵,熟悉房地产开发的类型,理解房地产开发的特点。
◆ 熟悉房地产开发模式。
◆ 掌握房地产开发程序及各阶段的主要工作。
◆ 了解我国房地产开发业的形成与发展历程。

【核心概念】
房地产、房地产业、房地产开发、多元化开发模式、专业化开发模式。

【引导案例】
2022 年 3 月 17 日,胡润研究院发布《2022 胡润全球富豪榜》,全球身家超 10 亿美元的企业家总数达到 3381 人,中国以 1133 位蝉联第一,其次是美国 716 位,中国和美国共占世界的 55%。2021 年受新冠疫情影响,大健康和零售行业 10 亿美元企业家有所增加。电动汽车、电商、区块链和生物科技是过去两年增长最快的行业。从人数上来看,大健康和房地产行业上榜人数最多,各占 8.7%,但胡润中国富豪榜首次出现房地产富豪全部跌出前十的情况,而在 2012 年,房地产富豪占据前十中的五席,最高的 2014 年曾占据七席。

2020 年,房地产开发企业土地购置面积 25 536 万 m^2。2019 年开发企业从业人员 29.4 万人,开发企业 99 544 家。2000—2020 年,我国房地产行业占 GDP 的比例由 4.1% 不断攀升,年复合增长率达 15.6%。2020 年,我国房地产行业增加值为 74 552.5 亿元,占 GDP 的 7.3%;2021 年上半年我国房地产业增加值为 39 742.2 亿元,占 GDP 的 7.5%。

由此可见,房地产业是国民经济中非常重要的行业之一,虽然近几年我国房地产业调整很大,但它仍然是一个易于创造财富的行业,每年都有极高的关注度。这个行业到底是一个什么样的行业? 它有哪些特点? 下面先介绍一下房地产及房地产业的一些基础知识。

1.1 房地产和房地产业概述

1.1.1 房地产的概念

1. 房产

从物质属性上讲,房产是指有墙面和立体结构,能够遮风避雨,可供人们在其中生活、学习、工作、娱乐、居住或储藏物资的场所;从权益属性上讲,房产是指房屋财产,即指在法律上有明确的权属关系,在不同的所有者和使用者之间可以进行出租、出售或者由所有者自用或做其他用途的房屋。房产具体包括住宅、厂房、仓库,以及商业、服务、文化、教育、办公和体育等多方面的用房。

房产与房屋不同,房屋是指建造在土地之上,定位于供人们生活、生产使用的建筑物,而房产是指作为商品和非商品的房屋的总称,房产根据不同的划分标准,可分为商品房和非商品房、住宅房和非住宅房。商品房是指由房地产开发公司进行综合开发并建成后,用于出售或出租经营的住宅房、商业用房和其他用房。非商品房指自建、委托建设或者参加统建,自己使用的住宅或其他用房。住宅房指专门向人们提供居住使用的房屋。非住宅房指不用于人们居住,而专门用来作为生产、经营和办公等用途的房屋。

2. 地产

地产不同于自然形态的土地,地产是指法律上有明确的权属关系,可以由所有者、经营者和使用者进行土地开发、土地经营,并能够带来相应经济效益的建设用地。地产与土地的根本区别也就是有无权属关系。地产作为一种经营形态,是指土地财产,是在一定的土地所有权关系下作为财产的土地,由地貌、土壤、岩石、植被、水文和气候等条件所组成的一个独立的自然综合体。从房地产经济角度看,地产指陆地表面及其上、下空间,即城市土地、农村土地、耕地、荒地、风景区、自然保护区、其他陆地及其上、下空间。

根据土地所有权性质的不同,地产可分为国有土地和集体土地两大类;根据使用目的不同,地产可分为居住用地、工业用地、商业服务用地、仓储用地、市政交通用地、科教文卫设施用地、绿化用地和其他用地等。

3. 房地产

房地产是指土地、建筑物及固着在土地、建筑物上不可分离的部分及其附带的各种权益。房地产可以有三种存在形态,即土地、建筑物、房地合一。作为人类生产生活的必需品,房地产不仅仅是最基本的生产要素,也是最基本的生活资料。在市场经济中,房地产是一种商品,又是人们最重视、最珍惜的,最具体实在的财产。由于房屋及相关的土地是不能移动的,所以房地产又被称为不动产。所谓不动产,简单地说是指不能移动的财产。房地产实际上已经成为一个规范化的整体概念,在物质形态上,房产与地产总是连为一体的,房依地而建,地为房的载体;在经济形态上,房产、地产的经济内容和运动过程也具有内在的整体性和不可分割性。

1.1.2　房地产业的概念

房地产业是指以土地和建筑物为经营对象,从事房地产开发、建设、经营、管理以及维修、装饰和服务的集多种经济活动为一体的综合性产业,属于第三产业,是具有先导性、基础性、带动性和风险性的产业。在《国民经济行业分类》(GB/T 4754—2017)中,房地产业被归为 K 门类,见表1-1。房地产业主要包括土地开发,房屋的建设、维修管理,土地使用权的有偿划拨、转让,房屋所有权的买卖、租赁,房地产的抵押贷款,以及由此形成的房地产市场。在实际生活中,人们习惯于将从事房地产开发和经营的行业称为房地产业。房地产业的具体内容包括国有土地使用权的出让、房地产的开发与再开发、房地产经营、房地产中介服务、物业管理、房地产的调控与管理等。房地产业为人们提供一定的空间地域,它是整个城市社会、政治、经济和文化生活重要的物质基础,没有房地产业就没有城市和城市的社会经济生活。

表 1-1 房地产业的分类(摘自《国民经济行业分类》(GB/T 4754—2017))

代 码				类别名称	说 明
门类	大类	中类	小类		
K				房地产业	本门类包括 70 大类
	70			房地产业	
		701	7010	房地产开发经营	指房地产开发企业进行的房屋、基础设施建设等开发,以及转让房地产开发项目或者销售房屋等活动
		702	7020	物业管理	指物业服务企业按照合同约定,对房屋及配套的设施设备和相关场地进行维修、养护、管理,维护环境卫生和相关秩序的活动
		703	7030	房地产中介服务	指房地产咨询、房地产价格评估、房地产经纪等活动
		704	7040	房地产租赁经营	指各类单位和居民住户的营利性房地产租赁活动,以及房地产管理部门和企事业单位、机关提供的非营利性租赁服务,包括体育场地租赁服务
		709	7090	其他房地产业	

从事房地产开发、经营、管理和服务的企业单位在工业化、城市化进程中兴起、发展,逐步形成了完整、独立的房地产业;反过来,房地产业又推动我国工业化、城市化以及现代化的发展。近年来,我国房地产业在改革开放中得到恢复发展并迅速崛起的大量事实,充分证明了它在国民经济中的重要地位和作用。另外,加快发展房地产业对提高土地既是资源又是资产的认识,促进土地的节约和合理利用,对政府筹集建设资金、推动城市建设和经济发展,都具有重要的作用。

1.2 房地产开发的含义、类型与特点

1.2.1 房地产开发的含义

1. 房地产开发的概念

房产指土地以及与之相连的建筑物、构筑物和基础设施,是指物质实体;地产则在此基础上,强调附带的各项权益。开发即开拓和发展之意,原指为了充分利用荒地、矿山等自然资源,采用人力和物力对其进行改造的活动。所以,房地产开发就是指在依法取得国有土地使用权的土地上,按照城市规划要求进行基础设施、房屋建设的行为。因此,取得国有土地使用权是房地产开发的前提,而房地产开发也并非仅限于房屋建设或者商品房屋的开发,而是包括土地开发和房屋开发在内的开发与经营活动。

　　房地产开发是房地产活动中的一项重要制度,属于房地产生产、流通、消费诸环节中的首要环节。所谓房地产开发,是指在依法取得国有土地使用权的土地上,按照城市规划要求,进行基础设施、房屋建设的行为。作为不动产,与其他商品的开发相比,房地产开发投资大、耗力多、周期长、高盈利、高风险的特点,使其在人们的生活中占据越来越重要的地位,经济越发达,时代越进步,房地产开发的范围越广,程度越深,内容越丰富。

2. 房地产开发的内涵

　　(1) 房地产开发提高了土地使用的社会效益和经济效益。土地是社会经济活动的承载体,作为资产,土地是建筑物赖以存在的基础;作为资源,土地是一切存在的源泉。随着城市化的进程,人类对于以土地为基础的空间的数量和质量需求与日俱增。这是因为城市集聚了大量生产要素,因而产生了聚集效益,使得城市具有多种功能,吸引了更多的生产要素和人口流入城市,进而增加了对土地的需求量。又由于土地是一种非再生性的自然资源,因此解决城市土地供求矛盾的有效办法是通过房地产开发(包括城市土地的内涵开发和外延开发),合理增加土地的使用强度,提高土地的使用价值,使土地发挥更高的社会效益和经济效益。

　　(2) 房地产开发是开发企业的投资活动。市场经济条件下的房地产开发与计划经济模式下的房屋建设不同,前者是开发企业自身的经济活动,后者则更多地带有政府的行政行为。房地产开发既然是投资活动,就要追求投资收益。注重开发项目的经济效益是房地产开发企业投资行为的基本准则,无利可图或投资效益不好的开发项目,是不被企业接受的。

　　(3) 房地产开发是城市规划的实施过程。城市规划是城市发展的目标和城市建设的依据,房地产开发则是城市发展目标的实施过程。房地产开发必须服从城市规划,服从城市社会经济发展的需要,这是从城市建设与发展的全局利益出发考虑的,同时也保证了房地产开发的社会效益、经济效益和环境效益的统一。任何仅追求企业的经济效益,而忽视甚至有损社会效益和环境效益的房地产开发,是不被政府所批准的。一项切实可行的房地产开发,必须在政府与开发企业之间寻求结合点。房地产开发与城市规划紧密相关,是城市建设规划的有机组成部分。

　　(4) 房地产开发是以房屋和土地为主要内容的综合开发。房地产开发的主要内容是房产开发与地产开发。房产是建设在土地上的各种房屋,它们具有各自的使用性质和功能,共同发挥其作用;地产是土地及其包含的供水、供热、供电、供气、排水等地下管线,以及地面道路等基础设施的总称。房产和地产密不可分,一方面,房屋必须建在土地上;另一方面,地下的各项设施都是为房屋主体服务的,是房屋主体不可缺少的组成部分。因此,房地产开发必须综合考虑各种房屋使用功能的配套以及房屋与基础设施的协调,实行综合开发,才能发挥其应有的功能。

　　综上所述,房地产开发是房地产开发企业按照城市规划的要求,通过投资,建设适应城市社会经济发展需要,满足用户要求的房屋建筑、配套设施及空间环境,并以此实现企业经营目标和提高土地使用效率的社会经济活动。

1.2.2　房地产开发的类型

　　房地产开发的形式多种多样,从不同的角度可以划分出不同的类型。

1. 按开发的区域性质划分

根据被开发区域的性质,可以将房地产开发分为新区开发和旧区再开发两种形式。新区开发主要是对城市郊区的农地和荒地进行改造,使之变成建设用地,并进行一系列房屋、道路、公用设施等方面的建造和铺设,使之变成新城区。建设卫星城就是一种大规模建设新区的开发。新区开发的主要特点是从生地开始,严格按照城市规划和各项开发区的功能进行建设。新区开发尽管用地位置比较偏远,但由于是第一次开发,因此,配套设施能够比较完善,用地条件也比较宽松,适合于规模较大的住宅开发或工业用房开发。

旧区再开发也被称为旧区改造,主要是对已建成的某些区段的建筑和各项配套设施进行改造或拆迁重新建设,具有改变或扩大原有建筑地段的使用性质和功能的特点。旧区改造在城市建设中具有重要的意义:一方面,可以通过改造,改变以往旧城区人口过密、交通紧张、房屋陈旧、设施落后、环境恶劣的弊病;另一方面,可以调整城市的用途,节约土地资源,提高土地效益,增强城市活力。目前旧区改造已成为许多城市房地产开发的主要形式。

2. 按开发的规模划分

根据房地产开发的规模,可以将房地产开发分为单项开发和成片开发两种形式。

单项开发是指开发规模小、占地少、功能比较单一的项目。这种项目开发投资较少,建设周期较短,往往表现为分散建造的一些单项工程或单位工程。

成片开发规模大,占地多,功能多,无论是在新区开发还是旧区改造中都表现为成片建造多个工程项目,实施多种配套,是一种投资额高、建设周期长的综合性开发。面积小的成片开发可以表现为某个小区的开发,面积大的成片开发相当于一个新区的开发。成片开发在具体的实施过程中往往采取分期分批、滚动开发的方式。

3. 按开发的对象划分

按照房地产开发的对象,可以将房地产开发分为土地开发、房屋开发和综合开发三种形式。

土地开发一般分为一级开发和二级开发。土地一级开发是指政府实施或者授权其他单位实施,按照土地利用总体规划、城市总体规划及控制性详细规划和年度土地一级开发计划,对确定的存量国有土地、拟征用和农转用土地,统一组织进行征地、农转用、拆迁和市政道路等基础设施建设的行为,包含土地整理、复垦和成片开发。土地二级开发是指土地开发企业在获得土地使用权以后,将土地开发成具有"七通一平"条件(道路通、给水通、电通、排水通、热力通、电信通、燃气通、平整地面)的建房基地,然后通过协议、招标或拍卖的方式,将使用权转让给其他房地产开发企业进行房屋建设的一种开发经营方式。按开发后土地用途来划分,土地开发还可分为农用地开发和建设用地开发两种形式。其中,农用地开发包括耕地、林地、草地、养殖水面等的开发;建设用地开发是指各类建筑物、构筑物用地的开发。

房屋开发是指房地产开发企业以一定的方式获得地块的使用权后,按照规划要求建造各类房地产商品,如住宅、办公楼、商业用房、娱乐用房等,并以出售或出租的形式将这些房地产商品推入市场的一种开发经营方式。

综合开发是指土地开发以及房屋和有关的市政、公共建筑配套设施结合起来进行建设的开发方式。这种开发方式往往是由一个开发企业负责从投资决策到土地使用权的获取，从基地的建设、房屋和小区内市政、公共建筑配套设施的建造到房屋的租售和管理全过程的实施，这种开发方式也是目前我国绝大多数房地产开发企业采取的一种开发方式。

1.2.3 房地产开发的特点

与其他商品相比，房地产有其影响房地产开发投资活动的特点，如不可移动、产品唯一、使用年限长和价值高等。由此，只有了解这些特点，才便于做出正确的开发投资决策。

就投资而言，房地产开发具有如下特点。

1. 开发成本高，投资量大

与储蓄、保险、股票债券买卖、期货交易等投资活动相比，房地产开发投资量最大，一栋几千平方米的房屋，仅建筑安装工程造价就高达几百万甚至上千万元。这样就涉及两个重要问题：一是房地产作为商品，如此高昂的价格使得许多人无法进入房地产市场。一方面，需要改善住房条件的需求者比比皆是；另一方面，由于昂贵的价格和购买能力的矛盾，一些需求者无法成为住房商品的实际购买者，因而无法形成房屋的有效需求。即使是进入房地产市场的购买者，也必须依赖长期的负债以取得住房。二是房地产开发项目的投资如此之大，使得开发企业面临着如何筹集资金的难题。一般开发项目所需的大部分资金主要通过银行信贷来解决。因此，房地产市场受融资成本的高低及房地产抵押贷款是否容易取得两方面因素的影响。由于融资成本和借款资金的取得与资金市场息息相关，通常当资金宽松时，贷款利率下降，融资较易，房地产市场趋向景气；反之，当银根趋紧时，贷款利率上升，则房地产市场趋向收缩。2020年8月20日，住房城乡建设部、人民银行在北京召开座谈会，明确了重点房地产企业的资金监测和融资管理规则，为房地产开发商画下了三条红线：一是房地产开发企业剔除预收款后的资产负债率不得大于70%；二是房地产开发企业的净负债率不得大于100%；三是房地产开发企业的"现金短债比"小于1。同时，根据三项指标的踩线情况，相关部门直接给出了管控的范围和目标：房地产开发商三项指标全部"踩线"，有息负债不得增加；两项"踩线"，有息负债规模年增速不得超过5%；一项"踩线"，有息负债规模年增速可放宽至10%；全部指标符合监管层要求，则有息负债规模年增速可放宽至15%。房地产融资"三条红线"制度的确立，有利于增强房地产企业融资管理的市场化、规则化和透明度，促进房地产企业形成稳定的金融政策预期，合理安排自身的经营活动和融资行为，矫正一些房地产企业盲目扩张的经营行为，增强房地产企业自身的抗风险能力。

2. 开发建设期长，投资周转慢

房地产开发活动是从购置土地的使用权开始的，然后经过规划设计、拆迁安置、土地开发、建筑施工、竣工验收等过程，最后还要通过房屋销售或出租收回投资。就房地产开发建设期而言，规模小的项目往往需要三年左右，规模大的项目则费时更长，由此导致决策时不容忽视的两个问题——投资周转慢和投资风险较大。一般地，股票买卖的资金求现需要2～4天，期货交易的资金求现约需5天，而房地产的资金求现时间则要以年计。由于投资量大且周转慢,因此在项目的在建期内,开发企业要承担巨大的资金压力。同时,在工程施工过程中,往往会碰到各种各样的问题,致使工程延期,比如由施工单位引起工程延期,其损失由施工单位赔偿。但是,有些工程延期是由开发企业本身引起的,如变更设计和不可抗拒原因引起的工期延长,则由开发企业自认。显然,工程延期导致贷款利息增加,变现时间延长,甚至失去难得的经营时机。

3. 市场具有地区性和分散性

1-1

房地产位置的固定性决定了房地产市场的地区性。由于房地产不能移动,一个地区的土地短缺不能由另一土地富余的地区来补偿,一个地区的住房紧张也不能由另一住房有剩余的地区来解决。不同地区的房地产市场,其价格也存在着显著的地区差异性。房地产的地区价格差异不仅表现在不同城市之间,而且也表现在同一城市的不同地段之间。在同一城市的不同地段,由于其区位条件的差异,各位置的使用价值和投资价值也存在着明显的差异,从而为其使用者带来不同的收益。因此,房地产开发必须依据地区的特定环境和条件,以满足一定地区的房地产需求为出发点。

房地产位置的固定性还决定了房地产市场的分散性,即整个房地产市场是由许多个分散于各地的地方市场所组成,而且各市场间大多自成体系,彼此相对隔绝,市场信息流通不充分。所以房地产市场是一个不完全竞争的市场。在某一特定时点,房地产交易不存在所谓的公认价格,大多数交易是在信息不充分的状况下通过议价的程序来完成的,其成交价格经常可能高于或低于完全竞争市场下的成交价格。

房地产开发企业能否获得预期的利润,关键在于能否将房屋按预期价格销售,由于房地产的成交价格在某一范围内具有不确定性,这就为制定房地产定价策略提供了某种便利条件。

4. 需求具有稳定性

住是人的最基本需求,学习、工作和娱乐也是人的基本行为。房地产为人们的生活、工作、学习和娱乐提供了必不可少的活动空间。而且房地产的需求弹性低,不会随着价格的波动而大幅变化,这就意味着房地产有着稳定的市场需求。

房地产的需求前景被看好还在于其具有保值、增值的作用。由于土地资源有限,土地的供给与需求矛盾日益突出,以至于房地产价格具有与物价水平同步上涨的特性,即房地产具有对抗通货膨胀的能力。这种保值和增值功能,刺激房地产购买者把购买房地产作为一种投资,而不仅仅为了使用,这表明房地产有着潜在的需求前景。

5. 涉及面广,综合性强

房地产开发是一项涉及面很广的城市建设活动,整个产业链涵盖上游众多的产品和服务的供应商、下游的代理商、物业服务公司和消费者,同时需要与金融机构和各类政府机构沟通联系(图1-1),涉及的部门有规划、勘察、设计、施工、市政、供电、电信、商业、服务、房管、人防、文教、卫生、园林、环卫、金融以及基层行政等十几个部门、上百个单位;涉及的专业知识有城市规划、建筑学、土木工程、经济、管理、法律、心理学、社会学、市场学、气象、地质等方面;涉及的法律法规有《中华人民共和国民法典》(简称《民法典》)、《中华人民共和国公司法》(简称《公司法》)、《中华人民共和国城乡规划法》(简称《城乡规划法》)、《中华人民共和国土地管理法》(《土地管理法》)、《中华人民共和国城市房地产管理法》(简称《城市房地产管理法》)、《中华人民共和国城镇国有土地使用权出让和转让暂行条例》、国家和地方政府颁布和规定的各种税法以及其他各种有关规定和条例等。

图 1-1　房地产产业链构成图

6. 行业风险大

房地产开发的风险性表现为以下三个方面。

(1) 筹集资金的风险。房地产开发需要巨额资金,在市场经济条件下,筹集巨额资金是有风险的。由于开发周期长,很多因素有可能变化,会给开发项目带来一定的市场风险。房地产开发的产品是供人们居住或从事商业经营、工业生产的建筑物,每一个项目在相当长的时间里几乎没有重新建造的可能。因此,项目一旦失败,开发商将遭受巨大的损失。

(2) 竞争的风险。房地产开发是市场经济的产物,可以说在开发的每一个环节都充满着竞争,如土地使用权的竞争、规划设计上的竞争、营销过程中的竞争等。归根结底,这些竞争直接关系到所开发的房地产商品是否具有较高的市场占有率,是否具有较好的经济效益和社会效益。这种激烈的竞争增加了房地产开发的风险。

(3) 受形势和政策影响的风险。宏观经济形势和有关经济政策对房地产开发的影响也较大,因此,房地产开发是一项高风险的投资行为。然而,风险与回报同在,房地产开发是一种高收益的经济活动。

1.3　房地产开发模式

房地产开发模式有多种不同的划分方法。这里,根据房地产开发企业核心业务过程的不同,将房地产开发模式归结为多元化开发模式和专业化开发模式。

1.3.1 多元化开发模式

房地产开发作为一种提供满足消费者(或投资者)需求的空间和服务的活动,具备多元化发展的特点。对规模经济、降低风险和可持续性发展的追求,将在很大程度上促进多元化开发经营。

1. 混业开发

混业开发是指开发企业跨行业的互动发展,包括金融投资行业、建筑材料行业、建筑施工及装饰装修行业等。以涉足金融投资行业为例,这种经营方式能适应开发资金量大的需要,能有效改善开发项目的现金流。

建筑技术在房地产开发行业的竞争中发挥着越来越重要的作用,开发企业涉足建材、施工行业,将促进房地产新技术、新工艺、新产品(房屋用品及建材)的研发和应用,从而提升开发项目的科技含量和房屋性能的质量,降低开发成本。开发企业在这方面的工作及成果是企业核心竞争力的重要组成部分。

2. 综合项目开发

综合项目是指诸如融居住、商业、旅游观光于一体的主题社区,集旅游、保健、高尔夫为一体的综合度假区,具备购物、餐饮、综合服务、休闲娱乐等功能的集合式商业经营地产等开发项目。

在综合项目开发经营中,多种物业功能和经营方式相互支撑,可提升房地产开发效益水平,保持收益的稳定性,有利于可持续发展。

深圳华侨城主题公园项目及香港迪斯尼乐园项目,都是非常典型的综合项目,投资者采取地产与旅游品牌互动发展策略,推进投资经营。其中,具有典型的与旅游互动特点的地产项目是酒店项目。

商业地产项目也是一种重要的综合项目,商业地产包括百货店、会员店、购物店、便利店等,商业地产开发更倾向标准化和规范化。

3. 纵向一体化开发

纵向一体化开发是指开发企业实行房地产开发建设与物业资产管理并重的经营方式。从国内外的经验看,拓展房地产投资及与之相关的房地产资产管理业务,构筑房地产开发与管理密切结合型企业,是房地产开发企业实施可持续发展的重要途径之一。

房地产与物业资产管理贯穿房地产项目建成后的全寿命周期过程,其目标就是使房地产价值最大化。从发展趋势看,房地产市场无疑将会从提供增量供给为主向保持存量供给为主转变,物业资产管理会成为企业的主要业务。

1.3.2 专业化开发模式

房地产物质形态的多样性、产品分布的地区性,以及开发经营过程的阶段性、高风险性和不确定性,使得专业化开发模式成为开发企业的重要选择。

在专业化开发模式下,开发企业的投资经营活动集中在相对小的范围内,有利于房地产的产品建设、经营与管理技术的成熟化和在此基础上的创新,有利于降低产品更新换代的成本。同时,由于专业化开发企业之间的经营管理技术与方法、管理流程及产品设施、材料特性接近,使房地产开发项目的质量管理、计划管理、资源供应管理和成本管理等工作更易于实现标准化、制度化,为开发企业的信息化创造了较好的条件,从而有助于降低管理成本,提高管理效率。

1. 特定物业类型开发

开发企业根据对自身资源(包括资金、实力和经验)的评估以及对所处市场的独特认识,可以选择某类物业(如居住物业、商业物业、工业物业和其他物业)作为企业相对专一的开发对象,实施专业化开发。特定物业类型开发可以在某一特定地域上进行,也可以在广泛地域上进行,甚至可以进行国际性开发,具体开发方式的选择依赖于开发企业的经营方针。

2. 特定业务领域开发

这是一种非一体化的、非全能型的开发方式,它围绕开发过程中的某种业务领域来进行开发经营。这种业务领域的选择与确定,同样依赖于多种因素的综合评估。在大多数情况下,这些业务领域是开发企业的核心业务领域。特定业务领域开发可以采取土地整理、以开发流程管理为纽带的协作型房屋、基础设施建设等开发方式。

以开发流程管理为纽带的协作型开发方式是指开发企业专注于自己最擅长的业务或核心业务,然后购买其他社会化专业机构提供的其最擅长业务的服务,如市场专业咨询、报建专业代理、工程管理咨询、专业营销策划服务等,从而形成高协作性的开发流程,使开发机构超脱一般的协调和技术细节,专注战略管理和资金管理。毫无疑问,购买服务不单纯是最低成本的追求,更重要的是获取开发品质与成本控制中的最优。协作型开发方式的发展是开发业提升的标志之一。

3. 服务集成式开发

服务集成式开发是指开发投资企业以房地产服务集成商业的形式,提供专业房地产服务来推进房地产开发项目。这种服务涉及开发项目全寿命周期过程。服务性开发也是房地产开发业的发展方向之一,包括以下两方面内容。

(1)房屋个性化定制与服务。这是一种类似"戴尔"式的开发方式(服务的对象是市场客户),开发企业按客户的订购要求开发土地,进行房屋个性化设计、建造和经营。整个过程中的互动环节在网络平台上进行,开发商在后台通过生产与组织为客户定制房屋。由于房屋建筑的专业性,该种方式必须在房屋建筑工业化程度很高的情况下才有可能实施。

(2)房地产开发项目管理与服务。通常可认为是一种"虚拟"开发方式(服务对象是其他开发企业),即开发企业通过品牌授权,输出管理与规模模式,推动当地开发项目的实施。

开发企业还可提供一种纯咨询服务,通过提出开发项目解决方案,实施业务活动,贯穿房地产开发项目始终。

1.4　房地产开发程序

　　房地产开发要按一定的程序进行。这是因为：第一，房地产产品的形成有其内在的规律性，如从设计、施工到房屋销售服务，从土地开发到房屋开发等，其次序不能颠倒，开发工作必须遵循房地产产品形成的规律，有条不紊地进行；第二，由于房地产开发所具有的投资大、风险大的特点，开发企业不能盲目地、仓促地上开发项目，必须按照一定的科学程序，先做充分的论证，再决定上什么项目，建多大规模的项目，从而减少投资风险，并对项目的实施过程做出精心的设计、周密的安排，使开发项目顺利进行；第三，为了使房地产开发符合城市规划，促进城市的社会经济发展，保护广大房屋消费者的利益，城市政府部门制定了审批制度，以便对房地产开发进行引导、监督和管理。

　　房地产开发程序一般分为四个阶段，即项目立项阶段、项目前期准备阶段、项目建设阶段、项目销售及售后服务阶段。

1.4.1　项目立项阶段

　　项目立项阶段的开发程序为：投资机会研究→项目立项批文→申请定点→申请购置土地、办理土地产权手续→申领规划红线图、规划设计条件通知书等文件→编制规划设计总图→申领建设用地规划许可证。

1．投资机会研究

　　进行投资机会研究首先是对投资地区和投资环境进行研究、分析，然后根据对自然资源的了解和市场情况的调查预测，以及对国家的经济政策和政治环境等情况进行分析，找到最有利的投资机会，为投资机会的选择提供依据。

2．项目立项批文

　　项目立项批文是由计划管理部门颁发的，确认开发项目通过审核，可以进行开发建设的文件。申领项目立项批文时，需向主管部门提交可行性研究报告、立项申请书、资金来源说明、房地产开发物业类型说明等文件。

　　可行性研究报告的报批工作是将可行性研究报告上报至政府主管部门及贷款银行，由其进行项目评估和对可行性研究报告进行评价。评价主要从三方面进行：一是项目是否符合国家有关政策、法令和相关规定；二是项目是否符合国家宏观经济意图和国民经济长远规划，布局是否合理；三是项目的技术是否先进适用，是否经济合理。项目评估的投资估算精度为 $\pm10\%$，可行性研究报告的批准标志着项目立项决策阶段的完成。

　　项目立项决策阶段的各项任务可由项目方自己的管理班子完成，也可委托相应的咨询机构来完成，项目方人员做一些配合和辅助工作。

3．申请定点

　　到城市规划管理部门申请定点。在此环节中，需向规划管理部门提交有效的项目立项批文、申请定点报告、申请用地报告、企业的资质证明、企业的营业执照和法人代表委托书等文件或证书。城市规划管理部门根据城市总体规划要求,参照开发商的申请,考虑房地产开发项目的性质、规模,初步选定用地项目的具体位置和界限。

4. 申请购置土地、办理土地产权手续

根据《土地管理法》《中华人民共和国土地管理法实施条例》《中华人民共和国城镇国有土地使用权出让和转让暂行条例》《城市国有土地使用权出让转让规划管理办法》等法律法规,开发企业以出让或转让方式取得土地时,必须到相关的土地管理部门办理土地出让或转让手续,签订土地使用权出让或转让合同,并缴纳土地使用权出让金。

5. 申领规划红线图、规划设计条件通知书等文件

申领规划红线图、规划设计条件通知书等文件的主要内容包括:被申请建设用地的现状地形图;根据开发项目的性质和所处地段条件提出用地范围,该场地的外部限制条件;提出规划设计要点,包括建筑密度、容积率、建筑层数、高度、体量、红线退让要求和地下管线走向、绿化要求以及其他控制事项;有关的特殊要求,如人防、抗震和净空限制等。

6. 编制规划设计总图

开发商根据规划设计意见通知书等文件,委托规划设计院编制规划设计总图。

7. 申领建设用地规划许可证

开发商提交建设用地规划设计总图,供规划管理部门审核,然后由规划管理部门核定用地面积,报经政府批准,发给开发商建设用地规划许可证。

1.4.2　项目前期准备阶段

项目前期准备阶段的开发程序为:选择勘察队伍和设计单位→申领建设工程规划许可证和施工许可证→做好"七通一平"工作→选择承包单位→选择监理单位。

1. 选择勘察队伍和设计单位

开发商通过招标选择勘察队伍进行地质勘察,通过招标选择设计单位进行建筑设计,开发商的项目管理班子主要做一些大的方面的管理审核工作,如设计概算、设计进度、建筑风格及结构类型等。当设计任务由几家设计者分别承担时,要做好组织协调工作,以确保质量和进度。开发商还要为设计者提供必要的设计基础资料,如批准的可行性研究报告、规划部门的规划设计条件通知书。而一些更为具体的管理工作可委托监理单位来进行。

2. 申领建设工程规划许可证和施工许可证

建设工程规划许可证是由规划管理部门审批颁发的,是表达拟建项目已具备开工条件、允许开工的法律文件,依据《中华人民共和国建筑法》(简称建筑法)规定,要求由建设行政主管部门对建筑工程进行施工所应具备的基本条件进行审查,以避免不具备条件的工程开工后无法顺利进行所造成的损失和浪费。同时,施工许可证应当由建设单位(即开发商)而不

是由施工单位负责申请领取,并且要在开工前办理,未经许可,不得擅自开工。

3. 做好"七通一平"工作

做好建设用地的"七通一平"工作,是落实施工招标的前提条件之一,也是保证施工单位进入现场迅速开展施工的必要条件。

4. 选择承包单位

通过招投标方式选择工程承包单位,与承包单位签订建设工程施工合同。具体招标过程为:拟定招标方式,准备招标文件,编制标底或招标控制价,向招标主管部门申请招标,发布招标通告或邀请投标函,对投标承包企业的资格进行预审,发送招标文件,招标工程交底及答疑,开标、评标、决标、发出中标通知书及签订合同。

5. 选择监理单位

通过招标方式选择监理单位,与监理单位签订工程建设监理合同。

1.4.3 项目建设阶段

项目建设阶段的开发程序为:组织承包商进场→加强开发项目工程管理与控制→申领商品房预售许可证,与用户签订商品房预售合同→项目的竣工验收。

1. 组织承包商进场

当项目具备开工条件后,应当及时组织工程承包商进场进行施工,同时组织监理单位进行监理工作,也要组织由开发商负责供应的材料、设备的订货工作,必要时可进行设备招标,与材料设备供应商签订建设物资采购供应合同。如果工程项目需要进口材料设备且由开发商负责,则要申请办理进口许可证,并办理报关手续,签订委托运输合同。当进口材料设备由承包商负责时,开发商可提供一些必要的帮助。

2. 加强开发项目工程管理与控制

开发项目工程管理与控制是开发企业为了保证项目施工顺利进行所从事的有关管理工作,包括如下内容:

(1) 配合承包商做好各种准备工作。

(2) 按时提供施工现场,完成场地的"七通一平"。

(3) 及时提供已约定数量的图纸,组织已约定的由开发商负责订购的材料设备及时进场。

(4) 协助承包商做好接收、检查工作等。

(5) 对项目的投资、进度和施工质量进行控制。

(6) 进行合同管理。

(7) 有效地协调参与项目单位的关系,如设计承包方与承包商之间的关系、设计单位与施工单位之间的关系、总承包商与指定分包商之间的关系、承包商与材料设备供应商之间的关系等。

3. 申领商品房预售许可证,与用户签订商品房预售合同

在项目建设完成到一定阶段后,即可进行商品房预售。预售是房地产企业经常采用的一种经营方式,它是指在房屋处于营建阶段尚未竣工之前,由开发商与用户签订房屋预售合同,预先约定将房屋整幢或分层、分套出售给购房者,待房屋竣工后再办理过户手续。通过预售,开发商可提前实现资金的部分回收,购买者通常会因购买预售商品房而得到升值带来的收益。不过随着我国城市化进程的快速推进,商品房预售制的弊端也逐渐显现出来。预售这种"先买房后验房"的模式对购房者来说面临着比较大的风险,社会上呼吁取消"房屋预售制"的呼声越来越高,从长远看,取消预售制是一种趋势。从2020年3月7日起,海南省出台新出让土地建设的商品住房实行现房销售制度,取消了预售制。在目前尚未全面取消预售制的条件下,进行商品房预售必须满足下列条件。

(1)商品房预售必须向当地房地产市场管理部门申请,经批准并申领"商品房预售许可证"后方可进行。申请办理"商品房预售许可证"应具备以下条件:

① 建设项目的各种批准手续已齐备,且已确定竣工交付使用日期。

② 已完成建设项目投资的25%或已完成单体项目的主体结构(即结构封顶)。

③ 已确定预售款的监管机构和监管方案。

④ 已制定房屋使用管理维修公约。

(2)根据《城市商品房预售管理办法》规定,开发经营企业在申请办理"商品房预售许可证"时,应提交下列证件及资料:

① 开发企业的营业执照,建设项目的投资立项、规划、用地和施工等批准文件或证件。

② 工程施工进度计划。

③ 投入开发建设的资金已达工程建设总投资的25%以上的证明材料。

④ 商品房预售方案。预售方案应当说明商品房的位置、装修标准、交付使用日期、预售总面积和交付使用后的物业管理等内容,应附有商品房预售总平面图。

4. 项目的竣工验收

项目的竣工验收与交接是施工过程的最后一道程序,是全面检验设计与施工质量、考核工程造价的重要环节,是实现开发投资向使用价值转化的标志,是开发商实现经营效益的基础。从质量控制角度来说,项目竣工验收是确保项目质量符合标准的最后一道环节,只有通过竣工验收的项目,才可以出售或出租。工程项目的交接是在项目竣工验收后,承包商向开发商移交项目所有权的过程,同时也是开发商向住户交接的过程。

工程资料是项目竣工验收的重要依据,承包商应按合同和验收标准提供全套竣工验收资料。工程资料的主要内容包括项目开工报告、竣工报告、分部分项单位工程技术人员名单、图纸会审及交底记录、设计变更通知书、技术变更核定单、工程质量事故调查处理资料、测量放线资料、材料构件设备合格证明、试验检验报告、隐蔽工程验收记录、施工日志、竣工图、质量检验评定资料、竣工验收资料等。

1.4.4　项目销售及售后服务阶段

项目销售及售后服务阶段的开发程序是:办理竣工后的产权登记手续→申领商品房销

售许可证→与物业公司签订物业委托管理合同→提交相关资料→与用户签订商品房销售合同或租赁合同→做好物业管理工作。

1．办理竣工后的产权登记手续

当商品房竣工后,开发商需将登记申请书、申请人身份证明、建设用地使用权证明、建设工程符合规划的证明、房屋已竣工的证明、房屋测绘报告等材料准备好,并提交给权属登记部门,之后取得房屋权属登记部门的收件单,这时初始登记办证的义务视为完成。办理完初始登记后,开发商和业主需共同提出转移登记申请,并提交相关申请材料,缴纳相应税费,最后按规定领取房产证即可。

2．申领商品房销售许可证

开发企业在申领商品房销售许可证时,需向主管部门交验主要的证明文件及相关资料,如项目批文、规划红线图、土地权属证明文件、建设用地规划许可证、建设工程规划许可证、房屋竣工验收资料及平面图、价格申报表等。

3．与物业公司签订物业委托管理合同

物业管理服务是指物业管理企业受物业产权人、使用人委托,以有偿方式对物业(如住宅小区的房屋建筑及其设备、市政公用设施、绿化、卫生、交通、治安和环境等)项目进行日常维护、修缮与整治等服务,并提供与物业产权人、使用人相关的其他服务。房地产开发企业在出售所开发的项目之前,必要时应当选取合适的物业管理公司承担物业管理,并与之签订物业委托管理合同。住户入住后,由业主委员会来选择物业公司。

4．提交相关资料

开发企业将新建物业交付物业管理公司接管时,应当提交下列相关资料:房屋建设的各项批准文件,竣工总平面图,房屋及配套基础设施、设备的竣工图,地下管网图及其他必要的资料。

5．与用户签订商品房销售合同或租赁合同

根据《城市房地产开发经营管理条例》的规定,预售商品房的购买人应当自销售合同签订之日起 90 天内,办理土地使用权变更和房屋所有权登记手续。房地产开发企业应当协助商品房购买人到房地产管理部门和土地管理部门分别办理房屋所有权和土地使用权变更登记手续并提供必要的证明文件。同时,按照住房城乡建设部的要求,房地产开发企业在向用户交付销售的新建商品住宅时,必须提供《新建住宅质量保证书》和《新建住宅使用说明书》,作为商品房销售合同的必要组成部分。其中,《新建住宅质量保证书》中应当列明工程质量监督部门核验的质量等级、保修范围、保修期和保修单位等内容。

6．做好物业管理工作

物业管理的内容包括管理和服务两个方面。管理方面主要是掌握房产物业的变动、使用状况,使房屋设备及配套设施能及时得到修理、更新、养护,保持和延长房产物业的功能和

价值;服务方面主要是充分保证产权所有人、居住者和使用人的各种需求,及时提供各类服务,以方便用户。

物业管理包括以下几个方面。

(1)治安消防服务。治安消防服务是为了保障管理区域内治安、维护整个区域内的公共秩序所采取的管理措施,以保证业主和租用人的生命财产安全。

(2)环境卫生管理服务。环境卫生管理服务包括管理公共环境、制止占用公共场所和各种违章搭建等破坏市容的行为,以保障租用人的健康,维护居住、工作环境的优美。

(3)维修保养服务。维修保养服务是对房屋楼宇建筑及管理区域内的公共配套设施实行定期保养和及时维修或更新,以延长房屋和公共设施设备的使用寿命,改善和提高使用效益。

(4)绿化养护服务。绿化养护服务是对管理区内的园林绿带、花草树木、公共花园绿地组织种植和定时保养、管理,以美化和净化环境。

(5)家居服务。家居服务是接受居住者或租用人的委托,提供内容丰富的预约和特约服务。这类服务包括制定管理预算,合理分配各项资金和基金,计算应开支费用,按月征收管理及其他费用,管理公共维修基金、利息,定期向产权人公布收支情况,确保业主和租用人遵守房屋管理规则、政府租地契约和公共契约所规定的条款,处理和调解业主或租用人之间因使用物业所引起的纠纷和争执,并有权制止和纠正产权使用人在使用公共用地和设施方面违反法规和公约的行为。物业管理企业通过来信、来访、座谈会和住户回访制度及时了解和征求产权人及其租用人反映的意见,采纳合理的部分并进行改进,并就公共市政设施的有关事务与政府公共事业部门交涉。

1.5　我国房地产开发业的形成与发展

1.5.1　我国房地产开发业的形成

我国房地产开发业的形成和发展,主要取决于三个条件:一是住房制度改革;二是城市土地使用制度改革;三是在房屋统建基础上发展起来的综合开发。

我国房地产开发形成的过程,也是上述三个条件成熟和完善的过程。

1. 住房制度改革为房地产开发开辟了广阔市场

在高度集中的计划经济模式下,房屋的建设、分配与使用完全实行国家计划管理。生产性用房由国家计划投资建设并无偿划拨给企业使用;非生产性用房和居民住房则由国家统一建设、统一分配使用。这是我国城市房地产需求与社会经济状况发生矛盾,特别是与普遍存在的低薪制工资制度发生矛盾,因而不得不采取的福利性住房政策。其结果使得房地产只有投入没有产出,"以租养房"难以维持。旧的管理体制割断了城市房地产生产与流通两个环节的正常联系,使得房地产业难以形成。

20世纪80年代初,根据邓小平提出的有关住宅商品化的构想,开始了住房制度改革的理论研究和实践探索。在理论上,统一了城市住宅具有商品性的认识,有关"住宅商品化""土地有偿使用"等理论被确认。在实践中,以烟台市"提租发券,空转起步"的房改制度迈出了第一步,并逐步加大房改的步伐,进入住房自有化、居者有其屋的新阶段。住房制度改革使住房纳入商品经济的轨道,将住房作为商品,通过市场交换进行住房的配给,这就为房地产开发开辟了住房需求市场,使房地产开发者能够将商品房通过市场交换获得收益,并进行商品房的扩大再生产,从而形成房地产开发的良性循环。

2. 城市土地使用制度改革为住房商品化铺平了道路,并为房地产开发提供了必不可少的空间资源

同住房制度一样,在产品经济模式下,我国实行的是"由国家以指令性计划划拨、企事业单位无偿无限期地使用"的城市土地使用制度。这种土地使用制度排斥价值规律和市场机制的作用,由于用地单位可以无偿、无限期地从国家取得土地使用权,一方面,大量出现"多占少用""早占晚用""占而不用""占优劣用"的现象;另一方面,由于用地单位一从政府部门取得土地,就垄断了国家土地所有权的收益,"城市土地国家所有"实际上变成了"城市土地单位所有",使本来就稀缺的城市土地资源显得更加稀缺,一些急需发展的项目因找不到场地而延缓或不能上马。因此,旧的土地使用制度阻碍了城市建设和开发的健康发展。

从20世纪80年代初起,我国逐步开始了土地使用制度的改革。首先在沿海城市开始收取土地使用费的试点工作,继而发展到建立和开放土地市场,这些实践取得了显著的成效。土地使用制度改革的巨大突破是在1988年4月,七届全国人大一次会议对《中华人民共和国宪法》做出修改,将土地不得出租的规定,改为"土地使用权可以依照法律的规定转让",在法律上肯定了土地使用权可以有偿转让。同年9月,国务院发布《中华人民共和国城镇土地使用税暂行条例》,规定从1988年11月1日起对城镇国有土地征收土地使用税。至此,我国城镇土地使用制度由"无偿无限期使用并不得出租、转让"改为"有偿有限期使用并且可以依法转让"。这就使得土地作为生产要素被纳入社会主义市场经济的轨道成为现实,使城镇建设和开发体制发生了根本性的变化。

土地有偿使用制度对房地产开发的积极影响至少有以下三点。

(1)由于土地与房屋不可分割,土地若不能有偿转让,"实行住房商品化"就是一句空话。土地有偿使用制度的改革,使得土地使用权可以连同房屋所有权一起转让,从而为住房商品化铺平了道路。

(2)土地使用制度和正在建立、完善的土地市场,有利于调整土地的供求关系和优化土地使用结构,提高土地资源利用率,土地资源的重新配置使房地产开发者有可能从市场上取得土地。

(3)土地具有增值效应,开发者在土地上投资开发,必然享有开发的收益,这样就刺激了开发者的积极性。

3. 综合开发是房地产开发的基本模式

我国城市综合开发是在房屋统建的基础上发展起来的。所谓统建,是针对缺乏统一规划、投资来源不一、千家分散建房的城市建设活动提出来的。统建思想形成较早,1963年,中共中央、国务院批准的《第二次城市工作会议纪要》中指出:"今后,在大中城市中新建和扩建的企业、事业单位,要把住宅、校舍以及其他生活服务和有关市政设施方面的投资,拨交所在城市,实行统一建设,统一管理;或者在统一规划下,实行分建统管。"到1978年,我国

第三次城市工作会议更加强调统一建设、统一管理的方向,会议指出,在民用建筑中,逐步推行统一规划、统一投资、统一设计、统一施工、统一分配和统一管理的"六统一"方针。

从统建过渡到综合开发,是在党的十一届三中全会以后。1980年12月,国务院在批准转发《全国城市规划工作会议纪要》中指出:"实行综合开发和征收城镇土地使用费的政策,是用经济办法管理城市建设的一项重要改革。它有利于按照城市规划配套地进行建设,节约用地,充分发挥投资效果;有利于控制大城市规模,鼓励建设单位到小城镇去;有利于合理解决城市建设和维护资金的来源。"还明确指出:"对新建小城市、卫星城,现有城市的新建区、段和旧城成片改造地区,都应考虑组织开发公司,实行综合开发。开发内容,包括开发区的勘测、规划、设计、征地、拆迁、安置、土地平整和所需道路、给水、排水、供电、供气、供热、通信等工程建设。有条件的地方,还可以包建住宅、生活服务设施、公共建筑、通用厂房等。建成后成套出售建筑物,并按土地面积和设施水平向使用单位收取开发费。开发公司实行企业化经营。开发基金,即开发公司的周转资金,可以从国家和地方基本建设投资中预拨,或由建设银行贷款,也可向用户预收定金。开发所需统配材料、设备,应列入国家和地方物资分配计划,能够在市场采购的,就在市场选购。"根据上述精神,1981年,由国家建筑工程总局和中国人民建设银行组建了中国房屋建设开发公司,各城市在建设委员会统建办公室的基础上,也成立了城市建设开发总公司,进行基础设施和住宅小区的统一开发,从而使综合开发成为房地产开发的基本模式。

房地产开发企业是房地产市场的主体。1984年10月,国家计划委员会、建设部发布了《城市建设综合开发公司暂行办法》(简称《暂行办法》),规定"城市建设综合开发公司是具有独立法人资格的企业单位,实行自主经营,独立核算,自负盈亏,对国家承担经济责任"。"开发公司的主要任务是:经营城市土地开发和房地产业务。城市用于建设的土地,由地方政府统一审批、统一征用和统一管理,由开发公司进行土地开发建设。开发公司接受当地人民政府的委托或投标中标,承担开发任务。开发公司要按照城市建设总体规划制定开发区的具体规划,搞好市政、公用、动力、通信等基础工程和相应配套设施的建设。然后将经过开发的地皮(土地所有权仍归国家)有偿转让给其他单位兴建工程项目,也可以直接组织兴建住宅和其他经营性房屋(如贸易中心、综合服务楼、办公楼、仓库、旅馆和公用性质的厂房等)进行出售。"《暂行办法》还提出:"大中城市、新开发的城市和有条件的工矿区,都要积极组建开发公司。现已建立的开发公司要尽快成为经济实体。为了鼓励竞争,防止垄断,提高经济效益,中等以上城市应组建两个以上的开发公司。"

1.5.2　我国房地产开发业的发展

1. 土地红利期(1998—2007)

1992年,邓小平南方谈话,提出了改革开放的战略思想,使房地产开发进入了新的阶段,各城市旧城改造步伐加快,房地产开发投资渠道向多元化发展,进入房地产市场的开发企业迅速增加。

在1992年下半年和1993年上半年期间,由于市场机制不健全,市场规则不完善,以及政府缺乏宏观调控的经验和手段等原因,出现了"房地产热"。在此期间,全国出让土地面积比前43年出让土地面积的总和增加了11倍,房地产开发投资额成倍增长,开发区设置过多,且因房地产价格上涨过快所产生高额利润驱动作用,不少投资者盲目进入房地产市场,致使后来出现较高的商品房空置率。从 1993 年 6 月开始,我国对国民经济加强了宏观控制,严格土地出让审批,控制和压缩固定资产规模,房地产开发过速增长得到了有效控制。特别是加强了房地产市场和房地产法规体系的建设,使房地产进入了相对平稳和健康的发展时期。

从 1999 年到 2007 年,国家宏观经济稳定发展,前一轮房地产泡沫已得到控制,房地产市场明显转暖,中国房地产市场进入新一轮的发展期。在 2001 年,房地产投资投机狂潮开始出现,温州"炒房团"进入人们的视野。2002 年,土地市场规范化政策出台,招拍挂成为土地出让的基本形式,带来土地价格的飙涨,地王现象在各地频繁出现,从而引起 2004 年开始,房价大涨,房地产热潮从北京、上海等一线城市向内陆转移。国家虽然进行了密集的调控政策,但也没有能有效阻止房价高攀。2007 年房地产市场热潮推动土地市场的火爆,珠三角区域土地价格上涨迅猛,频频出现地价标王和抢地现象,土地价格在房地产商品价格中的结构比重越来越大,间接导致商品房价格上涨。开发商依靠前期囤积的土地增值赚取大量利润(毛利率及净利率分别达到 30% 及 15% 以上),房地产进入"有土地即为王"的黄金时代。

但到 2007 年年末,受到国家政策和楼市成交量萎缩等原因影响,土地流标现象屡次上演。2007 年下半年,此前屡屡收效甚微的宏观调控终于让房地产市场发展放慢了脚步,市场观望情绪浓厚,房价企稳。

2. 金融红利期(2008—2019)

2008 年全球金融危机期间,我国进出口总值及 GDP 表现为负增长,土地市场持续降温,房地产中介倒闭,服务销量萎缩,房地产商争相进行降价促销,但消费者出现持币待购的观望心理。但在 2009 年,政府推出各项措施救市,投资 4 万亿元扩大内需,取消对商业银行的信贷规模限制,从而拉动经济回调。这些政策间接为房地产拓宽融资渠道,促进了房地产发展,房地产刚性需求重新释放,楼市成交量回升,房地产市场全面回暖,房价普涨。为了抑制房地产过热开发,土地增值税的缴纳由"预征制"转为"清算制",城镇土地使用税额标准提高 2 倍、新增建设用地土地有偿使用费提高 1 倍,三者构成了土地环节的"一费二税"上调政策。受土地增值税清算政策影响,房地产企业利润率上升空间有限,因此该阶段部分房企积极利用金融杠杆及高周转进行规模扩张,房地产正式进入了高周转时代。利用标准化、高周转以及源源不断的融资进行规模化扩张,碧桂园、恒大在金融红利期年复合增长率均在 40% 以上,恒大在 2016 年销售额超过万科成为第一。随后房地产市场状况出现了变化,表现为在三、四线城市房价回调的同时,原本火热的二线城市市场似乎同样出现了降温,但部分一线城市房地产市场价格依然坚挺。

3. 管理红利时代(2020 年至今)

房地产第一功能是使用功能,对 GDP 和税金的作用要建立在使用基础上。针对我国一段时期以来出现的房地产市场发展失衡的情况,2016 年年底的中央经济工作会议首次提出,"房子是用来住的,不是用来炒的"。此后,与房地产相关的部门陆续出台了与之相配套的政策,涉及房企融资、购房者信贷等方面,加强房地产市场分类调控,规范房地产开发、销售、中介等行为,促进房地产市场平稳健康发展。2020 年 8 月 20 日,住房城乡建设部、人民银行在北京召开重点房地产企业座谈会。会议上,明确了重点房地产企业资金监测和融资

1-4

管理规则,被称为"三道红线"。"三道红线"即房地产开发企业剔除预收款后的负债率不超过 70%、净负债率不超过 100%、现金短债比不低于 1。随着"三道红线"到来,房地产金融红利时代结束,行业进入管理红利时代,就像制造业一样,将不能再依靠杠杆,而是靠全面竞争能力获取竞争优势,促进行业稳定发展。

案　　例

图 1-2 中是某城市的房地产开发流程,请查找你所熟悉的一个城市的房地产开发流程,与图中流程相比,比较其异同并加以分析。

图 1-2　某城市的房地产开发流程

本章小结

房地产行业是国民经济中十分重要的一个行业,而且有着与其他行业所不同的一些特点。我国的房地产开发历史较为短暂,但发展十分迅速,取得了举世瞩目的成绩,同时也面临着十分严峻的问题。本章主要介绍了房地产方面的一些基本概念,包括房地产和房地产业的概念,进一步介绍了房地产开发的内涵、类型、特点和开发模式,并对房地产开发程序及各阶段的主要工作做了重点介绍。学习本章需重点掌握房地产开发的内涵,理解房地产开发的特点,熟悉房地产开发的程序。

习题

思考题

1. 房地产可以有几种存在形态?分别是什么?

2. 房地产业的具体内容包括哪些?

3. 房地产开发的内涵有哪些?

4. 按开发的对象划分,房地产可分为哪几种开发形式?

5. 房地产开发的特点有哪些?

6. 房地产开发一般可分为哪几个阶段?

7. 试讨论取消商品房预售的利弊。

8. 根据我国国民经济发展状况,参考其他国家的发展经验,试讨论未来我国房地产业将如何发展?

第2章

房地产开发经营管理制度与政策

【学习要点及目标】
- ◆ 了解房地产开发企业及其类型,了解房地产开发企业的设立条件、设立方式及设立程序。
- ◆ 熟悉房地产开发企业的资质等级条件要求。
- ◆ 了解房地产开发项目转让管理制度。
- ◆ 掌握商品房交付使用管理制度。
- ◆ 了解房地产广告管理制度。

【核心概念】

房地产开发企业、房地产开发企业资质等级、施工许可证、房地产开发项目质量责任制、商品房交付使用管理、住宅质量保证书、住宅使用说明书、房地产广告监管制度。

【引导案例】

在现今大多数地区房价高企的情况下,不购买商品房而选择自己买地盖房成为降低住房成本的一个思路,个人开发房地产项目可以实现吗?我们看如下调查报道。

中国房产信息集团(简称"中房信")的监测资料显示,在2007年,上海就已经有自然人参与拍地了。据不完全统计,2007—2012年,上海自然人拍地不下10起。但该机构的监测资料却显示,在上述10起自然人拍地的案例中,明确获得建设施工许可证的仅有一家。为什么这些投资者早在2007—2012年就已经竞得土地使用权,但截至报道时仍没有对地块进行开发?是什么原因造成自然人开发房地产的困难?

中房信分析师薛建雄告诉《每日经济新闻》记者,最主要的一个因素是自然人购买的都是上海近郊的商业项目,开发获利机会很小。他认为,一些自然人参与土地使用权竞买是为了"炒地皮"。而在土地价格趋降、开发利润较小的情况下,他们如果选择开发就会亏损。这导致了很多地块迟迟没有动工。上海同策咨询顾问有限公司研究总监张宏伟告诉记者另一个原因:多数自然人买地后成立的房地产公司没有开发资质,因此不能开发房地产项目。但上海市住房保障和房屋管理局的有关人士却告诉记者,有无资质并不影响房地产公司开发房地产,只要营业执照内有房地产开发的业务范围,就可以开发房地产项目。

那么影响自然人拍地开发的真正原因又是什么呢?协助过多起自然人买地,并成立了国内首家个人买地俱乐部的钱生辉投资咨询有限公司总经理钱生辉说,原因有四:一是私人没有房地产开发经验;二是个人开发房地产,往往缺乏足够的资金支持,容易出现资金断链现象;三是个人开发完成房地产后,销售也是一个大问题;四是很多拍地的自然人无法获得国土部门颁发的规划建设用地许可。

钱生辉说,因为上述原因,上海几乎没有真正意义上的自然人买地。现在以自然人名义买地的类型主要有两种:一种是因为有意购买某地块,但是项目公司来不及注册,只好先以个人名义购买;另一种则是不愿意对外透露买地者的真实身份,通过个人买地来掩人耳目。

(案例来源:《每日经济新闻》2012-05-09,有删节)

由上述调查资料可见,个人开发房地产项目困难重重,现实的房地产开发都需要由具备开发资质和开发经验的房地产开发企业进行开发。因为我国对房地产开发有一套较完备的管理制度,还会根据房地产市场的状况制定调控政策,没有开发经验的个人开发者是很难全面了解这些制度和政策的。本章介绍我国房地产开发经营管理的一些基本制度与政策。

2.1　房地产开发企业及其制度

房地产开发企业是房地产开发经营活动的主体。依法成立房地产开发公司,取得政府有关管理部门审定认可的房地产开发资质,是从事房地产开发经营的必备条件。建立产权明晰、权责明确、政企分开、管理科学的现代企业制度是企业真正成为市场的主体和构建房地产市场的基础。

2.1.1　房地产开发企业及其类型

1. 房地产开发企业的概念

企业是一个法律概念,是由法律赋予的人格化的民事行为主体。企业要依法成立,经主管部门核准登记,取得法人资格,从法律上确认企业法人的地位和规范企业法人的民事权利与责任。法人指依法成立,具有一定财产,能以自己的名义从事民事(含经济)活动并独立承担民事责任的社会组织。法人的民事权利能力和民事行为能力,从法人成立起产生,到法人终止时消失。法人包括机关、事业单位和社会团体法人以及企业法人,它们都是由法律赋予的人格化的民事行为主体。

因此,作为企业法人的房地产开发企业,是指依法设立,具有企业法人资格的,以营利为目的,从事房地产开发和经营的企业。确定房地产开发企业法人地位及行为的法律依据有《公司法》和《房地产开发企业资质管理规定》以及各城市结合本市的实际制定的有关办法。房地产开发企业又称为开发商或发展商,通常其企业组织为公司,又称为房地产开发公司。但房地产行业的发展商与开发商所从事的工作内容及盈利模式又存在一定的差异。一般来说,房地产发展商是指负责开发建设房地产项目并筹资建设的房地产公司,主要是负责楼盘推广和规模扩建等事务。房地产开发商主要从事房地产开发的初级阶段,即项目筹建及营销。开发商开发房地产是以销售为盈利模式的,而发展商是以长期的租赁或投资收益为盈利模式的(一般都是商业地产)。开发商主要负责找项目、签地皮、办理相关手续和对楼盘进行建设等事务;发展商主要负责楼盘推广和规模扩建等事务。可以说,开发商是发展商的初级阶段,真正有实力的房地产开发商才有可能成为发展商。

2. 房地产开发企业的类型

1) 按产权关系划分的房地产开发企业类型

（1）全民所有制房地产开发企业。全民所有制房地产开发企业如在原统建办公室基础上成立的市属和区属城市建设综合开发公司，各市局或总公司下属的开发公司，中央和地方集资成立的开发公司，以及一些大型国有建筑施工企业成立的房地产开发部或开发公司。

（2）集体所有制房地产开发企业。集体所有制房地产开发企业即由集体单位开办的房地产开发公司，经济上实行独立核算、自负盈亏、自主经营。

（3）中外合资形式的房地产开发企业。中外合资形式的房地产开发企业即由外商或外国企业与中方合资开办，且在我国取得法人资格的房地产开发公司。双方按比例共同投资、联合经营、共同承担风险、共同分享收益。

（4）中外合作经营的房地产开发企业。中外合作经营的房地产开发企业即由外商或外国企业与中方按我国的有关法律，通过签订合同而建立的契约式或非股权式的合营企业。双方分担的投资与风险、收益分配和管理权限完全按合同规定。

合资企业与合作企业的区别是：①合资企业的投资折算成股份，双方按股权比例分配收益；合作企业的合作者的投入不折算股份，不按股权比例分配收益，而按合同或协议的约定分配收益。②合资企业是独立的法人；合作企业不涉及股份，只是一种合伙关系，双方需各自纳税。③合资企业一般吸收外资数额较大，经营期限较长而且比较固定，合资房地产开发公司一般是专营公司；合作企业经营期限一般较短，往往是为开发某一项目而成立的，因此合作经营的房地产开发企业一般是项目公司。

（5）外商独资的房地产开发企业。外商独资的房地产开发企业即经我国政府批准，在我国境内由外商独自出资、开发和经营房地产的开发公司。这类房地产开发企业目前较少，这是因为外商对我国情况一般不太熟悉，当他们在我国投资房地产时，往往在我国寻求合作伙伴，与我国熟悉情况的开发公司合作，成立合资房地产开发公司。

2) 按经营业务范围划分的房地产开发企业类型

（1）专营公司，即专门从事房地产开发的公司。这类开发企业资金雄厚，技术力量强，有的可以承担土地开发任务。

（2）兼营公司，即从原来的经营范围扩大到房地产开发的企业，如非生产型综合公司、信托投资公司、建筑公司等从事房地产开发经营的企业。

（3）项目公司，即从事单项房地产开发经营的企业。这类企业的经营对象只限于被批准项目的开发经营，该项目完毕后，企业的开发经营资格也相应地到期，如需延长，则要重新办理报批手续。因此，这类公司又称为项目公司。

国家规定，后两类从事房地产开发经营的企业，原则上应在已开发的土地上从事房屋开发。

3) 按企业的资质等级划分的房地产开发企业类型

按企业的资质等级可分为四个等级的房地产开发公司，下文中有详细介绍。

4) 按企业的企业制度划分的房地产开发企业类型

依据《公司法》，房地产开发企业登记为有限责任公司或股份有限公司。

有限责任公司又称有限公司,是指由两个以上股东共同出资,每个股东以其认缴的出资额对公司行为承担有限责任,公司以其全部资产对其债务承担责任的企业法人。有限责任公司不对外公开发行股票,股东的出资额由股东协商确定。对交付股金的股东,公司出具股权证书,作为股东在公司中所拥有的权益凭证,这种凭证不同于股票,不能自由流通,须在其他股东同意的条件下才能转让,并要优先转让给公司原有股东。

股份有限公司又称股份公司,是指注册资本由等额股份构成,并通过发行股票筹集资本,公司以其全部资产对公司债务承担有限责任的企业法人。股份有限公司的资本总额均分为每股金额相等的股份,以便根据股票数量计算每个股东所拥有的权益。在交易所上市的股份公司,其股票可在社会上公开发行,并可以自由转让,出资购买股票的任何人都可以成为股东。股东成为单纯的股票持有者,他们的权益主要体现在股票上,并随股票的转移而转移。

2.1.2　房地产开发企业的设立

房地产开发企业的设立是创办房地产开发公司,使其取得法人资格的行为。《城市房地产开发经营管理条例》对房地产开发企业的设立、管理有明确的规定。

1. 房地产开发企业的设立条件

1)《公司法》的具体规定

房地产开发企业的主要形式为有限责任公司和股份有限公司,根据《公司法》规定,这两种形式的公司的设立条件有一定的区别。

(1) 有限责任公司的设立条件。有限责任公司由 50 个以下股东出资设立,应当具备下列条件:①股东符合法定人数;②有符合公司章程规定的全体股东认缴的出资额,全体股东认缴的出资额由股东按照公司章程的规定自公司成立之日起五年内缴足;③股东共同制定公司章程;④有公司名称,建立符合有限责任公司要求的组织机构;⑤有公司住所。

(2) 股份有限公司的设立条件。股份有限公司应当由 1 人以上 200 人以下为发起人,其中须有半数以上的发起人在中国境内有住所,还应当具备下列条件:①发起人符合法定人数;②股东出资实行认缴制,发起人应当在公司成立前按照其认购的股份全额缴纳股款;③股份发行、筹办事项符合法律规定;④发起人制订公司章程,采用募集方式设立的经创立大会通过;⑤有公司名称,建立符合股份有限公司要求的组织机构;⑥有固定生产经营场所和必要的生产经营条件。

2)《城市房地产管理法》和《城市房地产开发经营管理条例》的具体规定

根据《城市房地产管理法》和《城市房地产开发经营管理条例》的规定,设立房地产开发企业应具备下列条件:

(1) 有自己的名称和组织机构;

(2) 有固定的经营场所;

(3) 有符合国务院规定的注册资本;

(4) 有足够的专业技术人员;

(5) 法律、行政法规规定的其他条件。

省、自治区、直辖市人民政府可以根据本地方的实际情况,对设立房地产开发企业的注册资本和专业技术人员的条件做出高于以上的规定。对外商投资设立房地产开发企业的,除应当符合上述规定外,还应当依照外商投资企业法律、行政法规的规定,办理有关审批手续。

3) 外商投资房地产企业的设立条件

外商投资房地产是指外商通过新设、并购、再投资等方式投资房地产领域,从事房地产开发经营活动。外商投资房地产企业是指从事普通住宅、公寓、别墅等各类住宅、宾馆(饭店)、度假村、写字楼、会展中心、商业设施、主题公园等建设经营,或以上述项目建设为目的的土地开发或成片开发项目的外商投资企业。

外商投资房地产市场应符合下列要求。

(1) 境外机构和个人(简称"境外投资者")在境内投资购买非自用房地产的,应根据外商投资的法律、法规及相关规定,申请设立外商投资企业。经审批部门批准并办理有关注册登记后,在核准的经营范围内从事相关建设经营活动。

(2) 外商投资设立房地产企业,投资总额在300万美元以上的,其注册资本应不低于投资总额的50%;投资总额在300万美元以下(含300万美元)的,其注册资本应不低于投资总额的70%。

(3) 设立外商投资房地产企业,由商务主管部门和工商行政管理机关依法批准设立和办理注册登记手续,颁发一年期"外商投资企业批准证书"和"营业执照"。企业付清土地使用权出让金后,凭上述证照到土地管理部门申办"国有土地使用证",根据"国有土地使用证"到商务主管部门换发正式的"外商投资企业批准证书",再到工商行政管理机关换发与"外商投资企业批准证书"经营期限一致的"营业执照",到税务机关办理税务登记。

(4) 外商投资房地产企业的股权和项目转让,以及境外投资者并购境内房地产企业,由商务主管等部门严格按照有关法律法规和政策规定进行审批。

(5) 境外投资者通过股权转让及其他方式并购境内房地产企业,须妥善安置职工,处理银行债务,并自外商投资企业营业执照颁发之日起3个月内以自有资金一次性支付全部转让金。境外投资者收购外商投资房地产企业中方股权的,须妥善安置职工,处理银行债务,并在股权转让协议生效之日起3个月内以自有资金一次性支付全部转让对价。对有不良记录的境外投资者,不允许其在境内进行上述活动。

国务院于2017年7月28日发布的《外商投资产业指导目录》(2017年修订),对以下房地产领域限制外商投资:城市人口50万以上的城市燃气、热力和供排水管网的建设、经营(中方控股);民用机场的建设、经营(中方相对控股);加油站(同一外国投资者设立超过30家分店、销售来自多个供应商的不同种类和品牌成品油的连锁加油站,由中方控股)建设、经营;电影院的建设、经营(中方控股)。2015年版目录将限制性措施由2011年版的180条减少到93条,2017年版目录进一步将限制性措施减少到63条,比2011年版总计缩减65%。由此可见,对普通项目的房地产开发,目前已无限制。

2. 房地产开发企业的设立方式

房地产公司的设立方式可分为发起设立和募集设立。募集设立方式又可分为定向募集设立和社会募集设立。发起设立指公司全部股份由发起人认购,不向发起人以外的任何人募集股份；定向募集设立指公司发行的股份除由发起人认购外，其余股份不得向社会公众公开发行，但可向其他法人发行部分股份，经批准也可向本公司职工发行部分股份；社会募集设立指公司发行的股份除由发起人认购外，其余股份应向社会公众公开发行。采取发起设立或定向募集设立的公司，统称为定向募集公司；采取社会募集设立的公司称为社会募集公司。设立公司方式应在符合国家有关规定的前提下，由发起人自行选择。

3. 房地产开发企业的设立程序

设立公司，要按一定的程序进行。

（1）由发起人或全体股东对公司设立进行可行性研究，编制可行性研究报告，拟订设立申请书，制定作为组织行为准则的章程。

按照公司法规提出设立公司的申请，认购公司股份，对公司设立承担责任的公司创办人称为公司发起人。法人和具有行为能力的，符合创办公司条件的自然人都可以充当发起人。发起人是由于发起行为而处于设立中状态的公司的原始构成人，是使设立中公司完成必备事务的执行机关和代表机关。因此，发起人的行为就是处于设立状态的公司机关的行为，如果以后公司依法成立，取得法人资格，发起人转为公司的股东，其行为产生的权利与义务转由公司承担。如公司最终不能成立，发起人应承担其行为的法律责任。

设立公司的可行性研究报告不同于房地产开发项目的可行性研究报告。设立公司的可行性研究报告申明的是公司设立的背景及可行条件。其内容包括：公司名称、住所；发起人的生产经营情况、资信状况和投资能力（原有企业改组为公司，还应包括近三年生产经营、资产与负债、利润等情况）；公司总投资、股本总额、股份溢价发行测算、所需借贷资金、净资产占总资产比例；资金投向、规模、建设周期与费用估算；公司产品或经营范围、发展方向及市场需求状况；经济效益预测；其他需要说明的事项。

设立申请书是表达设立公司意愿的文件，其内容包括：发起人的名称、住所、法定代表人；公司的名称、住所、目的及宗旨；公司的资金投向、经营范围；公司设立方式、总投资、股本总额、发起人认购比例；股份募集范围及途径；公司的股份总数、各类别股份总数、每股面值及股权结构；发起人基本情况、资信证明（原有企业改组为公司的，应说明改组理由）；其他需要说明的事项；提出申请的时间、发起人的法定代表人签名并加盖发起人单位公章。

公司章程是法律赋予公司法人地位而规定的公司基本行为规则。它对内规定了公司的组织原则、业务活动范围和方式，对外向社会公众申明公司的宗旨、资本数额、权利以及一系列应为公众了解的必需内容。公司章程的内容一般可分为绝对必要说明的事项、相对必要说明的事项和任意说明的事项。公司章程的草案由发起人拟订，经公司创立大会通过成为正式章程，经政府授权部门批准后成为具有法律约束力的文件。《公司法》对有限责任公司和股份有限公司的公司章程的内容分别做了规定。

（2）确定股东。如采取发起方式设立，则股东或发起人认购公司的全部股份；如采取募集方式设立，必须向国家证券管理部门提出募股申请，经审核批准后才能向社会公开招募股份，但发起人认购的股份不得少于公司股份总数的35%。

（3）确定出资。出资是公司存在的物质基础，股东或发起人须足额缴纳公司章程中规定的各自应缴纳的出资额。以工业产权、非专利技术作价出资的金额，不得超过公司注册资本的法定比例,即 20%。

(4)设置机构。发起人主持召开创立大会,召集股东选举公司董事会和监事会成员,通过公司章程。

(5)设立登记。在设置机构后的一定期限内,向公司登记机构申请设立登记,并提交登记申请书、公司章程、验资证明等文件以及行业主管部门的审批文件。公司登记机构审批合格后,发给营业执照,营业执照签发日期为公司成立日期。

按《城市房地产开发经营管理条例》规定,房地产开发企业按上述《公司法》规定领取营业执照后的一个月内,应当到公司登记机关所在地的房地产开发主管部门备案,且必须提交以下文件:公司的营业执照复印件(加盖登记机关公章),公司章程,公司的验资证明,公司法定代表人及总经理的任职文件及个人资料,经济、技术专业人员的资格证书、任职文件及聘用合同,主管部门规定的其他文件。房地产开发主管部门对设立公司手续完备的颁发"房地产开发企业资质等级证书";对不符合公司设立条件的,提请工商行政主管部门处理。

案　　例

某地产集团组织结构如图 2-1 所示。

图 2-1　某地产集团组织结构

2.1.3　房地产开发企业的资质等级与管理

为了加强对房地产开发企业的管理,规范房地产开发企业行为,国家对房地产开发企业实行资质管理。1989 年建设部颁发了《城市综合开发公司资质等级标准》;在此基础上,1993 年颁布了《房地产开发企业资质管理规定》;2000 年 3 月,又发布了《房地产开发企业资质管理规定》(建设部令第 77 号),原 2013 年的文件废止;2015 年 5 月 4 日住房城乡建设部对该规定进行了第一次修正;2018 年进行了第二次修正;2022 年 3 月 2 日进行了第三次修正。

目前,房地产开发企业资质按照企业条件分为两个资质等级,资质等级的条件见表2-1。

表2-1 房地产开发企业资质等级条件

资质等级	从事房地产开发经营时间/年	近3年房屋建筑累计竣工面积/m²,或者累计完成与此相当的房地产开发投资额	连续几年建筑工程质量合格率达到100%/年	上一年房屋建筑施工面积/万 m²,或者完成与此相当的房地产开发投资额	专业管理人员/人		
					总数	有职称管理的人员	专职会计人员
一级资质	≥5	≥30	≥5	≥15	≥40	≥20(中级以上)	≥4
二级资质	—	—	—	—	—	≥5	≥2

注:各级企业都需在商品住宅销售中实行《住宅质量保证书》和《住宅使用说明书》制度,同时要求未发生过重大工程质量事故。

对于新申请设立的房地产开发企业,房地产开发主管部门应当在收到备案申请后30日内向符合条件的企业核发《暂定资质证书》,暂定资质的条件不低于四级资质的条件。《暂定资质证书》有效期1年。房地产开发主管部门可以视企业经营情况,延长《暂定资质证书》有效期,但延长期不得超过2年。自领取《暂定资质证书》之日起1年内无开发项目的,《暂定资质证书》有效期不得延长。

国务院建设行政主管部门负责全国房地产开发企业的资质管理工作;县级以上地方人民政府房地产开发主管部门负责本行政区域内房地产开发企业的资质管理工作。

房地产开发一级资质由省、自治区、直辖市建设行政主管部门初审,报国务院建设行政主管部门审批;二级资质及二级资质以下房地产开发企业的资质年检由省、自治区、直辖市人民政府建设行政主管部门制定办法。

2.2 房地产开发项目管理制度

对房地产开发项目的管理主要包括资本金制度、项目建设用地使用权的取得、项目招标投标管理、设计管理、施工管理、质量监督及竣工验收管理等。其中,项目建设用地使用权的取得和项目招标投标管理制度在后面的章节进行详细介绍。

2.2.1 房地产开发项目实行资本金制度

1996年8月23日国务院发布的《国务院关于固定资产投资项目试行资本金制度的通知》(国发〔1996〕35号)。该通知规定从1996年开始,对各种经营性投资项目,包括国有单位的基本建设、技术改造、房地产开发项目和集体投资项目试行资本金制度,投资的项目必须首先落实资本金才能进行建设。

1. 项目资本金的概念

投资项目资本金是指在投资项目的总投资中,由投资者认缴的出资额,对投资项目来说是非债务性资金,项目法人不承担这部分资金的任何利息和债务;投资者可按其出资的比例依法享有所有者权益,也可转让其出资,但不得以任何方式抽出。

2. 项目资本金的出资方式

项目投资资本金可以用货币出资,也可以用实物、工业产权、非专利技术、土地使用权作价出资,但必须经过有资格的资产评估机构依照法律、法规评估其价值,且不得高估或低估。以工业产权、非专利技术作价出资的比例不得超过投资项目资本金总额的 20%,国家对采用高新技术成果有特别规定的除外。

3. 房地产开发项目资本金

在《国务院关于固定资产投资项目试行资本金制度的通知》中,根据不同行业和项目的投资经济效益等因素,规定了项目资本金占总投资的比例,其中房地产开发可以归为其他行业的项目,资本金占比为 20% 及以上。《城市房地产开发经营管理条例》(1998 年 7 月 20 日国务院令第 248 号发布,2011 年 1 月 8 日根据《国务院关于废止和修改部分行政法规的决定》修订)中也规定,"房地产开发项目应当建立资本金制度,资本金占项目总投资的比例不得低于 20%"。2004 年 4 月 26 日,为加强宏观调控,调整和优化经济结构,国务院下发了《国务院关于调整部分行业固定资产投资项目资本金比例的通知》(国发〔2004〕13 号),将房地产开发项目(不含经济适用房项目)资本金最低比例由 20% 提高到 35%。2009 年 5 月 27 日,为应对国际金融危机,扩大国内需求,国务院发布了《国务院关于调整固定资产投资项目资本金比例的通知》(国发〔2009〕27 号),决定降低现行固定资产投资项目资本金比例,在该规定中保障性住房和普通商品住房项目的最低资本金比例为 20%,其他房地产开发项目的最低资本金比例为 30%。2015 年 9 月 14 日,国务院发布了《国务院关于调整和完善固定资产投资项目资本金制度的通知》(国发〔2015〕51 号),房地产开发项目中保障性住房和普通商品住房项目最低资本金比例维持 20% 不变,其他项目最低资本金比例由 30% 调整为 25%。

房地产开发项目实行资本金制度,即规定房地产开发企业承揽项目必须有一定比例的资本金,可以有效地防止部分不规范企业的不规范行为,减少楼盘"烂尾"等现象的发生。

2.2.2 房地产开发项目的设计管理制度

房地产开发项目的设计工作是房地产开发建设的关键环节。在项目确定之前,为项目决策提供科学的依据;在项目确定以后,为工程建设提供设计文件。加强对设计工作的管理,对于提高设计水平与质量,提高房地产开发项目建设的经济效益和社会效益,起决定性的作用。

1. 勘察设计单位资格的管理与监督

依据《建设工程勘察设计资质管理规定》(建设部令第 160 号),从事建设工程勘察、工程设计活动的企业,应当按照其拥有的注册资本、专业技术人员、技术装备和勘察设计业绩等条件申请资质,经审查合格,取得建设工程勘察、工程设计资质证书后,方可在资质许可的范围内从事建设工程勘察、工程设计活动。

(1) 工程勘察资质。工程勘察资质分为工程勘察综合资质、工程勘察专业资质、工程勘察劳务资质。

工程勘察综合资质只设甲级;工程勘察专业资质设甲级、乙级,根据工程性质和技术特点,部分专业可以设丙级;工程勘察劳务资质不分等级。取得工程勘察综合资质的企业,可以承接各专业(海洋工程勘察除外)、各等级工程勘察业务;取得工程勘察专业资质的企业,可以承接相应等级、相应专业的工程勘察业务;取得工程勘察劳务资质的企业,可以承接岩土工程治理、工程钻探、凿井等工程勘察劳务业务。

(2)工程设计资质。工程设计资质分为工程设计综合资质、工程设计行业资质、工程设计专业资质和工程设计专项资质。

工程设计综合资质只设甲级;工程设计行业资质、工程设计专业资质、工程设计专项资质设甲级、乙级。根据工程性质和技术特点,个别行业、专业、专项资质可以设丙级,建筑工程专业资质可以设丁级。

取得工程设计综合资质的企业,可以承接各行业、各等级的建设工程设计业务;取得工程设计行业资质的企业,可以承接相应行业、相应等级的工程设计业务及本行业范围内同级别的相应专业、专项(设计施工一体化资质除外)工程设计业务;取得工程设计专业资质的企业,可以承接本专业相应等级的专业工程设计业务及同级别的相应专项工程设计业务(设计施工一体化资质除外);取得工程设计专项资质的企业,可以承接本专项相应等级的专项工程设计业务。

申请工程勘察甲级资质、工程设计甲级资质,以及涉及铁路、交通、水利、信息产业、民航等方面的工程设计乙级资质的,应当向企业工商注册所在地的省、自治区、直辖市人民政府建设主管部门提出申请。省、自治区、直辖市人民政府建设主管部门初审完毕后,将初审意见和申请材料报国务院建设主管部门完成审查,公示审查意见。

工程勘察乙级及以下资质、劳务资质、工程设计乙级(涉及铁路、交通、水利、信息产业、民航等方面的工程设计乙级资质除外)及以下资质许可由省、自治区、直辖市人民政府建设主管部门实施。

颁发勘察设计证书的主管部门要根据条件认真审查,严格把关。对于不顾条件滥发证书的主管部门要追究责任。发证后,如发现有的单位超越规定范围承担任务,要严格制止;如发现设计质量事故、造成损失,应及时处理,追究责任直至收回证书。对于没有证书、擅自承揽设计任务的企业,要严格处理。

2. 房地产开发项目设计文件的审批和修改

国务院住房城乡建设主管部门负责对全国的施工图审查工作实施指导、监督。县级以上地方人民政府住房城乡建设主管部门负责对本行政区域内的施工图审查工作实施监督管理。各级主管部门应当根据国家规定的审批办法,对设计文件进行严格审批,不得下放审批权限。具体审批权限是:大中型项目的初步设计,各按隶属关系分别由国务院主管部门或省、自治区、直辖市审批;小型项目的初步设计审批权限,由各部门和各省、自治区、直辖市自行规定。技术设计按隶属关系由有关部门或省、自治区、直辖市审批。总体设计审批权限与初步设计的审批权限相同。对于施工图设计文件的审查,住房城乡建设部2013年发布的《房屋建筑和市政基础设施工程施工图设计文件审查管理办法》(住房城乡建设部令第13号)规定,我国实施施工图设计文件(含勘察文件,简称"施工图")审查制度。施工图审查是指建设主管部门认定的施工图审查机构(简称"审查机构")按照有关法律、法规,对施工图涉及公共利益、公众安全和工程建设强制性标准的内容进行审查。施工图未经审查合格的,不得使用。审查机构按承接业务范围分两类,一类机构承接房屋建筑、市政基础设施工程施工图审查业务范围不受限制;二类机构可以承接中型及以下房屋建筑、市政基础设施工程的施工图审查。

任何单位或者个人不得擅自修改审查合格的施工图;确需修改的,建设单位应当将修改后的施工图送原审查机构审查。

2.2.3　房地产开发项目的施工管理制度

1. 施工企业的资质管理

1) 施工企业的资质等级

2015 年 3 月 1 日开始实施的《建筑业企业资质管理规定》(住房城乡建设部令第 22 号)将建筑企业资质分为施工总承包资质、专业承包资质和施工劳务资质三个序列。取得施工总承包资质的企业(简称"施工总承包企业")可以承接施工总承包工程。施工总承包企业可以对所承接的施工总承包工程内各专业工程全部自行施工,也可以将专业工程或劳务作业依法分包给具有相应资质的专业承包企业或劳务分包企业。取得专业承包资质的企业(简称"专业承包企业")可以承接施工总承包企业分包的专业工程和建设单位依法发包的专业工程。专业承包企业可以对所承接的专业工程全部自行施工,也可以将劳务作业依法分包给具有相应资质的劳务分包企业。取得劳务分包资质的企业(简称"劳务分包企业")可以承接施工总承包企业或专业承包企业分包的劳务作业。施工总承包资质、专业承包资质、劳务分包资质序列按照工程性质和技术特点分别划分为若干资质类别。各资质类别按照规定的条件划分为若干资质等级。

2) 施工企业的资质审批

根据《建筑业企业资质管理规定》,建筑业企业资质的许可规定如下。

(1) 由国务院住房城乡建设主管部门许可的建筑业企业资质有:

① 施工总承包资质序列:特级资质、一级资质及铁路工程施工总承包二级资质;

② 专业承包资质序列:公路、水运、水利、铁路、民航方面的专业承包一级资质及铁路、民航方面的专业承包二级资质;涉及多个专业的专业承包一级资质。

申请上述资质的,可以向企业工商注册所在地省、自治区、直辖市人民政府住房城乡建设主管部门提交申请材料。省、自治区、直辖市人民政府住房城乡建设主管部门收到申请材料后,应当在 5 日内将全部申请材料报审批部门。国务院住房城乡建设主管部门在收到申请材料后,应当依法做出是否受理的决定,并出具凭证;申请材料不齐全或者不符合法定形式的,应当在 5 日内一次性告知申请人需要补正的全部内容。逾期不告知的,自收到申请材料之日起即为受理。国务院住房城乡建设主管部门应当自受理之日起 20 个工作日内完成审查,自作出决定之日起 10 日内公告审批结果。其中,涉及公路、水运、水利、通信、铁路、民航等方面资质的,由国务院住房城乡建设主管部门会同国务院有关部门审查。

(2) 由企业工商注册所在地省、自治区、直辖市人民政府住房城乡建设主管部门许可的建筑业企业资质有:

① 施工总承包资质序列二级资质及铁路、通信工程施工总承包三级资质;

② 专业承包资质序列一级资质(不含公路、水运、水利、铁路、民航方面的专业承包一级资质及涉及多个专业的专业承包一级资质);

③ 专业承包资质序列二级资质(不含铁路、民航方面的专业承包二级资质),铁路方面专业承包三级资质,特种工程专业承包资质。

上述资质的许可程序由省、自治区、直辖市人民政府住房城乡建设主管部门依法确定,并向社会公布。

(3) 由企业工商注册所在地区的市人民政府住房城乡建设主管部门许可的建筑业企业资质有:

① 施工总承包资质序列三级资质(不含铁路、通信工程施工总承包三级资质);

② 专业承包资质序列三级资质(不含铁路方面专业承包资质)及预拌混凝土、模板脚手架专业承包资质;

③ 施工劳务资质;

④ 燃气燃烧器具安装、维修企业资质。

上述资质许可的实施程序由设区的市级人民政府住房城乡建设主管部门依法确定,并向社会公布。

取得建筑业企业资质证书的企业,应当保持资产、主要人员、技术装备等方面满足相应建筑业企业资质标准要求的条件。企业不再符合相应建筑业企业资质标准要求条件的,县级以上地方人民政府住房城乡建设主管部门、其他有关部门应当责令其限期改正并向社会公告,整改期限最长不超过 3 个月;企业整改期间不得申请建筑业企业资质的升级、增项,不能承揽新的工程;逾期仍未达到建筑业企业资质标准要求条件的,资质许可机关可以撤回其建筑业企业资质证书。被撤回建筑业企业资质证书的企业,可以在资质被撤回后 3 个月内,向资质许可机关提出核定低于原等级同类别资质的申请。

2. 建设项目开工管理制度

1) 施工许可证制度

依据《建筑工程施工许可管理办法》(2014 年住房城乡建设部令第 18 号发布,2021 年住房城乡建设部令第 52 号修订)规定,开发建设项目开工实行施工许可证制度。建设单位在开工前应当向工程所在地的县级以上地方人民政府住房城乡建设主管部门申请领取施工许可证。未取得施工许可证的建设单位不得擅自组织开工。但工程投资额在 30 万元以下或者建筑面积在 $300\mathrm{m}^2$ 以下的建筑工程,可以不申请办理施工许可证。任何单位和个人不得将应该申请领取施工许可证的工程项目分解为若干限额以下的工程项目,以规避申请领取施工许可证。

建设工程开工取得施工许可证的条件是:

(1) 依法应当办理用地批准手续的,已经办理该建筑工程用地批准手续。

(2) 依法应当办理建设工程规划许可证的,已经取得建设工程规划许可证。

(3) 施工场地已经基本具备施工条件,需要征收房屋的,其进度符合施工要求。

(4) 已经确定施工企业。按照规定应当招标的工程没有招标,应当公开招标的工程没有公开招标,或者肢解发包工程,以及将工程发包给不具备相应资质条件的企业的,所确定的施工企业无效。

（5）有满足施工需要的资金安排、施工图纸及技术资料,建设单位应当提供建设资金已落实承诺书,施工图设计文件已按规定审查合格。

（6）有保证工程质量和安全的具体措施。施工企业编制的施工组织设计中有根据建筑工程特点制定的相应质量、安全技术措施。建立工程质量安全责任制并落实到人。专业性较强的工程项目编制了专项质量、安全施工组织设计,并按照规定办理了工程质量、安全监督手续。

（7）法律、行政法规规定的其他条件。

建设单位具备了上述条件,经主管部门批准发给施工许可证,建设单位应当自领取施工许可证之日起 3 个月内开工。因故不能按期开工的,应当在期满前向发证机关申请延期,并说明理由;延期以两次为限,每次不超过 3 个月。既不开工又不申请延期或者超过延期次数、时限的,施工许可证自行废止。

2）对不按期开发的房地产开发项目的处理原则

《城市房地产开发经营管理条例》规定,房地产开发企业应当按照土地使用权出让合同约定的土地用途、动工开发期限进行项目开发建设。出让合同约定的动工开发期限满 1 年未动工开发的,可以征收相当于土地使用权出让金20％以下的土地闲置费;满 2 年未动工开发的,可以无偿收回土地使用权。这样规定是为了防止利用土地进行非法炒作,激励土地尽快投入使用,促进土地的合理利用。

这里所指的满 1 年未动工开发的起止日是自土地的使用权出让合同生效之日计算起至次年同月同日止。动工开发日期是指开发建设单位进行实质性投入的日期。动工开发必须进行实质性投入,开工后必须不间断地进行基础设施、房屋建设。在有拆迁的地段进行拆迁、"三通一平"(通电、通水、通路和地面平整)即视为启动。一经启动,则无特殊原因不应当停工,如稍作启动即无期限停工,不应算作开工。

《城市房地产开发经营管理条例》还规定了以下三种情况造成的违约和土地闲置,不征收土地闲置费。

（1）因不可抗拒力造成开工延期。不可抗拒力是指依靠人的能力不能抗拒的因素,如地震、洪涝等自然灾害。

（2）因政府或者政府有关部门的行为而不能如期开工的。

（3）因动工开发必需的前期工作造成动工迟延的,如发现地下文物等。

2.2.4 房地产开发项目的质量监督管理及竣工验收管理制度

1. 房地产开发项目质量责任制度

（1）房地产开发企业应对其开发的房地产项目承担质量责任。《城市房地产开发经营管理条例》规定,房地产开发企业开发建设的房地产开发项目应当符合有关法律、法规的规定和建筑工程质量、安全标准、建筑工程勘察、设计、施工的技术规范以及合同的约定。房地产开发企业应当对其开发建设的房地产开发项目的质量承担责任。勘察、设计、施工、监理等单位应当依照有关法律、法规的规定或者合同的约定,承担相应的责任。

（2）房地产开发企业必须对其开发的房地产项目承担质量责任。房地产开发企业作为房地产项目建设的主体,是整个活动的组织者。尽管在建设环节许多工作都由勘察设计、施工等单位承担,出现质量责任可能是由于勘察设计、施工或者材料供应商的责任,但开发商是组织者,其他所有参与部门都是由开发商选择的,都和开发商发生合同关系,出现问题也理应由开发商与责任单位协调解决。此外,消费者是从开发商手里购房,就如同在商店购物,出现问题应由商店对消费者承担质量责任一样,购买的房屋出现质量问题,理应由开发企业对购房者承担责任。

房地产开发企业开发建设的房地产项目必须要经过工程建设环节,必须符合《建筑法》及建筑方面的有关法律规定,符合工程勘察、设计、施工等方面的技术规范,符合工程质量、工程安全方面的有关规定和技术标准,这是对房地产开发项目在建设过程中的基本要求,同时还要严格遵守合同的约定。

2. 房地产开发项目的质量监督

建设工程的质量监督是监督部门代表政府对工程建设实施质量的监管和认证,是偏重于工程的分部分项或整体完成、竣工后的监督,是政府运用行政手段,保证工程质量的重要措施。

全国范围内的质量监督工作由住房城乡建设部负责;各省、自治区、直辖市范围内的质量监督工作由省、自治区、直辖市建设行政主管部门负责;各市、县建设行政主管部门根据需要和条件设质量监督站,负责本地区的建筑工程质量工作。以上建筑工程质量监督工作在业务上还要接受技术监督部门的指导。市、县建设行政主管部门还可委托有关单位(包括监理单位)对建筑质量进行监督。

3. 房地产开发项目的竣工验收

《城市房地产管理法》第二十七条规定:"房地产开发项目的设计、施工,必须符合国家的有关标准和规范。房地产开发项目竣工,经验收合格后,方可交付使用。"《建筑法》第六十一条规定:"建筑工程竣工经验收合格后,方可交付使用;未经验收或者验收不合格的,不得交付使用。"

《建设工程质量管理条例》第十六条规定:"建设单位收到建设工程竣工报告后,应当组织设计、施工、工程监理等有关单位进行竣工验收。建设工程竣工验收应当具备下列条件:(一)完成建设工程设计和合同约定的各项内容;(二)有完整的技术档案和施工管理资料;(三)有工程使用的主要建筑材料、建筑构配件和设备的进场试验报告;(四)有勘察、设计、施工、工程监理等单位分别签署的质量合格文件;(五)有施工单位签署的工程保修书。建设工程经验收合格的,方可交付使用。"

2000年,《建设工程质量管理条例》和《房屋建筑工程和市政基础设施工程竣工验收备案管理暂行办法》(建设部令第78号)下发后,建设主管部门已经不再对住宅房地产项目进行综合验收审批,房屋竣工验收已由原来的行政审批许可制变为备案制,房屋验收许可制退出了历史的舞台。《房屋建筑工程和市政基础设施工程竣工验收备案管理暂行办法》(2009年住房城乡建设部令第2号修正建设部令第78号)规定:"建设单位应当自工程竣工验收合格之日起15日内,依照本办法规定,向工程所在地的县级以上地方人民政府建设主管部门(以下简称备案机关)备案。"

建设单位办理工程竣工验收备案应当提交下列文件:①工程竣工验收备案表。②工程竣工验收报告。竣工验收报告应当包括工程报建日期,施工许可证号,施工图设计文件审查意见,勘察、设计、施工、工程监理等单位分别签署的质量合格文件及验收人员签署的竣工验收原始文件,市政基础设施的有关质量检测和功能性试验资料以及备案机关认为需要提供的有关资料。③法律、行政法规规定应当由规划、环保等部门出具的认可文件或者准许使用文件。④法律规定应当由公安消防部门出具的对大型的人员密集场所和其他特殊建设工程验收合格的证明文件。⑤施工单位签署的工程质量保修书。⑥法规、规章规定必须提供的其他文件。住宅工程还应当提交《住宅质量保证书》和《住宅使用说明书》。

2-2

4. 对质量不合格的房地产项目的处理方式

房屋主体结构质量涉及房地产开发企业、工程勘察设计单位、施工单位、监理单位、材料供应单位等,房屋主体结构质量的好坏直接影响房屋的合理使用和购房者的生命财产安全。房屋竣工后,必须经验收合格后方可交付使用。商品房交付使用后,购房人认为主体结构质量不合格的,可以向工程质量监督单位申请重新核验。经核验,确属主体结构质量不合格的,购房人有权退房,给购房人造成损失的,房地产开发企业应当依法承担赔偿责任。这样规定主要是为了保护购买商品房的消费者的合法权益。

应当注意以下几个问题。①购房人在商品房交付使用之后发现质量问题。这里的交付使用之后,是指办理了交付使用手续之后,可以是房屋所有权证办理之前,也可以是房屋所有权证办理完毕之后。主体结构质量问题与使用时间关系不大,主要是设计和施工原因造成的,因而,只要在合理的使用年限内,只要属于主体结构的问题,都可以申请质量部门认定,房屋主体结构不合格的均可申请退房。②确属主体结构质量不合格,而不是一般性的质量问题。房屋质量问题有很多种,一般性的质量问题主要通过质量保修解决,而不是退房。③必须向工程质量监督部门申请重新核验,以质量监督部门核验的结论为依据。这里的质量监督部门是指专门进行质量验收的质量监督站,其他单位的核验结果不能作为退房的依据。④对给购房人造成的损失应当有合理的界定,应只包含直接损失,不应包含精神损失等间接性损失。

对于经工程质量监督部门核验,确属房屋主体结构质量不合格的商品房,消费者有权要求退房,终止房屋买卖关系,或采取其他办法,如双方协商换房等。选择退房还是换房,权利在消费者。

以上这些规定也是为了保护购买商品房的消费者的合法权益。

2.3 房地产经营管理制度

房地产经营是开发商通过对所开发房地产的销售、出租和抵押,实现自己预期投资收益的行为。房地产经营管理主要包括房地产开发项目的转让、商品房交付使用、房地产租售等过程的管理。

2.3.1 房地产开发项目转让管理制度

房地产开发项目的转让,是指已经获得立项批准的房地产开发项目,在开发公司之间,或者项目公司股东或合作开发的权益人之间,向他人转让其开发项目或项目股权或合作开发权益的行为。房地产开发项目的转让也是一种交易,但它不是商品房屋的交易,也不是土地使用权的交易,而是开发项目的交易。

1. 转让条件

1) 以出让方式取得土地使用权的转让条件

《城市房地产管理法》第三十九条规定了以出让方式取得的土地使用权,转让房地产开发项目时必须具备以下条件。

(1) 按照出让合同约定已经支付全部土地使用权出让金,并取得土地使用权证书,这是出让合同成立的必要条件,也只有出让合同成立,才允许转让。

(2) 按照出让合同约定进行投资开发,完成一定开发规模后才允许转让,这里又分为两种情形:一是属于房屋建设工程的,应完成开发投资总额的25%以上;二是属于成片开发土地的,应形成工业用地或其他建设用地条件。这样规定的目的是严格限制炒买炒卖地皮、牟取暴利,以保证开发建设的顺利实施。转让房地产时房屋已经建成的,还应当持有房屋所有权证书。

2) 以划拨方式取得土地使用权的转让条件

《城市房地产管理法》第四十条规定了以划拨方式取得的土地使用权在转让房地产开发项目时的条件。对于以划拨方式取得土地使用权的房地产项目,要转让的前提是必须经有批准权的人民政府审批。经审查,除不允许转让外,对准予转让的土地有两种处理方式。

(1) 由受让方先补办土地使用权出让手续,并依照国家有关规定缴纳土地使用权出让金后,才能进行转让。

(2) 可以不办理土地使用权出让手续而转让房地产,但转让方应将转让房地产所获收益中的土地收益上缴国家或做其他处理。对以划拨方式取得土地使用权的,转让房地产时,属于下列情形之一的,经有批准权的人民政府批准,可以不办理土地使用权出让手续。

① 经城市规划行政主管部门批准,转让的土地用于《城市房地产管理法》第二十四条规定的项目,即用于国家机关用地和军事用地,城市基础设施用地和公益事业用地,国家重点扶持的能源、交通、水利等项目用地,以及法律、行政法规规定的其他用地。经济适用住房采取行政划拨的方式进行。因此,经济适用住房项目转让后仍用于经济适用住房的,经有批准权限的人民政府批准,也可以不补办出让手续。

② 私有住宅转让后仍用于居住的。

③ 按照国务院住房制度改革有关规定出售公有住宅的。

④ 同一宗土地上部分房屋转让而土地使用权不可分割转让的。

⑤ 转让的房地产暂时难以确定土地使用权出让用途、年限和其他条件的。

⑥ 根据城市规划土地使用权不宜出让的。

⑦ 县级以上人民政府规定暂时无法或不需要采取土地使用权出让方式的其他情形。

2. 转让程序

《城市房地产开发经营管理条例》(2020年修订)第二十条规定,转让房地产开发项目,转让人和受让人应当自土地使用权变更登记手续办理完毕之日起30日内,持房地产开发项目转让合同到房地产开发主管部门备案。

为了保护已经与房地产开发项目转让人签订合同的当事人的权利,要求房地产项目转让的双方当事人在办完土地使用权变更登记后 30 日内,到房地产开发主管部门办理备案手续。在办理备案手续时,房地产开发主管部门要审核项目转让是否符合有关法律、法规的规定;房地产开发项目转让人已经签订的拆迁、设计、施工、监理、材料采购等合同是否做了变更,相关的权利、义务是否已经转移;新的项目开发建设单位是否具备开发受让项目的条件;开发建设单位的名称是否已经变更。上述各项均满足规定条件,转让行为有效。如有违反规定或不符合条件的,房地产开发主管部门有权责令其补办有关手续或者认定该转让行为无效,并可对违规的房地产开发企业进行处罚。

在《城市房地产开发经营管理条例》中只提到了房地产开发项目转让合同,各地在制定具体办法时应当进一步明确应当提供的证明材料。如受让房地产开发企业的资质条件、拆迁的落实情况、土地使用权的变更手续以及其他的证明材料。房地产开发企业应当在办理完土地使用权变更登记手续后 30 日内,到市、县人民政府的房地产行政主管部门办理项目转让备案手续。未经备案或未按规定期限办理备案手续的房地产转让行为无效。

房地产开发企业转让房地产开发项目时,尚未完成拆迁安置补偿的,原拆迁安置补偿合同中有关的权利、义务随之转移给受让人。项目转让人应当书面通知被拆迁人。房屋拆迁补偿安置是房地产开发的重要环节之一,与被拆迁人的利益密切相关。房地产开发企业项目转让之后能否保证被拆迁人的利益不受损害,是政府部门审查房地产项目是否允许转让的重要指标。这样规定的目的是保障被拆迁人的合法权益,防止在项目转让过程中或者转让后,因转让方、受让方互相推诿,使被拆迁人的权益受到损害。

2.3.2　商品房交付使用管理制度

所谓交付,是指转移标的物实际占有和控制的行为。在民法理论中,交付是作为动产物权变动的公示手段,而且仅适用于以法律行为让与动产所有权的情形。而在不动产让与过程中,交付仅仅指对不动产实际占有的转移,而并非不动产变动的公示手段。实践中,商品房的交付以开发商与买受人之间所签署的"房屋交接确认书"为标志。在签署该交接书之前,开发商应当向买受人出示相关证件的原件,然后由买受人对房屋进行质量验收,验收后开发商将房屋钥匙交付给买受人。理论上认为在不动产的交付中,交付仅仅针对标的物本身的占有控制而言,而并不涉及权利的转移。在具体交付中,涉及以下管理制度。

1. 预售商品房的交付管理制度

《商品房销售管理办法》第三十条规定:"房地产开发企业应当按照合同约定,将符合交付使用条件的商品房按期交付给买受人。未能按期交付的,房地产开发企业应当承担违约责任。因不可抗力或者当事人在合同中约定的其他原因,需延期交付的,房地产开发企业应当及时告知买受人。"这一规定是针对实践中出现的逾期交付房产问题所做的相应规定。延期交房是目前房地产市场中普遍存在的现象,属于消费者投诉的热点问题。延期交房属于违法行为,会给预购方带来一系列的问题。因此,除不可抗力或者当事人在合同中约定的其他原因需延期交付的以外,预售方还应承担延期交房的民事责任。为了更好地保护自己的权益,预售方一定要在商品房买卖合同中明确约定预售方延期交房的违约责任。

2．现售商品房的交付管理制度

1）买受人验收制度

商品房交付使用时，买受人要根据商品房买卖合同和房地产开发企业提供的"两书"，对房屋进行验收，一般情况应查看的内容有如下4个方面。

（1）房屋建筑质量。根据《房屋建筑工程和市政基础设施工程竣工验收备案管理暂行办法》（该办法于2000年4月7日发布，自发布之日起施行。2013年12月2日，住房城乡建设部发布了《房屋建筑和市政基础设施工程竣工验收规定》（建质〔2013〕171号），上述暂行办法废止）规定，竣工验收不再由质检站担任，而是由设计、监理、建设和施工单位四方合验后，在工程竣工15天内到市、区两级建设委员会办理竣工备案。因此，买受人自己要对房屋进行质量检查，如墙面、地板有无裂缝等，检查门窗开关是否平滑，有无过大的缝隙。

（2）装饰、装修材料标准。在商品房买卖合同里，买卖双方应对房屋交付使用时的装饰、装修标准有详细的约定，包括内外墙、顶棚、地面使用材料，门窗用料，厨房和卫生间，使用设施的标准、品牌和使用的舒适程度等。

（3）水、电、气现状及供应情况。检查这方面情况时，首先要看这些管线是否安装到位，室内电源、天线、电话线插头是否安装齐全；其次要检查上下水是否通畅，各种电力线是否具备实际使用的条件。

（4）房屋面积的核定。任何商品房在交付使用时，必须由房屋土地管理局所属的专业测量单位对每一套房屋面积进行核定，得出实测面积。因此，当买受人验收时，再把这个实测面积与合同中约定的面积进行核对，即可得知面积有无误差。

2）《住宅质量保证书》和《住宅使用说明书》制度

根据《商品住宅实行住宅质量保证书和住宅使用说明书制度的规定》，房地产开发企业在向买受人交付销售的新建商品住宅时，必须提供《住宅质量保证书》和《住宅使用说明》。《住宅质量保证书》可以作为商品房购销合同的补充约定。

（1）《住宅质量保证书》的内容。《住宅质量保证书》是房地产开发企业对销售的商品住宅承担质量责任的法律文件，房地产开发企业应当按照《住宅质量保证书》的约定，承担保修责任。商品住宅售出后，委托物业管理公司等单位维修的，应在《住宅质量保证书》中明示所委托的单位。商品住宅的保修期不得低于建设工程承包单位向建设单位出具的工程质量保修书约定保修的存续期。非住宅商品房的保修期不得低于建筑工程承包单位向建设单位出具的工程质量保修书约定保修的存续期。

《住宅质量保证书》应当包括以下内容。

① 工程质量监督部门核验的质量等级。

② 地基基础和主体结构在合理使用寿命年限内承担保修。

③ 正常使用情况下各部位、部件保修内容与保修期：地基基础和主体结构在合理使用寿命年限内承担保修；屋面防水3年；墙面、厨房和卫生间地面、地下室、管道渗漏1年；墙面、顶棚抹灰层脱落1年；地面空鼓开裂、大面积起砂1年；门窗翘裂、五金件损坏1年；管道堵塞2个月；供热、供冷系统和设备1个采暖期或供冷期；卫生洁具1年；灯具、电器开关6个月。其他部位、部件的保修期限，由房地产开发企业与用户自行约定。在保修期限内发生的属于保修范围的质量问题，房地产开发企业应当履行保修义务，并对造成的损失承担

赔偿责任。因不可抗力或者使用不当造成的损失,房地产开发企业不承担责任。

④ 答复和处理的时限。住宅保修期从开发企业将竣工验收的住宅交付买受人使用之日起计算,保修期限不应低于上述期限。房地产开发企业可以延长保修期。国家对住宅工程质量保修期另有规定的,保修期限按照国家规定执行。

房地产开发企业向买受人交付商品住宅时,应当有交付验收手续,并由买受人对住宅设备、设施的正常运行签字认可。买受人验收后自行添置、改动的设施、设备,由买受人自行承担维修责任。

(2)《住宅使用说明书》的内容。《住宅使用说明书》应当对住宅的结构、性能和各部位(部件)的类型、性能、标准等做出说明,并提出使用注意事项,一般应当包含以下内容:开发单位、设计单位、施工单位,委托监理的应注明监理单位;结构类型;装修、装饰注意事项;上水、下水、电、燃气、热力、通信、消防等设施配置的说明;有关设备、设施安装预留位置的说明和安装注意事项;门、窗类型,使用注意事项;配电负荷;承重墙、保温墙、防水层、阳台等部位注意事项的说明;其他需说明的问题。

住宅中配置的设备、设施,生产厂家另有使用说明书的,应附于《住宅使用说明书》中。

3. 法律法规对商品房交付后出现问题的规定

1) 商品房保修的问题

(1) 商品房保修期限。根据《商品房销售管理办法》第三十三条的规定,房地产开发企业应当对所销售商品房承担质量保修责任。当事人应当在合同中就保修范围、保修期限、保修责任等内容做出约定。根据《建设工程质量管理条例》第四十条的规定,在正常使用的条件下,建设工程的最低保修期限为:

① 基础设施工程、房屋建筑的地基基础工程和主体结构工程,为设计文件规定的该工程的合理使用年限;

② 屋面防水工程、有防水要求的卫生间、房间和外墙面的防渗漏为 5 年;

③ 供热与供冷系统为 2 个采暖期、供冷期;

④ 电气管线、给排水管道、设备安装和装修工程为 2 年。

其他项目的保修期限由发包方与承包方约定。建设工程的保修期自竣工验收合格之日起计算,而房地产销售保修期从交付之日起计算。如果当事人对保修期未做约定,可以适用《商品房住宅实行住宅质量保证书》和《住宅使用说明书制度的规定》中确定的保修期。

(2) 商品房保修范围及保修责任。根据《房屋建筑工程质量保修办法》的规定,房屋建筑工程质量保修是指对房屋建筑工程竣工验收后在保修期限内出现的质量缺陷予以修复。质量缺陷是指房屋建筑工程的质量不符合工程建设强制性标准以及合同的约定。房屋建筑工程在保修范围和保修期限内出现质量缺陷,施工单位应当履行保修义务。

建设单位和施工单位应当在工程质量保修书中约定保修范围、保修期限和保修责任等,双方约定的保修范围、保修期限必须符合国家有关规定。施工单位不按工程质量保修书约定保修的,建设单位可以另行委托其他单位保修,由原施工单位承担相应责任。在保修期限内,因房屋建设工程质量缺陷造成房屋所有人、使用人或者第三方人身、财产损害的,房屋所有人、使用人或者第三方可以向建设单位提出赔偿要求。建设单位向造成房屋建筑工程质量缺陷的责任方追偿。

因保修不及时造成新的人身、财产损害,由造成拖延的责任方承担赔偿责任。

房地产开发企业售出的商品房保修,还应当执行《城市房地产开发经营管理条例》和其他有关规定。《房屋建筑工程质量保修办法》第十七条明确规定下列情况不属于保修范围:因使用不当或第三方造成的质量缺陷;不可抗力造成的质量缺陷。

2) 商品房结构质量问题的处理

《商品房销售管理办法》第三十五条规定:"商品房交付使用后,买受人认为主体结构质量不合格的,可以依照有关规定委托工程质量检测机构重新核验。经核验,确属主体结构质量不合格的,买受人有权退房;给买受人造成损失的,房地产开发企业应当依法承担赔偿责任。"这里有几点要注意:

(1) 只有工程主体结构不合格的,买受人才能退房。因为退房对于开发商而言,属于比较严重的制约措施,会给其带来较大损失,应当在其有重大过错时适用。当然,当事人或者法律法规对买受人退房另有规定的,从其规定。

(2) 买受人所购商品房主体质量不合格的,买受人不但可以退房,还可以要求房地产开发企业赔偿其损失。

(3) 工程质量检测机构是指依法取得工程质量检测资格的机构。我国对工程质量检测机构实行资质管理制度,只有具有相应资质等级的工程质量检测机构才能从事商品房主体结构的质量核验工作,其核验结果才合法有效。

3) 商品房产权证办理纠纷的处理

(1) 对于因开发商过错引起的不能(或迟延)办证纠纷,应按《民法典》中的过错责任原则进行处理,主要存在以下两种情况引起不能办证。

其一,因开发商违约侵权(主要体现为挪用契税费)产生产权证纠纷的。

由于开发商有主观故意和实际的过错行为,并直接产生了不能(或迟延)办证的后果,影响了购房方对所购房屋多元化功能的充分利用,应承担相应的民事责任。在处理时,应判令开发商限期办妥证照,并承担合同规定的违约责任;如合同未明确约定违约责任,可根据民事法律有关规定,参照银行贷款利率,作为违约责任的赔偿尺度;如果在限定期限内仍没办妥证照,应偿付购房方已交购房款利息的双倍赔偿。这样处理有利于对过错开发商予以一定的法律惩戒,并形成较强的约束力,促使其迅速履行办证义务,从而彻底息争止讼。

对于开发商虽未挪用契税费,但因其合同观念淡薄,或因整幢楼房销售情况不佳,尚有部分积压,打算全部售出后再一并办证,致使购房方不能在约定期限内拿到房屋证照的,其过错行为在客观上已造成购房方的合法权益受到损害,仍应按照前述原则进行处理。

其二,因开发商开发、销售手续不合法引起产权证纠纷的,应先根据有关法律规定,查明整个买卖合同是否有效,再做出相应处理。

(2) 对于主管部门职权行为偏差致开发商不能(或迟延)办证导致的买卖双方纠纷,只要开发商举证证明其无过错责任,则应驳回原告的诉讼请求,告知原、被告可向上级主管部门提出行政申诉,申诉无果的可通过行政诉讼途径解决。

4) 商品房面积误差的处理

根据《商品房销售管理办法》第二十条的规定,按套内建筑面积或者建筑面积计价的,当事人应当在合同中载明合同约定面积与产权登记面积发生误差的处理方式。

事先合同未做约定的,按以下原则处理:第一,面积误差比绝对值在 3% 以内(含 3%)的,据实结算房价款;第二,面积误差比绝对值超出 3% 时,买受人有权退房。买受人提出退房的,房地产开发企业应当在买受人提出退房之日起 30 日内将买受人已付房价款退还,同时支付已付房价款利息。买受人不退房的,产权登记面积大于合同约定面积时,面积误差比绝对值在 3% 以内(含 3%)部分的房价款由买受人补足;超出 3% 部分的房价款由房地产开发企业承担,产权归买受人。产权登记面积小于合同约定面积时,面积误差比绝对值在 3% 以内(含 3%)部分的房价款由房地产开发企业返还买受人;面积误差比绝对值超出 3% 部分的房价款由房地产开发企业双倍返还买受人。

面积误差比的计算方法为

$$面积误差比 = \frac{产权登记面积 - 合同约定面积}{合同约定面积} \times 100\%$$

因该办法第二十四条规定的规划设计变更造成面积差异,当事人不解除合同的,应当签署补充协议。

《商品房销售管理办法》选择了 3% 作为标准,主要是根据各地在面积处理方面的规定而确定的。《商品房销售管理办法》出台后,各地房地产开发主管部门(包括建设主管部门、房地产管理部门)规定与《商品房销售管理办法》规定不一致的,以《商品房销售管理办法》的规定为准。

2.3.3　房地产广告管理制度

由于房地产产品价值大,与购房者人身关系程度高,并且住宅产业是国民经济的支柱性产业,因此,有必要对房地产广告进行严格的管理和监督。《城市房地产开发经营管理条例》规定,房地产开发企业不得进行虚假广告宣传。

房地产广告指房地产开发企业、房地产权利人、房地产中介服务机构发布的房地产项目预售、预租、出售、出租、项目转让以及其他房地产项目介绍的广告。为了加强房地产广告管理,规范房地产广告制作单位、发布单位以及房地产广告用语等行为,2015 年,国家工商行政管理总局发布了《房地产广告发布规定》(国家工商行政管理总局令第 80 号),对房地产广告做了以下规范性的规定。

1. 房地产广告应当遵守的原则及要求

发布房地产广告应当遵守《民法典》《城市房地产管理法》《土地管理法》及国家有关广告监督管理和房地产管理的规定。房地产广告必须真实、合法、科学、准确,符合社会主义精神文明建设要求,不得欺骗和误导公众。房地产广告不得含有风水、占卜等封建迷信内容,对项目情况进行的说明、渲染不得有悖社会良好风尚。

2. 禁止发布房地产广告的几种情形

(1) 在未经依法取得国有土地使用权的土地上开发建设的。

(2) 在未经国家征用的集体所有的土地上开发建设的。

(3) 司法机关和行政机关依法规定、决定查封或者以其他形式限制房地产权利的。

(4) 预售房地产,但未取得该项目预售许可证的。

（5）权属有争议的。

（6）违反国家有关规定建设的。

（7）不符合工程质量标准，经验收不合格的。

（8）法律、行政法规规定禁止的其他情形。

3. 发布房地产广告应当提供的文件

发布房地产广告应当具有或者提供相应真实、合法、有效的证明文件，主要包括以下内容。

（1）房地产开发企业、房地产权利人、房地产中介服务机构的营业执照或者其他主体资格证明。

（2）房地产主管部门颁发的房地产开发企业资质证书。

（3）自然资源主管部门颁发的项目土地使用权证明。

（4）工程竣工验收合格证明。

（5）发布房地产项目预售、出售广告应当具有地方政府建设主管部门颁发的预售、销售许可证证明；出租、项目转让广告应当具有相应的产权证明。

（6）中介机构发布所代理的房地产项目广告应当提供业主委托证明。

（7）确认广告内容真实性的其他证明文件。

4. 房地产广告的内容

房地产预售、销售广告必须载明以下事项。

（1）开发企业名称。

（2）中介服务机构代理销售的，载明该机构名称。

（3）预售或者销售许可证书号。

广告中仅介绍房地产项目名称的，可以不必载明上述事项。

5. 房地产广告的要求事项

2-3

（1）房地产广告中涉及所有权或者使用权的，所有或者使用的基本单位应当是有实际意义的完整的生产、生活空间。

（2）房地产广告中对价格有表示的，应当清楚表示为实际的销售价格，明示价格的有效期限。

（3）房地产中表现项目位置的，应以从该项目到达某一具体参照物的现有交通干道的实际距离表示，不得以所需时间来表示距离。房地产广告中的项目位置示意图应当准确、清楚，比例恰当。

（4）房地产广告中涉及的交通、商业、文化教育设施及其他市政条件等，如在规划或者建设中，应当在广告中注明。

（5）房地产广告中涉及面积的，应当标明是建筑面积还是使用面积。

（6）房地产广告涉及内部结构、装修装饰的，应当真实、准确。预售、预租商品房广告不得涉及装修装饰内容。

（7）房地产广告中不得利用其他项目的形象、环境作为本项目的效果。

(8) 房地产广告中使用建筑设计效果图或者模型照片的,应当在广告中注明。

(9) 房地产广告中不得出现融资或者变相融资的内容,不得含有升值或者投资回报的承诺。

(10) 房地产广告中涉及贷款服务的,应当载明提供贷款的银行名称及贷款额度、年期。

(11) 房地产广告中不得含有能够为入住者办理户口、就业、升学等事项的承诺。

(12) 房地产广告中涉及物业管理内容的,应当符合国家有关规定;涉及尚未实现的物业管理内容,应当在广告中注明。

(13) 房地产广告中涉及资产评估的,应当标明评估单位、估价师和评估时间;使用其他数据、统计资料、文摘、引用语的,应当真实、准确,标明出处。

6. 房地产广告管理的主要制度

(1) 广告监测制度。广告监测工作是对违法广告发布活动进行日常监督管理的一项内容。为了加强对广告监测工作的指导,国家工商行政管理总局[①]对广告监测的范围、监测工作流程、检测设备、检测结果的使用、检测人员等进行了规范,提出了统一要求。

(2) 违法广告查处通知书。对举报和监测中发现严重违法的房地产广告,市场监管总局广告监督管理司有权对其下发违法广告查处通知书。

(3) 行政告诫制度。对于发布违法广告较多、违法广告性质严重的广告主、广告经营者、广告发布者,由广告监管机关对其进行告诫,要求其进行整改。

(4) 暂停发布制度。对于性质恶劣的违法房地产广告,广告监管机关采取行政措施在当地暂停发布该违法广告。

依据广告管理法律法规的规定,广告行政管理机关追究活动主体违反法律法规的责任,广告活动主体一方不服的,可以对广告监管机关行政处罚决定申请复议,复议机关应依法复议并做出裁决。

本章小结

房地产开发是一个复杂的过程,需要有专门的房地产开发企业,按照专门的开发管理制度完成开发工作。本章主要介绍了房地产开发企业及其制度,包括房地产开发企业的概念、分类、设立条件、资质等级、设立程序、资质管理;还介绍了房地产开发项目管理和房地产经营管理的主要制度,使读者对这些制度有一个基本的了解。

习题

思考题

1. 房地产开发企业的类型有哪些?

---

① 2018 年 3 月,根据第十三届全国人民代表大会第一次会议批准的国务院机构改革方案,将国家工商行政管理总局的职责整合,组建中华人民共和国国家市场监督管理总局。

2. 房地产开发企业设立的条件和程序是什么？

3. 各级房地产开发企业的资质等级条件有何规定？

4. 简述房地产开发项目资本金制度的主要内容。

5. 简述施工许可证的取得条件。

6. 《建设工程质量管理条例》中，各分项建设工程最低保修期限分别为多长时间？

7. 房地产项目转让的条件是什么？

8. 发布房地产广告的要求事项有哪些？禁止发布房地产广告的有哪几种情形？

9. 分析一个房地产广告的内容，判断其是否符合房地产广告的要求事项。

第3章

房地产开发策划

【学习要点及目标】

◆ 理解房地产开发策划的含义,熟悉房地产开发策划的特性和原则。

◆ 了解房地产开发的前期策划、销售策划和招租策划以及物业管理策划的内容。

◆ 熟悉房地产开发战略策划模式、全程策划模式、品牌策划模式和产品策划模式的内容及适用性。

◆ 了解房地产开发策划的程序。

【核心概念】

房地产开发策划、概念设计、房地产项目前期策划、房地产产品策划、房地产价格策略、房地产广告策略、物业管理策划、战略策划模式、全程策划模式、品牌策划模式、产品策划模式、房地产开发策划程序。

【引导案例】

2007 年 4 月 20 日上午 10 时,随着"碧桂园"在香港联交所挂牌上市,代号为"2007.HK"的"碧桂园"股价不到两分钟就升至 7.21 港元,全日最高价为 7.35 港元,成交金额达 72.26 亿港元,居当日香港联交所普通股成交金额第一位。而 2006 年"《新财富》500 富人榜"首富、持有 95.2 亿股碧桂园股份的碧桂园大股东杨惠妍的财富也大幅飙升,涨至近 700 亿港元。当时杨惠妍年仅 25 岁,许多媒体都刊出了"25 岁女孩一夜间成内地首富"的新闻。这样传奇的财富故事,需要从"碧桂园"创始人杨国强和房地产开发策划的开山鼻祖王志纲的一次成功策划开始。

一提起杨国强,广东顺德北滘镇广教村的村民大都表示:"Boss 强"(当地人对杨国强的称呼)成为巨富"并不奇怪",因为他"很有胆识,能抓住机遇,又有人提携"。然而,农民出身的杨国强,据说在 18 岁之前从未穿过新衣服。他曾放牛种田,做过泥水匠和建筑包工头,当时月收入 180 元。24 岁时,他在北滘镇房管所任施工员,后来,在哥哥杨国华的帮助下,进入了顺德第二建筑公司,从底层开始做起。"他本身就是做建筑的,加上哥哥在二建里是当领导的,所以地位提升得很快。"村里一位老人说。1989 年,曾经的泥水匠杨国强成为镇政府旗下建筑公司——北滘建筑工程公司的法定代表人兼经理。做了建筑工程公司经理的杨国强迅速赚取了人生的第一桶金(百万级)。在担任经理 4 年后,即 1993 年,杨国强和杨贰珠等拍档出资 3395 万元,收购北滘建筑工程公司,正式开始了私营化运作。按当时的流行称谓,杨国强从此成了"Boss 强"。

1993 年,事业上一路顺风顺水的杨国强首遭危机。当年杨国强的建筑公司还不强大,他们为顺德三和物业发展公司(简称三和公司)带资建造了近 4000 套别墅,由于该项目位于顺德碧江及桂山交界处,所以被命名为"碧桂园"。1993 年下半年,中央针对股市和房市的泡沫进行调控挤压,银行被勒令与自办房地产企业脱钩。这种情况下,投资逾亿的"碧桂园"项目也基本面临死火状态。房子盖好了,只卖出了 3 套,几乎成烂尾楼。毋庸置疑,当时的三和公司也只是以炒家心态拿下了顺德和番禺交界处的 1000 多亩"前不着村,后不着店"的土地。因此,当杨国强向开发商索要工程所垫费用时,三和公司股东们最终答应以变通的方式,让杨国强销售已经盖好的别墅,以销售收入核销建筑成本。由造房者变成卖房者,杨国强和他的建筑队既无辜,又缺乏准备,对"碧桂园"的销售一筹莫展。

1993 年 10 月的某天,经人推荐,杨国强请来了当时的新华社记者,人称"记者王"的王志纲,他的初衷不过是想借后者的一支笔,为"碧桂园"项目鼓吹一番。然而,在王志纲一顿抢白之后,杨国强不仅不生气,反而当场拍板聘其为总策划。王志纲在观察"碧桂园"项目后,提出兴建一所贵族国际学校,吸引有钱人的儿女就读,并以此带动学生家长买楼定居。这一方案正好切合了已富裕起来的广东市场需求,杨国强果断采纳了这一建议。他们成功联系到北京名校景山学校,建立其广东分校,用 8 个月时间盖起了一所现代化的学校。学校的神话不限于此,该校还向每名学生收取 30 万元教育储备金,并规定学生在毕业后才能取回,杨国强一直对这个零息融资的方法引以为豪。在收取 3 亿多元教育储备金之后,1300名来自广东各地的先富者子弟成为学校的首批"贵族"培养对象,而且很快学生人数突破5000 人。他们的老师则是从全国各地的 8000 名应聘者中挑选出来的优秀者。这时杨国强手上拿到了 10 亿现金。有了现金流,也有了学校这步活棋,再加上"给你一个五星级的家"的远景提炼和高密度推广,"碧桂园"的楼盘销售终于找到了自己的杠杆和支点,"碧桂园"一炮走红,销售一空。这一营销策划后来成为中国营销学的经典案例。

1995 年,杨国强和 4 个拍档以 8000 万元的价格就拿下了碧桂园物业发展有限公司。其中,杨国强占 6 成,其余 4 人各占 1 成。此后,在 30 年的发展过程中,碧桂园集团打出了"给你一个五星级的家"的口号,以"五星级会所+社区学校+五星级社区生活+住宅"="五星级的家"的家园生活模式,先后布局了全国及海外 1400 多个城镇,服务业主 450 余万人。2022 年 1 月 9 日,碧桂园集团发布公告显示,2021 年碧桂园集团共实现权益合同销售金额约 5580 亿元,权益合同销售面积约 6641 万 m^2,在多家第三方机构年度全口径销售排行中,碧桂园集团均稳居行业榜首,销售业绩持续五年蝉联行业第一。

一直以来杨国强本人都是公司的大股东。2004 年,年仅 23 岁、毕业于美国俄亥俄州立大学市场及物流系的杨国强二女儿杨惠妍加入碧桂园集团,出任杨国强的私人助理。同年,杨国强将其持有的碧桂园集团 70% 的股权全部转让给杨惠妍。2018 年 12 月 7 日,碧桂园集团宣布,杨惠妍已由公司副主席调任为联席主席,负责协助董事会主席杨国强处理集团日常工作。2007 年 3 月,在《福布斯》亚洲版 2007 年中国富豪榜上,杨惠妍——碧桂园创始人之一杨国强 25 岁的女儿,登上了中国首富的宝座。2022 年,福布斯全球富豪榜上显示,杨惠妍净资产 347 亿元美元,中国排名第 6 位,仅在钟睒睒(农夫山泉)、马化腾(腾讯)、马云(阿里巴巴集团)、张一鸣(今日头条)、何享健(美的集团)之后,世界排名第 41 位。

王志纲因顺德碧桂园的策划声名鹊起后,于 1994 年下半年成为独立策划人,1995 年创办王志纲工作室,任首席策划。其后王志纲主持了诸多成功的案例,包括广东碧桂园、99 昆明世博会、山东双月园、重庆龙湖花园、广东金业集团、杭州宋城集团、杭州天都城、贵州茅台集团、中体产业等策划项目。2001年其主持广州星河湾、南国奥林匹克花园的"华南板块"之战在地产界引起轰动,成为业界典范。2002年4月其创办并主持"北京财智经济战略研究院",整合城市与区域经济方面的专家,重点从事城市与区域发展战略研究与咨询工作。

"我与杨国强的合作,是财智双赢的结果。"在双方结束合作10年后,王志纲在朋友间某次小型聚会上如是评价。

由上述碧桂园案例可见,房地产开发策划确实是房地产开发中至关重要的一个环节。本章就介绍一下房地产开发策划的一些理论与方法。

3.1 房地产开发策划的含义、特征与原则

3.1.1 房地产开发策划的含义

1. 策划的含义

今天,"策划"已进入人们生活的方方面面。大到申办奥运会,小到新商品促销,都离不开策划。那么,什么是策划呢?

策划是为了实现特定的项目发展目标,在充分获取相关有价值信息的基础上,借助一定的科学思维方法,对项目的未来发展方向进行判断,为项目的决策、执行而构思、设计、制作工作方案的过程。一般而言,策划具有未来性、程序性、目的性和创造性等特征。

2. 房地产开发策划的含义

房地产开发策划是各种策划中独特和重要的一种策划,具有策划的许多共性特征。房地产开发策划是在房地产项目投资、开发营销中运用科学规范的策划行为,根据房地产开发项目的具体目标,以客观的市场调研和市场定位为基础,以独特的概念设计为核心,综合运用各种策划手段,按一定的程序对房地产开发项目进行创造性的规划,并以具有可操作性的房地产开发策划文本作为结果的活动。房地产开发策划主要包括房地产项目前期策划和房地产项目后期策划两大部分。前期策划主要包括市场策划、投资策划和设计策划;后期策划主要包括销售策划、形象策划和广告策划。无论是前期策划还是后期策划,都应该围绕主题策划及概念设计进行展开。

上述房地产开发策划包括如下几层含义。

(1)房地产开发策划是在房地产领域内运用科学规范策划行为的活动。房地产开发项目离不开科学规范的策划行为,策划技术的熟练运用使房地产开发项目向更高的发展水平推进。

(2)房地产开发策划具有明确的目的性。房地产开发项目本身就是一个相互联系、相互影响的多目标体系,系统内各目标之间还必须保持一定的均衡性和合理性。这些目标可能包括项目建设进度目标、成本控制目标、销售进度目标以及盈利性目标、企业或项目品牌建设目标等。房地产开发策划一定要围绕项目的既定目标进行,努力把各项工作从无序转化为有序。房地产开发策划可以使人们正确把握房地产开发项目变化发展可能带来的结果,从而确定能够实现的工作目标和需要依次解决的问题。

（3）房地产开发策划是在市场调研和市场定位基础上进行的。房地产开发项目面临纷繁复杂的市场环境，所以扎实、准确的市场调研是策划的前提与基础。房地产开发策划要尽可能多地掌握房地产市场的各种情况，全面了解形成客观实际的各种因素及其信息，找出问题的实质和主要矛盾，准确定位，再进行有效的策划。

（4）房地产开发策划是按特定的程序运作的。房地产开发策划为了保证策划方案的合理性和高成功率，不可避免地趋向程序化、规范化。策划的程序性保证把各方面的活动有机地结合起来形成合理的整体策划，做到井然有序，以提高工作效率。

（5）房地产开发策划是以概念设计为中心进行的。在房地产项目开发中，概念是项目集中表达的特殊优势和独特主题，是项目发展的指导原则。概念设计是项目开发的总体指导思想，是项目的"灵魂"，它贯穿项目发展的全过程。如何通过广泛深入的调研、对自身资源的理解和竞争环境的清醒认识，提出能表达项目特殊竞争优势的定位和独特主题，是房地产开发项目策划，尤其是项目前期策划的核心内容。

（6）房地产开发策划是一项综合性工作，需要运用各种资源与手段。将策划文案上的概念变成实际并非易事。它需要策划人员综合运用各种知识、技术手段，充分利用各种资源合力。有些手段、知识来自房地产领域内，如投资策划、项目产品设计等；有些则需要利用其他领域的知识和技能，如体育、旅游、电子行业等。这些手段都应该体现出项目的总体指导思想。

（7）房地产开发策划是一项创造性工作。创造是所有策划活动的灵魂，房地产开发项目策划也不例外。开发项目概念的提出、定位的选择都要经过从无到有、从模糊到逐步清晰的过程。在此过程中，需要策划人员打破陈规，不断创新。同时，房地产开发策划方案也不是一成不变的，应在保持一定稳定性的同时，根据房地产市场环境的变化，不断对策划方案的实施成效进行评估、反馈，对策划方案进行调整和变动，以保证策划方案对现实的最佳适应状态。

（8）房地产开发策划报告书或策划提案是策划活动的重要表现形式。很多情况下，策划的结果需要形成具有可操作性的策划报告书或策划提案。

3.1.2　房地产开发策划的特性

房地产开发策划具有地域性、创造性、市场性、系统性、超前性、可操作性、科学性和艺术性的结合等特征。

1. 地域性

房地产开发策划的地域性特征，区别于其他行业所独有的，由房地产位置固定性的特征决定的。地域性应该分为三个层次考虑。

（1）房地产开发项目所在地的区域特征。我国幅员辽阔，各地的地理位置、自然环境、社会经济发展水平都不同，有相当大的差异性。其中，区域经济因素是研究的重点。将一个地方成功的策划经验运用到另一个地方，不见得也能获得成功。

（2）项目所在地的房地产市场状况。房地产市场只能是区域性市场，项目营销主要受区域内类似房地产开发项目的供需因素影响，故房地产开发策划需要密切关注区域市场的发展动向、供求矛盾、消费者行为特征等。

（3）项目周边区位状况。项目周边区位状况包括区域的各种设施状况、规划前景、街区成长历史及功能分析等。

2. 创造性

策划是创造性的思维活动。创造性思维是一种复杂的辩证思维过程，它具有不同于其他思维的特性，主要体现在：积极的求异性，创造性思维往往表现为对常见的现象和权威理论持怀疑、分析的态度，而不盲从轻信；敏锐的洞察力，在观察过程中分析把握事物的特征，发掘事物之间的必然联系，从而做出创造性的发明；创造性的想象，这是创造性思维的重要环节，它不断创造性地提出新设想，且赋予抽象思维以独特的形式；全面而独特的知识结构，是创造性思维的基础；活跃的灵感，以此为突破关键，产生意想不到的效果。策划过程实际上就是创造性思维及其行动的过程。创造性思维是策划生命力的源泉，它贯穿策划活动的各个方面与全过程。失去了创造性的策划活动就不能称为策划。

对于房地产开发策划而言，创造性就是要有新意，做到原创而不雷同。不同的房地产开发项目都有其自身的独特性，简单复制别人的模式很难取得成功。要做到创新，首先是概念上的创新、主题上的创新，只有概念、主题有新意，才能使项目有个性；其次是策划方法手段上的创新，灵活运用各种手段与方法以期望获得出其不意的效果。

3. 市场性

所谓房地产开发策划中的市场性，就是策划要做到以市场为导向，以顾客为关注的焦点。顾客是项目赖以生存的基础，顾客是否认可更是检验策划成败的唯一依据。对于市场性的理解可以分为以下三个层次：第一，房地产开发项目策划要研究市场的规律，顾客的偏好，建造出满足客户现实需要的房子；第二，市场是变动的，顾客的消费观念也会发生改变，策划要适应这些变化做出适时的调整；第三，在对顾客和市场有了深入认识之后，把握规律、提前布局、引导消费、创造市场、激发需求。

4. 系统性

房地产开发策划要遵循系统性原则，使策划活动的各组成部分、各子系统相互协调统一，以保持策划工作具体内容和策划目标的最优化。房地产项目开发要经过市场调研、概念形成、财务可行性研究、规划设计、建筑施工、营销推广等若干阶段，每个阶段分别构成策划的子系统，系统之间又有相应的接口。各子系统在功能上既相互独立又有关联。所以，如何利用系统的原理整合各子系统，达到效率最高、绩效最大是房地产开发策划人员需要特别关注的。

5. 超前性

房地产开发策划是一项立足现实，为未来事件的产生和目标的实现而开展的，具有超前性的系列工作。具体地说，需要在项目理念上具有超前性，运作手段上具有预见性。房地产开发项目周期短则两三年，长则达十余年，以今天的产品满足未来的需要，没有一定的超前性显然不能满足要求。所以，在房地产开发策划的各个阶段，都要运用超前的思维方式。如在市场调查阶段，不但要看现在的供求关系，更要预测当项目投放市场时的竞争状况；在投资分析阶段,要基于合理的假设测算项目实施的投资现金流、销售及租赁收入现金流等;在产品设计阶段,要根据潜在购房者现在及未来的需要和期望进行设计,在规划、园林、建筑风格、平面设计等方面体现未来居住的趋势;在营销推广阶段,要带着预判的眼光选择适当的时机,制定有竞争力的价格策略。只有每个环节都做到了适度超前,才能保证项目步步领先,不会陷于被动。

6. 可操作性

房地产开发策划要做到可操作。美好的蓝图要与客观条件结合起来,要做到环境许可、方法有效、易于执行。任何脱离实际、超出项目运作者能力的方案,最终都不能落到实处。

7. 科学性和艺术性的结合

房地产开发策划活动同时包括了科学和艺术两个方面,是两者的完美结合。这里的"科学"是指为实现目标、解决问题而进行的系统分析、逻辑推理和运用数学工具。这里的"艺术"是指运用理论和方法的技巧、丰富的想象力。房地产开发策划既具有科学性,也具有艺术性,是两者的结合。其中艺术性是以科学性为基础的,是对科学理论和知识方法的创造性运用。

3.1.3　房地产开发策划的原则

1. 独创原则

独创原则是房地产开发策划最重要的原则。如果房地产项目的定位、建筑设计的理念、策划方案的创意、营销推广的策略毫无新意,要在市场竞争中赢得主动地位是不可能的。独创就是独到、创新、差异化、有个性。独创具有超越一般的功能,它应贯穿于房地产开发策划项目的各个环节,使房地产项目在众多的竞争项目中脱颖而出。房地产开发策划要做到独创,应满足策划观念独创、策划主题独创和策划手段独创三方面要求。

3-1

案　　例

南京一楼盘推出"雷人"广告：买房送奶牛

"买一套房子,送一头奶牛",时下开发商不仅在楼盘的价格上大动脑筋,就连楼盘广告也很雷很唬人。昨天,南京新街口的一处巨幅房产海报,再次吸引了众多路人的眼球(图3-1)。

图 3-1　"买房送奶牛"的广告在街头很醒目(陈郁摄)

"买房送奶牛,还有这样的事情?!"昨天一大早,记者接到一个朋友的电话说,他在新街口看到一幅"金陵王榭"楼盘的户外广告,广告词写着"买一套房子,送一头奶牛"。朋友感到很纳闷,都是市中心的房子,奶牛送回家怎么养呀? 根据朋友的介绍,记者来到了这块颇为"醒目"的广告招牌底下,只见广告牌上买房子送奶牛的大字颇为醒目。

为了解开发商的意图,记者根据广告中的地址前往该楼盘一探究竟。"金陵王榭"位于城南,属于二期开发的房源。一进售楼处,售楼人员就给记者介绍起来,此房目前正在做价格优惠的活动,多幢房源以 9 折价格销售。售楼人员告诉记者,自己也是早上才得到相关通知的。"的确是要送奶牛的。"她说,公司已经和江宁的某农场达成协议,如果市民买了房子,就送奶牛给市民。

售楼人员说:"南京城里是肯定不允许养奶牛的。即便是我们建成的小区,肯定也没地方去养奶牛。"其实,养奶牛就是让每个业主认养,由奶农代为管养,每天将新鲜牛奶送到小区来。售楼人员也表示,即使业主不要奶牛也没关系,公司会在房价上再给些优惠的。"但具体的优惠政策还没有出台,我们也不是很清楚。"

房子、奶牛这两个风马牛不相及的东西,却因为"三鹿奶粉事件"(见编者注)①牵扯到了一起,但这样的广告却让市民耳目一新。一位正在看楼盘的女士表示,她自己的孩子才一岁多,正为吃什么牌子的牛奶犯愁。"如果真的养头奶牛,定期有人送奶,似乎也是不错的选择。"

不过,业内人士表示,其实广告只是想拉近开发商与消费者的距离。试想,有几个市民真的为了喝奶而去养奶牛的。据了解,此广告策划还有一个目的。"三鹿奶粉事件"导致策划者的一位饲养奶牛的朋友面临困境,这个策划就是一举两得,既讨好了消费者,又帮助了朋友。记者还发现,该广告的策划与不久之后红遍大江南北的"房价不会跳水,只是在做俯卧撑"同属一个策划团队所为。

(案例来源:2008 年 9 月 29 日《扬子晚报》)

2. 定位原则

定位原则是房地产开发策划的基本原则,贯穿于房地产开发策划的方方面面。在房地产开发策划中,项目定位就是依据市场细分及目标市场的选择,针对目标购房群体对产品属性、特征、功能的需求,对项目产品各种特征所做的具体规定,强有力地塑造房地产开发项目的个性形象,并把这种形象传递给目标购房者,从而吸引顾客,占领市场的过程。一个目标定位错了,会影响其他目标定位的准确性。策划人要在房地产开发策划中灵活运用好定位原则,它的具体要求如下。

(1)策划人对房地产开发项目的定位要准确。定位准确具体要从"大""小"两方面入手:大的方面是房地产项目的总体定位,包括开发项目的目标、项目的宗旨、项目的指导思想、项目的总体规模、项目的功能身份、项目的发展方向等;小的方面是房地产项目的具体定位,包括主题定位、市场定位、目标客户定位、建筑设计定位、广告宣传定位、营销推广定位等。房地产项目的总体定位确定了项目的总体位置和方向,对项目的具体定位有指导、约束

---

① 编者注:"三鹿奶粉事件"是指 2008 年很多食用三鹿集团生产的奶粉的婴儿被发现患有肾结石,随后在其奶粉中发现化工原料三聚氰胺。

作用；房地产项目的具体定位是在总体定位下进行的，具体定位是对总体定位的分解，各个具体定位要符合总体定位的方向。

（2）策划人对具体的定位内容要相当熟悉，以把握各项定位内容的功能作用。要做到这一点，首先，策划人要全面掌握定位内容的内涵，深入其中，确定其定位的难易点，有的放矢地找准目标。其次，每项定位内容的具体功用是不一样的，要把它们整合好、利用好，为整个项目的总体定位服务。

（3）策划人要熟练地运用项目定位的具体方法和技巧，使定位准确，方向集中。在项目定位过程中，方法和技巧运用得好，往往会达到事半功倍的效果。如对建筑设计定位、建筑设计的最新理念不能不了解，设计市场的流行趋势不可不知道。在此前提下，是追逐潮流还是着意创新？是保持现状还是适度超前？这都要在开发项目的总体定位下有所取舍，确定方向。这里会涉及房地产策划人的思维方法和技巧。

3. 整合原则

整合原则是房地产开发策划的一个比较独特的原则。所谓"整合"，就是把不同的客观资源集中在一起，通过策划人的整理、分类、组合以及提炼，形成围绕主题中心的有效资源，为实现项目发展的共同目标而出力。

在房地产开发项目中，有各种不同的客观资源，大概可分为两大类。一类是从是否能明显看出来分，有显性资源和隐性资源。前者能明显看到，是摆在人们面前的资源；后者隐藏起来，是需要策划人去挖掘、发现的资源。另一类是从具体形式来分，有主题资源（或称概念资源）、社会资源、人文资源、物力资源、人力资源等。

以上这些资源在没有策划整合之前，是松散、凌乱、没有中心的，但经过整合以后就会聚集在一起，为整个项目的发展服务。

为了有效地整合房地产开发项目的客观资源，必须做到以下几点。

（1）要把握好整合资源的技巧，在整理、分类、组合中要有的放矢，抓住重点，使客观资源合力加强，达到 $1+1>2$ 的效果。

（2）整合好的各个客观资源要围绕项目开发的主题中心，远离主题中心的资源往往很难达到目的。

（3）要善于挖掘、发现隐性资源，这是房地产开发策划人的一个主要任务。如创新、独到的主题资源大都是隐藏起来的，不易被人发现，需要用头脑去提炼创造。

4. 人文原则

人文原则是房地产开发策划的一个独有原则，它强调在房地产开发策划中要认真把握社会人文精神，并把它贯穿到策划的每一个环节中。人文精神包括人口意识和文化意识，人口意识是指人口的数量和质量水平、人口的布局、年龄结构、家庭婚姻等表现出的社会思想；文化意识包括人们在特定社会中形成的特定习惯、观念、风俗及宗教信仰等表现出的社会思想。

人文精神对房地产项目的开发能否成功影响很大。凡是对当地的人口及文化精神意识有深入透彻了解并融合到项目中的策划方案，都获得了成功。"名牌的背后是文化"，就是这个道理。人口、购买力、购买动机及购买行为是构成市场的主要因素，对房地产项目的成功开发有着不可低估的影响。人们沉淀在文化中的民族心理、思想观念、生活习惯、地方风俗等因素,对房地产项目的总体设想有重要的影响作用。

5. 全局原则

全局原则要求在房地产开发策划过程中注意项目整体,避免因为局部利益而影响全局效益。全局原则从整体、大局的角度来衡量房地产开发策划的兴衰成败,为策划人提供有益的指导。房地产开发策划全局原则的要求如下。

(1) 房地产开发策划要从整体性出发,注意全局的目标、效益和效果。在整体规划的前提下,部分服从整体,局部服从全局,不要因为局部的问题而影响整个项目的正常运作。在市场调研阶段,如果图省事,不深入了解当时的市场状况、竞争态势、对手强弱,以及宏观政策等问题,盲目上马项目,结果就会造成惨重的失败。

(2) 房地产开发策划要从长期性出发,处理好项目眼前利益和长远利益的关系。在房地产开发策划中常常有这么一些倾向,不是注重眼前利益就是注重长远利益。为了眼前利益而损害长远利益,为了长远利益而不顾眼前利益,这些都是对两者的关系没有辩证地处理好的缘故。

(3) 房地产开发策划要从层次性出发,总揽全局。房地产开发策划是个大系统,任何一个系统都可以被看成一个全局。而系统是有层次性的,对不同的系统就要有不同的策划,就要体现不同层次的全局性。考虑下一个层次的策划时,应该同上一层次的战略要求相符合。

(4) 房地产开发策划要从动态性出发,注意全局的动态发展。从房地产项目全局角度来说,任何一个局部的变化都会影响全局的动态发展,这是开发企业最不愿意看到的。但房地产市场是变幻莫测的,变化发展有时会影响到全局。

6. 可行性原则

房地产开发策划的可行原则也称可行性原则,是指房地产开发策划运行的方案是否达到并符合切实可行的策划目标和效果。一个策划方案如果没有达到预期的效果和目标,不具有经济性和有效性,那么这个方案是不可行的,是没有意义的。可行原则就是要求房地产开发策划行为时时刻刻地为项目的科学性、可行性着想,避免出现差错。

贯彻房地产开发策划的可行原则,可从以下几方面着手。

(1) 策划方案是否可行。在房地产开发策划过程中,确定方案的可行性是贯彻可行原则的第一步。从房地产开发策划的本质特征可以看出,在多种策划方案中选择最优秀、最可行的方案是项目成功的基础。任何一个房地产开发项目在策划过程中都有多种方案可以选择,每一种方案也都有长处和短处,这就需要我们根据项目的实际情况进行选择,找到切实可行的最佳方案。有了可行的方案以后,还要对方案实施的可行性进行分析。房地产市场是千变万化的,今天的市场和明天的市场就不一样。在方案实施时,对策划实施方案的可行性分析是贯彻可行原则的第二步,使方案符合市场变化的具体要求。

(2) 方案经济性是否可行。策划方案的经济性是指以最小的经济投入达到最好的策划目标,这也是方案是否可行的基本要求。像目前一些房地产项目的广告投入,每次动辄百万以上,而效果是否达到了呢? 实际上有些楼盘才卖出几套房,这种方案的经济性就是不可行的,要寻找新的路子。

（3）方案有效性是否可行。房地产开发策划方案的有效性是指房地产开发策划方案实施过程中能合理有效地利用人力、物力、财力和时间，实施效果能达到甚至超过方案设计的具体要求。策划方案要达到有效、可行，一是要用最小的消耗和代价争取最大的利益；二是所冒的风险最小，失败的可能性最小，经过努力基本上有成功的把握；三是要能圆满地实现策划的预定目标。

3.2 房地产开发策划的类型

根据不同的开发阶段，策划可分为项目开发的前期策划、销售和招租策划以及物业管理策划。

3.2.1 房地产项目前期策划

房地产项目开发前期策划是指从获取土地起到进入建筑施工之前的这一阶段的策划，包括土地使用权获取研究，项目市场调查，消费者行为分析，项目市场细分、目标市场选择与市场定位，项目产品策划等内容。

房地产项目前期策划是个复杂的思维性工作，涉及领域很多，并经常彼此有重叠，于是对项目策划的分类标准也就难以统一。房地产项目前期策划实际上是站在项目的最高点，从统领全局的角度出发，对房地产项目的总体运作做出有决定性的前瞻统筹。房地产项目前期策划的主要内容如下。

1. 土地使用权获取研究

一般来说，项目的前期策划都是从土地使用权获取开始的。开发商及其策划人员首先在充分把握城市规划和当地房地产市场的基础上，通过初步测算，研究哪个区域、哪些地块具有开发价值；再对特定用地，研究获得土地使用权的最佳方式、策略等。

2. 项目市场调查

3-2

房地产开发项目市场调查是指运用科学的方法，有目的、有计划、系统地搜集房地产市场状况方面的各种情报资料，通过整理、分析资料来判断和把握市场的现状与发展趋势，为项目建设的必要性、充分性、指标、形式、规模、档次、时机及开发经营方式等决策提供可靠的依据。

房地产开发项目市场调查的主要内容包括以下几个方面。

1）房地产市场环境调查

（1）政治法律环境调查。

① 国家、省、市有关房地产开发经营的方针政策，如房改政策、开发区政策、房地产价格政策、房地产税收政策、房地产金融政策、土地制度和土地政策、人口政策和产业发展政策、税收政策等。

② 有关房地产开发经营的法律规定。如《城市房地产开发经营管理条例》《城市房地产管理法》《土地管理法》。

3-3

③ 有关国民经济社会发展计划、发展规划、土地利用总体规划、城市建设规划和区域规划、城市发展战略等。

(2) 经济环境调查。

① 国家、地区或城市的经济特性,包括经济发展规模、趋势、速度和效益。

② 项目所在地区的经济结构、人口及其就业状况、就学条件、基础设施情况、地区内的重点开发区域、同类竞争物业的供给情况。

③ 一般利率水平,获取贷款的可能性以及预期的通货膨胀率。

④ 国民经济产业结构和主导产业。

⑤ 居民收入水平、消费结构和消费水平。

⑥ 项目所在地区的对外开放程度和国际经济合作的情况,对外贸易和外商投资的发展情况。

⑦ 与特定房地产开发类型和开发地点相关因素的调查。

⑧ 财政收支。

对于不同的物业类型,所需调查的经济环境内容有很大的不同,须结合具体项目情况展开有针对性的调查。

(3) 社区环境调查。社区环境直接影响着房地产产品的价格,这是房地产商品特有的属性。优良的社区环境对发挥房地产商品的效能,提高其使用价值和经济效益具有重要作用。社区环境调查内容包括社区繁荣程度、购物条件、文化氛围、居民素质、交通和教育的便利、安全保障程度、卫生、空气和水源质量及景观等方面。

2) 房地产市场需求和消费行为调查

(1) 消费者对某类房地产的总需求量及其饱和点、房地产市场需求发展趋势。

(2) 房地产市场需求影响因素调查。如国家关于国民经济结构和房地产产业结构的调整和变化;消费者的构成、分布及消费需求的层次状况;消费者现实需求和潜在需求的情况;消费者的收入变化及其购买能力与投资方向。

(3) 需求动机调查。如消费者的购买意向、影响消费者购买动机的因素、消费者购买动机的类型等。

(4) 购买行为调查。如不同消费者的不同购买行为、消费者的购买模式、影响消费者购买行为的社会因素及心理因素等。

3) 房地产产品调查

(1) 房地产市场现有产品的数量、质量、结构、性能、市场生命周期。

(2) 现有房地产租售客户和业主对房地产的环境、功能、格局、售后服务的意见及对某种房地产产品的接受程度。

(3) 新技术、新产品、新工艺、新材料的出现及其在房地产产品上应用的情况。

(4) 本企业产品的销售潜力及市场占有率。

(5) 建筑设计及施工企业的有关情况。

4) 房地产价格调查

(1) 影响房地产价格变化的因素,特别是政府价格政策对房地产企业定价的影响。

(2) 房地产市场供求情况的变化趋势。

(3) 房地产商品价格需求弹性和供给弹性的大小。

（4）开发商各种不同的价格策略和定价方法对房地产租售量的影响。

（5）国际、国内相关房地产市场的价格。

（6）开发个案所在城市及街区房地产市场价格。

（7）价格变动后消费者和开发商的反应。

5）房地产促销调查

（1）房地产广告的时空分布及广告效果测定。

（2）房地产广告媒体使用情况的调查。

（3）房地产广告预算与代理公司调查。

（4）人员促销的配备状况。

（5）各种公关活动对租售绩效的影响。

（6）各种营业推广活动的租售绩效。

6）房地产营销渠道调查

（1）房地产营销渠道的选择、控制与调整情况。

（2）房地产市场营销方式的采用情况、发展趋势及其原因。

（3）租售代理商的数量、素质及其租售代理的情况。

（4）房地产租售客户对租售代理商的评价。

7）房地产市场竞争情况调查

市场竞争对于房地产企业制定市场营销策略有着重要的影响。因此，企业在制定各种重要的市场营销决策之前，必须认真调查和研究竞争对手可能做出的种种反应，并时刻注意竞争者的各种动向。房地产市场竞争情况的调查内容主要包括：

（1）竞争者及潜在竞争者（以下统称竞争者）的实力和经营管理优劣势调查。

（2）对竞争者的商品房设计、室内布置、建材及附属设备选择、服务优缺点的调查与分析。

（3）对竞争者商品房价格的调查和定价情况的研究。

（4）对竞争者广告的监视和广告费用、广告策略的研究。

（5）对竞争者销售渠道使用情况的调查和分析。

（6）对未来竞争情况的分析与估计等。

（7）整个城市，尤其是同（类）街区、同类型产品的供给量和在市场上的销售量，本企业和竞争者的市场占有率。

（8）竞争性新产品的投入时机和租售绩效及其发展动向。

市场调查的方法根据研究假设是否充分和所处的阶段，可分为探索性调查（如焦点小组座谈、深度访谈等）、描述性调查（如问卷调查、观察法等）和因果性调查（如试验法）三类，如果结合对未来趋势的判断，则还有预测性调查。

3-4

3．消费者行为分析

消费者行为分析是建立在深入的市场调查基础上的，对消费者心理行为模式进行探讨，包括购房者个性心理分析、社会文化等因素对购房决策的影响、购买行为模式的分析等内容。

4. 项目市场细分、目标市场选择与市场定位

房地产市场细分就是在市场调研的基础上,根据消费者的需求、购买习惯和购买行为的差异性,把整个房地产市场划分为若干个子市场的过程。每个子市场即每个细分市场都是一个有相似的欲望和需要的消费者群,而分属不同细分市场的消费者的欲望和需要存在明显的差异。房地产企业在房地产市场细分的基础上,经过比较、选择,决定后作为开发、服务对象的相应的分市场即目标市场。一旦选择了目标市场,就应该在目标市场上确定自己相应的位置,也就是要解决市场定位的问题。这部分内容在本书第 12 章中有详细的介绍。

5. 项目产品策划

房地产开发项目的产品策划也称设计策划,是指房地产开发策划设计人员及建筑师依据城市规划的总体要求,从建筑角度出发,在房地产市场策划的前提下,对房地产项目的设计进行设想和构思,为建筑设计师进行项目设计提供指导性意见,以便于进行项目规划设计和建筑设计的创造性过程。房地产开发项目的规划设计一般是由开发商委托设计单位来做。在设计单位进行具体的规划设计之前,开发商及其策划人员要依据市场调查的结果和项目的市场定位,给设计人员提出具体的建议和指导。设计方案出来后,策划机构或人员要从市场角度提出专业的意见,不断修改完善。实际上,房地产开发产品策划是房地产开发中的关键程序。进行产品策划的主要目的,就是使项目设计的产品吻合客户的需求,为项目顺利走向市场打下坚实的基础。如果在项目产品中忽略了这一程序和内容,对项目产品开发是相当不利的,应引起房地产开发企业足够的重视。

房地产设计策划的具体内容有:

(1) 房地产项目的概念设计。

(2) 房地产项目设计的内容和规模策划。

(3) 房地产项目设计的环境策划。

(4) 房地产项目设计的功能和空间策划。

(5) 房地产项目设计的户型策划。

3.2.2 销售和招租策划

无论是概念提炼还是产品设计,都不是策划的最终目的,它们都是为项目能销售或出租出去,获得理想经济回报服务的。所以,进入销售、招租阶段,就要开展相应的策划活动。其中包括制定项目的价格策略、广告策略和销售推广策略等。

1. 房地产开发项目的价格策略

房地产开发项目的价格策略又称为定价策略,是定价者为实现一定营销目的而协调处理各种价格关系的活动。制定价格策略是房地产销售策划的重要环节,不仅包括价格的确定、定价技巧的运用,还包括根据项目营销需要实时调整的安排等。定价策略应根据商品房本身的情况、市场情况、成本状况、消费构成、消费心理等多方面因素来制定。

2. 房地产开发项目的广告策略

房地产开发项目的广告策略是根据开发商的营销策略,按一定程序对广告活动的总体战略进行前瞻性规划的活动。其中包括广告目标、广告费用预算、广告媒体选择、广告频率、广告设计以及广告效果评价等。

3. 房地产开发项目的销售推广策略

在开盘之前,开发商或策划人员面临着一系列选择题和问答题,如开发商要考虑项目是自行销售,还是委托代理? 项目推向市场时,应以什么样的形象展现给消费者? 销售处怎样布置,售楼书怎样制作? 楼盘正式开卖前,要不要搞一个内部认购,试探一下市场的反应? 楼盘销售中,如何营造卖场气氛? 如果要自行销售,开发商要考虑销售人员的培训问题。由于项目的销售要经历较长时间,制订出一个完整的销售计划是必不可少的。而在销售过程中,诸如销售进度的控制与节奏如何安排,尾盘如何销售,用什么样的促销方式吸引购房者,如何处理好与社会大众的关系等新的问题又会出现,都是需要策划人员认真考虑的。

本书第 12 章对以上几部分内容有详细介绍。

3.2.3　物业管理策划

物业管理是指业主通过选聘物业管理企业,由业主和物业管理企业按照合同约定,对房屋及其配套的设施、设备和相关场地进行维修、养护、管理,维护相关区域内的环境卫生和秩序的活动。物业管理作为第三产业中一种服务型的行业,寓管理、经营于服务之中,其管理对象是物业,服务对象是业主或物业使用人。"服务"是物业管理的基本属性。因为管理是围绕服务展开的,而在服务的过程中,这种管理表现出若干特性。

物业管理策划是指对开发项目的物业管理活动所进行的前瞻性筹划和安排,是解决项目保值升值问题的主要途径。做好物业管理策划,不仅是提升项目品质和销售量的有效保证,而且是项目品牌塑造的重要支持。物业管理策划的内容主要有:物业管理公司的选择、物业管理方案的选择、物业管理介入的时机、物业管理合同和制度的制定、物业管理的品牌战略。

3.3　房地产开发策划的模式

所谓"模式",就是使人们可以照着去做的具体样式。房地产开发策划在发展过程中,经过策划人员不断实践和总结,逐渐形成了自己的一套策划操作程序和体系;又经过后人不断学习和完善,最终就会变成一种标准形式或标准样式,体现了房地产开发策划的一些基本规律。这就可以称为房地产开发策划的模式。

3.3.1　房地产开发战略策划模式

1. 房地产开发战略策划的含义

房地产开发战略策划模式是一种在宏观市场上把握房地产开发策划的具体模式。战略策划是对企业发展或项目开发的总体设想和规划帮助企业从全局的需要出发,有效整合各种专业性操作,使其在统一的平台上协调一致地实现总体目标。

2. 房地产开发战略策划的方法

（1）大势把握——出思路。在宏观大势把握的前提下,根据每家企业的不同特点,找到适合的发展思路。大势把握包括中国经济大势、区域经济大势、区域市场需求大势、区域行业竞争大势和区域板块文化底蕴。

（2）理念创新——出定位。思路确定后,选择摆脱同质化竞争的迷局,确定差异化发展的突破点,总结、提取出一个能体现并统帅企业或产品发展的灵魂和主旋律。理念创新包括概念创新、预见创新和整合创新。

（3）策略设计——出方案。量身定造,针对企业特点设计一套科学、独创、有前瞻性的,且具可操作性的对策方案。策略设计包括项目总体定位、项目理念设计、项目功能规划、项目运作模式、项目经营思路和项目推广策略。

（4）资源整合——出平台。帮助企业整合内外资源,包括整合各种专业化公司的力量,创造一个统一的操作平台,让各种力量发挥应有的作用。资源整合包括企业内部资源整合、企业外部资源整合、行业内部资源整合、行业外部资源整合。

（5）动态顾问——出监理。操作过程主要由企业家完成,策划人作为顾问起参谋作用。顾问监理包括项目重大事件、项目重要环节、项目节奏把握、项目市场引爆和项目品牌提升。

3. 房地产开发战略策划的特点及适用性

房地产开发战略策划模式从宏观战略的高度来策划项目,因而成功率较高,它具有明显的优点:第一,对宏观大势的把握能使项目定位准确,找到项目最合适的发展思路;第二,能有效地协调各专业公司围绕项目的总目标进行操作,并从全局出发实现项目的具体目标;第三,由于是从宏观战略的高度来把握和分析项目的,因而最适宜操作大盘项目。

房地产开发战略策划模式是王志纲及其工作室倡导,并在房地产开发战略策划实践中证明可行的策划模式。经过多年的研究和探索,王志纲工作室战略策划理论逐渐形成,具有独特的策划风格。战略策划模式的最大特点是强调对宏观大势的把握与分析。下面介绍广州"星河湾"的战略策划案例。

案　　例

广州"星河湾"策划案例

广州"星河湾"位于番禺南村华南干线收费站两侧沿江1200亩的土地上。

王志纲工作室从以下几方面进行战略策划。

1. 大势把握(1999年10月—2000年1月)

市场的评估。华南板块绝不是洛溪板块的延展,而是新城市中心区的概念,在市场营造过程中各种利好消息会不断涌现。华南板块竞争态势:同质低档化——个性高档化。项目条件评估:华南板块的门户。企业能力评估:三大优势——有实力、有良好的社会资源、有制造一个精品的心愿。三大劣势——没有品牌、没有社区开发经验、没有班底。

项目组得出结论：华南板块不是广州楼市在郊区的简单延伸，而是未来广州的新城市居住中心区；广州楼市同比淘汰的时候已到，郊区楼盘正处在升级换代的前夜；华南板块可以出现高品位的大社区，该项目作为广州的门户必须走全面创新的道路。

2. 理念创新（2000年1—3月）

总体策略：高筑墙——高起点、高素质，提高华南板块竞争门槛；广积粮——用全新的开发理念整合国内外一流的合作资源，让他们在统一的总谱下施展才华；深挖洞——依托项目自身的地理优势，最大限度地打造和演绎项目的氛围、品位与个性化。

总体理念：回归家本位，做足水文章，打好环境牌，开发房地产。

3. 策略设计（2000年1—3月）

主要内容：采取要素整合与市场营销同步进行的特殊战略；规划设计必须建立在把握未来趋势的基础上——未来的房地产开发是一首交响曲；争取政府对项目有更大程度的支持。

4. 资源整合（2000年1—3月）

工作室参加项目规划设计评审会，整理和提纯了专家们对于项目规划设计具有参考价值的意见和建议，沉淀了评审会有价值的参考意见。工作室针对瞬息万变的市场再次进行了详细的调查研究，提交了进一步的项目市场调研报告。针对项目首期开发，提交项目定位及经济分析、项目户型比例、环境及配套提案、物业管理提案等报告。

工作室积极物色并推荐了管理、营销人才，积极建议独家引进宝墨园的活水技术。同时，针对项目智能化建设和园林景观设计等方面，都提交了相关的建议和提案，确定广东省广告公司作为"星河湾"的全面广告代理公司。针对项目社区配套和社区服务，工作室提交了社区服务系统、会所功能设置、首期引入商家服务联盟的建议、服务系统销售情景描述、组团内小型会所项目设置原则及建议等报告，确定"主河湾"的特色服务及会所的功能设定。

5. 顾问监理（2000年3—11月）

对项目的要素与内涵、主题风格、建筑规划、园林景观、户型、项目LOGO设计、广告创意、社区服务系统、营销等各个方面提出方案或意见，并与各专业力量充分沟通，整体推进项目的建设。

6. 前期推广（2000年11月—2001年3月）

提交《星河湾软性文章要点》《星河湾目标客户群分析》《星河湾居住理念》《星河湾广告诉求内容》等报告，并制定《星河湾前期推广总体方案》。

7. 市场引爆（2001年3—5月）

与广州三大媒体——《南方都市报》《广州日报》《羊城晚报》商谈具体合作方案。负责策划、撰写关键性的软性文章；策划中国房地产界的第一份媒体化、杂志型楼书——《星河湾生活杂志》，随《南方都市报》于开盘前一天发行。

8. 长期顾问（2001年5月以后）

王志纲提出"把会战机制转为经营机制，实现从闪电战到阵地战、持久战的转变"的指导思想；工作室与开发商续签长期顾问咨询协议，共同打造星河湾的未来。

广州"星河湾"战略策划效果——万人空巷。

2001年4月28日，"星河湾"作为番禺并入广州市区后的华南板块第一个入市楼盘开盘,开始接受认购登记。5月1日,星河湾人满为患。"五一"放假期间,前来参观星河湾的人数达到最高峰,有15万人之多,内部认购超过600套,此时距离星河湾广告正式登出还不到20天。5月28日,星河湾开盘一个月,累计售房超过500套,实现销售回款超过3个亿。

3.3.2　房地产开发全程策划模式

1. 房地产开发全程策划的含义

房地产开发全程策划模式是目前在全国房地产行业广泛流行的一种房地产开发策划模式,由于它的策划理念和内涵既实用又丰富,而且运用这种策划模式创造了很多经典项目,受到许多房地产企业以及房地产策划咨询公司的推崇。简单地说,房地产开发全程策划就是对房地产项目进行全过程的策划,即从市场调研、土地取得、投资分析、项目定位、规划设计、建筑方案、建筑施工、项目形象、项目营销、品牌培植以及物业服务等各个方面都进行全方位策划,使项目的开发价值提升到最理想的位置。

2. 房地产开发全程策划的内容

在房地产开发策划中,强调为投资者提供标本兼治的全过程策划服务;在全过程策划服务中,每个环节都要以提升项目的价值为重点,围绕提升项目的价值来运用各种手段,使项目以最佳的状态走向市场。房地产开发全程策划的具体内容如下。

(1) 市场研究——研究项目所处的经济环境、项目当前房地产市场的供求状况、项目所在区域的同类楼盘。

(2) 土地研制——挖掘土地的潜在价值,对土地的优势、劣势、机会和威胁进行分析。

(3) 项目分析——通过对项目自身条件及市场竞争情况的分析,确定项目定位策略,决定目标客户及楼盘形象,决定项目市场定位、功能定位及形象定位。

(4) 项目规划——提出建议性的项目经济指标、市场要求、建筑及园林风格、户型设计及综合设施配套等。

(5) 概念设计——做好规划概念设计、建筑概念设计、环境概念设计、艺术概念设计等。

(6) 形象设计——开发商与项目的形象整合,项目形象、概念及品牌前期推广。

(7) 营销策略——分析项目环境状况,凸显其价值;找准项目市场营销机会点及障碍点;整合项目外部资源。挖掘并向公众告知楼盘自身所具有的特色卖点,如地段、功能、配套、管理、投资等。

(8) 物业服务——提炼与项目定位相适应的物业管理概念,将服务意识传播给员工,建立以服务为中心的组织架构。

(9) 品牌培植——抓住企业和项目培养品牌,延伸产品的价值。

3. 房地产开发全程策划的适用性

房地产开发全程策划模式比较适合中小型项目操作运行,各方面比较容易策划到位,但如果是大的项目如几千亩的住宅社区,就会感到力不从心。这时就应该采用其他策划模式与全程策划模式交叉进行,取长补短,创造出成功的项目范例。

3.3.3 房地产品牌策划模式

1. 房地产品牌策划的含义

品牌就是差异,就是个性。品牌标志着商品的特殊身份,将自身与其他同类商品区别开来。每一个品牌都有自己特定的内涵,表明有独特的目标市场和共同认知的目标客户群。房地产品牌就是房地产项目具有区别于其他项目的个性,有独特的目标市场和共同认知的目标客户群,它具有较高的知名度、美誉度和忠诚度。房地产品牌策划是对房地产品牌的内涵进行挖掘、发现和推广,使商品房赢得人们的信赖,创造新的生活方式和新的需求。

2. 房地产品牌策划的内容

简单地说,品牌策划就是品牌的品质设计及推广,它包括以下几个方面。

(1) 房地产品牌策划以建立品牌为中心。在房地产开发策划中,创建品牌有两大作用:一是取得较大的市场份额;二是取得较高的利润。

(2) 房地产品牌策划就是建立一流的品质和一流的推广。品质是品牌的基础。品质分为内在品质和外在品质两种,内在品质是小区红线范围内的一切硬件和软件,外在品质是与楼盘形象相关的事物。品牌的推广要推广一流的附加值,要有一流的战略战术,要建立一流的物业管理队伍。

(3) 房地产品牌策划中的附加值推广要有侧重点。一是要融入自然的和谐环境,二是要社区服务的社会化,三是要家居生活的信息化。

(4) 品牌策划推广的四个阶段:

① "人工造雨"阶段——这个阶段主要是通过一些公关活动、软性广告,令开发项目有一个较为精彩的亮相,从而吸引区域内目标客户的注意。

② "筑池蓄水"阶段——这个阶段主要以持续的软性推广、定期的新闻炒作、公关活动、现场销售为手段,不断积累起社会对本项目的认识,从量变到质变,形成品牌的知名度和美誉度。

③ "开闸泄流"阶段——这个阶段是在以前的推广上做一个总结,并在短期内投放大量的硬性广告,吸引目标客户购买。

④ "持续蓄水"阶段——公开销售后要及时总结经验,调整策略,为随后的蓄水提供依据。

(5) 品牌策划推广的五种方法:

① "筑巢引凤"法——以配套为"龙头",带动房地产项目开发成功。

② "盆景示范"法——先把"盆景"做好,如园林绿化,再配合相应的公共活动。

③ "借花献佛"法——开发商倚仗以前品牌的名气、口碑,不需要大量推广,就已备受瞩目。

④ "马良神笔"法——开发商从各方面展示项目美丽的生活图案,以加深人们的印象。

⑤ "巨量广告"法——对资金雄厚的开发商,用大量的广告叫响品牌,因为品牌是一定量的广告堆砌成的。

（6）品牌策划的六个工程：

① 软性推广工程——要注意长期的持续的积累。

② 公关活动工程——要以树立品牌为中心。

③ 卖场的包装工程——具有很强的昭示性，展现姿态与实力。

④ 口碑工程——服务要与档次相匹配，建立口碑，做好物业管理工作。

⑤ 形象工程——要进行视觉识别系统(VI)形象设计和包装设计。

⑥ 危机公关工程——要经常检查工作中出现的问题，与新闻界建立良好的关系。

3. 房地产品牌策划模式的适用性

房地产品牌策划模式的最大特点是除了着重强调打造品牌的内在品质和外在品质，还要强调项目品牌的推广。通过工地包装、现场销售包装、电视报纸广告造势、样板房推动、软性新闻宣传、公关活动介入等，把不知名的楼盘短时间内变得家喻户晓，吸引客户购买，从而达到品牌策划的目的。这就是“快速推广品牌”。

房地产品牌策划模式对一些内外品质稍差的项目来说，效果是很好的，通过“快速推广”，使项目赢得人们的认同。但是，如果在推广时片面追求造势、炒作，对产品不进行精雕细琢，虽取得首次开盘成功，后几期就会卖不动了。因此，在“快速推广”的同时，也不能忘了打造品牌的品质，因为最终得到客户信赖的还是项目的真正品质。

3.3.4　房地产开发产品策划模式

1. 房地产开发产品策划模式的含义

房地产开发产品策划是对房地产及住宅产品的需求进行调研、定位、设计、营销以及物业管理等内容的谋划和运筹，以适应人们对房地产产品不断变化、提高的要求。

2. 房地产开发产品策划模式的内容

房地产开发产品策划的一个重点就是，一切围绕着客户需求来策划产品，注重产品的舒适性和艺术性，使人们喜爱产品，促进人们的身心健康。房地产开发产品策划的另一个重点是产品定位和产品设计，产品定位应先于产品设计。产品设计出来才找目标客户，这是本末倒置的做法。

房地产开发产品策划模式的内容如下。

（1）产品调研——产品的前期策划中最重要的是调研，目的是知道需求和供应状况，为产品定位做准备。调研的内容很多，有宏观的、有微观的，有大市场的、有小市场的，有项目方面的、有非项目方面的等。

（2）产品定位——在产品调研的前提下，恰如其分地确定产品的具体位置，包括目标客户定位、产品品质定位、产品功能定位、产品地段定位、产品规模定位、产品形象定位等。

（3）产品设计——根据目标客户的特性分析，量身定做的设计产品，包括规划设计、建筑设计、环境设计、其他设计等。

（4）产品工艺——这是保证产品质量的关键之处。

（5）产品营销——怎么把产品的半成品和成品卖给预先针对的目标客户，包括产品包装、产品推广等。

（6）产品服务——这里主要是售后服务，即物业管理，目的是提升和延长产品的价值。

3. 房地产开发产品策划模式的适用性

房地产开发产品策划模式的适用性相当广泛，只要产品机会分析正确、产品目标市场准确、产品设计到位、产品营销手段新颖，加上策划人有强烈的创新专业精神和较高的专业素质，差不多就会获得成功。不过，如果只强调产品的品质，对大势的把握、全程的参与、品牌的推广等策划理念不重视，甚至不屑一顾，那么，策划出来的楼盘也不一定畅销。

以上内容是从不同的角度来进行策划的。战略策划模式侧重从宏观大势上来把握房地产开发项目的策划；全程策划模式侧重从项目开发的全过程和价值提升来把握房地产开发项目的策划；品牌策划模式侧重从项目的品质和推广来把握房地产开发项目的策划；产品策划模式侧重从房地产产品定位和设计来把握房地产开发项目的策划。

这些作为目前房地产开发策划的流行模式，在实际操作中都有是否适用的问题，在选择时应根据策划人员的水平、能力和项目的具体情况选用。随着房地产开发策划的不断深入和发展，房地产开发产品策划模式也会不断地完善和发展。

3.4 房地产开发策划的程序

房地产开发策划是一项复杂性、专业性较强的活动，应当有一套科学严谨的工作程序。按照科学严谨的策划程序开展策划工作可以使策划工作有计划，避免不必要的反复和浪费，提高策划工作的效率；可以使策划工作规范化、精细化，保证策划工作的质量。在房地产开发策划程序中，每一阶段的工作内容都很多，很琐碎，需要策划主持人制订周密的计划，执行者认真地落实、执行。

3.4.1 房地产开发策划程序的含义

房地产开发策划是按一定的程序进行的。所谓策划程序，就是指一个项目在进行策划的行为中按其内在联系排列出的先后工作顺序。通俗地讲，房地产开发策划程序就是要完成一项房地产开发策划工作从头到尾应该做哪些工作，应当先做什么，后做什么。因此，透过房地产开发策划程序，可以看出策划一个房地产开发项目的全过程，也可以了解一个房地产开发策划项目的各项具体工作之间的内在联系。

3.4.2 房地产开发策划程序的内容

房地产开发策划多数情况下是由开发商委托专业的房地产开发策划代理机构完成，以下从策划代理机构的角度谈谈常规的策划作业流程。

1. 项目洽谈阶段

这一阶段的工作主要是落实策划代理机构的业务来源问题，也是决定策划代理机构是否存在的一个主要环节。这一阶段的工作如果做得不好，后面的其他工作就无从谈起，更谈不上策划代理机构的业务发展了。策划代理机构的业务来源可以是主动联系开发企业、关系人介绍获得以及开发商自己主动联系。无论哪种形式,双方经过一段时间的洽谈,达成共识,都须签订策划合同以明确各方权利和义务,明了委托方的需求。

2. 组建机构阶段

这一阶段的工作是保证委托代理的业务在人员配备、工作计划、时间安排以及业务经费上得到落实,以便为下一步开展业务做好一切精神和物质的准备。在没有配备好人员的情况下,经常会出现仓促上阵,欲速而不达,影响了整个计划进行的问题。所以当策划代理业务落实以后,组建策划项目小组就成了重要环节。根据项目特点的不同、介入时机的差异、工作内容和要求的不同、经费的多寡,在组建班子时也有所取舍。对人员的选择主要应考虑知识背景、经验、工作能力与工作态度等方面。

3. 项目调研阶段

这一阶段是整个策划代理工作的重头戏,也是策划成果的主要内容。项目调研阶段最能反映一个策划人或策划机构的能力和水平。另外,这一工作阶段也是最辛苦的。策划人员为了取得大量的项目调研资料,走访许多政府部门、业务机构、项目现场,为的是取得项目调研的第一手真实资料;同时策划人员还要翻阅大量的资料和文件,以取得项目调研的书面资料。没有深入第一线的钻劲,策划人员不可能获得客观、真实的材料,更不能为以后的工作打下良好基础。

4. 提炼创意成果阶段

在策划人员经过调研取得了大量的资料以后,接下来就是针对项目进行研究、讨论、论证、创意的时候了。这一阶段工作的好坏,直接影响到策划方案的质量和可操作性问题。这个阶段通常采用碰头会的形式进行头脑风暴,以擦出创意的"火花"。通过大家认真研究、反复论证,往往能产生策划创意成果。

5. 提交报告阶段

通过项目策划小组一段时间的积极努力,将进入编写报告、向委托方提交策划成果的阶段。这一阶段的重点是保证策划成果的质量,如果在编写时感到策划结果没有达到预期效果,还要再一次回到上面的调研和研讨阶段,直至得到满意的结果为止。提交策划报告,通常需要向委托方做详细的讲解,同时回答委托方的提问和质询,还要根据反馈情况做必要的修改和完善。

6. 实施方案阶段

策划方案或报告得到了委托方的肯定后,将进入实施方案阶段。如果代理公司与委托方所签合同的工作范围不包括执行,策划工作也并不是到此结束,因为还需对实施的效果进行监测。监测的结果如果达不到方案的目的,还要分析原因,找出解决问题的办法,交与委托方加以及时修正。

如果代理公司与委托方所签合同的工作范围还包括执行(不是配合),则这一阶段对策划代理机构而言就至关重要了,它关系到策划代理机构的策划成果是否产生效益,也关系到策划代理机构是否得到更好的报酬。

以上六个阶段环环相扣,相互衔接,共同组成房地产开发策划全过程。

案　例

某房地产开发项目全程策划营销大纲

现在中国房地产产业已从卖方市场转变为买方市场,结合房地产市场策划营销理论和实践的运作方法,提出"房地产全程策划营销方案",从项目用地的初始阶段就导入策划营销的科学方法,结合房地产行业的运作流程,逐步实施。其核心内容包括:

1. 项目投资策划营销;

2. 项目规划设计策划营销;

3. 项目质量工期策划营销;

4. 项目形象策划营销;

5. 项目营销推广策划;

6. 项目顾问、销售、代理的策划营销;

7. 项目服务策划营销;

8. 项目二次策划营销。

第一章　项目投资策划营销

项目投资策划营销是全案最为关键的环节,反映了发展商选择开发项目的过程,这个过程是考验和衡量发展商房地产运作能力的重要环节,这个过程操作好了,就意味着项目成功了一半,在这个过程中多下功夫,以后的开发经营就可以事半功倍。

项目投资策划营销可对项目进行定价模拟和投入产出分析,并就规避开发风险进行策略提示,还对项目开发节奏提出专业意见。

一、项目用地周边环境分析

1. 项目土地性质调查。包括地理位置、地质地貌状况、土地面积及红线图、土地规划使用性质、"七通一平"现状等。

2. 项目用地周边环境调查。包括地块周边的建筑物、绿化景观、自然景观、历史人文景观、环境污染状况等。

3. 地块交通条件调查。包括地块周边的市政路网以及公交现状、远景规划;项目的水、路、空交通状况;地块周边的市政道路进入项目地块的直入交通网现状。

4. 周边市政配套设施调查。包括购物场所、文化教育、医疗卫生、金融服务、邮政服务、娱乐、餐饮、运动、生活服务、娱乐休息设施、周边可能存在的对项目不利的干扰因素、历史人文区位影响等。

二、区域市场现状及其趋势判断

1. 宏观经济运行状况。包括:①国内生产总值:第一产业数量、第二产业数量、第三产业数量、房地产所占比例及数量、房地产开发景气指数;②国家宏观金融政策:货币政策、利率、房地产按揭政策;③固定资产投资总额:全国及项目所在地、其中房地产开发比重;④社会消费品零售总额:居民消费价格指数、商品住宅价格指数、中国城市房地产协作网络信息资源利用。

2. 项目所在地房地产市场概况及政府相关的政策法规。包括项目所在地的居民住宅形态及比重；政府对各类住宅的开发和流通方面的政策法规；政府关于商品住宅在金融、市政规划等方面的政策法规；短中期政府在项目所在地及项目地块周边的市政规划。

3. 项目所在地房地产市场总体供求现状。

4. 项目所在地商品住宅市场板块的划分及其差异。

5. 项目所在地商品住宅平均价格走势及市场价值发现。

6. 商品住宅客户构成及购买实态分析。包括各种档次商品住宅客户分析、商品住宅客户购买行为分析。

三、土地 SWOT 分析(态势分析)

1. 项目地块的优势；

2. 项目地块的劣势；

3. 项目地块的机会点；

4. 项目地块的威胁及困难点。

四、项目市场定位

1. 类比竞争楼盘调研。包括类比竞争楼盘基本资料、项目户型结构详析、项目规划设计及销售资料、综合评判。

2. 项目定位。包括市场定位、区域定位、主力客户群定位、功能定位、建筑风格定位。

五、项目价值分析

1. 商品住宅项目价值分析的基本方法和概念。

(1) 商品住宅价值分析法(类比可实现价值分析法)：选择可类比项目；确定该类楼盘价值实现的各要素及其价值实现中的权重；分析可类比项目价值实现的各要素之特征；对比并量化本项目同各类比项目诸价值实现要素的对比值；根据价值要素对比值判断本项目可实现的均价。

(2) 类比可实现价值决定因素。①类比土地价值：A. 市政交通及直入交通的便利性的差异；B. 项目周边环境的差异：自然和绿化景观的差异,教育和人文景观的差异,各种污染程度的差异,社区素质的差异；C. 周边市政配套便利性的差异。②项目可提升价值判断：A. 建筑风格和立面的设计、材质；B. 单体户型设计；C. 建筑空间布局和环艺设计；D. 小区配套和物业管理；E. 形象包装和营销策划；F. 发展商品牌和实力。③价值实现的经济因素：A. 经济因素；B. 政策因素。

2. 项目可实现价值分析。包括：①类比楼盘分析与评价；②项目价值类比分析：价值提升和实现要素对比分析；③项目类比价值计算。

六、项目定价模拟

1. 均价的确定：运用以下两种方法综合分析确定均价。

(1) 住宅项目均价确定的主要方法——类比价值算术平均法。

(2) 有效需求成本加价法：A. 分析有效市场价格范围；B. 确保合理利润率,追加有效需求价格。

2. 项目中具体单位的定价模拟。

(1) 差异性价格系数定价法(日照采光系数、景观朝向系数、户型系数、楼层系数、随机系数)。

（2）各种差异性价格系数的确定：确定基础均价；确定系数；确定幅度；具体单位定价模拟。

七、项目投入产出分析

1．项目经济技术指标模拟。包括项目总体经济技术指标、首期经济技术指标。

2．项目首期成本模拟：成本模拟表及其说明。

3．项目收益部分模拟。包括：①销售收入模拟：销售均价假设，销售收入模拟表；②利润模拟及说明：模拟说明，利润模拟表；③敏感性分析：可变成本变动时对利润的影响；销售价格变动时对利润的影响。

八、投资风险分析及其规避方式提示

1．项目风险性评价。价值提升及其实现的风险性：项目的规划和设计是否足以提升项目同周边项目的类比价值；项目形象包装和营销推广是否成功。

2．资金运作风险性。包括：减少资金占用比例，加速资金周转速度，降低财务成本；对销售节奏和开发节奏进行良好的把握，以尽量少的资金占用启动项目，并在最短的时间内实现资金回笼。

3．经济政策风险。包括：国际国内宏观经济形势的变化；国家地方相关地产政策的出台及相关市政配套设施的建设。

九、开发节奏建议

1．影响项目开发节奏的基本因素。包括政策法规因素，地块状况因素，发展商操作水平因素，资金投放量及资金回收要求，销售策略、销售政策及价格控制因素，市场供求因素，上市时间要求。

2．项目开发节奏及结果预测。包括项目开发步骤、项目投入产出评估、结论。

第二章　项目规划设计策划营销

通过完整科学的投资策划营销分析，发展商有了明确的市场定位，从而进入了产品设计阶段。房地产经过多年的发展后，市场需求发生了根本性的变化，消费者对房地产的建筑规划和单体设计要求越来越高，他们追求又实用又好看的商品房，这就要求发展商将"以人为本"的规划思想和提高人居环境质量作为目标去实现消费者的需求。项目规划设计策划营销是基于市场需求而专业设计的工作流程。

项目规划设计策划营销是以项目的市场定位为基础，以满足目标市场的需求为出发点，对项目地块进行总体规划布局，确定建筑风格和色彩计划，紧紧围绕目标客户选定主力户型，引导室内装修风格，并对项目的环艺设计进行充分提示。

一、总体规划

1．项目地块概述。包括项目所属区域现状、项目临界四周状况、项目地貌状况。

2．项目地块情况分析。包括发展商的初步规划和设想、影响项目总体规划的不可变的经济技术因素、土地SWOT分析在总体规划上的利用和规避、项目市场定位下的主要经济指标参数。

3．建筑空间布局。包括项目总体平面规划及其说明、项目功能分区示意图及其说明。

4．道路系统布局。包括：①地块周边交通环境示意图：地块周边基本路网、项目所属区域道路建设及未来发展状况。②项目道路设置及其说明：项目主要出入口设置、项目主要干道设置、项目车辆分流情况说明。③项目停车场布置。

5. 绿化系统布局。包括：①地块周边景观环境示意：地块周边历史、人文景观综合描述，项目所属地域市政规划布局及未来发展方向。②项目环艺规划及说明：项目绿化景观系统分析、项目主要公共场所的环艺设计。

6. 公建与配套系统。包括：①项目所在地及周边市政配套设施调查。②项目配套功能配置及安排。③公共建筑外立面设计提示：会所外立面设计提示；营销中心外立面设计提示，物业管理公司、办公室等建筑外立面设计提示，其他公共建筑(如巴士站、围墙)外立面设计提示。④公共建筑平面设计提示：公共建筑风格设计的特别提示、项目公共建筑外部环境概念设计。

7. 分期开发：分期开发思路，首期开发思路。

8. 分组团开发强度。

二、建筑风格定位

1. 项目总体建筑风格及色彩计划。包括：①项目总体建筑风格的构思；②建筑色彩计划。

2. 建筑单体外立面设计提示。包括：①商品住宅房外立面设计提示；多层、小高层、高层外立面设计提示；不同户型的别墅外立面设计提示；针对屋顶、屋檐、窗户等外立面局部设计提示；其他特殊设计提示。②商业物业建筑风格设计提示。

三、主力户型选择

1. 项目所在区域同类楼盘户型比较。

2. 项目业态分析及项目户型配置比例。

3. 主力户型设计提示。包括一般住宅套房户型设计提示，跃式、复式、跃复式户型设计提示；别墅户型设计提示。

4. 商业物业户型设计提示。包括商业楼群平面设计提示、商场楼层平面设计提示、写字楼平面设计提示。

四、室内空间布局装修概念提示

1. 室内空间布局提示。

2. 公共空间主题选择。

3. 庭院景观提示。

五、环境规划及艺术风格提示

1. 项目周边环境调查和分析。

2. 项目总体环境规划及艺术风格构想：包括地块已有自然环境利用、项目人文环境的营造。

3. 项目各组团环境概念设计。包括组团内绿化及园艺设计，组团内共享空间设计，组团内雕塑小品设计提示，组团内椅凳造型设计提示，组团内宣传专栏、导视系统位置设定提示。

4. 项目公共建筑外部环境概念设计。包括项目主入口环境概念设计、项目营销中心外部环境概念设计、项目会所外部环境概念设计、项目营销示范中心沿途可营造环境概念设计、针对本项目的其他公共环境概念设计。

六、公共家具概念设计提示(略)

七、公共装饰材料选择指导(略)

八、灯光设计及背景音乐指导

1. 项目灯光设计。包括项目公共建筑外立面灯光设计、项目公共绿化绿地灯光设计、项目道路系统灯光设计、项目室内灯光灯饰设计。

2. 背景音乐指导。包括广场音乐布置、项目室内背景音乐布置。

九、小区未来生活方式的指导

1. 项目建筑规划组团评价。

2. 营造和引导未来生活方式。包括住户特征描述、社区文化规划与设计。

第三章　项目质量工期策划营销

房地产市场营销,它贯穿于商品的开发建设、销售、服务的全过程。质量工期是重要的流程之一,因房屋质量、工期延误等,造成销售停滞和购楼者要求换房或退房的现象屡有发生。它严重影响发展商及项目的信誉度、美誉度。因此项目质量工期策划营销是发展商必须树立的观念。

一、建筑材料选用提示(略)

二、施工工艺流程指导(略)

三、质量控制(略)

四、工期控制(略)

五、造价控制(略)

六、安全管理(略)

第四章　项目形象策划营销

项目形象策划营销包括房地产项目的总体战略形象、社区文化形象、企业行为形象、员工形象及其项目视觉形象等。

房地产项目视觉形象是指房地产项目有别于其他项目具有良好识别功能的统一视觉表现。其核心部分包括项目的名称、标志、标准色、标准字体等。要求造型设计既要富有意境,又要突出个性,形象鲜明,便于记忆,便于宣传,以统一运用于项目形象包装。

一、项目视觉识别系统核心部分

1. 名称。包括项目名、道路名、建筑名、组团名。

2. 标志。

3. 标准色。

4. 标准字体。

二、延展及运用部分

1. 工地环境包装视觉。包括建筑物主体、工地围墙、主路网及参观路线、环境绿化。

2. 营销中心包装设计。包括营销中心室内外展示设计、营销中心功能分区提示、营销中心大门横眉设计、营销中心形象墙设计、台面设计、展板设计、营销中心导视牌、销售人员服装设计提示、销售用品系列设计、示范单位导视牌、示范单位样板房说明牌。

3. 公司及物业管理系统包装设计。包括办公功能导视系统设计、物业管理导视系统设计。

第五章　项目营销推广策划

房地产项目营销推广策划是房地产企业对未来将要进行的营销推广活动进行整体、系统筹划的超前决策;是房地产全程策划营销的重头戏;是营销策划水平与销售技巧的高度结合,需要高度的专业化运作。

一、区域市场动态分析(略)

二、项目主卖点荟萃及物业强势、弱势分析与对策(略)

三、目标客户群定位分析(略)

四、价格定位及策略(略)

五、入市时机规划(略)

六、广告策略(略)

七、媒介策略(略)

八、推广费用计划(略)

九、公关活动策划和现场包装(略)

十、营销推广效果的监控、评估、修正(略)

第六章　项目顾问、销售、代理的策划营销

销售阶段是检验前几个方面的策划营销工作的重要标尺,同时,又是自成一体的严密科学系统。

一、销售周期划分及控制(略)

二、各销售阶段营销策划推广执行方案实施(略)

三、各销售阶段广告创意设计及发布实施(略)

四、销售前资料准备(略)

五、销售培训(略)

六、销售组织与日常管理(略)

第七章　项目服务策划营销

房地产全程策划营销的同时,积极倡导和推进房地产全程物业管理。房地产物业管理不仅是项目品质和销售的有力保证,更是品牌项目的重要支持。

一、项目销售过程所需物业管理资料(略)

二、物业管理内容策划(略)

三、物业管理组织及人员架构(略)

四、物业管理培训(略)

五、物业管理规章制度(略)

六、物业管理操作规程(略)

七、物业管理的成本费用(略)

八、物业管理 ISO9001 提示(略)

第八章　项目二次策划营销

项目二次策划营销是指发展商已成功地开发一两个项目,或是一个大型项目已完成部分组团,在社会上已形成一定的知名度和影响力,发展商致力于进一步提升形象和整体竞争力。也可以说是二次创业。发展商通过全面策划营销来提升项目品牌,进而促进发展商的可持续经营。

一、全面策划营销(略)

二、品牌战略提示

1. 品牌塑造。包括了解产业环境,确认自身的强弱点,决定核心竞争力;形成企业长远的发展目标;拥有一套完整的企业识别系统;全方位推广企业形象和品牌形象。

2．品牌维护。包括品牌管理系统、建立品牌评估系统、持续一致的投资品牌。

3．品牌提升。包括持续不断地深度开发品牌产品、深化品牌内涵、不断强化品牌的正向扩张力。

三、发展商可持续经营战略提示

1．人力资源科学配置。包括要甄选出公司所需的合格人才、为提高责任心而不断培训员工、创造良好的工作环境、激发创造能力、建设绩效评估和奖励机制。

2．产业化道路策略。包括提高住宅产品的技术附加值，尽快转变为技术密集型产业；将住宅产业多个外延型发展转为集约型的内涵式发展；深化住宅产业化链条的协调性。

3．专业化道路策略。包括提高建筑与结构技术体系；节能及新能源开发利用；建立住宅管线技术体系；建立厨房、卫生间的基本功能空间配置的整合技术；提高住宅环境及其保障技术体系；建立住宅智能化技术体系。

本章小结

房地产开发策划是房地产开发中至关重要的一个环节，它为房地产开发后续工作确定了总的计划和目标，决定着项目的成败。本章主要介绍了房地产开发策划的含义、特性和原则；概括介绍了房地产开发的前期策划、销售和招租策划以及物业管理策划的内容；还介绍了房地产开发策划常用的四种策划模式及策划程序，使读者对房地产开发策划有一个基本的了解。

习题

思考题

1．房地产开发策划包括哪些含义？

2．房地产开发策划的特性有哪些？

3．房地产开发策划有哪些原则？其中最重要的原则是什么？

4．房地产项目前期策划的主要内容有哪些？

5．房地产开发项目市场调查的主要内容包括哪几个方面？

6．房地产开发战略策划的含义是什么？房地产开发战略策划有哪些特点？

7．房地产开发全程策划的含义是什么？

8．房地产品牌策划的含义是什么？

9．房地产开发产品策划模式的含义是什么？

10．查找资料，分析一下房地产策划模式有何新发展。

11．房地产开发策划程序的内容有哪些？

第4章

房地产开发项目可行性研究

【学习要点及目标】

◆ 熟悉房地产开发项目可行性研究的内容。

◆ 掌握房地产开发项目可行性研究的步骤。

◆ 掌握房地产市场分析的方法。

◆ 掌握房地产开发项目的费用测算方法。

◆ 学会房地产开发项目的财务评价方法。

◆ 掌握房地产开发投资的不确定性分析方法。

◆ 了解房地产开发投资的风险分析方法。

◆ 能够进行房地产开发项目可行性研究报告的撰写。

【核心概念】

基准收益率、静态投资回收期、动态投资回收期、净现值、内部收益率、利息备付率、偿债备付率等。

【引导案例】

某房地产开发项目所在区域潜在需求较大,具备很好的市场机会。现公司准备开发一个房地产项目,该项目计划总用地面积为 70 488.56m²,总建筑面积为 145 500m²,建筑容积率为 2.06,项目基准收益率为 10%。

开发进度:项目开发周期为 5 年。计划开工时间为 2022 年年初,建设期 3 年,竣工时间为 2024 年年底,预计从 2023 年 7 月开始销售,至 2026 年年底销售完毕。

项目资金的使用计划:建设投资在建设期内,第一年投入 50%,第二年投入 30%,第三年投入 20%。

项目投资的资金来源:自有资金和银行借款(年利率为 5.00%)。项目投资 88 996.49 万元,其中自有资金投入 45 382.74 万元,银行贷款本金 40 000.00 万元,建设期利息 3613.75 万元。

借款及偿还计划:本项目在第一年借款 20 000.00 万元,第二年借款 10 000.00 万元,第三年借款 10 000.00 万元。从第四年开始,连续两年以等额还本、利息照付的方式还清借款。

房屋售价情况:预计住宅平均售价为 8800.00 元/m²。

税金缴纳:该市房地产二级市场转让税费主要是增值税(销售额的 5.0%),城市维护建设税(增值税的 7%),教育费附加(增值税的 3%),所得税税率为 25%。

根据以上情况,这个房地产项目是否能盈利?如果能够盈利,盈利的程度如何?项目的风险有多大?这些问题是任何一个房地产开发商都关心的问题,本章将介绍这些房地产开发项目可行性研究的内容。

4.1 房地产开发项目可行性研究的内容与步骤

4.1.1 概述

1. 可行性研究的概念

可行性研究是指在投资决策前对与建设项目有关的市场状况、技术方案、资源条件、经济效果、社会效益等各方面的因素进行全面分析、论证与评价,从而判断项目在技术上是否可行,在经济上是否合理,并在多个备选方案中进行选优的科学方法。

一个房地产建设项目要经历三个阶段:投资前期、建设期和运营期。其全过程如图 4-1 所示。

图 4-1 项目投资建设全过程

项目投资建设的三个阶段中,投资前期是决定整个工程项目经济效果的关键时期,是研究与控制的重点。如果进展到项目建设期以后才发现项目存在的问题,对项目的变动与调整将会给投资者造成巨大的损失。而在项目投资的前期阶段,可行性研究被视作首要环节。

投资者为了减少风险,在项目的开发与运营过程中获取最大利润,宁愿在投资决策之前花费一定的时间与费用,也要进行项目的可行性研究,来保证项目运行的可靠性。

2. 房地产开发项目可行性研究的工作阶段

可行性研究在项目投资前期主要包括机会研究、初步可行性研究、可行性研究和项目评价四个阶段。

各阶段的研究内容根据其研究目的、深度、内容的不同而有所区别。总体来说,随着各个阶段由前向后的逐步推进,研究内容上由浅入深,估算精度上由粗到细,研究工作上由小变大,期间工作发生的时间和费用也是相应增加的。

1) 机会研究阶段

机会研究是项目的初选阶段,其主要任务是对项目或投资机会给出建议,即在一定的地区和部门范围内,以地区规划、自然资源和市场研究为基础,寻找最有利的投资机会。在广泛调查研究、搜集资料、考察建设地点的基础上,选择开发项目,提出投资建议。

投资机会研究在深度上比较粗略,只是依靠概略的分析和计算,确定需要投资的开发项目,并初步分析其投资效果,然后提出项目建议。该阶段投资估算的精度一般为±30%以内,研究费用一般占总投资额的0.2%~0.8%。如果机会研究阶段的结论被采纳,则进入初步可行性研究阶段。

2)初步可行性研究阶段

初步可行性研究即在机会研究的基础上,进一步对项目建设的可行性与潜在收益进行验证,深入审查和分析项目所在地区的经济情况、项目规模、项目地址及周边环境、建设中的材料供应、项目规划设计方案及施工进度、项目投资估算和销售收入等情况,并进行经济效果评价,得出是否有必要进行可行性研究的结论。

该阶段投资估算的精度一般为±20%以内,研究费用一般占总投资额的0.25%~1.5%。

3)可行性研究阶段

可行性研究阶段又称为"详细可行性研究阶段",该阶段的结论是投资者决定是否投资该项目的决策依据。该阶段在初步可行性研究的基础上对地产市场的现状、地区规划、设计方案、工程方案、工程建设进度、环保措施、节能措施、消防安全措施、经济效益和社会效益等方面进行分析和评价,着重对各种方案进行技术经济分析和比较,以获得最佳的投资方案。该阶段完成后,即可编制项目可行性研究报告。

该阶段对建设投资估算的精度要求在±10%以内,所需费用依据项目规模而定,小型项目占投资的1.0%~3.0%,大型复杂的项目占投资的0.2%~1.0%。

4)项目评价阶段

项目评价由政府投资决策机构或贷款决策机构组织实施,或授权给有资质的投资咨询机构实施,对可行性研究报告进行全面评估,进一步判断可行性研究报告的客观性、真实性,判断项目是否可行,为项目投资的审批决策提供依据。

按照国家有关规定,对于大中型和限额以上的项目及重要的小型项目,必须经有权审批单位委托有资格的咨询评估单位就项目可行性研究报告进行评估论证。未经评估的建设项目,任何单位不准审批,更不准组织建设。

3. 房地产开发项目可行性研究的作用

1)是投资者做出投资决策的重要依据

房地产开发具有投资量大、涉及面广、风险高等特点,因此在投资前为了避免投资的盲目性,获取项目的最大效益,就必须在项目投资前期阶段全面地进行分析与论证,明确其在技术上是否可行、经济上是否合理等,并以此作为投资项目的主要依据。这也是开发企业针对项目进行前期工作的主要目的,是可行性研究的主要任务,为投资决策提供科学、可靠的依据,同时也为项目各投资方提供投资决策依据。

2)是银行等金融机构发放贷款的决策依据

银行等金融机构通常把可行性研究报告作为建设项目申请贷款的依据。银行对可行性研究报告进行全面分析、评估以后,才会决定是否给予贷款。

3）是行政部门进行项目审批的依据

房地产开发应符合国家相关政策、法规的要求。可行性研究报告是房地产开发商向政府机构审批立项的基础资料,政府建设部门、规划部门、计划部门和土地管理部门等机构通过评审项目的可行性研究报告,审查项目的建设目标、经济目标、社会目标、环境目标、能耗目标等方面的实现情况,决定是否批准项目的建设。

4）是与有关单位签订协议、合同的参考依据

项目开发建设涉及的范围广,在可行性研究阶段已经对项目的材料供应、设计方案、设备选型、项目投资等相关问题做了分析、论证与估算。这些结果可以为以后在实施阶段与相关单位签署协议、合同提供依据。

5）为后期的项目管理工作提供目标依据

可行性研究报告的内容里,对项目的工程方案以及发生的相应费用进行了分析与估算,并给出了项目的实施进度计划。这些为后期的进度安排、投资控制等项目管理工作提供了目标依据。

4.1.2　房地产开发项目可行性研究的内容

从房地产开发项目可行性研究报告的作用来看,其应能够满足各相关方作为决策依据的要求。虽然不同的项目由于开发性质、开发用途、目标利润、环境条件等因素的不同,可行性研究报告的内容会有差异。但一般房地产项目应包括以下内容。

1. 总论

总论中主要描述项目的概况,包含的内容有项目名称、建设单位概况、报告编制原则、编制依据、项目建设背景、建设地点、建设时间、项目技术经济指标、项目可行性结论等。

2. 市场分析

市场分析主要是对现有社会经济状况、行业的发展状况、产品供求状况等方面进行分析,为产品的定位提供决策依据。

3. 场址状况

场址状况包括开发项目场地范围内建设条件、周边各类设施状况、地上附着物状况、需拆迁安置面积、拆迁安置方案等。

4. 规划设计方案的选择

规划设计方案的选择指对备选方案进行分析比较,选出最为合理、可行的方案,并对该方案进行全面深入的描述。

5. 资源供应

资源供应包括项目建筑材料供应计划,设备采购使用计划,施工过程中燃料动力供应计划,用水供应计划,项目运营时水、电、燃气、通信等供应方案。

6. 环境影响评价

环境影响评价包括项目开发场区及周边现有环境状况、项目建设运营对现有环境的影响因素及影响程度分析、采取的环境保护措施、对环境影响的评价等。

7. 节能措施

节能措施包括确定开发项目的节能目标、建筑的体形系数、采取的节能措施。

8. 消防与劳动安全

消防与劳动安全包括项目的消防设计及采取的消防方案、人员培训及安全管理措施。

9. 项目开发组织安排

项目开发组织安排包括开发项目的管理体制和机构设置、管理人员的配备方案、拟订人员培养计划、估算年管理费用支出。

10. 开发建设计划

开发建设计划包括项目开发计划、项目实施进度计划、保证项目顺利实施的管理措施。

11. 项目经济评价

项目经济评价包括估算项目的总投资、销售收入、预期利润、各类税金等数据;编制项目财务基本报表及辅助报表;计算项目的经济评价指标,分析项目的盈利能力、清偿能力及抗风险能力。

12. 社会效益分析

社会效益分析是指从整个社会的角度出发,分析项目对社会所产生的直接或间接效益。

13. 结论及建议

综合以上内容,给出项目是否可行的结论;提出需要注意的问题及建议。

4.1.3　房地产开发项目可行性研究的步骤

可行性研究一般按照以下五个步骤进行。

1. 组织准备

依据可行性研究的内容可以看出,可行性研究工作是一项结合多专业的、复杂的研究工作。要获得一个分析合理、质量可靠的研究结论,就需要一个由多专业人员组建而成的工作团队。其团队成员需要有善于把握房地产市场动向的市场人才,熟知房地产开发的工程技术专家,能够合理估算项目费用并进行经济评价的财务人员,除此之外,还需要有善于协调管理的组织者。

2. 资料收集及市场调查

资料收集工作的主要内容是收集与项目相关的政策、规划资料,有关的社会经济发展状况、自然资源、水文地质、气象等资料。市场调查工作的主要内容是公用设施、自然条件、场地现状等现场状况,以及与销售相关的供需状况、需求结构等。

3. 开发方案的设计、选优

对于开发项目而言,有多种方案可以实施。每一种方案都有其自身特点。依据不同的方案开发会得到不同的收益。所以对于一个开发项目,应进行多方案的横向比选,综合各方面因素选择最优方案进行项目实施。

4. 财务评价及国民经济评价

对经上述分析后确定的最优方案,在估算项目投资、成本、价格、收入及税金等数据的基础上,对方案进行详细财务评价和国民经济评价。

5. 编写可行性研究报告

经过上述分析、评价后,即可编写可行性研究报告,从多角度全面、详细地分析项目可行与否,提出结论性意见、措施和建议,供决策者作为决策依据。

4.2 房地产市场分析

房地产市场分析是运用科学的理论和方法及合理的分析手段,对获取的房地产市场信息和资料进行分析研究,为房地产开发项目的经营管理提供决策依据的过程。房地产开发项目只有在充分进行市场调研和分析的基础上,才能形成完善的产品开发方案,才能确立有效的投资策略。

4.2.1 房地产开发项目市场调查

1. 房地产开发项目市场调查的概念

房地产开发项目市场调查是运用系统科学的方法,有目的、有计划地收集、整理、分析与房地产开发项目有关的各种情报、信息和资料,为企业开发与经营提供决策依据的信息管理活动。

2. 房地产开发项目市场调查的内容

房地产开发项目市场调查的内容非常广泛,涉及房地产市场运行的特点、阶段,产品的需求供给状况等各方面的内容。依据项目类型、特点的不同,市场调查的侧重点也有所区别,通常包含以下内容。

(1) 宏观环境调查。任何企业的发展都脱离不开宏观环境的影响。宏观环境的变化影响到产业环境变动,产业环境变动又影响到企业的未来发展。因而,宏观环境的变化随时会给企业的发展带来机遇和危机。对市场反应敏感的房地产企业往往能够及时正确地依据环境变化,调整自身企业的投资经营方向。房地产市场调研最重要的任务,就是看清企业当前所处的宏观环境,为科学决策提供宏观依据。房地产市场宏观环境有如下三种。

① 政治法律环境。政治法律环境主要包括宏观政治形势、国家对房地产业管理的有关方针政策、法律法规等。如:产业政策、财政政策、货币政策等国家政策形势;房改政策、开发区政策、房地产价格政策等有关房地产开发经营的方针政策;《中华人民共和国环境保护法》《土地管理法》《城市房地产管理法》等相关的法律法规。

② 宏观经济环境。宏观经济环境主要包括财政、金融、经济发展状况和趋势等因素。如:国家、地区和项目所在城市的经济状况;项目所在地区的经济、人口、基础设施等状况;居民收入水平、储蓄状况、消费水平;经济产业结构和主导产业;外商投资状况及投资发展情况;与特定房地产项目相关的经济因素等。

③ 社会文化环境。社会文化环境主要包括当地的人口结构、生活方式、风俗习惯及消费理念等方面的内容。如:人口受教育程度、文化水平、职业构成、民族分布、宗教信仰、生活习惯等;审美观念、价值取向、生活理念等;与房地产消费文化相关的因素等。

(2) 项目所在城市房地产市场状况与产品供应状况。

① 市场整体状况,包括城市房地产开发投资量、房地产新开工面积、竣工面积、商品房供销量、销售额、商品房房价等。

② 土地市场情况,包括城市土地供应方式、土地供应数量、地块规划用途、土地供应类型及其比例、土地价格、以往成交地块位置、土地出让金收缴情况等。

③ 城市房地产价格状况,包括城市的不同区域、各类房屋的价格情况。

④ 城市主要开发商开发销售情况,包括开发量、竣工量、销售面积及销售金额。

项目所在城市房地产市场状况是城市宏观环境内房地产行业的发展和竞争情况,进行该项调查有助于房地产企业判断市场发展状况和进行未来产品的市场定位。

(3) 房地产开发项目需求调查。房地产开发项目需求调查有利于进行房地产市场的细分和目标市场的确定,同时描述目标市场的特征和规模,可以为项目的市场定位、产品设计、营销方案提供全面准确的决策信息。房地产开发项目需求调查的内容主要有以下两方面。

① 消费者购买愿望。主要调查消费者购买房地产产品的愿望。调查内容包括想购买房产的类别、面积、户型要求、房地产位置、预期价格、环境景观要求等。

② 消费者购买能力。消费者的购买能力是影响住房消费的重要因素,它直接决定了消费者购房行为的实现。消费者购买能力方面的调查内容有家庭收入、年龄层次、工作状况等。

(4) 项目基本情况调查。项目的基本情况即与项目具体开发有关的状况。其目的是调查项目自身的开发条件及发展状况,对项目自身价值提升的可能性与途径进行分析,同时为以后的市场定位做准备。项目基本情况调查具体包括以下几个方面。

① 对项目的用地现状及开发条件进行调查。用地基本状况资料包括用地界址、面积、土地附着物分布、权属、地形、地貌、水文地质条件、项目历史与现状资料、项目合作开发条件、土地获得成本、用地规划、开发经营税费政策等。

② 对项目所在地的周边环境进行调查。周边环境主要包括地块周围的物质和非物质

的生活配套情况,包括水、电、气、通信等市政配套情况,学校、银行、超市、医院、邮局、公园、体育场馆、集贸市场等生活配套情况,以及空气、卫生、景观等生态环境,还包括由人口数量和素质所折射出来的人文环境等。

3. 房地产开发项目市场调查的步骤

房地产市场调查是一项有计划、有组织的系统活动,一般按以下步骤实施。

(1) 确定调查目标和调查问题。进行市场调查首先要确定调查目标,依据要实现的调查目标,确定研究的问题及范围。调查目标的确立应根据开发项目实际出发,目的明确,定位准确。

(2) 制订调查计划。调查计划应做到详尽而周密,以确保整个调查工作有条不紊地顺利进行。

(3) 实施调查计划。即对调查计划加以实施,要按计划规定的时间、方法、内容、步骤来收集有用信息。

(4) 分析和处理信息。对收集来的数据进行编辑处理、分类归档,寻找调查数据中的有用信息。

(5) 形成成果报告。调查资料经过整理后,形成调查报告,提交给委托者或企业决策者作为决策的参考依据。

4. 房地产开发项目市场调查的作用

总体来说,房地产开发项目市场调查的主要作用表现在:
(1) 有助于房地产开发项目策划人员认识市场、发现机会;
(2) 是房地产开发项目策划人员感知市场、了解消费者需求的主要途径;
(3) 是房地产开发项目投资机会研究、项目定位、规划设计、市场营销等活动的基础。

4.2.2　房地产开发项目市场调查方法

为了保证市场调查工作全面、准确,必须采用适当的调查方法才能达到预期效果。一手资料的收集方法主要包括文案调查法、访问调查法、观察调查法、实验调查法等。选择调查方法要考虑收集信息的能力、调查研究的成本、时间要求、样本控制和人员效应的控制程度。

1. 文案调查法

文案调查法是指对已经存在的各种资料档案,以查阅和归纳的方式进行的市场调查。文案调查又称为二手资料或文献调查。

文案资料来源很多,包括国际组织和政府机构资料、行业资料、公开出版物、相关企业和行业网站、有关企业的内部资料。

2. 访问调查法

访问调查法是针对拟调查的事项采取适当形式,向被调查者提出问题以获取所需资料的方法。这是一种最普遍采用的方法,操作简单,效率较高。访问采取的形式一般有面对面谈话调查、电话调查、现场问卷调查和网络问卷调查等。

访问调查法实施的关键前提是问卷的设计。设计问卷应注意三点：一是问题要表达清晰,简洁精练,让被调查者能够快速明白问题主旨;二是问题通俗易懂,避免运用专业术语;三是提问方式应礼貌、亲切,易于被人接受。

3. 观察调查法

观察调查法是由调查者直接到调查现场进行观察、记录,以获取调查信息的一种方法。由于实施调查时,调查者与被调查者之间没有面对面接触。被调查者没有意识到自己正在接受调查,能够自然表达,因此调查效果较好。其缺点是只能观察现象,不一定能够完全获得调查者真正关心的调查信息。

4. 实验调查法

实验调查法是将调查范围缩小到一个比较小的规模,进行实验后得出一定结论,然后再推断出样本总体可能结果的调查方法。它通过小规模的实验来实施调查,获取信息,然后分析总结市场情况。从理论上讲,这是一种比较科学的调查方法,但在实际执行时技术难度较大。

4.2.3　房地产市场预测

1. 房地产市场预测的概念

房地产市场预测是指在房地产市场调查的基础上,运用科学的方法,根据调查所取得的成果,对房地产市场进行科学的分析,来预测房地产市场将来的发展趋势。

2. 房地产市场预测的作用

(1) 有利于企业做出科学合理的投资决策。通过房地产市场预测,可以掌握房地产发展变化的趋势,使企业能够按照市场的发展状况做出正确的投资决策,既满足了市场的需求,又可以使企业的投资行为获得成功。否则,一旦企业开发了市场供给过剩的房地产项目,可能会给其经营带来严重不良后果。

(2) 有利于企业提高管理水平。只有正确地预测房地产市场,企业才能不断积累实力,提高管理水平和经济效益,增强竞争力,从而在市场中占得先机。

3. 房地产市场预测的内容

房地产市场预测是市场调查内容在时间上的延伸。投资项目市场预测的内容主要有两方面。

(1) 市场需求预测。市场需求预测主要是预测需求量和销售量。需求量是指未来市场上有支付能力的需求总量。销售量是指拟建项目的产品在未来市场上的销售量。

(2) 价格预测。在市场经济条件下,产品价格一般以均衡价格为基础,供求关系是价格形成的主要影响因素。价格预测除了应考察市场的供求状况,还应了解影响产品价格的其他因素,主要有产品生产和经营过程中的劳动生产率、成本、利润等。

4. 市场预测的基本方法

市场预测的方法一般可以分为定性预测和定量预测两大类。

定性预测是根据掌握的信息资料,凭借专家的经验、知识,运用一定的方法对市场未来的趋势、规律做出的判断和描述。定性预测方法可以分为直观判断法和集合意见法两大类,其核心是专家预测,都是依据经验、智慧和能力在个人判断的基础上进行预测。定性预测中直观判断法包括产品类推预测法、行业类推预测法和地区类推预测法,集合意见法包括专家会议法和德尔菲法。

定量预测是依据市场历史和现在的统计数据,选择或建立合适的数学模型,分析研究其发展变化规律并对未来做出预测。定量预测可归纳为因果性预测、延伸性预测和其他方法三大类。

市场预测的主要方法如下。

1) 类推预测法

该方法是根据市场及环境的相似性,从一个已知的产品或区域的市场状况,推测其他类似产品或市场区域的演变趋势的一种判断预测方法。这种方法具有极大的灵活性和广泛性,非常适用于房地产市场新项目、新市场的需求预测。

对于房地产市场来说,根据预测目标和市场区域的不同,类推预测法可以分为产品类推预测、行业类推预测地区类推预测三种。

(1) 产品类推预测。产品类推预测是依据产品在功能、结构、材料等方面的相似性,推测产品市场发展可能出现的某些相似性。

(2) 行业类推预测。行业类推预测是依据相关和相近行业的发展轨迹,推测行业的发展趋势。

(3) 地区类推预测。通常产品的发展和需求经历了从发达国家和地区,逐步向欠发达国家和地区转移的过程。对于房地产行业来说,某种类型的项目也存在着类似的规律。

类推结果存在着非必然性,运用类推预测法需要注意类别对象之间的差异,尤其是在地区类推时,要充分考虑到不同地区在政治、经济、社会、文化、法律法规、民族和生活等方面的差异,并加以修正,才能使预测结果更准确。

2) 专家会议法

专家会议法是组织有关方面的专家,通过会议的形式,对市场发展前景进行分析预测,在专家判断的基础上,综合专家意见,得出市场预测结论。

由于个人专业、知识、经验、能力的限制,专家个人判断经常难免失之偏颇,特别是对新的业态的需求和市场预测的判断,可能会有所不同。所以,对于一些重大的市场预测,需要召集行业相关专家,利用群体智慧,集思广益,并通过讨论、交流互换意见,取得共识,为正确决策提供依据。

专家会议预测法包括三种形式。

(1) 头脑风暴法,也称非交锋式会议法。会议不带任何限制条件,鼓励专家独立、任意地发表意见,没有批评和评论,以激发灵感,产生创造性思维。

(2) 交锋式会议法。参会专家围绕一个主题,各自发表意见,并充分地进行讨论、交流,最后达成共识,取得一致的预测结果。

（3）混合式会议法，也称作质疑式头脑风暴法，是对头脑风暴法的改进。它将会议分为两个阶段：第一个阶段是非交锋式会议，产生各种思维和预测方案；第二个阶段是交锋式会议，对上一阶段的各种设想进行质疑和讨论，也提出新的设想，相互不断启发，最后取得一致的预测结论。

3）德尔菲法

德尔菲法是在专家个人判断法和专家会议法的基础上发展起来的一种专家调查法，广泛应用在市场预测、技术预测、方案比选、社会评价等众多领域。其工作程序包括五个步骤。

（1）建立预测工作组。德尔菲法对于组织的要求较高。进行调查预测的第一步就是成立预测工作组，负责调查预测的组织工作。工作组成员应该能够正确认识并理解德尔菲法的实质，并具备必要的专业知识和数理统计知识，熟悉计算机统计软件，能进行必要的统计和数据分析处理工作。

（2）选择专家。要在明确预测范围和种类后，依据预测问题的性质选择专家，这是德尔菲法进行预测的关键步骤。选择的专家要与市场预测的专业领域相关，经验丰富，知识面广，思路开阔，富于创造性和洞察力；不仅要有熟悉本行业的学术权威，还应有来自生产一线从事具体工作的专家；不仅应包括本部门专家，还要有来自相关行业其他部门的专家。专家组构成包括技术专家、宏观经济专家、企业管理者、行业管理者等。选择专家的数量一般在 20 人左右，可根据预测问题的规模和重要程度进行调整。

（3）设计调查表。调查表设计的质量直接影响预测的结果。调查表所提问题应明确，回答方式简单，便于调查结果的汇总和整理。

（4）组织调查实施。一般调查要经过两三轮：第一轮将预测主体和相应预测时间表发放给专家，给他们较大的空间自由发挥。第二轮将统计和修正的第一轮调查表发给专家，让他们对较为集中的预测事件进行评价、判断，提出进一步的意见。经预测工作组整理统计后，形成初步的预测意见，如有必要可再依据第二轮的预测结果制定调查表，进行第三轮预测。

（5）汇总处理调查结果。将调查结果汇总，进行进一步的统计分析和数据处理。有关研究表明，专家应答意见的概率分布一般接近正态分布，这是对专家意见进行数理统计处理的理论基础。一般计算专家估计值的平均值、中位数、众数及平均主观概率等指标。

德尔菲法在下述领域运用较其他方法更能体现效果。

（1）缺乏足够资料。在市场预测中，由于缺乏历史资料或历史资料不完备，难以采用回归分析或趋势分析时，如新产品的市场预测。

（2）长远规划或大趋势预测。长远规划和大趋势预测，因时间久远，可变因素太多，进行量化既不太可能，又缺乏实际作用。

（3）影响预测事件的因素太多。有些产品市场需求影响因素众多，难以筛选出少数关键变量，这些影响因素又不能不加以考虑。

（4）主观因素对预测事件的影响较大。预测事件的变化主要受政策、方针、个人意志等主观因素影响，而不是受技术、收入等客观因素影响。

4）时间序列法

时间序列法，就是按一定的时间序列，将历史资料和数据构成一个统计数列，并根据其发展动向向前推测。运用时间序列法要受到一定条件的制约：一是需有较完备的时间序列资料，并且在这些资料中存在着一定的模式或趋势；二是数据随时间的变化波动不是很大；

三是影响市场的各种因素基本未发生变化。时间序列法主要有简单平均法、加权平均法、移动平均法和指数平滑法。

（1）简单平均法，是将过去时间序列的各期实际数据简单平均，将平均值作为下期的预测值。

其计算公式为

$$\text{预测值} = \sum \text{各期的实际数据} / \text{实际的期数} \tag{4-1}$$

（2）加权平均法，是先确定各期的权重，然后计算加权平均值，并以之作为下期的预测值。

其计算公式为

$$\text{预测值} = \sum (\text{各期的实际数据} \times \text{各期的权重})$$
$$= \sum (\text{各期的实际数据} \times \text{各期的权数}) / \sum \text{各期的权数} \tag{4-2}$$

（3）移动平均法，是根据时间序列的各期数值的平均数来预测未来的一种方法。其计算步骤为：第一，确定各期的期距；第二，求相邻期距各期的简单平均数；第三，求出趋势变动值；第四，求若干期的趋势平均数；第五，得出预测值。

其计算公式为

$$\text{预测值} = \text{最后一期平均值} + \text{期距} \times \text{最后一期趋势平均数} \tag{4-3}$$

（4）指数平滑法，是选取各时期权重数值为递减指数数列的均值的方法。

其计算公式为

$$\text{预测值} = \text{平滑系数} \times \text{上期实际值} + (1 - \text{平滑系数}) \times \text{上期预测值} \tag{4-4}$$

5）回归分析法

回归分析法是根据预测变量（因变量）和相关因素（自变量）间存在的因果关系，借助数理统计中的回归分析原理建立回归模型，并进行预测的一种定量预测方法。回归模型按自变量的多少，可以分为一元回归模型和多元回归模型。

运用回归模型进行预测，一定要满足以下模型假设。

（1）线性关系假设。自变量与因变量之间存在线性关系，这种线性关系可以是直接的关系或经取对数等变换得出的线性关系。

（2）零均值的假设。误差项的均值必须为零，该假设表示尽管回归模型有可能未包括所有应该包括的自变量，但由于未包括自变量所导致的误差作用相互抵消，因此总体上模型不会出现偏差。

（3）恒定方差假设。模型误差项的方差必须恒定，不随历史观测数据所处时间区域而改变。

（4）正态分布假设。误差项必须服从均值为零的正态分布。

（5）非自相关误差假设。误差项在序列中无自相关性。

（6）正交性假设。误差项与自变量之间不存在相关性。

6）弹性系数分析法

弹性系数又称弹性，弹性是一个相对量，它衡量某一变量的改变所引起的另一变量的相对变化。弹性分析法就是利用两种因素间的弹性关系来进行预测。

7）投入产出分析法

投入产出分析法是通过建立投入产出模型，描述基础产业投入或就业与房地产业发展间的关系,并根据基础产业投入的变化对房地产业的影响,发现房地产业的发展趋势。投入产出分析法还可以用来评估房地产业在投入方面的制约条件及其对房地产业发展空间的限制。

8）价格指数分析法

随着房地产价格指数的日益完善,其在房地产市场分析中的作用也日趋重要。利用房地产价格指数不仅可以判断房地产价格走势,而且可以分析不同区位、不同类型、不同档次物业的价格走势。

9）房地产估价法

房地产估价法就是利用房地产估价原理和方法进行房地产商品的价格预测。常见的房地产估价法有市场法、成本法、收益法、假设开发法、基准地价法等。

4-1

其中,市场法是将待预测的房地产与在较近时期内已经发生了交易的类似房地产加以对照比较,根据已发生交易的房地产价格,通过多项因素的修正得出待预测房地产价格的一种方法;成本法是以开发或建造待预测房地产或类似房地产所需耗费的各项必要费用及正常的利润和税金为依据,来确定待预测房地产价格的一种方法;收益法是运用适当的还原利率,将待预测的房地产未来的正常纯收益折算还原,从而确定待预测房地产价格的一种方法;假设开发法是以以后的余额作为待预测房地产价格的一种方法;基准地价法是通过将待预测的房地产与基准地块比较,对基准地价进行修正后得出待预测房地产价格的一种方法。

4.3 房地产开发项目费用测算

4.3.1 房地产开发项目费用

房地产开发项目所需投入的各项费用主要包括土地费用、前期工程费用、房屋开发费用、管理费用、财务费用、销售费用、开发期税费、其他费用,以及不可预见费用等。

1. 土地费用

土地费用是指为取得房地产项目用地而发生的费用。房地产项目取得土地有多种方式,所发生的费用各不相同,主要有下列几种。

（1）土地征收拆迁费。土地征收拆迁费分为农村土地征收拆迁费和城镇土地拆迁费。

农村土地征收拆迁费主要包括土地补偿费、青苗补偿费、地上附着物补偿费、安置补助费、新菜地开发建设基金、征地管理费、耕地占用税、拆迁费、其他费用。

城镇土地拆迁费主要包括地上建筑物、构筑物、附着物补偿费,搬家费,临时搬迁安置费,周转房摊销费以及对于原用地单位停产、停业补偿费,拆迁管理费和拆迁服务费等。

（2）土地出让地价款。土地出让地价款是指国家以土地所有者的身份将土地使用权在一定年限内让予土地使用者,并由土地使用者向国家支付土地使用权出让地价款。土地出让地价款主要包括向政府缴付的土地使用权出让金和根据土地原有状况需要支付的拆迁补偿费、安置费、城市基础设施建设费或征地费等。例如,以出让方式取得城市熟地土地使用权,土地出让地价款由土地出让金加上拆迁补偿费和城市基础设施建设费构成。

土地出让地价款的数额由土地所在城市、地区、地段，土地的用途以及使用条件，合同条件等许多因素决定。许多城市对土地制定了基准地价，具体宗地的土地出让地价款要在基准地价的基础上加以适当调整确定。

(3) 土地转让费。土地转让费是指土地受让方向土地转让方支付土地使用权的转让费。依法通过土地出让或转让方式取得的土地使用权可以转让给其他合法使用者。土地使用权转让时，地上建筑物及其他附着物的所有权随之转让。

(4) 土地租用费。土地租用费是指土地租用方向土地出租方支付的费用。以租用方式取得土地使用权可以减少项目开发的初期投资，但在房地产项目开发中较为少见。

(5) 土地投资折价。房地产项目土地使用权可以来自房地产项目的一个或多个投资者的直接投资。在这种情况下，不需要筹集现金用于支付土地使用权的获取费用，但一般需要对土地使用权评估作价。

2. 前期工程费用

前期工程费用是指项目开工以前的一些前期准备费用，主要包括：

(1) 开发项目前期进行的规划费、设计费，为建筑安装工程费的 3% 左右；

(2) 可行性研究的费用支出，占项目总投资的 1%～3%；

(3) 水文、地质勘测费用的支出，根据所需工程量结合有关收费标准估算，一般为设计概算的 0.5%；

(4) "三通一平"或"七通一平"等土地开发费，主要包括地上原建(构)筑物拆除费用，场地平整费用，通水、通电的费用。这些费用的测算，可根据实际工作量，参照有关计费标准估算。

3. 房屋开发费用

房屋开发费用主要包括建筑安装工程费、公共配套设施建设费、基础设施建设费。

(1) 建筑安装工程费。建筑安装工程费是指建造房屋建筑物所发生的建筑工程费用、设备采购费用和安装工程费用等。

(2) 公共配套设施建设费。公共配套设施建设费是指开发小区内为居民服务配套建设的各种非营利性的公共配套设施(又称公建设施)的建设费用，如居委会、托儿所、公共厕所、停车场等，一般按规划指标和实际工程量估算。

(3) 基础设施建设费。基础设施建设费是指开发区内道路、供水、排水、排污、供电、供气、通信、照明、环卫等市政工程费和园林、绿化工程费，一般按实际工程量估算。

4. 管理费用

管理费用是指开发企业的管理部门为组织和管理开发经营活动而发生的各种费用，包括管理人员工资、职工福利费、办公费、职工教育经费、社保费、差旅费、业务招待费、咨询费、审计费、诉讼费、技术转让费、技术开发费、折旧费、修理费以及其他管理费用。管理费用可按照项目总投资的 3%～5% 估算。

5．财务费用

财务费用是指企业为筹集资金而发生的各项费用,主要包括借款和债券利息、金融机构手续费、代理费以及其他财务费用。利息参照市场利率和资金分期投入的情况按复利计算。利息以外的其他融资费用一般占利息的10%左右。

6．销售费用

销售费用是指房地产开发企业在销售房地产开发产品中所发生的各项费用,以及专设销售机构或委托代理的各项费用,包括销售人员的工资奖金、差旅费、广告宣传费、代理费、销售许可证申领费等。

7．开发期税费

房地产开发项目投资估算中应考虑项目开发期所负担的各种税金和地方政府或有关部门征收的费用。

各项税费按照当地有关法规标准估算。这些税费主要包括市政支管线分摊费、分散建设市政公用设施建设费、绿化建设费、电话初装费、建村发展基金、人防工程费等。本书第13章将对房地产开发中的税收做详细的介绍。

8．其他费用

其他费用主要包括临时用地费、临时建设费、工程造价咨询费、合同公证费、招标管理费、竣工图编制费、保险费等杂项费用。这些费用一般按当地有关部门规定的费率估算。

9．不可预见费用

根据项目的复杂程度和前述各项费用的准确程度,按上述各项费用之和的3%~7%估算。当房地产开发项目竣工后并不出售而是采用出租或自营方式时,还应估算项目经营期间的运营费用。

4.3.2　房地产开发项目费用测算方法

在可行性研究阶段,房屋开发费尤其是建筑安装工程费的估算,主要有以下常用的方法。

1．单位指标估算法

单位指标估算法是指以单位工程量投资乘以工程量得到单项工程投资的估算方法,常用来估算工程造价,也可以用来估算建筑安装工程造价和室外工程费用(包括燃气、热力、电信、道路、绿化、环卫、室外照明等的建设费用)。一般来说,土建工程、给排水工程、照明工程可按建筑平方米造价计算,采暖工程按耗热量指标计算,变配电安装按设备容量指标计算,集中空调安装按冷负荷量指标计算,热锅炉安装按每小时产生蒸汽量指标计算,各类围墙、室外管线工程按长度(米)指标计算,室外道路按道路面积指标计算等。

单位指标估算法计算简便,容易理解,是一种应用比较普遍的方法。但因其是根据现有建筑物已知单方造价来估算的,没有考虑拟估算的建筑平面形状和层高的变化,而且需要根据现场条件、施工方法、施工材料、装修质量、设备数量和质量等因素进行修正。

2. 单元估算法

单元估算法是指以基本建设单元的综合投资乘以单元数得到项目或单项工程总投资的估算方法。如以每张病床的综合投资乘以病床数来估算一座医院的总投资。

建筑每单元的投资,一般参照最近同类型建筑物的单元综合造价修正而定,由于不同的建筑物在设计和施工方法上有较大的差异,因而此方法虽然快速实用,但比较粗略,无法做出精确的估算。一般可行性研究人员在对类似建筑的施工和造价有足够经验的前提下,可以用这种方法进行建筑安装工程的总投资估算,以供投资机会分析及初步可行性研究之用。

3. 概算指标法

概算指标法是指采用综合的单位建筑面积或单位建筑体积等建筑工程概算指标来计算整个工程费用的估算方法。概算指标是以建筑面积、建筑体积或万元造价为计量单位,以整个建筑物或构筑物为依据编制的人工、材料和机械台班消耗量标准及造价的指标。通常以 100m^2 建筑面积或 1000m^3 建筑体积为编制单位,规定人工、材料、机械设备消耗量及造价。概算指标法估算公式为

4-2

$$直接费 = 每百平方米造价指标 \times 建筑面积 \qquad (4\text{-}5)$$
$$主要材料消耗量 = 每百平方米材料消耗量指标 \times 建筑面积 \qquad (4\text{-}6)$$

4.4　房地产开发项目的财务评价

房地产开发项目的财务评价是依据国家现行财税制度、价格体系和项目评估的有关法规,从项目的财务角度出发,分析项目的盈利能力和清偿能力,进而判断项目的经济可行性的研究方法。

房地产开发项目的财务评价指标分为静态指标和动态指标。

4.4.1　盈利能力分析指标

1. 投资利润率

投资利润率是指工程项目达到设计生产能力时一个正常年份的年利润总额或项目经营期内年平均利润总额与项目总投资的比率。

$$投资利润率 = \frac{年利润总额或年平均利润总额}{项目总投资} \times 100\% \qquad (4\text{-}7)$$

其中:

年利润总额 = 年销售收入 - 年销售税金及附加 - 年总成本费用

项目总投资 = 开发建设投资 + 经营资金

评价准则:当计算出的投资利润率大于或等于行业基准投资利润率,认为该项目的方案是可行的,且投资利润率越高越好。

例 4-1 某投资项目现金流量如表 4-1 所示,试计算其投资利润率。

表 4-1 某项目现金流量

单位:万元

类　别	年序						
	0	**1**	**2**	**3**	**4**	**5**	**6**
投资	−100	−80	—	—	—	—	—
利润	—	—	40	40	40	40	50

解:根据式(4-7)可有

$$投资利润率 = \frac{年平均利润总额}{项目全部投资} \times 100\% = \frac{42}{180} \times 100\% \approx 23\%$$

投资利润率指标的优点:计算简便,意义明确,能够直观地衡量项目的经营成果,适用于各种投资规模的投资项目。

投资利润率指标的缺点:该指标计算时没有考虑资金的时间价值,且难于确定正常年份的利润总额。

因此,投资利润率适用于早期阶段方案的评价与选择,不适于作为项目的主要评价依据。

2. 静态投资回收期(P_t)

静态投资回收期是指不考虑资金时间价值的情况下,以项目的净收益收回全部投入资金所需要的时间,这里的全部投入资金既包括固定资产投资,又包括流动资金投资。

静态投资回收期的公式如下:

$$\sum_{t=0}^{P_t} (CI - CO)_t = 0 \tag{4-8}$$

式中:P_t——静态投资回收期;

CI——现金流入量;

CO——现金流出量;

$(CI-CO)_t$——第 t 年的净现金流量。

静态投资回收期可以从项目建设开始年计算(包括建设期),也可以从项目建成投产年开始计算(不包括建设期),但对于后面这种情况,需要加以注明,以防止两种情况的混淆。

评价准则:静态投资回收期 P_t 与所确定的基准投资回收期 P_c 相比,如果 $P_t \leqslant P_c$,则项目可以接受;如果 $P_t > P_c$,则项目不可行。

在具体计算静态投资回收期时有以下两种方法。

(1) 如果项目建成投产后各年的净现金流量均相等,则静态投资回收期的计算公式如下:

$$P_t = \frac{I}{A} \tag{4-9}$$

式中:A——每年的净现金流量;

I——全部投资。

例 4-2 某投资项目预估投资额为 500 万元,经估算,预计投产后其各年的净现金流量为 75 万元,试求该方案的静态投资回收期。

解：根据式(4-9)可有

$$P_t = \frac{I}{A} = \frac{500}{75} 年 \approx 6.67 年$$

(2) 如果项目各年的净现金流量不等，计算公式为

$$P_t = 累计净现金流量开始出现正值的年份 - 1 + \frac{上一年累计净现金流量绝对值}{出现正值年份的净现金流量}$$

(4-10)

累计法常用表格形式进行计算。

例 4-3　某方案的现金流量如图 4-2 所示，试计算该项目的静态投资回收期。

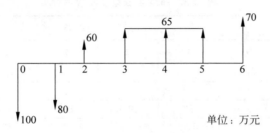

图 4-2　净现金流量图

解：列出该投资方案的累计净现金流量情况表，如表 4-2 所示。

表 4-2　净现金流量及累计值　　　　　　　单位：万元

类　别	年序						
	0	**1**	**2**	**3**	**4**	**5**	**6**
净现金流量	−100	−80	60	65	65	65	70
累计净现金流量	−100	−180	−120	−55	10	75	145

根据式(4-10)可有

$$P_t = \left(4 - 1 + \frac{|-55|}{65}\right) 年 \approx 3.84 年$$

静态投资回收期的优点：能够直观地反映总投资的回收时间，便于理解，计算简便。

静态投资回收期的缺点：未考虑资金时间价值因素，未考虑投资回收以后的现金流量状况。

3．动态投资回收期(P_t')

动态投资回收期与静态投资回收期相比，考虑了资金的时间价值。它表示从投资起始点算起，累计净现值等于零或出现正值的年份即为投资回收中止年份。动态投资回收期的计算公式为

$$\sum_{t=0}^{P_t'} (CI - CO)_t (1 + i_c)^{-t} = 0$$

(4-11)

式中：P_t'——动态投资回收期；

i_c——基准折现率。

采用以上公式计算动态投资回收期比较烦琐，因此在实际应用中往往是根据项目的现

金流量表,用下列近似公式计算:

$$P'_t = 累计净现金流量现值开始出现正值的年份 - 1 + \frac{上一年累计净现金流量现值绝对值}{现值出现正值年份的净现金流量}$$

(4-12)

评价准则:动态投资回收期 P'_t 与所确定的基准投资回收期 P'_c 相比,如果 $P'_t \leqslant P'_c$,则项目可以接受;如果 $P'_t > P'_c$,则项目不可行。

例 4-4　对于例 4-3,如果设项目的基准折现率 $i_c = 10\%$,试计算该项目的动态投资回收期(数据见表 4-3)。

表 4-3　净现金流量及其现值　　　　　　　　单位:万元

类　别	年序						
	0	**1**	**2**	**3**	**4**	**5**	**6**
净现金流量	−100	−80	60	65	65	65	70
累计净现金流量	−100	−180	−120	−55	10	75	145
净现金流量现值	−100	−72.7	49.6	48.8	44.4	40.4	39.5
累计净现金流量现值	−100	−172.7	−123.1	−74.3	−29.9	10.5	50.0

解:根据式(4-12),有

$$P'_t = \left(5 - 1 + \frac{|-29.9|}{40.4}\right) 年 \approx 4.74 \, 年$$

动态投资回收期是考察项目财务上投资实际回收能力的动态指标,它反映了等值回收而不是等额回收项目全部投资所需要的时间,因而,其在应用上比静态投资回收期更具有实际意义。

4. 净现值

净现值(net present value,NPV)是指用一个预定的基准折现率 i_c,分别把整个计算期内各年所发生的净现金流量都折现到建设期初的现值之和。它是反映项目在整个计算期内盈利能力的动态评价指数。净现值计算公式为

$$NPV = \sum_{t=0}^{n} (CI - CO)_t (1 + i_c)^{-t}$$

(4-13)

式中:NPV——项目的净现值;

$(CI - CO)_t$——第 t 年的净现金流量;

n——项目计算期;

i_c——基准折现率。

评价准则:

当 NPV>0 时,说明该方案除了满足基准折现率要求的盈利,还能得到超额收益,该方案可行;

当 NPV=0 时,说明该方案基本能满足基准折现率要求的盈利水平,该方案勉强可行;

当 NPV<0 时,说明该方案不能满足基准折现率要求的盈利水平,该方案不可行。

例 4-5　对于例 4-3,设项目的基准折现率为 $i_c = 10\%$,计算项目的净现值,并判断项目

的可行性(表 4-4)。

表 4-4   净现金流量   单位：万元

类 别	年序						
	0	1	2	3	4	5	6
净现金流量	−100	−80	60	65	65	65	70

解：依据式(4-13)，可以计算项目的净现值：

$$NPV = [-100 - 80 \times (P/F, 10\%, 1) + 60 \times (P/F, 10\%, 2) +$$
$$65 \times (P/A, 10\%, 3) \times (P/F, 10\%, 2) + 70 \times (P/F, 10\%, 6)] \text{万元}$$
$$= 50 \text{万元}$$

由于 NPV>0，故此项目在经济效果上是可行的。

净现值指标的优点：

(1) 考虑了资金的时间价值，并全面考察了项目在整个计算期内的经济状况；

(2) 经济意义明确，能够直接以货币数量表示项目的盈利水平；

(3) 评价标准容易确定，判断直观。

净现值指标的缺点：

(1) 必须首先确定一个符合经济现实的基准折现率，而基准折现率的确定往往比较复杂；

(2) 在互斥方案评价时，如果互斥方案寿命不等，必须构造一个相同的研究期，才能进行各个方案之间的必选；

(3) 净现值不能反映项目投资中单位投资的使用效率，不能直接说明在项目运营期间各年的经营成果。

从净现值计算公式可以看出，对于具有常规现金流量(即在计算期内，方案的净现金流量序列的符号只改变一次的现金流量)的投资方案，其净现值的大小与折现率的大小有直接的关系。如果已知某投资方案各年的净现金流量，则该方案的净现值就完全取决于所设定的折现率的大小：折现率越大，净现值就越小，折现率越小，净现值就越大。净现值 NPV 与折现率 i 之间的关系一般如图 4-3 所示。

图 4-3   净现值与折现率的关系

从图 4-3 中可以发现，净现值 NPV 随着折现率 i 的增大而减小，在折现率为 i^* 处，曲线与横轴相交，说明如果折现率选定为 i^*，则 NPV 恰好等于零。在 i^* 的左侧，即 $i<i^*$ 时，NPV 为正值；在 i^* 的右侧，即 $i>i^*$ 时，NPV 为负值。由于 NPV=0 为净现值项目是否可行的一个临界点，因此可以将此时的折现率 i^* 理解为折现率的一个临界值，我们将其称作内部收益率。

5. 内部收益率

净现值等于零时的折现率称为内部收益率(internal rate of return，IRR)，即在项目整个计算期内，各年净现金流量的现值累计等于零时的折现率。这是一个重要的经济评价指标，在经济评价中被广泛使用，其计算公式如下：

$$\sum_{t=0}^{n} (CI - CO)_t (1 + IRR)^{-t} = 0 \qquad (4\text{-}14)$$

式中：IRR——内部收益率。

评价准则：若 $IRR \geq i_c$，则方案可行；若 $IRR < i_c$，则方案不可行。

由内部收益率的计算公式可以看出，内部收益率的计算是求解一个一元多次方程的过程，要想精确地求出方程的解比较困难。实际应用中，采用的是线性内插法来求解内部收益率的近似值，它的基本步骤如下：

(1) 首先根据经验，选定一个适当的折现率 i_1；

(2) 根据项目的现金流量情况，利用选定的折现率 i_1，求出方案的净现值 $NPV(i_1)$；

(3) 若 $NPV(i_1) > 0$，则适当使 i_1 增大，确定另一个折现率 i_2，使 $NPV(i_2) < 0$；

(4) 若有 $NPV(i_1) > 0$，$NPV(i_2) < 0$，则内部收益率就介于 i_1 和 i_2 之间。此时，采用线性插值公式求出内部收益率的近似解，其公式为

$$IRR = i_1 + \frac{NPV(i_1)}{NPV(i_1) + |NPV(i_2)|} (i_2 - i_1) \qquad (4\text{-}15)$$

式中：$NPV(i_1)$——折现率为 i_1 处的净现值(正值)；

$NPV(i_2)$——折现率为 i_2 处的净现值(负值)。

需要说明的是，采用线性内插法计算 IRR 时，其计算精度与 $(i_2 - i_1)$ 的差值大小有关，因为折现率与净现值不是线性关系，i_2 与 i_1 之间的差距越小，则计算结果就越贴近真实值，i_2 与 i_1 之间的差距越大，则结果偏差就越大。所以，为尽量使求得的 IRR 贴近真实值，i_2 与 i_1 之间的差距一般不超过 2%，最大不宜超过 5%。

例 4-6　仍以例 4-3 为例，其各年净现金流量如表 4-4 所示，试用线性内插法计算项目的内部收益率。

解：(1) 首先确定 1 个折现率 i_1，使得 $NPV(i_1) > 0$，经试算：

当 $i_1 = 18\%$ 时，有 $NPV(i_1) = 2.72$ 万元 > 0；

(2) 寻找第 2 个折现率 i_2，使得 $NPV(i_2) < 0$，经试算：

当 $i_1 = 19\%$ 时，有 $NPV(i_2) = -1.98$ 万元 < 0；

(3) 将以上已知数据代入线性内插法计算公式，计算内部收益率

$$IRR = i_1 + \frac{NPV(i_1)}{NPV(i_1) + |NPV(i_2)|} (i_2 - i_1) \approx 18.58\%$$

采用线性内插法计算内部收益率，只适用于具有常规现金流量的项目，即在计算期内各年净现金流量的正负号的变化只有一次，在开始一年或数年为负值，在以后各年为正值的项目；而对于具有非常规现金流量的项目，即在计算期内各年净现金流量的正负号的变化超过一次的项目，由于内部收益率的数量不唯一，所以这种方法就不太适用。

内部收益率指标的优点：

(1) 考虑了资金的时间价值，并全面考察了项目在整个计算期内的经济状况；

(2) 能够直接衡量项目的投资收益状况；

(3) 不需要事先确定基准折现率，知道基准折现率存在的大致范围即可。

内部收益率指标的缺点：

(1) 计算较复杂，需要试算多次才能确定满足公式的参数数值；

（2）对于非常规投资项目来讲，其内部收益率往往不是唯一的，在某些情况下甚至不存在。

6. 净现值率

净现值率（net present value rate，NPVR）是项目净现值与项目全部投资现值之比，它是在净现值的基础上发展起来的，可以作为净现值的补充。

$$NPVR = \frac{NPV}{I_P} \qquad (4-16)$$

式中：I_P——全部投资现值。

评价准则：当 NPVR≥0 时，方案可以接受；

当 NPVR<0 时，方案不可行。

净现值率的经济含义是单位投资现值所带来的净现值的大小，是考察项目单位投资盈利能力的指标。净现值率越小，投资项目的收益就越低；净现值率越大，投资项目的收益就越高。

7. 净年值

净年值（net annual value，NAV）也可称为等额年值、等额年金，是以基准折现率将项目计算期内净现金流量等额换算成的等额年值，也是将项目的净现值换算为项目计算期内各年的等额年金。

净年值的计算公式为

$$NAV = \left[\sum_{t=0}^{n} (CI - CO)_t (1 + i_c)^{-t} \right] (A/P, i_c, n) \qquad (4-17a)$$

或 $$NAV = NPV(A/P, i_c, n) \qquad (4-17b)$$

评价准则：当 NAV≥0 时，方案可以接受；

当 NAV<0 时，方案不可行。

净年值是项目计算期内每期的等额超额收益，反映项目或投资方案在计算期或寿命期内的平均获利能力的指标。

4.4.2 偿债能力分析指标

工程项目偿债能力是指项目偿还到期债务的能力。偿债能力是项目投资主体和债权人共同关心的问题，偿债指标的好坏已成为判断和评价项目经济效果的重要因素。

1. 借款偿还期

借款偿还期是指根据国家财税法规及工程项目的具体财务条件，以可作为偿还贷款的项目收益（利润、折旧及其他收益）来偿还项目投资借款本金和利息所需要的时间。它是反映项目借款偿债能力的重要指标。借款偿还期的计算式如下：

$$I_d = \sum_{t=1}^{P_d} R_t \qquad (4-18)$$

式中：P_d——借款偿还期（从借款开始年计算，当从投产年算起时，应予注明）；

I_d——为建设投资借款本金和利息（不包括已用自有资金支付的部分）之和；

R_t——为第 t 年可用于还款的资金。

在实际工作中,借款偿还期可直接根据资金来源与运用表推算,以年表示,其具体推算公式如下:

$$P_{\mathrm{d}} = 借款偿还后出现盈余的年份数 - 1 + \frac{当年应偿还借款额}{当年可用于还款的资金额} \quad (4\text{-}19)$$

借款偿还期满足贷款机构要求的期限时,即认为项目是有借款偿债能力的。

借款偿还期适用于评价计算最大偿还能力,尽快还款的项目,不适用于预先给定借款偿还期的项目。对于预先给定借款偿还期的项目,应采用利息备付率和偿债备付率指标分析项目的偿债能力。

2. 利息备付率

利息备付率指项目在借款偿还期内各年可用于支付利息的税息前利润与当期应付利息费用的比值,其计算公式为

$$利息备付率 = \frac{税息前利润}{当期应付利息费用} \quad (4\text{-}20)$$

式中:税息前利润＝利润总额＋计入总成本费用的利息费用;当期应付利息费用是指计入总成本费用的全部利息。

利息备付率表示用项目利润支付当期应付利息的保证程度。对于正常经营的企业,利息备付率应当大于2,否则,表示项目的付息能力保障程度不足。利息备付率指标还需要进行企业横向比较,来分析决定本项目的指标水平。

3. 偿债备付率

偿债备付率指项目在借款偿还期内,各年可用于还本付息的资金与当期应还本付息金额的比值,其表达式为

$$偿债备付率 = \frac{可用于还本付息资金}{当期应还本付息金额} \quad (4\text{-}21)$$

式中:可用于还本付息资金包括可用于还款的折旧、摊销、成本中列支的利息费用和可用于还款的税后利润等;当期应还本付息金额包括当期应还贷款本金及计入成本的利息。

偿债备付率表示可用于还本付息的资金偿还借款本息的保证程度,正常情况应当大于1,且越高越好。当指标小于1时,表示当年资金来源不足以偿付当期债务,需要通过短期借款偿付已到期债务。

4.5　房地产开发项目的不确定性分析与风险分析

项目的投资决策是面向未来的,项目评价所采用的数据大部分来自估算和预测,有一定程度的不确定性与风险。为了尽量避免投资决策失误,有必要进行不确定性分析与风险分析。

不确定性分析就是考察建设投资、经营成本、产品售价、销售量、项目寿命等因素变化时,对项目评价指标所产生的影响,这种影响越强烈,表明所评价的项目方案对某个或某些因素越敏感。项目不确定性分析的方法包括盈亏平衡分析和敏感性分析。

项目的风险分析主要涉及风险识别、风险测量、风险决策和风险控制。

盈亏平衡分析只适用于财务评价,敏感性分析和风险分析可同时适用于财务评价和国民经济评价。

4.5.1　盈亏平衡分析

盈亏平衡分析主要是通过求取项目的盈亏平衡点,以说明项目的安全程度。

1. 盈亏平衡点

盈亏平衡点(break even point,BEP)又称保本点,是指开发项目的利润为零时的销售量和销售额指标。

$$Q^* = \text{FC}/(P - \text{VC}) \tag{4-22}$$

$$R^* = P \times Q^* \tag{4-23}$$

式中:Q^*——盈亏平衡点的销售量;

$\quad\quad R^*$——盈亏平衡点的销售额;

$\quad\quad P$——销售价格;

$\quad\quad$FC——固定成本;

$\quad\quad$VC——单位变动成本。

2. 项目安全边际率

项目安全边际率(safety margin ratio,SMR)是反映项目承受外部风险的能力,计算公式为

$$\text{SMR} = \frac{Q - Q^*}{Q} \times 100\% \tag{4-24}$$

式中:Q——销售量。

例 4-7　某开发项目预计平均售价 6200 元/m²,单位变动成本为 2200 元/m²,开发商开发固定成本为 8000 万元,开发项目土地面积 10 000m²,容积率为 5,商品房得房率为 80%,试计算盈亏平衡点销售量并分析项目的安全性。

解:由式(4-22)、式(4-29)可得

$$Q^* = \frac{8000 \times 10^4}{6200 - 2200}\text{m}^2 = 20\,000\text{m}^2$$

$$\text{SMR} = \frac{10\,000 \times 5 \times 80\% - 20\,000}{10\,000 \times 5 \times 80\%} \times 100\% = 50\%$$

以上结果说明该项目具备足够的风险承受能力。

4.5.2　敏感性分析

敏感性分析是通过研究项目主要不确定因素发生变化时,项目经济效果指标发生的相应变化,找出项目的敏感因素,确定敏感程度,并分析敏感因素达到临界值时项目的承受能力。

敏感性分析一般分为单因素敏感性分析和多因素敏感性分析。

1. 敏感性分析的目的

(1) 掌握各敏感因素对项目经济评价指标的影响程度,确定敏感因素的变化范围,以及

项目实施过程中对不确定因素进行有效控制。

（2）区分各方案不确定性因素的敏感性的大小，以便选出敏感性小、风险小的项目。

2. 敏感性分析的步骤

（1）选定需要分析的敏感性因素。对于房地产开发项目而言，存在的不确定性因素有很多。

① 房屋售价。房屋售价的变动会对项目的经济效果产生很大的影响，是决定房地产开发效果的主要因素之一。房屋售价受到国家政策、社会经济状况、居民的收入水平等方面的影响，开发商很难控制其波动，具有很大的不确定性。

② 开发费用。开发费用是影响项目开发效果的又一主要因素。其主要内容包括土地费用、前期费用、建筑安装费用、期间费用和相关税费等。其中建筑安装费用中的人工费、材料费等会随着社会经济的波动发生变化，土地费用也存在着很大的不确定性，因此开发费用也是需求分析的不确定因素。

③ 资金成本。房地产开发是资金密集型产业，资金需要量大，房地产企业的项目开发资金主要来源于外部融资。一方面能否及时筹集到足够的资金直接影响到项目的顺利实施，另一方面资金成本的大小也影响到项目开发效益的好坏。而资金成本受到国家宏观经济和货币政策的影响，具有很大的不确定性。

除此之外，项目的开发周期、营销费用、销售速度也都存在着不确定性，其对经济评价指标的影响也不容忽视，需要进行分析与控制。

（2）确定进行敏感性分析的经济评价指标。衡量房地产项目经济效果的指标有很多，敏感性分析一般只对几个重要的经济指标进行分析，如净现值、内部收益率、投资回收期等。由于敏感性分析是在确定性经济评价的基础上进行的，所以敏感性分析选择的经济指标应与确定性条件下得到的经济评价指标相统一。

（3）计算不确定因素变动引起的评价指标的变动值。一般将不确定因素的变动设置几个变动幅度。计算每个变动幅度处相应的经济评价指标值，并用敏感性分析表或敏感性分析图的形式表示出来。

（4）计算敏感系数，并依据该系数对敏感因素进行排序。敏感系数的计算公式为

$$\beta = \Delta A / \Delta F \tag{4-25}$$

式中：β——评价指标 A 对于不确定因素 F 的敏感系数；

　　　ΔA——不确定因素发生变化时，评价指标的变化率；

　　　ΔF——不确定因素 F 的变化率。

（5）计算不确定因素的变动临界点。

临界点是指不确定因素向不利于经济指标的方向变动的极限值。超过临界点，项目经济指标将变得不可行。可用临界点百分比或临界值分别表示某一变量达到一定百分比或一定数值时，项目的评价指标将变得不可行。

例 4-8　某一房地产开发项目的基本投资方案如表 4-5 所示，试对其进行敏感性分析，其中 $i_c = 10\%$。

表 4-5 某项目投资基本方案

类别	期初投资/万元	租金收入/万元	年经营成本/万元	寿命期/年
估算值	2000	700	400	18

解：(1) 选取 NPV 指标作为评价指标。

(2) 选取期初投资、租金收入(价格)和经营成本为拟分析的不确定性因素。

(3) 计算预测水平下 NPV 评价指标，有

$$NPV = -2000 + (700 - 400)(P/A, 10\%, 18) \text{万元}$$
$$= -2000 + 300 \times 8.2014(\text{万元})$$
$$= 460.42 \text{万元}$$

(4) 确定敏感性因素的变动幅度分别为 10% 和 20%，并计算变动后的评价指标值。根据期初投资、租金收入和经营成本的变动计算得到的评价指标分别如表 4-6～表 4-8 所示。

表 4-6 期初投资敏感性分析

期初投资变动幅度	−20%	−10%	0	10%	20%
NPV/万元	860.42	660.42	460.42	260.42	60.42

表 4-7 租金收入敏感性分析

租金收入变动幅度	−20%	−10%	0	10%	20%
NPV/万元	−687.78	−113.68	460.42	1034.52	1608.62

表 4-8 经营成本敏感性分析

经营成本变动幅度	−20%	−10%	0	10%	20%
NPV/万元	1116.53	788.48	460.42	132.36	−195.69

确定不确定因素的敏感度系数：

$$期初投资敏感度系数 = \left| \frac{(260.42 - 460.42)/460.42}{10\%} \right| = 4.34$$

$$租金收入敏感度系数 = \left| \frac{(1034.52 - 460.42)/460.42}{10\%} \right| = 12.46$$

$$经营成本敏感度系数 = \left| \frac{(132.36 - 460.42)/460.42}{10\%} \right| = 7.13$$

(5) 排序并确定敏感性因素。根据绝对判定法可知敏感性从大到小的因素依次为租金收入、经营成本、期初投资。

(6) 提出控制方案。方案的租金收入是最敏感性因素，经营成本次之，最后是期初投资，因此，首先需要控制的是租金收入，考虑如何在较少增加期初投资的前提下较大程度地提高租金价格，使得整个项目的效益得到整体提高。

4.5.3 风险分析

1. 风险的概念

风险是相对于预期目标而言，经济主体遭受损失的不确定性。可从以下三点把握风险

的概念。

（1）不确定性是风险存在的必要条件。风险和不确定性是两个不完全相同且又紧密相关的概念。如果某种损失必定要发生或必定不会发生，人们可以提前计划或通过成本费用的方式予以明确，风险是不存在的。只有人们对行为产生的未来结果无法事先准确预料时，风险才有可能发生。

（2）潜在损失是风险存在的充分条件。风险是与潜在损失联系在一起的，即实际结果与目标发生负偏离，包括没有达到预期目标的损失。

（3）经济主体是风险成立的基础。风险成立的基础是存在承担行为后果的经济主体（个人或组织），即风险行为人必须是行为后果的实际承担人。

2. 风险的主要来源

（1）市场风险，指由于价格的不确定性导致损失的可能性。房地产开发产品的市场需求量、需求偏好以及市场的竞争态势、政治经济状况等因素的变化，导致市场价格有可能发生不利的变化，而使项目经济效果达不到预期的水平，例如销售收入、利润等指标低于预期的水平。

（2）财产风险，指与项目建设有关的企业和个人所拥有或租赁的财产，面临可能被破坏、被损毁以及被盗窃的风险。财产风险的来源包括火灾、闪电、洪水、地震、飓风、暴雨、偷窃、爆炸、暴乱、冲突等。此外，与财产损失相关的可能损失还包括停产停业损失、采取补救措施的费用和不能履行合同对他人造成的损失。

（3）责任风险，指承担法律责任后对受损一方进行补偿而使自己蒙受损失的可能性。随着法律的建立健全和执法力度的加强，工程建设过程中，个人和组织越来越多地通过诉诸法律来补偿自己遭受的损失。司法裁定可能对受害一方进行经济补偿，同时惩罚与责任有关的个人或组织。因此，经济主体必须谨慎识别可能给自己造成影响的责任风险。

（4）信用风险，指由有关行为主体不能做到重合同、守信用而导致目标损失的可能性。在工程项目的建设过程中和生产营运过程中，合同行为作为市场经济运行的基本单元具有普遍性和经常性。合同规范了合作方的行为，是使工程顺利进行的基础。但如果有行为主体单方面无故违反承诺，则建设项目将受到损失。

3. 风险识别

风险识别是风险分析和管理的一项基础性工作，其主要任务是明确风险存在的可能性，为风险测量和风险决策奠定基础。

风险识别要求风险分析人员具有较强的洞察能力、分析能力以及丰富的实践经验。

风险识别的步骤如下：

（1）明确拟实现的目标。

（2）找出影响目标值的全部因素。

（3）分析各因素对目标的相对影响程度。

（4）根据对各影响因素向不利方向变化的可能性进行分析、判断，并确定主要风险因素。

4．风险测量

测量风险大小不仅要考虑损失或负偏离发生的大小范围,更要综合考虑各种损失或负偏离发生的可能性的大小,即概率。风险测量的主要工作就是概率分析。

1）概率分析的一般步骤

（1）列出需要进行概率分析的不确定性因素。

（2）选择概率分析使用的经济评价指标。

（3）分析确定每个不确定性因素发生的概率。

（4）计算在给定的概率条件下经济评价指标的累计概率,并确定临界点发生的概率。

2）概率分析的方法

概率分析的方法有多种,常用的有期望值法和蒙特卡罗模拟法。

（1）期望值法。期望值法主要是计算开发项目净现值的期望值和净现值大于或等于零时的累计概率,并以此判定项目的可行性。

净现值的期望值是反映净现值取值的平均值,但这个平均值绝不是一般意义上的算术平均值,而是以净现值各种取值的概率为权重的加权平均值。

项目净现值的期望值计算公式为

$$E(\text{NPV}) = \sum_{i=1}^{n} \text{NPV}_i P_i \tag{4-26}$$

式中：$E(\text{NPV})$——NPV 的期望值;

　　　NPV_i——各种现金流量情况下的净现值;

　　　P_i——对应于各种现金流量情况的概率值。

净现值的期望值在概率分析中是一个非常重要的指标,在对项目进行概率分析时,一般要计算项目净现值的期望值及净现值大于或等于零时的累计概率,累计概率越大,表明项目承担的风险越小。

（2）蒙特卡罗模拟法。不确定因素不可避免地存在着,但是它们的变化是有一定规律的,并且是可以预见的。对其进行模拟,通过大量统计试验,可以使其尽可能接近并反映出实际变化的情况。

蒙特卡罗模拟法的实施步骤如下：

① 通过敏感性分析,确定风险随机变量;

② 确定风险随机变量的概率分布;

③ 通过随机数表或计算机求出随机数,根据风险随机变量的概率分布模拟输入变量;

④ 选取经济评价指标,如净现值、内部收益率等;

⑤ 根据基础数据计算评价指标值;

⑥ 整理模拟结果所得评价指标的期望值、方差、标准差和它的概率分布及累积概率,绘制概率图,计算项目可行或不可行的概率。

蒙特卡罗模拟法的优点在于无须进行复杂的运算,就能得到一个足够准确的近似结果,尤其适合那些难以用数学求解的多变量项目的评估。这种方法的要点是需要准确估计各变量的变化范围以及各变量变化的概率,这是保证分析结果准确的前提,而在实际分析中,当市场资料不完整时是较难做到的。但由于计算机的大量使用和信息收集、分析、处理等方面的大量研究,蒙特卡罗模拟法在风险分析中已得到普遍的应用。

4.6 房地产开发项目可行性研究报告的撰写

可行性研究报告作为房地产项目可行性研究的结果,是申请专项贷款以及和某些单位签订协议、合同时的必备材料。可行性研究报告可由开发商自行撰写,也可由开发商委托房地产评估、咨询机构撰写。

一般来说,一份正式的可行性研究报告应包括封面、摘要、目录、正文、附表、附图六个部分。

1) 封面

封面要能反映评估项目的名称,为谁而做、谁做的评估以及可行性研究报告撰写的时间。

2) 摘要

摘要是用简洁的语言介绍被评估项目所处地区的市场情况、项目本身的情况和特点以及评估的结论及建议。

摘要的读者对象是没有过多时间看详细报告但又对项目的决策起决定性作用的人,因此摘要的义字要字斟句酌、言简意赅、言必达意。

3) 目录

如果可行性研究报告较长,最好有目录,使读者能很方便地了解可行性研究报告所包括的具体内容以及前后关系,这样就能快速找到其要阅读的部分。

4) 正文

正文是可行性研究报告的主体,一般是按照逻辑顺序从总体到细节循序进行。要注意的是,报告正文不要太烦琐。

可行性研究报告通常包括的具体内容有项目总说明、项目概况、投资环境研究、市场研究、项目地理环境和附近地区类似发展项目情况、规划方案与建设条件、建设方式与进度安排、投资估算与资金筹措、项目经济效益评价、不确定性分析、风险分析、结论与建议。

报告正文中应包括哪些内容,要视评估项目、评估的目的和未来读者所关心的问题而定,没有固定不变的模式。

5) 附表

对于正文中不便于插入的较大型表格,为了便于读者阅读,通常将其按顺序编号附在正文的后面。

附表一般包括项目工程进度计划表、财务评估基本报表和辅助报表、敏感性分析表、投资环境分析、市场研究、投资估算等。

6) 附图

为了辅助文字说明,使读者能很快建立起空间概念,通常要有一些附图,如项目位置示意图、项目规划用地红线图、建筑设计方案平面图、评估报告的数据分析图(直方图、饼图、曲线图)等。

有时,报告中还要包括一些附件,如国有土地使用权证、建设用地规划许可证、建设工程规划许可证、施工许可证等,这些附件由开发商或委托评估方准备,与评估报告一起送达有关专家。

房地产可行性研究报告可供政府、投资人、金融机构等多方使用。政府通过可行性研究报告了解该项目是否符合城市规划、土地利用总体规划,是否符合国民经济发展计划的要求,是否符合国家的产业政策,对国民经济的增长是否有贡献,以其作为决定是否给予立项的依据。投资人主要是通过可行性研究报告了解项目的收益性,用以判断项目能否在其能够承担的风险范围内带来预期的利润,从而决定是否投资。金融机构主要是从项目的收益性、流动性和安全性三个方面来了解项目能否拥有稳定的现金流,是否存在资金无法收回的风险,利息能否按期收回,能否带来稳定的回报。

因此,编制房地产可行性研究报告从内容上必须符合多方面的需要,房地产可行性研究报告是一个全面反映项目技术、经济、市场三方面的经济分析报告,集政策、环境、效益等内容于一身。

案　　例

在本章开始,提出这样一个引导案例:某房地产开发项目所在区域潜在需求较大,具备很好的市场机会。公司欲实施一个房地产开发项目,该项目可行性研究已完成市场分析、项目实施计划分析、投资估算与资金筹措等工作内容。下面要在此基础上,进行项目的财务评价及不确定分析。通过本章内容的介绍,下面进行此项目的财务评价及不确定分析,以评价该项目的可行性。

1. 基础数据

1)项目主要技术经济指标

总用地面积为 $70\ 488.56m^2$,规划总建筑面积为 $145\ 500m^2$,建筑容积率为 2.06,项目基准收益率为 10%。

2)项目投资估算

项目的总投资为 88 996.49 万元,具体估算内容详见表 4-9 所示。

表 4-9　项目总投资估算表

序号	项目名称	投资总额/万元	备　注
1	土地费用	36 988.00	—
2	前期费用	594.11	项目前期规划、设计、勘察费用、土地平整费等
3	建筑安装工程费	30 555.00	包括基础、主体、装修、安装等费用
4	基础设施建设费	3259.20	供水、供热、供气、道路、绿化等费用
5	公共配套设施建设费	3928.50	包括小区公共厕所、停车场等建设费用
6	其他费用	1018.50	工程监理费、工程咨询费、与政府建设管理部门发生的费用
7	管理费用	2619.00	管理人员工资、职工福利费、办公费、差旅费、咨询费、房地产税等
8	销售前期投入	2182.50	主要包括销售机构的折旧费、修理费、物料消耗费、广告宣传费、销售服务费和销售许可证申请费等
9	建设期利息	3613.75	—
10	不可预见费	4237.93	—
11	建设投资	85 382.74	—
12	总投资	88 996.49	—

3）实施进度

根据项目规模及正常开发进度,项目开发周期为5年。项目开工计划时间为2022年年初,建设期3年,竣工时间为2024年年底。项目预计从2023年7月开始销售,至2026年年底销售完毕。

4）投资计划

根据项目开发实际付款情况和工程进度,合理计划资金投入量。项目资金的使用计划为:建设投资在建设期内,第一年投入50%,第二年投入30%,第三年投入20%。见表4-10。

表 4-10　投资计划与资金筹措表　　　　　　　　　单位:万元

序号	项目名称	投资比例			
		合计(100%)	1年(50%)	2年(30%)	3年(20%)
1	投资总额	88 996.49	43 191.37	26 889.82	18 915.30
1.1	固定资产投资(不含建设期利息)	85 382.74	42 691.37	25 614.82	17 076.55
1.2	建设期利息	3613.75	500.00	1275.00	1838.75
2	资金筹措	88 996.49	43 191.37	26 889.82	18 915.30
2.1	资本金	45 382.74	22 691.37	15 614.82	7076.55
2.2	借款	40 000.00	20 000.00	10 000.00	10 000.00
2.3	借款利息	3613.75	500.00	1275.00	1838.75
2.4	销售收入再投入				

5）资金筹措

项目投资的资金来源包括自有资金、银行借款(年利率为5.00%)。项目总投资88 996.49万元。其中,自有资金投入45 382.74万元,银行贷款本金40 000.00万元,银行建设期利息3613.75万元。

6）借款还本付息

本项目在第一年借款20 000.00万元,第二年借款10 000.00万元,第三年借款10 000.00万元。从第四年开始,连续两年以等额还本、利息照付的方式还清借款。见表4-11。

表 4-11　借款还本付息表　　　　　　　　　单位:万元

序号	项目名称	1年	2年	3年	4年	5年
1	长期借款	—	—	—	—	—
1.1	年初借款本息累计	—	20 500.00	31 775.00	43 613.75	21 806.88
1.2	本年借款	20 000.00	10 000.00	10 000.00		
1.3	本年应计利息	500.00	1275.00	1838.75	2180.69	1090.34
1.4	本年还本付息				23 987.56	22 897.22
1.4.1	本年还本				21 806.88	21 806.88
1.4.2	本年付息				2180.69	1090.34
1.5	年末本息余额	20 500.00	31 775.00	43 613.75	21 806.88	0.00
2	还本资金来源	—	—	—	—	—
2.1	可用销售收入				21 806.88	21 806.88

7）销售收入、销售税金及附加和土地增值税

(1)销售收入。2023年7月项目开盘时,预计住宅平均售价为8800.00元/m²,该方案可实现营业收入128 040.00万元。住宅销售率按100%计算。

(2)销售税金及附加。按规定,该市房地产二级市场转让税费主要是增值税(销售额的

5.0%)、城市维护建设税(增值税的 7%)、教育费附加(增值税的 3%),项目销售税金及附加合计为 7042.20 万元。

(3) 土地增值税。本项目是开发销售模式下的房地产开发项目,销售收入为 128 040.00 万元,开发成本为 75 324.81 万元(指纳税人在房地产开发时项目实际发生的成本,主要包括土地征用及拆迁补偿、前期工程费用、建筑安装工程费用、基础设施费、公共配套设施费),期间费用为 8415.25 万元(指与房地产开发项目有关的销售费用、管理费用和财务费用),销售税金及附加为 7042.20 万元,销售佣金为 1920.60 万元,其他扣除项目按照开发成本的 15% 计算为 11 298.72 万元,土地增值额为 24 038.42 万元,增值率为 23.11%。根据《中华人民共和国土地增值税暂行条例实施细则》,该项目土地增值额未超过扣除项目金额的 50%,故该项目土地增值税额为增值额的 30%,土地增值税总额为 7211.53 万元。见表 4-12。

表 4-12　销售收入与销售税金估算表

序号	项目名称	合计	2 年	3 年	4 年	5 年
1	销售收入/万元	128 040.00	38 412.00	51 216.00	25 608.00	12 804.00
1.1	销售面积/m²	145 500.00	43 650.00	58 200.00	29 100.00	14 550.00
1.2	平均售价/(元/m²)	8800.00	8800.00	8800.00	8800.00	8800.00
1.3	销售率/%	100	30	40	20	10
2	销售税金及附加/万元	7042.20	2112.66	2816.88	1408.44	704.22
2.1	增值税/万元	6402.00	1920.60	2560.80	1280.40	640.20
2.2	城市维护建设费/万元	448.14	134.44	179.26	89.63	44.81
2.3	教育费附加/万元	192.06	57.62	76.82	38.41	19.21
3	土地增值税/万元	7211.53	2163.46	2884.61	1442.31	721.15
4	销售佣金(销售收入×1.5%)/万元	1920.60	576.18	768.24	384.12	192.06

8) 利润

项目利润总额为 19 598.16 万元,所得税按照利润总额的 25% 计算,见表 4-13。

表 4-13　利润与利润分配表　　　　　　　　单位:万元

序号	项目名称	合计	2 年	3 年	4 年	5 年
1	销售收入	128 040.00	38 412.00	51 216.00	25 608.00	12 804.00
2	销售税金及附加	7042.20	2112.66	2816.88	1408.44	704.22
3	销售佣金	1920.60	576.18	768.24	384.12	192.06
4	经营成本	88 996.49	26 698.95	35 598.60	17 799.30	8899.65
5	利息支出	3271.03	0.00	0.00	2180.69	1090.34
6	土地增值税	7211.53	2163.46	2884.61	1442.31	721.15
7	利润总额	19 598.16	6860.76	9147.67	2393.15	1196.58
8	所得税(25%)	4899.54	1715.19	2286.92	598.29	299.14
9	税后利润	14 698.62	5145.57	6860.76	1794.86	897.43
10	盈余公积金(15%)	2204.79	771.84	1029.11	269.23	134.61
11	累计盈余公积金	—	771.84	1800.95	2070.18	2204.79
12	未分配利润	12 493.82	4373.73	5831.64	1525.63	762.82
13	累计未分配利润	—	4373.73	10 205.37	11 731.01	12 493.82

2. 财务评价

1) 融资前财务评价

依据内部收益率的计算办法,由项目融资前财务评价指标汇总表(表4-14)中可以计算得到项目的财务内部收益率和净现值的指标数值。

表4-14 项目融资前财务评价指标汇总表

指 标 名 称	计 算 指 标	评 价 标 准	评 价 结 果
项目投资财务内部收益率	17.11	>10	可行
项目投资财务净现值/万元	6499.78	>0	可行
投资利润率	5.51%	<10%	偏低

2) 融资后财务分析

项目融资后财务评价指标汇总表如表4-15所示。

表4-15 项目融资后财务评价指标汇总表

指 标 名 称	计 算 指 标	评 价 标 准	评 价 结 果
项目资本金财务内部收益率	54.13	>10	可行
项目资本金净财务现值/万元	10 399.62	>0	叮行

3. 不确定性分析

1) 盈亏平衡分析

影响本项目税前利润的几个主要因素分别是总投资额、住宅销售价格、销售率和贷款利率等。当上述因素向不利方向变动,直到项目的税前利润为零时,各因素此时的值即为项目盈亏平衡时的临界点值。

项目的总投资为 88 996.49 万元,销售税金率 α 为 5.50%,销售佣金率 β 为 1.5%,销售数量 Q 为 145 500m² ,销售价格为 P 。

(1) 计算销售价格的盈亏平衡点。

利用公式:利润=销售收入-销售税金-销售佣金-总投资

当利润为零时:总投资=销售收入×(1-销售税金率-土地增值税-销售佣金率)

$$销售价格的盈亏平衡点=\frac{总投资}{销售数量\times(1-销售税金率-销售佣金率)}=0.6576 \text{万元}$$

即当房屋平均售价达到 6576 元/ m² 时,项目不亏不赚。

(2) 销售率的盈亏平衡点。

利用公式:利润=销售收入-销售税金-销售佣金-总投资

当利润为零时:总投资=销售收入×(1-销售税金率-销售佣金率)

$$销售率的盈亏平衡点=\frac{总投资}{销售收入\times(1-销售税金率-销售佣金率)}\times100\%=74.73\%$$

即当房屋销售率达到 74.73% 时,项目不亏不赚。

2) 敏感性分析

(1) 选取销售收入与建设投资作为敏感性分析的不确定因素。

（2）选择内部收益率作为评价指标。

（3）可由财务表格（表 4-16～表 4-19）求出内部收益率在 17.11% 时，不确定因素变化对内部收益率的影响，见表 4-20。

表 4-16　资金来源与运用表　　　　　　　　　　单位：万元

序号	项 目 名 称	1 年	2 年	3 年	4 年	5 年
1	资金流入	42 691.37	64 026.82	68 292.55	25 608.00	12 804.00
1.1	经营收入	—	38 412.00	51 216.00	25 608.00	12 804.00
1.2	银行借款	20 000.00	10 000.00	10 000.00	—	—
1.3	项目资本金	22 691.37	15 614.82	7076.55	—	—
2	资金流出	42 691.37	32 182.31	25 833.20	27 820.73	24 813.79
2.1	固定资产投资	42 691.37	25 614.82	17 076.55	—	—
2.2	利息支出	—	—	—	2180.69	1090.34
2.3	销售税金及附加	—	2112.66	2816.88	1408.44	704.22
2.4	土地增值税	—	2163.46	2884.61	1442.31	721.15
2.5	所得税	—	1715.19	2286.92	598.29	299.14
2.6	长期借款本金偿还	—	—	—	21 806.88	21 806.88
2.7	销售佣金	—	576.18	768.24	384.12	192.06
3	盈余资金	0.00	31 844.51	42 459.35	−2212.72	−12 009.80
4	累计盈余资金	0.00	31 844.51	74 303.86	72 091.15	60 081.35

表 4-17　资产负债表　　　　　　　　　　单位：万元

序号	项 目 名 称	1 年	2 年	3 年	4 年	5 年
1	资产	43 191.37	75 226.76	101 002.81	80 990.80	60 081.35
1.1	存量住宅	—	16 492.42	7783.65	8899.65	—
1.2	在建工程	43 191.37	26 889.82	18 915.30	—	—
1.3	累计盈余资金	0.00	31 844.51	74 303.86	72 091.15	60 081.35
2	负债及所有者权益	43 191.37	75 226.76	101 002.81	80 990.80	60 081.35
2.1	负债小计	20 500.00	31 775.00	43 613.75	21 806.88	—
2.1.1	长期借款	20 500.00	31 775.00	43 613.75	21 806.88	—
2.2	所有者权益	22 691.37	43 451.76	57 389.06	59 183.93	60 081.35
2.2.1	资本金	22 691.37	38 306.19	45 382.74	45 382.74	45 382.74
2.2.2	累计盈余公积金	—	771.84	1800.95	2070.18	2204.79
2.2.3	累计未分配利润	—	4373.73	10 205.37	11 731.01	12 493.82

表 4-18　全部投资现金流量表　　　　　　　　　　单位：万元

序号	项 目 名 称	合计	1 年	2 年	3 年	4 年	5 年
1	现金流入	—	0.00	38 412.00	51 216.00	25 608.00	12 804.00
1.1	销售收入	128 040.00	—	38 412.00	51 216.00	25 608.00	12 804.00
2	现金流出	—	42 691.37	30 467.12	23 546.28	3234.87	1617.43
2.1	建设投资	85 382.74	42 691.37	25 614.82	17 076.55	0.00	0.00

续表

序号	项目名称	合计	1 年	2 年	3 年	4 年	5 年
2.2	销售佣金	1920.60	—	576.18	768.24	384.12	192.06
2.3	销售税金及附加	7042.20	—	2112.66	2816.88	1408.44	704.22
2.4	土地增值税	7211.53	—	2163.46	2884.61	1442.31	721.15
3	税前净现金流量(1—2)	26 482.93	−42 691.37	7944.88	27 669.72	22 373.13	11 186.57
4	累计税前净现金流量	—	−42 691.37	−34 746.49	−7076.77	15 296.37	26 482.94
5	调整所得税	—	—	1715.19	2286.92	1143.46	571.73
6	税后净现金流量(3—5)	20 765.64	−42 691.37	6229.69	25 382.80	21 229.68	10 614.84
7	累计税后净现金流量	—	−42 691.37	−36 461.68	−11 078.87	10 150.80	20 765.64
8	税前现金流量现值	10 771.48	−38 810.34	6566.02	20 788.67	15 281.15	6945.98
9	累计税前净现金流量现值		−38 810.34	−32 244.32	−11 455.65	3825.51	10 771.48
10	税后净现金流量现值	6499.78	−38 810.34	5148.51	19 070.48	14 500.15	6590.98
11	累计税后净现金流量现值	—	−38 810.34	−33 661.83	−14 591.35	−91.20	6499.78

计算指标	税 前	税 后
财务内部收益率/%	21.74	17.11
财务净现值/万元	10 771.48	6499.78
静态投资回收期/年	3.32	3.52
动态投资回收期/年	3.75	4.01
社会平均折现率/%	10.00	10.00

表 4-19　自有资金现金流量表　　　　单位:万元

序号	项目名称	合计	1 年	2 年	3 年	4 年	5 年
1	现金流入	—	0.00	38 412.00	51 216.00	25 608.00	12 804.00
1.1	经营收入	128 040.00	—	38 412.00	51 216.00	25 608.00	12 804.00
2	现金流出	—	22 691.37	22 182.31	15 833.20	27 820.72	24 813.80
2.1	项目资本金	45 382.74	22 691.37	15 614.82	7076.55	—	—
2.2	借款本金偿还	43 613.75	—	—	—	21 806.88	21 806.88
2.3	借款利息支付	3271.03	—	—	—	2180.69	1090.34
2.4	销售佣金	1920.60	—	576.18	768.24	384.12	192.06
2.5	销售税金及附加	7042.20	—	2112.66	2816.88	1408.44	704.22
2.6	土地增值税	7211.53	—	2163.46	2884.61	1442.31	721.15
2.7	所得税	4899.54	—	1715.19	2286.92	598.29	299.14
3	净现金流量	14 698.62	−22 691.37	16 229.69	35 382.80	−2212.72	−12 009.80
4	累计净现金流量	—	−22 691.37	−6461.68	28 921.13	26 708.41	14 698.62
5	净现金流量现值	10 399.62	−20 628.52	13 412.97	26 583.62	−1511.31	−7457.14
6	累计净现金流量现值	—	−20 628.52	−7215.55	19 368.08	17 856.76	10 399.62

注:计算指标:内部收益率为 54.13%。

(4) 计算敏感度系数。

敏感度系数指项目评价指标变化的百分率与不确定因素变化的百分率之比。敏感度系数高表示项目效益对该不确定因素的敏感程度高。

当销售收入变动 5% 时,敏感度系数为 6.57。

当建设投资变动 5% 时,敏感度系数为 10.58。

由此可知,净现值对建设投资变动反应更敏感。

表 4-20　敏感性分析表

序号	不确定因素	变化率/%	净现值/万元
1	销售收入	10	11 170.66
		5	8835.22
		0	6499.78
		−5	4164.34
		−10	1828.90
2	建设投资	10	−781.17
		5	2859.31
		0	6499.78
		−5	10 140.25
		−10	13 780.73

本章小结

　　房地产开发具有投资量大、涉及面广、风险高等特点,因此在投资前为了避免投资的盲目性,获取项目的最大效益,就应该做好可行性研究工作。基于此种情况,本章在介绍了房地产开发项目可行性研究的内容与步骤的基础上,对房地产开发项目可行性研究的工作程序和依据、房地产市场调查与预测、开发项目投资成本费用的估算、财务评价及风险分析、可行性研究报告的基本构成和正文写作的要点进行了讲述,旨在使读者在以后的学习和工作中能够进行房地产开发项目的可行性研究,并能撰写可行性研究报告。

习题

思考题

1. 房地产开发项目总投资由哪些费用项目组成?
2. 简述敏感性分析的步骤。
3. 盈利能力指标都有哪些?
4. 简述使用净现值进行经济评价的优缺点。
5. 可行性研究报告的内容主要有哪些?

第5章

房地产开发项目融资管理

【学习要点及目标】

◆ 理解房地产开发项目资金构成。

◆ 掌握房地产开发项目自有资金、外部资金、联合开发资金管理。

◆ 掌握房地产开发项目资金监管。

【核心概念】

自有资金、外部资金、联合开发资金、资金监管等。

【引导案例】

2020年2月20日,北京银保监局依据《固定资产贷款管理暂行办法》第三十九条、《个人贷款管理暂行办法》第四十二条、《中华人民共和国银行业监督管理法》第二十一条和第四十六条,对中信银行股份有限公司出具了行政处罚决定书(京银保监罚决字〔2020〕10号),罚款总金额为2020万元,罚款的主要内容为:中信银行股份有限公司违规发放土地储备贷款,信贷资金被挪用流入房地产开发公司,个人经营性贷款资金被挪用于购房,违规为房地产开发企业发放流动资金性质融资,违规向资本金不足的房地产开发项目提供融资,违规为房地产企业支付土地购置费用提供融资,违规向四证不全的商业性房地产开发项目提供融资等共计19项违法违规事实。

房地产开发项目资金构成、资金监管的方向和意义是什么? 下面,通过本章内容来介绍房地产项目融资的资金管理的内容。

5.1 房地产开发项目资金构成

房地产具有位置固定性、使用长久性、异质性、土地的不可再生性等属性,决定了房地产开发与经营过程中,其融资资金运作管理具有周期长、资金密集、占用金额大等不同于其他商品生产的资金使用特点。

房地产开发项目资金是指在房地产项目开发过程中通过货币流通和信用渠道所进行的集资、筹资和融通资金等所占用的资金。根据资金来源的不同,又可将资金分为自有资金、外部资金和联合开发资金。

5.1.1 自有资金

近年来,房地产业快速发展,为获取更多利润,绝大多数企业在开发项目过程中负债经营,利用借入资金的财务杠杆效应。但是收益和风险并存,较高的负债率给项目带来了巨大的风险,投资者自身对于项目的投入分担风险的同时,也给项目带来了收益。

自有资金是指企业自身资本实力和经营积累成果对拟开发项目的出资能力。也就是说,开发商要用自己的资本(包括注册资金、留存收益等)承担一部分经营风险,转移债权人(主要是银行,也包括其他债权人)的风险,这部分资金被称为自有资金。

企业自有资金包括企业设立时各出资方投入的资金,经营一段时期以后从税后利润中提取的盈余公积金,资本公积金(主要由接受捐赠、资本汇率折算差额、股本溢价等形成)。以上这些资本由企业自由支配、长期持有。自有资金是企业经营的基础和保证,国家对房地产企业的自有资金比例有严格要求。开发商在实际操作过程中,一般不太愿意动用过多的企业资本金,只有当项目盈利性可观、确定性较大时,才有可能适度投入企业的自有资本金。

5.1.2　外部资金

房地产业是一个资金密集型产业,其对资金的需求量比较大,而且资金的使用周期也比较长,这种情况使得房地产融资渠道广泛。另外,房地产开发项目的多元化趋势,使得它不仅仅依赖自有资金投入,还应加大外部资金投入。

外部资金是指企业从外部其他经济主体筹措的资金。它具有高效性、限制性、高成本性、高风险性等特点。

常见的外部资金来源主要有棚改贷款、并购贷款、开发贷款、信托贷款、按揭贷款、股权融资、融资租赁、建筑承包商垫资、民间借款、债务重组、发行债券、供应链资产支持型证券(ABS)等。

5.1.3　联合开发资金

房地产行业具有高投入和高风险的特性,其运营涉及获得土地使用权、报批报建等全过程。某些公司甚至个人依托一家房地产企业,不再成立法人公司,而是签订联合开发协议,形成优势互补和股东利益最优化的命运共同体。

联合开发房地产是指依照双方当事人约定,由一方提供建设用地使用权,另外一方提供资金、技术、劳务等,双方合作开发房地产项目,共担风险,共享收益的房地产开发方式。联合开发资金是指基于联合开发房地产项目所使用的资金。

5.2　自有资金管理

房地产开发项目中自有资金的管理办法基本依据中国人民银行、中国银行业监督管理委员会(简称银监会,目前已撤销)、地方政府政策等。

房地产开发项目申请银行贷款放款时,原则上必须满足自有资金达到一定比例的条件。《中国人民银行关于进一步加强房地产信贷业务管理的通知》(银发〔2003〕121号)中,关于房地产开发企业向商业银行申请贷款时对其自有资金比例要求的规定如下:房地产开发企业申请银行贷款,其自有资金应不低于开发项目总投资的30%;银监会要求更为严格,《商业银行房地产贷款风险管理指引》第十六条明确规定,商业银行对申请贷款的房地产开发企业,应要求其开发项目的自有资金比例不低于 35％。

《国务院关于调整和完善固定资产投资项目资本金制度的通知》(国发〔2015〕51 号)明确规定：房地产开发项目的固定资产投资项目资本金比例除保障性住房和普通商品住房项目维持 20％不变,其他项目由 30％调整为 25％。

针对房地产开发项目自有资金管理的政策,除商业银行贷款的监管规则《贷款通则》外,还有银监会发布的"三办法一指引",即《固定资产贷款管理暂行办法》《流动资金贷款管理暂行办法》《个人贷款管理暂行办法》《项目融资业务指引》。其中虽然《流动资金贷款管理暂行办法》没有对借款人的自有资金提出明确的要求,但是在测算流动资金贷款需求时,该规定的附件《流动资金贷款需求量的测算参考》要求扣除借款人的自有资金。另外,在固定资产贷款、项目融资中,也规定了项目资本金的要求。

总体上,房地产开发企业在融资方案报送审批前须注意融资方案中自有资金的要求。例如开发贷款融资时,要求原则上自有资金占项目总投资的比例控制在 30％以内。银行自有资金最低比例要求须从两个方面满足：一是已投入融资项目的资金满足最低自有资金要求；二是所有者权益满足要求。而非开发贷款融资方案审核时,银行开发贷款与信托公司对自有资金要求的区别在于：一般情况下,银行开发贷款要求所有者权益与已投入融资项目的资金都不低于自有资金下限要求,银行不认定股东借款为自有资金。大多数信托公司可以将股东借款认定为自有资金,即信托公司要求,所有者权益与股东借款之和不低于自有资金下限要求,已投入了融资项目的资金不低于自有资金下限要求。

近期为降低我国房地产行业的系统性风险,2020 年我国实施房地产金融审慎管理制度的"三道红线"：剔除预收款后的资产负债率大于 70％；净负债率大于 100％；现金短债比小于 1.0 倍。另外,我国银行业金融机构房地产贷款集中管理制度也出台了"五档分类"标准,要求房地产占比上限、个人住房贷款占比上限两大上限"门槛",并根据银行业金融机构的资产规模、机构类型等因素进行五档分类式管理：第一档为中资大型银行,房地产贷款占比不得超过 40％,个人住房贷款占比不得超过 32.5％；第二档为中资中型银行,"两大上限"分别为 27.5％和 20％；第三档为中资小型银行和非县域农合机构,"两大上限"分别为 22.5％和 17.5％；第四档为县域农合机构,"两大上限"分别为 17.5％和 12.5％；第五档为村镇银行,"两大上限"分别为 12.5％和 7.5％。"三道红线"和"五档分类"也对房地产开发项目中自有资金提出了新的管理要求。

5.3　外部资金管理

近年来,房地产市场环境整体偏紧,中央聚焦房地产金融风险,坚持住房居住属性,不将房地产作为短期刺激经济的手段,房地产行业资金定向监管全年保持从紧态势。单纯通过内源融资已不能满足企业需求,外源融资逐步成为企业融资的重要渠道。

5.3.1　棚改贷款

中国人民银行与银监会于 2010 年 2 月 3 日联合颁发了《关于做好城市和国有工矿棚户区改造金融服务工作的通知》(银发〔2010〕37 号),通知要求银行业金融机构应根据城市和国有工矿棚户区改造(简称"棚改")具有的综合性特点,依据商业性开发、经济适用房和廉租房建设贷款管理规定,创新金融服务措施,为符合贷款条件的项目提供贷款支持。银行业金融机构应积极主动地掌握当地工作的进展,参与项目论证与设计,全面细致地介绍信贷条件,为相关部门科学制定项目方案提供金融咨询服务。

棚改贷款是指向经政府授权从事棚改的借款人发放的,用于支付棚改项目的修缮改造或拆迁、补偿、安置以及项目后续建设期间各项投入及费用,以项目自身销售或经营收入、政府财政资金、借款人综合收入等为还款来源的贷款。

棚改贷款融资具有运作模式和办理手续简单的优势。由于借款人一般是为承接棚改项目而成立的公司,具有相对较强的国资背景和政府背景,是金融同业争相拓展营销的优质客户。因此通过棚改贷款可进一步加强银行与地方政府的合作关系,并为后续业务的发展创造良好的条件。故棚改项目可向多家金融机构申请贷款,获得项目资金。

5.3.2 并购贷款

并购贷款是指商业银行向并购方企业发放的,用于支付并购股权对价款项(收购包干费)的贷款。房地产开发项目并购贷款是指针对房地产项目在收购重组中产生的融资需求而发放的贷款。

并购贷款主要特点为:

(1) 目前房地产并购贷款大多用于收购公司的贷款,直接收购项目资产(如土地)等的贷款机构较为谨慎,因为涉及变相支付土地款。

(2) 并购贷款比例一般可以达到并购款/包干费的60%。

(3) 并购贷款期限一般不超过5年,利率随行就市,一般高于项目开发贷款,低于信托贷款成本,且一般要求项目的股权质押或者土地抵押,洽谈时注意不影响后续开发贷款。

5.3.3 开发贷款

房地产开发贷款是指金融机构(银行)对房地产开发企业发放的用于房地产项目开发建设的中长期项目贷款。房地产开发贷款期限一般为两三年,一般需要土地或者在建工程抵押及地产集团担保。

房地产开发贷款是指对房地产开发企业发放的用于住房、商业用房和其他房地产开发建设的中长期项目贷款。房地产开发贷款的对象是注册的有房地产开发、经营权的国有、集体、外资和股份制企业。

开发贷款须满足"432"基本条件。"4"是指开发商进行信托融资前要拿到"国有土地使用证""建设用地规划许可证""建设工程规划许可证"和"建设工程开工许可证"四证;"3"是指地产商必须至少投入30%的自有资金;"2"是指项目公司或其直接控股股东(持股比例50%以上,不含50%)必须有国家二级开发资质。

开发贷款的要点如下。

(1) 贷款用途必须为项目开发贷款建设。

(2) 银行放款时原则上必须满足项目四证齐全、自有资金达到一定比例、具有国家二级开发资质要求。贷款上会审批时一般需要两证齐全,最少可以三证放款,但用款时需满足四证齐全。

（3）一般需要销售回款监管。

（4）每半年需要固定还款一次，按照销售进度还款，一般要求项目销售率达到70％左右时需要结清贷款。

（5）一般需要在建工程或者土地抵押，外加地产集团担保。

（6）开发贷款成本在房地产常用的贷款类型中属于较低的。

5.3.4　信托贷款

房地产信托贷款是指房地产信托机构运用信托基金或所吸收的信托存款和自有资金，以贷款形式对工、商、房地产开发经营企业进行资金融通的一种方式。

房地产信托贷款的种类有以下两种：一是抵押贷款。包括房地产抵押贷款和土地使用权抵押贷款。房地产抵押贷款是指要求借款人提供相应的房地产作为抵押品而取得的贷款。土地使用权抵押贷款是指借款人将通过土地所有人出让或转让取得的土地使用权作为抵押品向信托机构取得的贷款。二是房地产开发经营企业的流动资金信托贷款。

房地产信托贷款的主要特点如下。

（1）目前信托贷款融资主体也需要满足"432"的要求，前期款融资如果进行信托募集，需要满足"432"条件。

（2）大部分的信托贷款目前需要抵押物，注意洽谈时不能影响后期开发贷款。

（3）部分信托公司监管较严格，有些甚至需要印鉴共管、项目封闭，融资洽谈时尽量减少贷后监管措施。

（4）信托贷款一般融资成本较高（资金端的成本也较高）。

5.3.5　按揭贷款

按揭贷款一直是我国房地产业融资的一条重要渠道，是我国房地产业发展的助推剂，是解决居民住房刚性需求的有效途径，银行在房地产业发展进程中扮演着不可忽视的角色。

房屋按揭贷款，就是我们通常所说的购房者在购房抵押的基础上，由房地产开发商进行法律担保的一种个人住房贷款模式。

5.3.6　股权融资

股权融资作为资本进入目标公司的方式之一，对公司来说是把"双刃剑"。公司作为融资方，出于对资金的需求及融资的紧迫性，在谈判中往往处于劣势地位，对投资方的很多要求都只能被动接受。在合同的履行过程中，各项矛盾和风险逐渐体现出来，对公司的继续融资及决策均会产生重大影响。

我国房地产企业已初步形成信贷、非标、债券、股权等多元化融资渠道，但主要依赖银行信贷，在信贷融资渠道收紧情况下转向境外融资。这种债多股少、内阻外通的融资模式在很大程度上助推了房价上涨，累积了一些风险隐患。从长远看，建议坚持"房住不炒"的原则，通过试点等方式适当放宽房企股权融资，将有助于逐步提高房企直接融资占比，改善房企融资结构，促进房地产市场平稳健康发展。

5.3.7　融资租赁

房地产融资租赁的定义内容为：①以"融物"为主的融资行为，也是一种信用创造的活动；②房地产融资租赁业务主要涵盖三大主体，即出租人、承租人及供应商；③融资租赁物即房产，主要由承租人选择完成，出租人主要结合承租人对租赁物的型号、规格及供应商的选择来进行购买；④租赁业务期间，出租人需保留房产所有权，由承租人获取房产使用权，租赁物产生问题时，最终由承租人履行维修或退换义务；⑤租赁结束，由双方协商房产所有权的具体归属，如未约定，则租赁物所有权最终归出租人所有。

房地产开发项目融资租赁是指出租人根据承租人的请求，按双方事先签订的合同约定，向承租人指定的供应商购买承租人指定的固定资产即房产，在出租人拥有该固定资产所有权的前提下，将一个时期的该固定资产的占有权、使用权和收益权让渡给承租人，承租人按合同约定，定期向出租人支付租金。根据协商，租赁期满后，该租赁物可以归承租人或者出租人所有。

房地产融资租赁的主要形式如下。

(1) 直接租赁。房地产的直接租赁，即依照承租人的选择，租赁公司购置房产，直接出租给承租人，收取承租人租金，售后回租。

(2) 租赁公司从房地产企业购入房产，房地产企业再从租赁公司回租房产，这是一种创新的融资方式。

(3) 转租赁。租赁公司出租给转租人房产，转租人再出租给承租人。

5.3.8　建筑承包商垫资

垫资承包是指在工程项目建设过程中，承包方携带资金参与工程项目建设，有可能后期还会参与运营，在工程项目竣工且达到事先约定的条件后，发包方再将事先约定的工程款以及资金利息以别的方式返还给承包方，是工程承发包模式的一种，在某种程度上也是融资模式。

垫资承包问题在我国工程项目建设领域长期存在。它是在市场规律的作用下承发包双方的一种双向选择。鉴于建筑市场竞争激烈，如何更好地确定合作伙伴，垫资承包更是自愿选择。但是事情有利有弊，垫资承包也带来了一些问题，比如拖欠工程款，工程质量不过关，严重扰乱建筑市场的秩序，阻碍建筑行业的进一步发展。在这种情况下，国家不准将垫资承包写入工程发包合同或者作为招标的条件，同时禁止施工单位将垫资作为承揽工程的竞争砝码。由于政府法规的明确限制，建设单位和施工单位不会明确说明垫资，就出现了变相垫资承包的方式，给施工企业造成了不可估量的影响。

1. 垫资工程项目特点

(1) 资金的专用性。施工企业垫付的资金一般专款专用，申请的资金也主要用于此项目建设上，否则属于企业间的借贷资金。即只有在双方签署某项目合同后，项目建设开始，垫资行为才能算发生,并且这笔资金必须用于合同所指的项目本身。

(2)时间周期长。目前垫资承包业务的周期越来越长,基本在 3~8 年,货币时间价值较大,不确定性风险也较大,客户信用风险也较难估计。

(3)承揽业务的隐性手段之一。对于部分企业来说,垫资承包是承包工程的秘密武器,可以展现企业的实力,也可以作为合同谈判的条件。一般垫资金额不是小数目,有时运作不好可能使自身企业陷入困境,同时市场竞争激烈,为争取建设某项工程,施工企业会用垫资作为前提条件与建设单位签署承发包合同,甚至建设单位谈判时直接明确提出条件,需要施工单位垫资。

(4)风险危害性大。工程款拖欠是垫资承包带来的重要风险之一,但由此带来了一系列的连锁反应,受市场竞争影响,不管是正当竞争还是恶性竞争,垫资金额越来越大,甚至有些垫资是全额垫资,达到了合同价款的 100%,此时如果建设单位有意拖欠工程款,会直接给施工企业带来经营上的严重问题,资金链条可能断掉,导致资金周转困难。同时由于风险具有不确定性,资金的时间价值会随着时间越来越长而越来越大,直接给施工企业带来一定的经济损失,导致双方矛盾激化产生冲突,目前此类诉讼案件时有发生,给社会带来了不小的负面影响。

2. 垫资承包的主要表现形式

工程项目建设过程中,常见的垫资承包形式为部分垫资,部分垫资又可以分为阶段性垫资、低比例形象进度款付款、支付工程质量保证金、支付履约保证金、资金借贷、联合开发和房屋预售七种形式。

(1)阶段性垫资。阶段性垫资也可以表述为按照形象节点付款,是指合同约定施工至某一节点,如施工至±0.000,或基础以上,或结构封顶时,建设单位再开始支付进度款。

(2)低比例形象进度款付款。其实质就是进度款的不足额支付。如建设单位在支付已完工程量的进度款时只支付其中的 60%,这样剩下的 40%其实就造成了施工企业的垫资施工。

(3)支付工程质量保证金。合同中已写明,为保障施工企业在缺陷责任期内对建设工程出现的缺陷进行维修,建设单位扣留一定比例的工程进度款作为工程质量保证金的同时,额外要求施工企业以工程质量保证金的名义支付一笔巨额资金当作项目启动资金,约定分期返还,该资金实质就是施工企业垫付的资金。

(4)支付履约保证金。签订建设工程施工合同时,建设单位往往会以防止施工企业违约或弥补施工企业违约带来的损失为由,要求施工企业支付一定数量的保证金,保证金的比例由双方协商,但一般来说不会超过总价的 10%,并且不能作为工程造价的一部分。然而在实际工程建设中,部分建设单位会以支付工程履约保证金的名义要求施工企业支付巨额保证金,以达到要求施工企业变相垫资的目的。

(5)资金借贷。施工企业将资金借贷给建设单位,约定建设单位在规定时间内归还本金和利息,但是该利息往往远低于同期内银行贷款利率。

(6)联合开发。建设单位与施工企业签订联合开发合同,合同中明确标明了施工企业在具体项目开发中负责的建筑面积、建筑楼号、参建金额、参建款的预付方式,房屋的交付时间以及其他约定事项。而在实际的履约过程中,建设单位会要求施工企业在项目竣工之前将参建总额一次性支付出来或是约定某一时期向施工企业回购参建房。

（7）房屋预售。建设单位与施工企业签订房屋预售合同,合同中规定具体的预售楼号、楼层、面积、单价及总价、交付日期、违约责任等。但是其中的单价会远远高于市场实际价格,并且要求施工企业一次性支付。

5.3.9　民间借贷

世界银行对民间借贷的定义是没有被中央银行以及政府监管当局所控制的金融活动。

民间融资是非正规金融中合法融资的一种。企业只是向内部员工以无抵押纯借款形式融资的行为,属于民间融资的一种,即局限于企业内部向员工筹集资金。例如某房地产开发公司还处于发展阶段时,向内部员工以无抵押纯借贷形式融资,承诺月息2%～3.5%,就是纯粹意义上的民间借贷。

国内外学者通常是按照不同的视角来分析和定义民间借贷的。

我国民间借贷的主要分类如下。

（1）按主体划分:从广义和狭义角度来划分,最狭义的民间借贷定义是私人个体之间的借贷行为。最广义的民间借贷定义则是主体不仅包括个人与个人,还包括个人与非金融机构,以及非金融机构之间的借贷金融行为。

（2）按形式划分:私人借贷;有组织基础的合会、抬会、互助会;有组织有机构但尚未得到法律认可的私人钱庄;有组织有纪律并得到法律认可的担保公司。

（3）按法律约束力划分:虽然部分民间借贷会被认定为"非法的",或者被称为"地下金融",但是也有部分民间担保行为已受法律保护并有相应的法律规范。

民间借贷的特点:在存在形式方面具有广泛存在、地缘血亲、监管之外、隐蔽地下等特点;在操作执行方面具有简单快捷、方便灵活、额度宽限、时间灵活、手续简便等特点;在借贷利率方面,民间借贷的市场化程度高于银行正规金融借贷,以盈利为目的的民间借贷利率明显高于银行利率,高于我国政府规定的4倍利率已经是普遍现象。近几年,民间借贷的利息不断攀升,还款周期不断变短,债务规模也扩张迅速。这样就很容易引发债权债务纠纷,引发各种金融问题和社会问题。我国近几年的经济形势发生了很大的变化,所以民间借贷也随之相应变化。

5.3.10　债务重组

房地产企业债务重组作为房地产企业资本运作的方式之一,在房地产企业日常的经营过程中扮演着重要的角色。从房地产企业债务重组的方式来看,具体包含债务与资产同时剥离或置换、担保责任和债务的转移、以资产或股权抵偿、折价以现金买断、债转股、债务豁免等方式。具体资本运作方式的定义如下。

1. 债务与资产同时剥离或置换

债务与资产同时剥离或置换是房地产企业的债务解决方案之一,债务与资产同时剥离或置换用于难以起色的公司,通常运用于企业买壳上市、公司业务改变等操作中。从操作的便捷性可知,债务与资产同时剥离是房地产企业进行资本运营的方式,从置换的内容来看,债务与资产同时剥离包含整体置换与部分置换。

所谓的整体置换是指通过整体置换彻底解决公司的债务问题,整体置换使得新的资产注入,可以帮助房地产企业债务得到彻底解决,不存在日后债务纠纷的问题,整体置换后形成一个全新的业务主体,在一定程度上提升财务质量。所谓部分置换是指通过解决部分债务问题在短期内改善公司的财务状况和资产质量,尽管部分置换能够在短期内实现目标,但长期而言,仍然不能改变公司的本质。

2. 担保责任和债务的转移

从担保的风险性来看,任何一家企业为其他企业提供担保都存在一定的潜在风险,都有可能因为被担保方无法偿还债务而导致连带责任。因此,对于担保方企业而言有两种选择方式,即偿还被担保企业的债务和转移担保企业的债务。

从担保责任和债务转移的条件可知,必须满足三个要素:第一,获得债权人的同意,允许实现债务转移;第二,获得具备清偿能力的担保或债务的承接人;第三,作为承接方愿意承接担保责任或债务。

从担保责任和债务转移的效果来看,仍然无法实质上改变公司的财务质量和本质,只是通过第三方将被担保方的债务转移给其他承接人。

3. 以资产或股权抵偿

所谓的以资产或股权抵偿是指企业因无法偿还债务而不得不变卖旗下的资产或相关股权,通过变卖资产或股权用于偿还债务。从模式的适用性来看,以资产或股权抵偿仍然普遍适用于各种债权和债务,在我国企业的债务重组中经常会使用。

从操作方式来看,债务人只要获得债权人的同意,即可直接用股权或资产向债权方提供偿还债务。从现实中可知,一般债务人提供给债权人的资产往往是较为优质的资产,这也使得这种模式容易获得债权人的认可。

4. 折价以现金买断

所谓的折价以现金买断是指债务双方协商一致后,通过对债务总额进行定价,而后债务方依据协商的价格在指定的日期结清债权债务关系。这种折价以现金买断的方式,一般要求债务方用现金一次性支付给债权人,或者约定在短期内分多次以现金的方式偿付,这种方式可以快速解决债务的问题。从该种模式的本质来看,折价以现金买断的本质是"金额换效率"。

从折价以现金买断的操作模式可知,这种模式存在一定的不平等性,即通过折价对债务总额进行定价,使得债务人在一定程度上获得债务豁免,债权人因为折价而导致部分债权的损失。但从现实的操作情况可知,由于企业间存在大量的三角债,当债务方企业以物力偿还债务时,通过折价方式处理债务是债权人的必然选择。首先,如果不以折价方式处理债务,有可能会因为债务人经营不善而导致无力偿还债务。其次,从资金的时间成本考虑,债务人长期拖欠资金在一定程度上影响到资金的使用效率,与其长期占有资金不如通过折价的方式来获得资金,并投入使用以获得更好的回报率。

5. 债转股

所谓的债转股是指无法偿还债务的债务人以折算为股权的方式清偿债务,也就是将债务转化为投资。债转股模式对于债务人和债权人均有益处,主要表现在以下几个方面:第一,从债务人的角度而言,通过债转股能够获得较为优良的资产,规避因债权人无法偿还债务而导致的债务损失,同时,获得债权人一定的经营权和收益分红权,有助于实现债务增值。第二,从债权人的角度而言,一方面通过债转股减轻了债务,降低了资产负债率;另一方面,通过债转股在一定程度上使得现有的资产获得增值。

从债转股的操作模式上可知,现阶段大量的债转股主要体现在商业银行与国有大中型企业之间的债转股,通过债转股模式可以有效解决大中型国有企业的长期债务问题,也解决了商业银行不良资产的问题。

5.3.11　其他资金

1. 发行股票

房地产开发企业可以通过股票市场进行融资。常见的股票市场融资的方式有两种。

(1) 首次公开发行新股。首次公开发行新股是指股份有限公司首次向社会公众公开招股的发行方式。公开发行新股应根据中国证券监督管理委员会(简称证监会)《首次公开发行股票并上市管理办法》的规定发行股票。

(2) 再融资。再融资是指房地产公司上市后,还可以继续在资本市场通过发行证券进行再融资。再融资应该根据《上市公司证券发行管理办法》的规定进行融资。再融资可以通过配股、公开增发、定向增发、可转换公司债券等形式进行筹集开发项目所需资金。

2. 发行债券

在资本市场上,房地产企业除可以在股票市场进行融资之外,还可以在债券市场进行融资。

房地产债券有两种类型。根据发行交易的场所不同,房地产债券分为银行间房地产市场债券和交易市场债券;根据发行监管机关的不同,房地产债券分为企业债、公司债、资产支持证券、短期融资券和中期票据。

3. 供应链 ABS

2016 年 2 月 16 日,中国人民银行、银监会、证监会等八部委联合发布《关于金融支持工业稳增长调结构增效益的若干意见》,强调稳步推进资产证券化发展的指导思路,指出应当加快推进应收账款证券化等企业资产证券化业务的发展,盘活工业企业存量资产,同时推动企业的融资机制创新。

2017 年 10 月 13 日,国务院办公厅印发《国务院办公厅关于积极推进供应链创新与应用的指导意见》,大力推动了供应链业务的发展。

2017 年 12 月 15 日,上交所、深交所、机构间报价系统同时发布了企业应收账款 ABS "挂牌条件确认指南"及"信息披露指南"。随着沪深交易所与报价系统对应收账款 ABS 细则的进一步明确,供应链金融 ABS 市场提速扩容。同时,应收账款资产证券化作为供应链金融 ABS 的主要产品,有助于为上游企业开辟新的融资渠道,降低对传统银行的信贷依赖,并加快资金回笼,对中小企业盘活应收账款资产、解决中小企业融资与服务实体经济有重要意义。

供应链 ABS 的业务模式

(1)核心企业的上游供应商向核心企业提供商品或服务,基于基础交易形成对核心企业的应收账款债权。

(2)供应商将上述已形成的应收账款债权转让给原始权益人/资产服务机构(通常为保理公司),保理公司支付对价,保理公司作为应收债权的资产服务机构对底层债权归集、审查与管理。

(3)资产服务机构将符合条件的应收账款归集打包,转让给资产支持专项计划。

(4)专项计划向投资者募集资金,向原始权益人支付债权受让对价,投资者持有资产支持证券并享有债权产生的收益。

5-1

5.4 联合开发资金管理

在生产实践中,房地产联合开发是将自身和合作伙伴为了实现各自的战略目标采取联合捆绑方式共同参与市场竞争,增加竞争力。这种合作方式将不同利益参与方的资金注入联合开发项目里。

5.4.1 PPP 融资

根据《关于推广运用政府和社会资本合作模式有关问题的通知》,PPP(public-private-partnership)融资模式主要是指公共部门与社会投资所展开的合作发展模式。通过合作产生协同效应,各个参与方可以达到互惠互利的目的,PPP 融资具有取长补短、充分利用各方资源、缓解政府财政压力、降低风险等特点。

利用 PPP 融资模式,加强保障性住房的建设,进行房地产开发项目融资需要注意以下几点:

(1)建立完善的政策法规体系。

(2)加快投融资体制的改革。

(3)完善 PPP 融资模式下的管理体制。

(4)制定标准的合同文本。

(5)加强专业人才的培养。

5.4.2 其他联合开发资金

房地产企业联合开发是指不同房地产企业间或与其他经营范围的经济主体,在风险共担、收益共享的主要原则下,以特定关系确立合作形式,进行一系列以完成房地产商品生产、销售运营、再生产为目的的经济活动。

房地产企业联合开发资金注入项目后,可能由于联合各方的受益主体存在地位不平等,导致项目资金在使用过程中缺乏统一的标准及明确规则,故应重视联合开发资金管理。

(1) 完善联合开发资金运作模式。

(2) 在经济法规和合同条款约定范围内使用项目资金。

(3) 针对项目自身特点,组建动态联盟,对开发项目资金进行管理。

(4) 联合开发双方在合作伙伴选择、项目管理模式设计、过程监管的有效性方面必须严格控制项目风险,采取有效措施应对金融风险。

(5) 健全联合开发资金管理制度。

5.5　房地产开发项目资金监管

5.5.1　政策监管

对房地产开发项目金融政策监管进行分析,近几年的监管重点如下。

2019 年房地产金融政策的主要内容:着力防范房地产金融风险,防止资金通过影子银行渠道进入房地产市场;合理控制房地产贷款投放;加强对存在高杠杆经营的大型房地产企业的融资行为的监管和风险提示;加强房地产市场资金管控;加强对房地产金融市场的宏观审慎管理;强化对房地产整体融资状况的监测;综合运用多种工具对房地产融资进行逆周期调节;完善房地产融资统计和监测体系,严厉打击各类违规行为。其中影子银行是指游离于银行监管体系之外,可能引发系统性风险和监管套利等问题的信用中介体系。影子银行存在的形式有银行理财产品、非银行金融机构贷款和民间借贷。

2020 年银保监会强调要严格执行"三线四档"和房地产贷款集中度(贷款占该家银行资本净额的比例)要求,防止银行保险资金绕道违规流入房地产市场;实施房地产金融审慎管理制度;严控企业永续债规模;加强融资担保管理;做好金融风险防范化解工作;严格控制违规资金流入房地产市场;对流入房地产市场资金的审查持续加强。其中"三线四档"内容为:三道红线是指剔除预收款后的资产负债率大于 70%,净负债率大于 100%,现金短债比小于 1 倍。按照踩线情况,房地产企业被分为"红、橙、黄、绿"四档,"红档"企业有息负债规模不能高于现有水平,"橙档"企业有息负债年增率不得超过 5%,"黄档"企业不得超过 10%,"绿档"企业不得超过 15%。

2021 年银保监会提出,防范房地产贷款过度集中,推动保险资金支持长租市场发展,持续完善房地产金融监管制度,促进金融与房地产的良性循环。一是要管好房地产信贷闸门,坚持房地产开发贷款、个人按揭贷款审慎监管标准,严格落实房地产贷款集中管理制度。二是遏制"经营贷"违规流入房地产领域,经营贷违规流入房地产专项排查已基本完成,对发现的违规问题督促建立台账,逐项整改至"清零销号"。三是严惩违法违规。连续三年开展全国性房地产专项检查,基本覆盖所有热点城市,对发现的违规行为"零容忍",对违规问题依法严肃问责。四是落实差别化房地产信贷政策。配合地方政府"因城施策",做好房地产调控,运用调控工具稳地价、稳房价、稳预期。五是金融支持住房租赁市场。指导银行保险机构加大对保障性租赁住房的支持,推动保险资金支持长租市场发展,会同人民银行推进房地产投资信托基金(real estate investment trusts,REITs)试点。

5.5.2　贷后管理

1. 项目资金封闭运行管理

资金封闭运行是指实行"收支两条线、资金集中拨付"的资金运行管理方法。房地产开发项目资金封闭管理的重点之一是项目资金封闭运行。房地产开发项目资金封闭运行是指通过一种行之有效的模式,将业主支付给施工单位的工程建设资金在施工区中运转,确保资金全部用于工程建设中,保证工程的顺利实施。房地产开发项目资金应封闭运行管理。

2. 按工程进度提款

加强对项目资金的使用监管,保证项目按工程进度提款。

3. 预售资金归集

项目预售资金易被转移而产生还款风险,应加强项目预售资金归集,须指定专人做好贷款资金的使用、销售资金的封闭监管、销售返投资金的划转等,定期形成预售资金贷后管理报告备查,确保合规经营。

4. 受托支付

受托支付是指贷款人根据借款人的提款申请和支付委托将贷款资金支付给符合合同约定用途的借款人交易对象。资金监管过程中,贷款支付后,贷款人应采取有效的方式对贷款使用用途、借款人的信用及担保情况的变化进行追踪管理。

5. 项目去库存化跟踪

目前我国房地产项目库存压力较大,占用资金较多,项目建成后应进行去库存化的跟踪,采取提高市场监测水平、加强市场监督管理、加强市场风险管控等相关措施提高去库存化比例,有利于金融稳定。

6. 还款节点管理

还款日到期前应对资金使用方房地产开发企业进行还款提醒,如果房地产开发企业未按时还款,需进行标准的催收管理。

本章小结

本章介绍了房地产开发项目融资的基础知识,主要包括房地产开发项目资金构成、房地产融资的主要方式、房地产自有资金管理、房地产外部资金管理、房地产开发项目资金监管。其中重点是通过了解不同融资方式下产生的融资成本,综合考虑融资风险因素后,进行融资决策,确定房地产开发项目采取何种融资结构,尽量使得融资成本最低,并对房地产融资风险进行规避。

习题

思考题

1. 房地产开发项目资金由哪些资金构成？

2. 房地产外部资金有哪些？

3. 房地产联合开发 PPP 融资模式需要注意的问题有哪些？

4. 房地产开发项目资金监管制度有哪些？

5. 结合近年众多知名房地产开发企业出现的融资问题案例，分析房地产融资风险管控该如何做。

第6章

房地产开发用地的取得

【学习要点及目标】

◆ 掌握土地、土地分类、土地制度的概念。

◆ 了解我国土地制度改革与演变。

◆ 掌握土地使用权的取得方式及其适用范围。

◆ 掌握协议、招标、拍卖、挂牌土地使用权出让的程序及操作流程。

◆ 掌握土地征收的概念、集体土地征收的程序,熟悉集体土地征收的适用条件和审批权限。

◆ 掌握集体土地征收的补偿政策。

◆ 了解国有土地上房屋征收程序、征收补偿、征收评估。

◆ 了解闲置土地的调查和认定、闲置土地的处置和利用。

【核心概念】

土地、土地制度、土地使用权划拨、出让、转让、拍卖出让、挂牌出让、土地征收等。

【引导案例】

2021 年 12 月 17 日,四川省成都市龙泉驿区规划和自然资源局官网公示了一则闲置土地认定书:龙规自认字〔2021〕1 号。公示文件显示,原成都市龙泉驿区国土资源局与成都裕龙贰号房地产开发有限公司于 2010 年 4 月 28 日签订了《国有建设用地使用权出让合同》,宗地坐落于同安街道办事处锦绣路以西、四川龙泉阳光体育城有限公司以北,面积为 83 996.73m² ,约定的开工日期为 2010 年 11 月 30 日,2011 年 5 月 13 日办理了龙国用〔2011〕第 4981 号国有土地使用权证书。

但公司自从取得土地使用权后一直未动工开发,且已超过两年,该土地被认定为闲置土地,且已闲置两年以上。根据《闲置土地处置办法》(国土资源部令第 53 号)第十四条的规定,成都市龙泉驿区规划和自然资源局将无偿收回龙国用〔2011〕第 4981 号国有土地使用权 83 996.73m² 。

什么样的土地可以用来进行房地产开发? 房地产公司如何取得开发所用的土地? 房地产公司购置的土地为什么被无偿收回了? 本章将介绍以上问题的相关内容。

6.1 土地管理制度及其演变

6.1.1 土地的概念与分类

1. 土地的概念

土地的概念有狭义和广义之分。狭义的土地仅指陆地部分,认为"土地是地理环境(主要是陆地环境)中互相联系的各自然地理成分所组成,包括人类活动影响在内的自然地域综合体"。广义的土地不仅包括陆地部分,而且包括水面、地上空气层、地下矿产物以及附着在陆地上的阳光、热能、风力、地心引力、雨水等一切自然物和自然力。

2. 土地的分类

(1) 按照土地的用途划分。根据《土地管理法》规定,我国实行土地用途管制制度,将所有城乡土地按照用途分为三大类,即农用地、建设用地和未利用地。

农用地是指直接用于农业生产的土地,包括耕地、林地、草地、农田水利用地、养殖水面等;建设用地是指建造建筑物、构筑物的土地,包括城乡住宅和公共设施用地、工矿用地、交通水利设施用地、旅游用地、军事设施用地等;未利用地指农用地和建设用地以外的土地。

(2) 按照对开发用地开发程度的不同划分,可划分为两大类,即生地、熟地。

① 生地。生地是指未形成建设用地条件的土地。一种是未经任何投资建设的自然地,它基本上属于农村土地,经征用变为国有土地后,可用于房地产开发。另一种是虽然进行过建设投资,但不能满足目前建设需要的城市土地。在对生地进行开发建设之前,需要完成房屋征收、拆迁、补偿与安置、基础设施建设等大量的前期工作。

② 熟地。熟地是指已具备一定的供水、排水、供电、通信、通气、道路等基础设施条件和完成地上建筑物、构筑物拆迁、场地平整的形成建设用地条件的土地。它已经能满足开发前所确定的土地用途的建设要求。熟地是由生地经开发转变而来。

(3) 按照土地利用的性质和功能划分。根据《城市用地分类与规划建设用地标准》(GB 50137—2011)的规定,我国城市建设用地按照土地利用的性质和功能划分为以下几类。

① 居住用地,是指城市居民居住小区、单位内的职工生活区等各种类型的成片或零星用地。它主要用于普通住宅、别墅区、公寓、保障性住宅以及为居住服务的配套公共服务设施、附属道路、停车场、绿地等建设。

② 公共管理与公共服务用地,是指城市行政、文化、教育、体育、卫生等机构和设施的用地,不包括居住用地中的服务设施用地,可用于党政机关、社会团体、事业单位建设办公场所,公共图书馆、体育馆、博物馆、医疗保健设施、学校、福利院、外国驻华使领馆、宗教活动场所等的建设。

③ 商业服务业设施用地,是指商业、商务、娱乐康体等设施用地,不包括居住用地中的服务设施用地,可用于酒店、宾馆、娱乐中心、酒吧、银行、保险公司、广告传媒、剧院、游乐设施、赛马场、高尔夫球场、加油加气站等的建设。

④ 工业用地,是指工矿企业的生产车间、库房及其附属设施用地,包括专用铁路、码头

和附属道路、停车场等用地,不包括露天矿用地。

⑤ 物流仓储用地,是指物流储备、中转、配送等用地,包括附属道路、停车场以及货运公司车队的站场等用地,可用于物流园区、专用仓库等的建设。

⑥ 道路与交通设施用地,是指城市道路、交通设施、公共停车场等用地,不包括居住用地、工业用地等内部的道路、停车场等,可用于城市道路、铁路客货运站、公路长途客货运站、港口客运码头、公交枢纽等的建设。

⑦ 公用设施用地,是指供应、环境、安全等设施用地。其中,供应设施是指供电、供水、供热、供燃气等设施;环境设施是指雨水、污水、固体废物处理和环境保护等公用设施及其附属设施;安全设施是指消防、防洪等保卫城市安全的公用设施及其附属设施。

⑧ 绿地,是指城市的公园绿地、防护绿地、广场等公共开放空间用地。

6.1.2　土地管理制度

1. 土地管理的概念及指导思想

土地管理是国家为维护土地制度,调整土地关系,合理组织土地利用所采取的行政、经济、法律和技术的综合措施。一般而言,国家把土地管理权授予政府及其土地行政主管部门。因此,土地管理也是政府及其土地行政主管部门依据法律和运用法定职权,对社会组织、单位和个人占有、使用、利用土地的过程或者行为所进行的组织和管理活动。

土地是国民经济发展的重要物质基础,也是非常重要的生产资料。我国土地资源的基本国情具有人均占有耕地数量少,耕地总体质量差,生产力水平低,耕地退化严重,耕地后备资源匮乏几个方面的特点。随着我国粮食安全问题的日益突出,保护土地资源、合理利用土地资源显得更加迫切。因此,我国土地管理的指导思想就是坚定不移地贯彻执行"十分珍惜、合理利用土地和切实保护耕地"的基本国策。

2. 土地制度的概念及内容

土地制度的概念有广义和狭义之分。广义的土地制度是指人们在一定社会经济条件下,因土地的归属和利用问题而产生的所有土地关系的总称,包括土地所有制度、土地使用制度、土地管理制度、土地征用制度、土地税收制度等。狭义的土地制度仅指土地所有制度、土地使用制度、土地管理制度。土地制度是反映人与人、人与地之间关系的制度。

我国现阶段的土地制度是以社会主义公有制为核心和基础的土地制度。我国土地的社会主义公有制的内容主要包括:①我国实行土地的社会主义公有制,即全民所有制和劳动群众集体所有制。全民所有制即国家所有,由国家代表广大劳动人民行使土地的使用、收益和处置的权利;劳动群众集体所有制由各农村集体经济组织代表该组织内的全体劳动人民行使土地的使用、收益和处置的权利。②城市市区的土地属于国家所有。农村和城市郊区的土地,除由法律规定属于国家所有的以外,属于农民集体所有;宅基地和自留地、自留山属于农民集体所有。③国家依法实行国有土地有偿使用制度(国家在法律规定的范围内划拨国有土地使用权的除外)。④国务院土地行政主管部门统一负责全国土地的管理和监督工作。

3．我国土地制度改革与演变

新中国成立后,我国确立了土地的社会主义公有制,而且宪法中明确规定:"任何组织或者个人不得侵占、买卖、出租或者以其他形式非法转让土地。"这就形成了新中国成立初期的国有土地使用制度的主要特征,即土地无偿使用、无限期使用、不准转让。由于没有把土地的所有权和使用权分开对待,导致土地被无偿占用的情况屡禁不止,造成土地资源的极大浪费。

改革开放前,我国城镇国有土地实行的是单一行政划拨制度,国家将土地使用权无偿、无限期提供给用地者,土地使用权不能在土地使用者之间流转。1979 年我国开始以场地使用权作为出资兴办中外合资企业或向中外合资企业收取场地使用费。土地使用权可作为合资企业的中方合营者的投资股本。

从 20 世纪 80 年代开始,我国开始新一轮土地管理制度的改革,主要包括两个方面:①土地行政管理制度的改革。1986 年,国家通过了《土地管理法》成立了国家土地管理局。②土地使用制度的改革,把土地的使用权和所有权分离,在土地使用权上,把无偿、无限期使用变为有偿、有限期使用,使土地真正按照其商品的属性进入市场。1982 年,深圳经济特区开始按照城市土地等级不同收取不同的使用费。1987 年 4 月,国务院提出土地使用权可以有偿转让,同年 4 月,七届人大第一次会议修改了《中华人民共和国宪法》的有关条款,删除了土地不得出租的规定,规定"土地使用权可以依照法律的规定转让"。深圳于 1987 年 9 月在全国范围内率先试行了土地使用权有偿出让,揭开了国有土地使用制度改革的序幕。1987 年11 月国务院确定在深圳、上海、天津、广州、厦门、福州进行土地使用制度改革试点,按照土地所有权与使用权分离的原则,国家在保留土地所有权的前提下,通过协议、招标、拍卖、挂牌等方式将土地使用权以一定的年限、价格及规定用途出让给土地使用者,取得使用权后的土地可以依法出租、抵押、转让。1988 年 12 月通过《土地管理法》的修改议案,规定"国家依法实行国有土地有偿使用制度"。从此,我国土地使用制度发生了根本性的改革,打破了过去土地长期无偿、无限期、无流动、单一行政手段的划拨制度,创立了以市场手段配置土地的新制度。

1990 年 5 月,国务院发布了《中华人民共和国城镇国有土地使用权出让和转让暂行条例》《外商投资开发经营成片土地暂行管理办法》和相应的有关文件,这标志着中国的土地市场走上了有法可依的轨道。1992 年邓小平南方谈话和党的十四大确立了经济体制改革和土地市场培育的进程。党的十四届三中全会决定把土地使用制度的改革作为整个经济体制改革的重要组成部分,并且明确规定了规范和发展土地市场的内容和要求。通过市场配置土地的范围不断扩大,实行土地使用权有偿、有限期出让已扩展到全国各地。

1995 年 6 月,国家土地管理局公布了《协议出让国有土地使用权最低价确定办法》,提出培育和发展土地市场的八项要求,主要是加强国家对土地使用权出让的垄断,坚持政府统一规划、统一征地、统一管理、集体讨论、"一支笔"审批土地;进一步扩大国有土地使用权出让范围,规范出让方式;逐步将用于经营的划拨土地使用权转为有偿使用等。

6.2　房地产开发用地的取得方式

土地是房地产开发的基础性资源,也是基本生产要素之一。任何单位和个人进行建设,需要使用土地的,必须依法申请使用国有土地。根据《城市房地产管理法》的规定,在城市规划区内进行房地产开发,须在国有土地上进行。城市规划区内的集体所有的土地用于房地产开发,须经依法征用并转为国有土地后,方可出让土地的使用权用于房地产开发。根据相关法律法规的规定,在我国国有土地上取得工程建设用地土地使用权的方式主要有四种,即划拨、出让、转让、出租。

6.2.1 土地使用权划拨

6-1

土地使用权划拨是指经县级以上人民政府依法批准,在土地使用者缴纳补偿、安置等费用后将该幅土地交付其使用,或者将土地使用权无偿交付给土地使用者使用的行为。一般而言,划拨土地所指的无偿是指不需要向政府缴纳土地出让金。以划拨方式取得的国有土地使用权,除法律、行政法规另有规定外,没有使用期限的限制,土地使用权不得转让、出租、抵押。无偿取得划拨土地使用权的土地使用者,因迁移、解散、撤销、破产或者其他原因而停止使用土地的,市、县人民政府要无偿收回其划拨土地使用权。

6-2

根据《城市房地产管理法》规定,下列建设用地经县级以上人民政府依法批准,可以以划拨方式取得:①国家机关用地和军事用地;②城市基础设施用地和公益事业用地;③国家重点扶持的能源、交通、水利等基础设施用地;④法律、行政法规规定的其他用地。此外,根据《国务院关于解决城市低收入家庭住房困难的若干意见》《经济适用住房管理办法》规定,廉租住房、经济适用住房建设用地实行行政划拨方式供应。

6.2.2 土地使用权出让

6-3

所谓土地使用权出让,是指国家将国有土地使用权在一定年限内出让给土地使用者,由土地使用者向国家支付土地使用权出让金的行为。土地使用权出让必须符合土地利用总体规划、城市规划和年度建设用地计划。

通过土地使用权出让方式取得的土地是有期限的。《中华人民共和国城镇国有土地使用权出让和转让暂行条例》规定,土地使用权出让最高年限按不同用途分别确定,见表6-1。

表 6-1   不同用途土地使用权出让最高年限

土 地 用 途	出让年限/年
居住用地	70
工业用地	50
教育、科技、文化、卫生、体育用地	50
商业、旅游、娱乐用地	40
综合或者其他用地	50

根据《城市房地产管理法》《中华人民共和国城镇国有土地使用权出让和转让暂行条例》和《招标拍卖挂牌出让国有土地使用权规定》的规定,土地使用权出让可以采取四种方式:协议、招标、拍卖、挂牌。

1. 协议出让

协议出让国有土地使用权是指国家以协议方式将国有土地使用权在一定年限内出让给

土地使用者,由土地使用者向国家支付土地使用权出让金的行为。以协议方式出让国有土地使用权的出让金不得低于按国家规定所确定的最低价,低于时不得出让。协议出让最低价不得低于新增建设用地的土地有偿使用费、征地(拆迁)补偿费以及按照国家规定应当缴纳的有关税费之和,有基准地价的地区,协议出让最低价不得低于出让地块所在级别基准地价的70%。国有土地使用权协议出让由市、县国土资源管理部门组织实施。

(1) 协议出让国有土地使用权的一般程序。协议出让国有土地使用权的一般程序包括十个步骤:①公开出让信息,接受用地申请,确定供地方式。②编制协议出让方案。协议出让方案应当包括拟出让地块的位置、四至、用途、面积、年限、土地使用条件、供地时间、供地方式等。③地价评估,确定底价。协议出让底价不得低于拟出让地块所在区域的协议出让最低价。④协议出让方案、底价报批。协议出让方案、底价需由有批准权的人民政府批准。⑤协商,签订意向书。⑥公示。公示时间不得少于5日。⑦签订出让合同,公布出让结果。⑧核发《建设用地批准书》,交付土地。⑨办理土地登记。受让人按照《国有土地使用权出让合同》约定付清全部国有土地使用权出让金,依法申请办理土地登记手续,领取"国有土地使用证",取得土地使用权。⑩资料归档。

(2) 出让土地改变用途等土地使用条件的处理。协议出让土地申请改变用途等土地使用条件,经出让方和规划管理部门同意,原土地使用权人可以与市、县国土资源管理部门签订《国有土地使用权出让合同变更协议》或重新签订《国有土地使用权出让合同》,调整国有土地使用权出让金,但《国有土地使用权出让合同》、法律、法规、行政规定等明确应当收回土地使用权重新公开出让的除外。原土地使用权人应当按照《国有土地使用权出让合同》变更协议或重新签订的《国有土地使用权出让合同》约定,及时补缴土地使用权出让金额,并按规定办理土地登记。调整国有土地使用权出让金额应当根据批准改变用途等土地使用条件时的土地市场价格水平,按下式确定:

应当补缴的土地出让金额 = 批准改变时的新土地使用条件下土地使用权市场价格 −
批准改变时原土地使用条件下剩余年期土地使用权市场价格

2. 招标出让

招标出让国有土地使用权是指市、县国土资源管理部门发布招标公告或者发出投标邀请书,邀请特定或者不特定的法人、自然人和其他组织参加国有土地使用权投标,根据投标结果确定土地使用者的行为。在选择土地使用权受让人时不仅要考虑报价的高低,还要考虑开发企业的信誉、资信状况、以往开发经验,最终择优选择土地开发人。

采用招标方式出让国有土地使用权的,应当采取公开招标方式。对土地使用者有严格的限制和特别要求的,可以采用邀请招标方式。市、县国土资源管理部门应当根据经批准的招标出让方案,组织编制国有土地使用权招标出让文件,再发布国有土地使用权招标出让公告。出让公告应当通过中国土地市场网和当地土地有形市场发布,也可同时通过报刊、电视台等媒体公开发布。出让公告应当至少在招标活动开始前20日发布,以首次发布的时间为起始日。

申请人应在公告规定期限内交纳出让公告规定的投标保证金,并根据申请人类型,持相应文件向出让人提出竞投申请。出让人应当对出让公告规定的时间内收到的申请进行审查,符合规定条件的,应当确认申请人的投标资格,通知其参加招标活动。取得投标资格者不得少于三个。随后,整个招标投标活动按照投标、开标、评标、定标、发出中标通知书的流程实施,最终确定中标人。招标人应当根据评标小组推荐的中标候选人确定中标人或授权评标小组直接确定中标人。按照"价高者得"的原则确定中标人的,由招标主持人直接宣布报价最高且不低于底价者为中标人。有两个或两个以上申请人的报价相同且同为最高报价的,可以由相同报价的申请人在限定时间内再行报价,或者采取现场竞价方式确定中标人。

3. 拍卖出让

拍卖出让国有土地使用权是指市、县国土资源管理部门发布拍卖公告,由竞买人在指定时间、地点进行公开竞价,根据出价结果确定土地使用者的行为。拍卖确定的土地使用权受让人是按照"出价最高者得"的原则确定。拍卖所体现的竞争是一种完全公开的竞争机制,可以充分体现土地的商品属性,土地收益较高。

市、县国土资源管理部门应当根据经批准的拍卖出让方案,组织编制国有土地使用权拍卖出让文件,然后发布国有土地使用权拍卖出让公告,并按照出让公告规定的时间、地点组织拍卖活动。拍卖活动应当由土地拍卖主持人主持进行。

土地使用权拍卖会按下列程序进行:①拍卖主持人宣布拍卖会开始。②拍卖主持人宣布竞买人到场情况。设有底价的,出让人应当现场将密封的拍卖底价交给拍卖主持人,由其现场开启密封件。③拍卖主持人介绍拍卖地块的位置、面积、用途、使用年限、规划指标要求、建设时间等。④拍卖主持人宣布竞价规则,拍卖宗地的起拍价、增价规则、增价幅度及是否设有底价。拍卖中,拍卖主持人可根据现场情况调整增价幅度。⑤拍卖主持人报出起拍价,宣布竞价开始。⑥竞买人举牌应价或者报价。⑦拍卖主持人确认该竞买人应价或者报价后继续竞价。⑧拍卖主持人连续三次宣布同一应价或报价而没有人再应价或出价,且该价格不低于底价的,拍卖主持人落槌表示拍卖成交,宣布最高应价者为竞得人。成交结果对拍卖人、竞得人和出让人均具有法律效力。最高应价或报价低于底价的,拍卖主持人宣布拍卖终止。

确定竞得人后,拍卖人与竞得人当场签订《成交确认书》。《成交确认书》应包括拍卖人与竞得人的名称,出让标的,成交时间、地点、价款,以及双方签订《国有土地使用权出让合同》的时间、地点等内容。

4. 挂牌出让

挂牌出让国有土地使用权是指市、县国土资源管理部门发布挂牌公告,按公告规定的期限将拟出让宗地的交易条件在指定的土地交易场所挂牌公布,接受竞买人的报价申请并更新挂牌价格,根据挂牌期限截止时的出价结果或现场竞价结果确定土地使用者的行为。

市、县国土资源管理部门应当根据经批准的挂牌出让方案组织编制国有土地使用权挂牌出让文件,再发布国有土地使用权挂牌出让公告,并应按出让公告规定的时间、地点组织挂牌活动。挂牌活动应当由土地挂牌主持人主持进行。挂牌活动的组织实施过程如下。

(1) 公布挂牌信息。在挂牌公告规定的挂牌起始日,挂牌人将挂牌宗地的位置、面积、用途、使用年限、规划指标要求、起始价、增价规则及增价幅度等,在挂牌公告规定的土地交易地点挂牌公布。挂牌时间不得少于 10 个工作日。

(2) 竞买人报价。符合条件的竞买人应当填写报价单报价。报价有下列情形之一的为无效报价:①报价单未在挂牌期限内收到的;②不按规定填写报价单的;③报价单填写人与竞买申请文件不符的;④报价不符合报价规则的;⑤报价不符合挂牌文件规定的其他情形。

(3)确认报价。挂牌主持人确认该报价后,更新显示挂牌价格,继续接受新的报价。有两个或两个以上竞买人报价相同的,先提交报价单者为该挂牌价格的出价人。

(4)挂牌截止。挂牌截止应当由挂牌主持人主持确定。设有底价的,出让人应当在挂牌截止前将密封的挂牌底价交给挂牌主持人,挂牌主持人现场打开密封件。在公告规定的挂牌截止时间,竞买人应当出席挂牌现场,挂牌主持人宣布最高报价及其报价者,并询问竞买人是否愿意继续竞价。挂牌主持人连续三次报出最高挂牌价格,没有竞买人表示愿意继续竞价的,挂牌主持人宣布挂牌活动结束,并按下列规定确定挂牌结果:①最高挂牌价格不低于底价的,挂牌主持人宣布挂牌出让成交,最高挂牌价格的出价人为竞得人;②最高挂牌价格低于底价的,挂牌主持人宣布挂牌出让不成交。有竞买人表示愿意继续竞价的,即属于挂牌截止时有两个或两个以上竞买人要求报价的情形,挂牌主持人应当宣布挂牌出让转入现场竞价,并宣布现场竞价的时间和地点,通过现场竞价确定竞得人。

(5)现场竞价。现场竞价应当由土地挂牌主持人主持进行,取得该宗地挂牌竞买资格的竞买人均可参加现场竞价。成交结果对竞得人和出让人均具有法律效力。最高应价或报价低于底价的,挂牌主持人宣布现场竞价终止。在现场竞价中无人参加竞买或无人应价或出价的,以挂牌截止时出价最高者为竞得人,但低于挂牌出让底价者除外。

(6)签订《成交确认书》。确定竞得人后,挂牌人与竞得人当场签订《成交确认书》。《成交确认书》应包括挂牌人与竞得人的名称,出让标的,成交时间、地点、价款,以及双方签订《国有土地使用权出让合同》的时间、地点等内容。

综上,招标、拍卖、挂牌出让土地使用权的三种方式都引进了竞争机制,出让程序都包括11个步骤:①公布出让计划,确定供地方式;②编制、确定出让方案;③地价评估,确定出让底价;④编制出让文件;⑤发布出让公告;⑥申请和资格审查;⑦招标、拍卖、挂牌活动实施;⑧签订出让合同,公布出让结果;⑨核发《建设用地批准书》,交付土地;⑩办理土地登记;⑪资料归档。由于土地使用权出让形式的不同,在具体操作时步骤存在一定的差异。

6-4

6.2.3 土地使用权转让

土地使用权转让是指已经获得土地使用权的土地使用人将土地使用权再转让的行为,包括出售、交换和赠与。土地使用权转让需要签订转让合同。未按土地使用权出让合同规定的期限和条件投资开发、利用土地的,土地使用权不得转让。

土地使用权转让时,土地使用权出让合同和登记文件中所载明的权利、义务随之转移。土地使用权转让时,其地上建筑物、其他附着物所有权随之转让。地上建筑物、其他附着物的所有人或者共有人享有该建筑物、附着物使用范围内的土地使用权。土地使用者转让地上建筑物、其他附着物所有权时,其使用范围内的土地使用权随之转让,但地上建筑物、其他附着物作为动产转让的除外。土地使用权和地上建筑物、其他附着物所有权转让应当按照规定办理过户登记。土地使用权和地上建筑物、其他附着物所有权分割转让的,应当经市、县人民政府土地管理部门和房产管理部门批准,并依照规定办理过户登记。

土地使用者通过转让方式取得的土地使用权,其使用年限为土地使用权出让合同规定的使用年限减去原土地使用者已使用年限后的剩余年限。土地使用权转让价格明显低于市场价格的,市、县人民政府有优先购买权。土地使用权转让的市场价格不合理上涨时,市、县人民政府可以采取必要的措施。

土地使用权转让后,需要改变土地使用权出让合同规定的土地用途的,应当征得出让方同意并经土地管理部门和城市规划部门批准,依照有关规定重新签订土地使用权出让合同,调整土地使用权出让金,并办理登记。

根据《城市房地产管理法》规定,以出让方式取得土地使用权的,转让房地产时,应当符合下列条件:①按照出让合同约定已经支付全部土地使用权出让金,并取得土地使用权证书;②按照出让合同约定进行投资开发,属于房屋建设工程的,完成开发投资总额的25％以上,属于成片开发土地的,形成工业用地或者其他建设用地条件。此外,转让房地产时房屋已经建成的,还应当持有房屋所有权证书。以划拨方式取得土地使用权的,转让房地产时,按照国务院规定报有批准权的人民政府审批。有批准权的人民政府准予转让的,由受让方办理土地使用权出让手续,并依照国家有关规定缴纳土地使用权出让金。

6.2.4　土地使用权出租

土地使用权出租是指土地使用者作为出租人将土地使用权随同地上建筑物、其他附着物租赁给承租人使用,由承租人向出租人支付租金的行为。出租的主体是土地所有权人或取得土地使用权的使用人。政府可以直接出租国有土地,也可以由已取得土地使用权的使用者将土地使用权租赁给其他使用者。国有土地出租是国有土地有偿使用的一种形式,是出让方式的补充。未按出让合同规定的期限和条件投资开发、利用土地的,土地使用权不得出租。

土地使用权出租应当签订租赁合同。租赁合同不得违背国家法律、法规和土地使用权出让合同的规定。土地使用权出租后,出租人必须继续履行土地使用权出让合同。用于出租的地块必须符合有关法律规定的条件。以出让、转让等有偿方式取得的土地使用权,出租人对土地的开发达到法律规定的或土地使用权出让合同约定的标准的可以出租。划拨取得的土地使用权不得擅自出租,需要出租的必须持有国有土地使用证以及地上建筑物、其他附着物产权证明等合法证件,出租人向所在地的市、县人民政府土地行政主管部门提出书面申请,经批准后方可出租。承租人在租赁期限内有权使用土地,但无权处分,处分权仍归土地出租人享有。

6.3　开发建设中的土地征收

6.3.1　概述

1. 土地征收的概念

土地征收是指国家为了社会公共利益的需要,依据法律规定的程序和批准权限批准,并依法给予农村集体经济组织及农民补偿后,将农村集体土地所有权收归国有的行政行为。土地征收的主体必须是国家,只有国家才享有因国家建设的需要依法征收集体所有土地的权利。土地征收是国家授权的并依照法律规定的依据和程序所实施的行政行为,而非民事行为。

原《土地管理法》除乡镇企业破产兼并外,禁止农村集体经济组织以外的单位或者个人直接使用集体建设用地,只有将集体建设用地征收为国有土地后,该幅土地才可以出让给单位或者个人使用。这一规定使集体建设用地的价值不能显化,导致农村土地资源配置效率低下,农民的土地财产权益受到侵蚀。在城乡接合部,大量的集体建设用地违法进入市场。在 33 个试点地区,集体建设用地入市制度改革受到农村集体经济组织和广大农民的广泛欢迎。新《土地管理法》删除了原法第 43 条关于"任何单位和个人进行建设,需要使用土地,必须使用国有土地"的规定,允许集体经营性建设用地在符合规划、依法登记,并经本集体经济组织三分之二以上成员或者村民代表同意的条件下,通过出让、出租等方式交由集体经济组织以外的单位或者个人直接使用。同时,使用者取得集体经营性建设用地使用权后还可以转让、互换或者抵押。这一规定是重大的制度突破,它结束了多年来集体建设用地不能与国有建设用地同权同价同等入市的二元体制,为推进城乡一体化发展扫清了制度障碍,是新《土地管理法》最大的亮点。

2. 集体土地征收应遵循的原则

(1)贯彻十分珍惜、合理利用土地和切实保护耕地基本国策的原则。我国人口众多,解决老百姓的吃饭问题是关系社会稳定的大事,保护耕地事关中国农业稳定、粮食安全。因此,土地征用必须坚持严格管理,保护、开发土地资源,制止非法占用土地的行为。

(2)妥善安置被征地单位和农民的原则。土地是农民赖以生存和发展的最基本的生产资料,是农业生产所必需的物质条件和自然基础,是农民生活的主要经济来源。土地被征用之后,意味着农民集体丧失了土地的所有权,失去了最稳定的生活来源。因此,在土地征用的过程中,应合理足额补偿被征地单位和农民,加大对被征地农民的职业技能培训力度,增强就业竞争力,提供完善的社会保障,妥善解决被征地单位和农民未来的生产和生活问题。

(3)依法征地的原则。建设单位使用土地的,必须按照国家相关法律法规规定的征用程序和审批权限分别由国务院或省、自治区、直辖市人民政府批准,由县级以上地方人民政府予以公告并组织实施。不得越权审批,要依法办理征收手续。

6.3.2 集体土地征收的程序

根据《土地管理法》《中华人民共和国土地管理法实施条例》及《建设用地审查报批管理办法》的有关规定,我国集体土地征收的程序如下。

1. 发布拟征地公告

征收部门在被征收土地所在地的村、组范围内发布拟征地公告,告知被征土地的农民集体经济组织和农户关于征地范围、位置、补偿方式、补偿标准、安置途径及征地用途等信息。此步骤旨在让受影响的各方了解征地的具体内容和条件。

2. 确认调查结果

征收部门委托具有相应资质的勘测单位或会同被征收土地的所有权人、使用权人进行实地调查,确认土地的四至边界、用途、面积以及地上附着物的种类、数量、规格等。这一步骤确保了征地补偿的准确性和公平性。

3. 组织征地听证

在征地依法报批前,征收部门告知被征地农村集体经济组织和农户对拟征土地的补偿标准、安置途径有申请听证的权利。这一步骤保障了被征地农民的知情权和参与权。

4. 拟定"一书四方案"并上报审批

征收部门根据前述程序,按照《建设用地审批管理办法》的要求拟订"一书四方案",即建设用地说明书、农用地转用方案、补充耕地方案、征收土地方案、供应土地方案,并组卷向有批准权的机关报批。

5. 补偿

市、县人民政府土地行政主管部门根据经批准的征收土地方案,会同有关部门拟订征地补偿、安置方案,在被征收土地所在地的乡(镇)、村予以公告,听取被征收土地的农村集体经济组织和农民的意见。征地补偿、安置方案报市、县人民政府批准后,市、县人民政府土地行政主管部门应当依照征地补偿、安置方案向被征用土地的农村集体经济组织和农民支付土地补偿费、地上附着物和青苗补偿费,并落实需要安置农业人口的安置途径。

6. 建设单位取得土地使用权

经过以上五个环节,被征收土地的性质由集体土地变为国有土地。以有偿使用方式取得国有土地使用权的,由市、县人民政府土地行政主管部门与土地使用者签订土地有偿使用合同,并向建设单位颁发《建设用地批准书》。土地使用者缴纳土地有偿使用费后,依照规定办理土地登记。以划拨方式取得国有土地使用权的,由市、县人民政府土地行政主管部门向建设单位颁发《国有土地划拨决定书》和《建设用地批准书》,依照规定办理土地登记。

6.3.3 集体土地征收的审批权限

根据《土地管理法》的规定:建设占用土地涉及农用地转为建设用地的,应当办理农用地转用审批手续。农用地转用和土地征收的审批权限集中于国务院和省级人民政府。依建设项目的性质、是否使用土地利用总体规划确定的城市和村庄、集镇建设用地范围内的土地来具体划分国务院和省级人民政府的审批权限。各省、自治区、直辖市人民政府不得违反规定下放土地审批权。严禁规避法定审批权限,将单个建设项目用地拆分审批。

(1)永久基本农田转为建设用地的,由国务院批准。

(2)在土地利用总体规划确定的城市和村庄、集镇建设用地规模范围内,为实施该规划而将永久基本农田以外的农用地转为建设用地的,按土地利用年度计划分批次按照国务院规定由原批准土地利用总体规划的机关或者其授权的机关批准。在已批准的农用地转用范围内,具体建设项目用地可以由市、县人民政府批准。

(3)在土地利用总体规划确定的城市和村庄、集镇建设用地规模范围外,将永久基本农田以外的农用地转为建设用地的,由国务院或者国务院授权的省、自治区、直辖市人民政府批准。

征收下列土地的,由国务院批准:①永久基本农田;②永久基本农田以外的耕地超过 35hm² 的;③其他土地超过 70hm² 的。除此外的土地征收,由省级人民政府批准并报国务院备案。

我国实行永久基本农田保护制度。下列耕地应当根据土地利用总体规划划为永久基本农田,实行严格保护:①国务院农业农村主管部门或者县级以上地方人民政府批准确定的粮、棉、油、糖等重要农产品生产基地内的耕地;②有良好的水利与水土保持设施的耕地,正在实施改造计划以及可以改造的中、低产田和已建成的高标准农田;③蔬菜生产基地;④农业科研、教学试验田;⑤国务院规定应当划为永久基本农田的其他耕地。

经国务院批准农用地转用的,同时办理征地审批手续,不再另行办理征地审批;经省、自治区、直辖市人民政府在征地批准权限内批准农用地转用的,同时办理征地审批手续,不再另行办理征地审批,超过征地批准权限的,应当由国务院审批。

6.3.4 集体土地征收的补偿

《土地管理法》规定:征收土地的,按照被征收土地的原用途给予补偿。征收土地的补偿费用主要包括土地补偿费、安置补助费和地上附着物及青苗补偿费等,并安排被征地农民的社会保障费用。

1. 土地补偿费

土地补偿费是指因国家征收农民集体所有的土地对土地所有者和土地使用者的补偿。征收农用地的土地补偿费、安置补助费标准由省、自治区、直辖市人民政府通过制定公布区片综合地价确定。制定区片综合地价应当综合考虑土地原用途、土地资源条件、土地产值、土地区位、土地供求关系、人口以及经济社会发展水平等因素,并至少每三年调整或者重新公布一次。征收农用地以外的其他土地的补偿标准,由省、自治区、直辖市人民政府制定。

2. 安置补助费

安置补助费是指国家在征用土地时,为了安置以土地为主要生产资料并取得生活来源的农业人口的生活所给予的补助费用,征收农用地的安置补助标准费由省、自治区、直辖市人民政府通过制定公布区片综合地价确定。制定区片综合地价应当综合考虑土地原用途、土地资源条件、土地产值、土地区位、土地供求关系、人口以及经济社会发展水平等因素,并至少每三年调整或者重新公布一次。征收农用地以外的其他土地的补偿标准,由省、自治区、直辖市人民政府制定。

3. 地上附着物及青苗补偿费

地上附着物及青苗补偿费是为了弥补农民地上建设物或者附着物及征用土地上栽种的作物的损失而支付的费用,由地上附着物补偿费和青苗补偿费两部分组成。

地上附着物补偿费是指在征用土地时对地上附着物的补偿费用,包括地上的各种建筑物、构筑物(如房屋、水井、道路、地上地下管线、水渠)的拆除和恢复费用;被征用土地上林木的补偿或砍伐费等。青苗补偿费是指农作物正处于生长阶段,因征用土地需要及时让出土地致使农作物不能收获而使农民造成损失,应当给予土地承包者或土地使用者以经济补偿。青苗补偿费的标准,一般根据农作物的生长期按一季的作物产值,或按一季作物的一定比例予以补偿。多年生经济林木,可以移植的,由用地单位付给移植费;不能移植的,由用地单位给予合理补偿或作价收购。具体补偿标准由省、自治区、直辖市人民政府规定。

4.新菜地开发建设基金

新菜地开发建设基金是指为了稳定菜地面积,保证城市居民吃菜,加强菜地开发建设,土地行政主管部门在办理征用城市郊区连续三年以上常年种菜的集体所有商品菜地和精养鱼塘征地手续时,向建设用地单位收取的用于开发、补充、建设新菜地的专项费用。具体缴纳标准由省、自治区、直辖市人民政府规定。

6.4　国有土地上房屋征收

6.4.1　概述

近年来,因城镇房屋征收、拆迁引发的利益冲突和社会矛盾,已成为影响我国现代化、城镇化进程和社会稳定的突出问题之一。2011年1月21日,国务院公布了《国有土地上房屋征收与补偿条例》,该条例自公布之日起施行,《城市房屋拆迁管理条例》同时废止。《国有土地上房屋征收与补偿条例》努力把公共利益同被征收人个人利益统一起来,通过保护被征收群众的利益,完善征收程序,加大公众参与,明确补偿标准、补助和奖励措施,禁止建设单位参与搬迁,取消行政机关自行强制拆迁的规定,充分显示了维护公共利益,保障被征收人的合法权益的鲜明特色,彰显了以人为本的立法精神,有利于推动和谐社会的建设。

我国实施房屋征收的原则是先补偿、后搬迁。被征收人在取得补偿后,应在补偿协议约定或者补偿决定确定的搬迁期限内完成搬迁。任何单位和个人不得采取暴力、威胁或者违反规定中断供水、供热、供气、供电和道路通行等非法方式迫使被征收人搬迁。严厉禁止建设单位参与搬迁活动。

6.4.2　国有土地上房屋征收程序

根据《国有土地上房屋征收与补偿条例》的规定,征收程序大体包括三个阶段:市、县级人民政府做出征收决定;征收补偿部门对被征收人进行补偿;搬迁。具体征收程序如下。

(1) 依建设单位申请,启动房屋征收程序。

(2) 审查拟征收房屋建设项目是否符合国民经济和社会发展规划、土地利用总体规划、城乡规划和专项规划。保障性安居工程建设、旧城区改建,应纳入市、县级国民经济和社会发展年度计划。

(3) 房屋征收部门拟定征收补偿方案,报市、县级人民政府。

(4) 市、县级人民政府组织有关部门对征收补偿方案进行论证并予以公布,征求公众意见。征求意见期限不得少于30日。

(5) 市、县级人民政府将征求意见情况和根据公众意见修改的情况及时公布。其中,因旧城区改建多数被征收人不同意征收补偿方案的,市、县级人民政府应组织由被征收人和公众代表参加的听证会,并根据听证会情况修改方案。

(6)市、县级人民政府按规定进行社会稳定风险评估。房屋征收决定涉及被征收人数量较多的,应经政府常务会议讨论决定。

(7)征收补偿费用应足额到位,专户存储、专款专用。

(8)市、县级人民政府做出征收决定后应及时公告,公告应当载明征收补偿方案和行政复议、行政诉讼权利等事项,并做好宣传、解释工作。房屋被依法征收的,国有土地使用权同时收回。

(9)被征收人对征收决定不服的,可以依法申请行政复议,也可以依法提起行政诉讼。

(10)房屋征收部门应对房屋征收范围内房屋的权属、区位、用途、建筑面积等情况组织调查登记,并在房屋征收范围内向被征收人公布调查结果。

(11)房屋征收范围确定后,不得在房屋征收范围内实施新建、扩建、改建房屋和改变房屋用途等不当增加补偿费用的行为。房屋征收部门向有关部门出具暂停办理相关手续的书面通知。暂停期限最长不得超过1年。

(12)评估被征收房屋的价值。由具有相应资质的房地产价格评估机构按照房屋征收评估办法评估确定。

(13)对评估确定的被征收房屋价值有异议的,可以向房地产价格评估机构申请复核评估。对复核结果有异议的,可以向房地产价格评估专家委员会申请鉴定。

(14)被征收人选择补偿方式。货币补偿与房屋产权调换二者择一。

(15)签订补偿协议。支付搬迁费、提供临时安置费或周转用房,造成停产停业损失的,支付补偿费用,同时对被征收人给予补助或奖励。补偿协议订立后,一方当事人不履行补偿协议的,另一方当事人可以依法提起诉讼。

(16)搬迁。做出房屋征收决定的市、县级人民政府对被征收人给予补偿后,被征收人应当在补偿协议约定或者补偿决定确定的搬迁期限内完成搬迁。

(17)在签约期限内达不成协议,或被征收房屋所有权人不明确的,市、县级人民政府按照征收补偿方案做出补偿决定,并在房屋征收范围内予以公告。被征收人在法定期限内不申请行政复议或者不提起行政诉讼,在补偿决定规定的期限内又不搬迁的,由做出房屋征收决定的市、县级人民政府依法申请人民法院强制执行。

(18)建立房屋征收补偿档案,将分户补偿情况在房屋征收范围内公布,审计机关加强监督,并公布审计结果。

6.4.3　国有土地上房屋征收补偿

1. 征收主体

我国房屋征收与补偿工作是由市、县级人民政府负责,由市、县级人民政府确定的房屋征收部门组织实施。房屋征收部门可以委托房屋征收实施单位,承担房屋征收与补偿的具体工作。房屋征收实施单位不得以营利为目的。房屋征收部门对房屋征收实施单位在委托范围内实施的房屋征收与补偿行为负责监督,并对其行为后果承担法律责任。

2．补偿对象与补偿方式

房屋征收的补偿对象为被征收房屋所有权人,包括国有土地上的单位、个人。根据《国有土地上房屋征收与补偿条例》的规定,补偿方式包括两种,即货币补偿和房屋产权调换。货币补偿指房屋征收部门将被征收人房屋的价值以货币结算的方式补偿给征收房屋所有权人。房屋产权调换是指房屋征收部门用拟建或购买的房屋产权与被征收人的房屋进行产权调换,并按被征收房屋的评估价和调换房屋的市场价进行差价结算的行为。产权调换的特点是以实物形态来体现房屋征收部门对被征收人的补偿。被征收人可以任选其中一种补偿方式。

3．补偿费用的确定

国有土地上房屋被征收人取得的补偿费用包括:①被征收房屋价值的补偿;②因征收房屋造成的搬迁、临时安置的补偿;③因征收房屋造成的停产停业损失的补偿。此外,市、县级人民政府应当制定补助和奖励办法,对被征收人给予补助和奖励。

被征收人选择房屋产权调换的,市、县级人民政府应当提供用于产权调换的房屋,并与被征收人计算、结清被征收房屋价值与用于产权调换房屋价值的差价。因旧城区改建征收个人住宅,被征收人选择在改建地段进行房屋产权调换的,做出房屋征收决定的市、县级人民政府应当提供改建地段或者就近地段的房屋。

因征收房屋造成搬迁的,房屋征收部门应当向被征收人支付搬迁费;选择房屋产权调换的,产权调换房屋交付前,房屋征收部门应当向被征收人支付临时安置费或者提供周转用房。对因征收房屋造成停产停业损失的补偿,根据房屋被征收前的效益、停产停业期限等因素确定。征收个人住宅,被征收人符合住房保障条件的,做出房屋征收决定的市、县级人民政府应当优先给予住房保障。对被征收房屋价值的补偿不得低于房屋征收决定公告之日被征收房屋类似房地产的市场价格。房屋的价值由具有相应资质的房地产价格评估机构评估确定。

6.4.4　国有土地上房屋征收评估

国有土地上房屋征收评估是指评估国有土地上被征收房屋和用于产权调换房屋的价值,测算被征收房屋类似房地产的市场价格,以及对相关评估结果进行复核评估和鉴定的有关活动。为规范国有土地上房屋征收评估活动,保证房屋征收评估结果客观公平,2011年6月3日住房城乡建设部公布了《国有土地上房屋征收评估办法》。

1．房地产价格评估机构的确定

房地产价格评估机构由被征收人在规定时间内协商选定,如协商不成的,由房屋征收部门通过组织被征收人按照少数服从多数的原则投票决定,或者采取摇号、抽签等随机方式确定。同一征收项目的房屋征收评估工作,原则上由一家房地产价格评估机构承担。房屋征收范围较大的,可以由两家以上房地产价格评估机构共同承担。共同承担评估任务的房地产价格评估机构应共同协商,确定一家为牵头单位;牵头单位应组织相关房地产价格评估机构就评估对象、评估时点、价值内涵、评估依据、评估假设、评估原则、评估技术路线、评估方法、重要参数选取、评估结果确定方式等进行沟通，统一标准。

2. 被征收房屋价值的确定

被征收房屋价值是指被征收房屋及其占用范围内的土地使用权在正常交易情况下，由熟悉情况的交易双方以公平交易方式在评估时点自愿进行交易的金额，但不考虑被征收房屋租赁、抵押、查封等因素的影响。其中，不考虑租赁因素的影响，是指评估被征收房屋无租约限制的价值；不考虑抵押、查封因素的影响，是指评估价值中不扣除被征收房屋已抵押担保的债权数额、拖欠的建设工程价款和其他法定优先受偿款。

被征收房屋价值评估应考虑被征收房屋的区位、用途、建筑结构、新旧程度、建筑面积以及占地面积、土地使用权等影响被征收房屋价值的因素。被征收房屋室内装饰装修价值，机器设备、物资等搬迁费用，以及停产停业损失等补偿，由征收当事人协商确定；协商不成的，可以委托房地产价格评估机构通过评估确定。被征收房屋价值评估时点为房屋征收决定公告之日。用于产权调换房屋价值评估时点与被征收房屋价值评估时点一致。对评估确定的被征收房屋价值有异议的，可以向做出该评估结果的房地产价格评估机构申请复核评估。对复核结果有异议的，可以向被征收房屋所在地评估专家委员会申请鉴定。

6.5　闲置土地的处理

6.5.1　概述

1999 年 4 月 26 日国土资源部发布了《闲置土地处置办法》，在 2012 年 5 月 22 日国土资源部第一次部务会议上进行了修订，修订后的该办法自 2012 年 7 月 1 日起施行。

在《闲置土地处置办法》中对闲置土地做出了明确界定：①闲置土地是指国有建设用地使用权人超过国有建设用地使用权有偿使用合同或者划拨决定书约定、规定的动工开发日期满一年未动工开发的国有建设用地。②已动工开发但开发建设用地面积占应动工开发建设用地总面积不足 1/3 或者已投资额占总投资额不足 25%，中止开发建设满一年的国有建设用地，也可以认定为闲置土地。《闲置土地处置办法》的发布对于规范土地市场行为，促进节约集约用地，有效处置和充分利用闲置土地、打击土地炒买炒卖行为具有重要意义。

6.5.2　闲置土地的调查和认定

市、县国土资源主管部门负责组织实施本行政区域内闲置土地的调查认定和处置工作，发现有涉嫌闲置土地的，应当在 30 日内开展调查核实，向国有建设用地使用权人发出《闲置土地调查通知书》。国有建设用地使用权人应当在接到《闲置土地调查通知书》之日起 30 日内，按照要求提供土地开发利用情况、闲置原因以及相关说明等材料。

市、县国土资源主管部门在履行闲置土地调查职责时，可以采取下列措施：

（1）询问当事人及其他证人；

（2）现场勘测、拍照、摄像；

（3）查阅、复制与被调查人有关的土地资料；

（4）要求被调查人就有关土地权利及使用问题做出说明。

经调查核实，符合构成闲置土地规定条件的，市、县国土资源主管部门应当向国有建设用地使用权人下达《闲置土地认定书》。《闲置土地认定书》下达后，市、县国土资源主管部门应当通过门户网站等形式向社会公开闲置土地的位置、国有建设用地使用权人名称、闲置时间等信息；属于政府或者政府有关部门的行为导致土地闲置的，应当同时公开闲置原因，并书面告知有关政府或者政府部门。

6.5.3　闲置土地的处置和利用

市、县国土资源主管部门对其认定的闲置土地，应与国有建设用地使用权人协商拟订闲置土地处置方案，闲置土地设有抵押权的，还应书面通知相关抵押权人参与处置方案的拟订工作。处置方案经原批准用地的人民政府批准后实施。造成土地闲置的原因不同，处置方式也不同。

1. 政府、政府有关部门原因造成土地闲置的处置方式

由于政府、政府有关部门的行为造成土地闲置的，市、县国土资源主管部门可以与国有建设用地使用权人协商，选择下列方式之一处置。

（1）延长动工开发期限。签订补充协议，重新约定动工开发、竣工期限和违约责任。从补充协议约定的动工开发日期起，延长动工开发期限最长不得超过一年。

（2）调整土地用途、规划条件。按照新用途或者新规划条件重新办理相关用地手续，并重新核算、收缴或者退还土地价款。改变用途后的土地利用必须符合土地利用总体规划和城乡规划。

（3）由政府安排临时使用。待原项目具备开发建设条件，国有建设用地使用权人重新开发建设。从安排临时使用之日起，临时使用期限最长不得超过两年。

（4）协议有偿收回国有建设用地使用权。

（5）置换土地。对已缴清土地价款、落实项目资金，且因规划依法修改造成闲置的，可以为国有建设用地使用权人置换其他价值相当、用途相同的国有建设用地进行开发建设。涉及出让土地的，应当重新签订土地出让合同，并在合同中注明为置换土地。

（6）市、县国土资源主管部门还可以根据实际情况规定其他处置方式。

2. 其他原因造成土地闲置的处置方式

政府及政府有关部门的行为之外的原因造成土地闲置的，闲置土地按照下列方式处理。

（1）未动工开发满一年的，由市、县国土资源主管部门报经本级人民政府批准后，向国有建设用地使用权人下达《征缴土地闲置费决定书》，按照土地出让或者划拨价款的 20% 征缴土地闲置费。同时，土地闲置费不能列入企业生产成本。

（2）未动工开发满两年的，由市、县国土资源主管部门按照《土地管理法》第六十六条和《城市房地产管理法》第二十六条的规定，报经有批准权的人民政府批准后，向国有建设用地使用权人下达《收回国有建设用地使用权决定书》，无偿收回国有建设用地使用权。闲置土地设有抵押权的，同时抄送相关土地抵押权人。

国有建设用地使用权人在市、县国土资源主管部门做出征缴土地闲置费、收回国有建设用地使用权决定前拥有申请听证的权利。国有建设用地使用权人要求举行听证的,市、县国土资源主管部门应当依法组织听证。国有建设用地使用权人在收到《征缴土地闲置费决定书》的 30 日内,按照规定缴纳土地闲置费;自《收回国有建设用地使用权决定书》送达之日起 30 日内,到市、县国土资源主管部门办理国有建设用地使用权注销登记,交回土地权利证书。

3. 依法收回的闲置土地的利用

对依法收回的闲置土地,市、县国土资源主管部门可以采取下列方式利用:

(1) 依据国家土地供应政策,确定新的国有建设用地使用权人开发利用;

(2) 纳入政府土地储备;

(3) 对耕作条件未被破坏且近期无法安排建设项目的,由市、县国土资源主管部门委托有关农村集体经济组织、单位或者个人组织恢复耕种。

案　　例

2018 年 4 月 5 日,孙某在未取得相关行政主管部门批准的情况下,在其租赁同村村民的承包地上建设钢构大棚及辅助设施,占用基本农田保护区范围土地 3.96 亩(1 亩≈666.7m²),用于苗木花卉种植。西安市国土资源局(简称"西安市国土局")于 2018 年 4 月 8 日对孙某涉嫌非法用地的违法行为立案查处,向孙某及证人孙某某进行了调查询问,孙某及孙某某均承认孙某占用村民的承包地进行建设钢构大棚的事实。同年 5 月 28 日,西安市国土局向孙某分别做出并送达了土地行政处罚告知书和听证告知书,孙某在规定的期限内未提出陈述、申辩及听证申请。西安市国土局做出了市国土监字(2018)9—102 号《土地行政处罚决定书》,认定:2018 年 4 月 5 日,孙某未经批准占用细柳街道办事处孙家湾村土地 3.96 亩建钢构大棚。

经核查长安区细柳街道办事处土地利用总体规划图(2006—2020 年),该宗土地性质为基本农田,现状为耕地。截至调查之日,长 60m、宽 33m 阳光大棚已基本建成,长 23m、宽 10m 房屋地基及钢构已建成。该行为违反了《土地管理法》第四十三条、第五十九条规定,属于土地违法行为。依据《土地管理法》第七十六条、第八十三条,《中华人民共和国土地管理法实施条例》第四十二条,《中华人民共和国行政复议法》第二十一条,《中华人民共和国行政强制法》第五十三条及《中华人民共和国行政处罚法》第五十一条的规定,决定处罚如下:"一、限接到本处罚决定书之日起 15 日内,自行拆除非法占用 3.96 亩土地上的新建钢构大棚及其他设施,恢复土地原状;二、对非法占地 3.96 亩合计 2640m² 处以每平方米 29 元罚款,共计 76 560 元。"孙某不服,诉至法院,请求撤销该处罚决定第一项处罚内容。(资料来源:最高人民法院)

法院一审认为,《土地管理法》(2004 修订版)第四十三条规定,任何单位和个人进行建设,需要使用土地的,必须依法申请使用国有土地;但是,兴办乡镇企业和村民建设住宅经依法批准使用本集体经济组织农民集体所有的土地的,或者乡(镇)、村公共设施和公益事业建设经依法批准使用农民集体所有土地的除外。本案中,孙某未经批准在租赁的集体所有土地上建设钢构大棚及其他设施,不符合上述法律的规定;同时根据孙某的陈述及证人孙某某的证言,结合长安区细柳街道办事处土地总体规划图(2006—2020 年),可以证明孙某建设钢构大棚及其他设施占用土地的性质为基本农田。根据《基本农田保护条例》第十七条第二款规定,禁止任何单位和个人占用基本农田发展林果业和挖塘养鱼。孙某占用基本农田建设钢构大棚用于苗木花卉种植的行为,不符合该条例的规定。遂判决驳回孙某的诉讼请求。判决做出后,双方当事人均未提出上诉。

耕地是我国最为宝贵的资源,耕地保护是关系 14 亿人吃饭的大事,事关国家安全,绝不能有闪失。当前,我国经济发展进入新常态,新型工业化、城镇化建设深入推进,耕地后备资源不断减少,耕地保护面临多重压力。《土地管理法》和《基本农田保护条例》明确规定,国家实行永久基本农田保护制度。永久基本农田经依法划定后,任何单位和个人不得擅自占用或者改变其用途。禁止占用永久基本农田发展林果业和挖塘养鱼(注:本案发生于《土地管理法》(2004 修订版)有效期内,适用该法)。

本章小结

土地的取得是房地产开发的基础工作,本章主要介绍了土地的概念、分类,我国土地制度以及房地产开发用地的取得方式等内容,其中重点介绍了协议、招标、拍卖、挂牌四种土地使用权出让方式的程序及操作流程,还有集体土地征收的程序和补偿、国有土地上房屋的征收程序和补偿及闲置土地的处置和利用等问题。

习题

思考题

1. 简述土地管理的概念及指导思想。
2. 何谓土地分类?我国土地分为哪几类?
3. 我国土地的社会主义公有制的内容包括哪些?
4. 我国国有土地使用权的取得方式有哪些?
5. 土地使用权出让的方式有哪些?
6. 哪些建设用地可以通过土地使用权划拨方式取得?
7. 简述土地挂牌活动的组织实施过程。
8. 简述集体土地征收的程序。
9. 征收土地的补偿费用包括哪些?
10. 简述国有土地上房屋的征收程序。
11. 如何确定被征收房屋的价值?
12. 国有土地上房屋被征收人取得的补偿费用包括哪些?
13. 查找资料,思考、探讨农村土地制度如何进行改革,使之能更好地发挥市场价值。

第7章

土地储备开发

【学习要点及目标】

◆ 了解我国土地储备制度及其发展过程，理解我国土地储备制度产生的原因，熟悉土地储备对象。

◆ 理解土地储备计划编制的指导思想与原则，熟悉土地储备计划的内容与编制和审查程序。

◆ 了解土地储备开发实施主体及其职责。

◆ 熟悉我国土地储备开发各项行政审批的主要内容及规定。

◆ 熟悉我国土地储备开发实施与交付过程的各项工作内容。

【核心概念】

土地储备、土地储备对象、建设项目用地预审、征地、强制拆迁。

【引导案例】

2007年年底出台的《土地储备管理办法》(2018年重新修订)规定，土地储备工作的具体实施，将由政府下属事业单位土地储备机构完成；各地土地储备中心同时被授予向银行贷款的权利，贷款时需要向银行抵押土地使用权证。以《土地储备管理办法》为分水岭，北京乃至全国土地储备模式发生了重大改变。

以北京市为例，在2008年之前，北京市的土地一级开发流行的是企业主导型模式，即通过授权或招标方式选择开发企业实施一级开发，招标底价包括土地储备开发的预计总成本和利润，利润率不高于预计成本的8%。但《土地储备管理办法》赋予了各地土地储备中心从银行获得土地储备贷款的权力。2007年之后，北京市主要采取"市、区联合储备"的模式，商业银行土地储备贷款对象即土地储备主体是北京市国土资源局下属的北京市土地储备整理中心，各区设有分中心，土地储备工作由市和区联合开展。区土地储备整理中心获得信贷资金后，作为事业单位无法直接进行一级土地开发工作，一般须成立一家融资平台公司专门负责相关土地的一级开发。平台公司将生地变为熟地，便可通过"招拍挂"方式将土地投入市场，拍卖所得收入直属市财政。在这一融资模式中，商业银行发放的土地储备贷款往往只是政府土地一级开发进行贷款融资的冰山一角，因政府还可以通过平台公司获得大量的银行贷款。

可以说，目前的政策在大方向上是确保政府能垄断土地一级市场，不太鼓励企业参与土地一级开发的过程中来。从2009年开始，包括北京、海南等省市都有意强化了政府收编土地一级开发权，使一般企业无法介入。因而，企业通过与政府收益分成而获得土地一级开发的超额收益的机会,实际上是越来越少了。

土地储备是政府高效控制城市土地开发利用的一种常用手段,自1996年上海土地发展中心成立以来,这一制度在全国许多城市得到了广泛推行。土地储备制度及其相关政策的出台、执行是我国又一场新的"土地革命",对我国的房地产市场产生了深远的影响,对政府部门和房地产开发企业都是严峻的挑战。

7.1 土地储备及土地储备制度概述

7.1.1 土地储备概述

土地储备是指各级人民政府依照法定程序在批准权限范围内,对通过收回、收购、征用或其他方式取得土地使用权的土地,进行储存或前期开发整理,并向社会提供各类建设用地的行为。我国《土地储备管理办法》规定,土地储备是指县级(含)以上国土资源主管部门为调控土地市场、促进土地资源合理利用,依法取得土地,组织前期开发、储存以备供应的行为。土地储备工作的具体实施,由土地储备机构承担。各地应根据调控土地市场的需要,合理确定储备土地规模。土地储备实行计划管理,市、县国土资源管理部门实施土地储备计划,应编制项目实施方案,经同级人民政府批准后,作为办理相关审批手续的依据。《土地储备管理办法》明确储备土地必须符合规划、计划,优先储备闲置、空闲和低效利用的国有存量建设用地。

7.1.2 土地储备制度及其发展过程

1. 土地储备制度概念

土地储备制度是指城市土地储备中心通过征用、收购、置换、转制、定期回收等方式,从分散的土地使用者中把土地集中起来,并由土地储备中心对收购的土地进行房屋拆迁、土地平整等一系列前期开发工作后,将土地储备起来,再根据城市规划和城市土地出让年度计划,通过招标、拍卖等形式,有计划地将土地投入市场的制度。土地储备制度的建立规范了土地市场行为;有利于增加城市政府收入,加快城市基础设施建设;有利于城市规划的实施,优化城市土地利用结构,提高城市土地资源的配置效益。

城市土地储备制度的运作主要包括土地收购、土地储备和土地供应三个环节。在城市土地征购中,土地储备中心通过征用、收购、置换、转制、回收等方式,把土地从分散的使用者中集中起来,储备中心对收购的土地再进行开发,通过拆迁、平整后,将地块变成熟地,然后,将这些地块编号、储备,准备投放市场。土地储备中心根据城市出让年度计划,通过招标、拍卖等方式将储备的土地有计划地供应给土地市场。

土地储备制度的实施对房地产开发产生了重要影响。实行土地储备后,从土地储备中心供应的土地是可直接用来从事房屋建设的熟地,对房地产开发商而言,大大缩短了地块开发周期,降低了地块的周转成本,同时增加了投资针对性,降低了投资风险。由于实行土地储备后,土地以招标、拍卖等方式进入土地市场,有利于形成一个公平竞争的市场环境,使一批真正有实力的开发商来参与城市建设,从而促进了房地产业的健康发展。但同时也要注意到土地储备制度中可能存在的一些问题。一方面,由于采用招标、拍卖等方式出让地块,通常会引起土地出让价格大幅上涨,增加房地产开发商的开发成本,从而影响房地产的价格。另一方面,土地储备运作涉及多家金融机构,动辄数以亿计的贷款,同时考虑到房地产市场的复杂性,应当有完善的措施,保障土地储备中心具有足够的操作能力。

2. 土地储备制度发展过程

7-1

20世纪90年代中期,国内部分城市开始试行了土地储备制度。1996年,上海市建立了我国第一家土地收购储备机构——上海市土地发展中心。1997年8月杭州市成立了市土地储备中心。2001年,国务院下发了《国务院关于加强国有土地资产管理的通知》。2006年,国务院办公厅下发了《国务院办公厅关于规范国有土地使用权出让收支管理的通知》。2007年11月19日,国土资源部、财政部、中国人民银行联合制定发布了《土地储备管理办法》,以"完善土地储备制度,加强土地调控,规范土地市场运行,促进土地节约集约利用,提高建设用地保障能力"。2018年1月3日,修订后的《土地储备管理办法》由国土资源部、财政部、中国人民银行、中国银行业监督管理委员会发布实施,有效期5年。

目前全国的市、县都在实施土地储备制度。城市土地储备制度的建立,对我国城市土地使用制度的改革产生了重要的影响。

3. 土地储备制度产生的原因

(1) 土地资源自身的稀缺性与人类日益增长的经济需求之间的矛盾是催生土地储备法律规范的沃土。土地是人类得以生存与发展的物质载体,是"一切生产和一切存在的源泉"。然而,作为一种自然资源,土地具有稀缺性。所谓稀缺性,是指土地因其位置的固定性、面积的有限性而不可再生,不能为人类所无限度地利用的一种自然属性。土地的稀缺性是相对于人类无限需求而言的。根据西方经济学观点,一种资源的稀缺性是源于其不可再生性,如土地、淡水、矿物、石油、天然气等,而人类由于自身的发展需要消耗大量的自然资源,并且这种消耗随着人口的增加、经济的发展而呈上升之势。以中国为例,自20世纪70年代以来,中国人口以每年10%左右的速度增长,耕地则以每年2%的速度递减。这样,土地资源自身的稀缺性与人类日益增长的经济需求之间就存在不可避免的矛盾。为了缓解这种矛盾,客观上要求在土地上建立一种行之有效的秩序性规范——法律规范,一方面以其确定土地权利的归属和流转,另一方面,据以规制各种对土地资源进行破坏与浪费的非理性行为,以期实现土地资源的最优化开发与利用。土地储备法律规范正是这种社会客观需要催生的必然结果。

(2) 国家对土地资源的宏观调控是土地储备法律制度产生的制度动因。在市场经济条件下,每一个市场主体都是理性的"经济人",为实现其自身利益的最大化倾力而为。同样的,由于市场主体利益的非一致性,不同利益主体的行为难以形成对整个社会有益的规模经济效应,相反,通常情况下都会出现规模不经济甚至是无政府主义的不良后果。为了矫正私利主体的各种非理性行为,国家(作为拥有至高无上权力的统治体)必须运用其认为可行的统治方法予以规制。在长期的实践中,世界各国逐渐形成了一整套对经济进行宏观调控的制度。通过宏观调控手段如价格、利率、税收、财政转移支付等的调节,一方面使社会需求总量与供给总量趋于平衡,另一方面则使社会的供给与需求结构达到平衡,从而令资源配置趋于合理。土地储备制度产生的极为重要的一个法律制度动因是,顺应国家对土地资源进行宏观调控的需要,用制度的法律化规制土地市场,使土地资源发挥尽可能大的效用。

（3）土地价值的可估算性及市场主体的逐利性是土地储备法律制度诞生的现实动因。土地作为一种典型的不动产,总是固定在地球表面某一确定的经纬度上。与地理学上的土地概念不同,法学上的土地是指能为人类所控制、利用并借以创造财富的陆地地表。随着科技的进步,现代人对土地的利用越来越走向集约化,土地的价值在总体上处于上升趋势。相应地,人们对土地价值的评估和测算也日趋精密与完善。正是土地价值的这种可估算性及人们利用土地创造财富的逐利心理,推动着土地储备法律制度这一调整市场主体合理、有序利用土地的规范的产生。

7.1.3　土地储备对象

下列土地可以纳入土地储备对象:
（1）依法收回的国有土地;
（2）收购的土地;
（3）行使优先购买权取得的土地;
（4）已办理农用地转用、征收批准手续并完成征收的土地;
（5）其他依法取得的土地。

入库储备土地必须是产权清晰的土地。土地储备机构应对土地取得方式及程序的合规性、经济补偿、土地权利(包括用益物权和担保物权)等情况进行审核,不得为了收储而强制征收土地。对于取得方式及程序不合规、补偿不到位、土地权属不清晰、应办理相关不动产登记手续而尚未办理的土地,不得入库储备;存在污染、文物遗存、矿产压覆、洪涝隐患、地质灾害风险等问题的地块不得入库储备。

7.2　土地储备准备工作

7.2.1　土地储备计划编制与审查

土地储备计划是为了规范土地储备和一级开发行为,为更好地实施城市总体规划和土地利用总体规划,确保有计划地供应"熟地"而编制的。土地储备计划应当依据国民经济和社会发展计划、城市总体规划、土地利用总体规划和近期城市建设规划、年度土地利用计划、年度土地供应计划编制。

1. 土地储备计划编制的指导思想与原则

土地储备计划编制的指导思想主要是说明计划编制所需要贯彻的政策、计划与目标。现阶段,我国各地土地储备计划编制的指导思想是:严格执行中央宏观调控的决策、部署和措施,围绕当年政府工作目标,增强政府运用储备土地参与宏观调控的能力,充分发挥土地储备开发对城市发展的保障和引导作用,落实地方发展目标在空间安排上的实现,保障重点工程、民生工程用地,同时为城市建设提供资金保障,保证经济社会协调发展。

土地储备计划编制主要原则如下。

（1）规划先导原则。以土地利用总体规划、城市总体规划、城市近期建设规划为依据，围绕规划统筹安排，合理确定土地储备计划总体指标和筛选具体项目，优先储备城市发展的重点区域。以规划为先导，既保证了储备土地空间布局的优化，又能保证城市各项规划的落实，实现城市空间结构调整。

（2）规模适度原则。综合考虑区域内人口资源环境承载能力和土地储备开发潜力，合理确定年度土地储备开发规模，保持年度土地储备开发总量动态平衡，抑制固定资产投资规模过快增长，保障土地市场平稳发展。同时适度规模可以控制建设用地占用农用地规模、城市拆迁规模，从而保证社会的稳定、和谐。

（3）土地节约集约利用原则。优先储备长期闲置的土地、长期空闲的土地、长期低效利用的土地，优先盘活城市存量土地，尽量少占用农用地，原则上不占用基本农田，以达到城市土地利用的集约化。

（4）效益优先原则。通过储备开发，努力降低土地储备开发成本，合理配置土地资源，实现政府收益最大化。同时，通过对储备土地的规划调整实现土地集约高效利用，提高其经济效益。在制订计划时，要考虑经济效益、社会效益和生态效益的结合，以达到最优利用状态。

（5）政府主导与市场化运作相结合原则。强调在土地储备开发中的政府主导作用，切实贯彻国家土地储备政策。建立市场机制，充分发挥土地储备机构和城市投资开发公司的作用，激发社会企业的积极性，引导企业参与土地储备开发工作。

2．土地储备计划内容

各地应根据国民经济和社会发展规划、国土规划、土地利用总体规划、城乡规划等，编制土地储备三年滚动计划，合理确定未来三年土地储备规模，对三年内可收储的土地资源，在总量、结构、布局、时序等方面做出统筹安排，优先储备空闲、低效利用等存量建设用地。年度土地储备计划主要包括以下内容。

（1）上年度末储备土地结转情况（含上年度末的拟收储土地及入库储备土地的地块清单）。

（2）年度新增储备土地计划（含当年新增拟收储土地和新增入库储备土地规模及地块清单）。

（3）年度储备土地前期开发计划（含当年前期开发地块清单）。

（4）年度储备土地供应计划（含当年拟供应地块清单）。

（5）年度储备土地临时管护计划。

（6）年度土地储备资金需求总量。

其中，拟收储土地是指已纳入土地储备计划或经县级（含）以上人民政府批准，已启动收回、收购、征收等工作，但未取得完整产权的土地；入库储备土地是指土地储备机构已取得完整产权，纳入储备土地库管理的土地。

一般而言，设区的城市所拟订的计划是宏观指标，还需要将指标分解到各个区县，由各个区县落实到具体的储备开发计划项目上。所以，其土地储备计划还要有年度土地储备开发指标分解方案。而不设区的市或县，所拟订的计划多已经落实到具体的储备开发计划项目上。

3. 土地储备计划编制与审查程序

土地储备计划由国土资源主管部门会同计划、规划、建设、财政、交通、环保及当地人民银行等部门编制,设区市还需要有各区县政府参与。土地储备计划编制一般按照下列程序进行。

(1) 设区市由各区县政府、园区管委会、大型企业集团提出年度土地储备计划;不设区市或县,由各乡镇政府、园区管委会、大型企业提出年度土地储备计划。将上述计划在每年的下半年(一般在10—11月)集中报县、市国土资源主管部门。

(2) 国土资源主管部门会同计划、规划、建设、财政、交通、环保及当地人民银行等部门提出计划草案和具体意见并反馈给上报计划单位。

(3) 原计划上报单位按照计划草案和具体意见要求调整计划,并报国土资源主管部门汇总。

(4) 国土资源主管部门征求相关部门意见并完善后与计划管理部门会同报县、市人民政府批准。

(5) 经批准的土地储备计划,由国土资源主管部门下达给土地储备机构,非直辖市城市的土地储备计划同时报上级土地管理部门备案。

土地储备计划确需调整的,由国土资源主管部门会同相关部门提出计划调整方案,与计划管理部门共同报同级人民政府批准。

7.2.2　土地储备开发实施方案编制与审查

按照经批准的土地储备计划,在落实到单个开发项目时,首先由土地储备机构负责编写土地储备开发实施方案,国土资源主管部门会同计划、规划、交通、环保等管理部门对土地储备开发实施方案提出原则意见。

1. 土地储备开发实施方案编制原则

土地储备开发实施方案是土地储备开发的依据,直接关系到土地一级开发项目能否顺利实施开发,这就需要按照自然规律和客观的经济规律,运用系统的理论与方法,优化开发方案。在编制过程中需要坚持下述原则。

(1) 系统性原则。实施方案必须系统地考虑整个开发环节的科学设计与管理模式,统筹土地储备开发的各项工作与城市经济、功能、布局、产业和人口的关系,保证项目实施结果与城市规划相吻合。

(2) 效益性原则。土地储备开发实施方案必须考虑经济效益、社会效益和生态效益的结合,并在保证投资安全性的前提下追求效益最大化。

(3) 可行性原则。土地储备开发涉及政策、工程、财务、社会等各方面的专业要求,所以制定土地储备开发方案时必须从多个方面考虑项目的可行性,保证实施方案符合实际情况,以减少执行难度和资源浪费。同时,由于土地储备开发涉及的环节较多,处理的方式也多种多样,各种方式的组合运用至关重要,因此,在保证可行性的前提下,必须采用科学的标准和方法进行方案评价,以制定出最具可行性的优化方案。

2．土地储备开发实施方案的编制与审查程序

市、县人民政府国土资源管理部门实施土地储备计划,应编制项目实施方案,经同级人民政府批准后,作为办理相关审批手续的依据。具体来说,土地储备开发实施方案的编制与审查程序主要分以下几个阶段。

（1）准备工作阶段。此阶段的主要工作包括人员组织、工作计划制订、技术培训、基础资料收集。其中基础资料收集工作包括土地利用现状调查资料、可开发土地资源调查资料和规划区内的自然、社会及经济状况。

（2）调查分析阶段。在充分利用现状调查土地储备开发规划等资料,进行核实和现场调查的基础上,对项目现状、投入和效益进行全面的分析和评价,明确土地储备开发的区域优势和存在问题,通过对影响土地生产能力的自然状况和社会经济条件进行分析与评价,评定土地开发的适宜性和限制性,从而确定待开发土地的开发目标和开发利用价值。

（3）方案编制阶段。首先,确定开发方向、目标和规模。根据待开发土地的评价结果和土地储备计划,参照当地的自然条件、经济水平和技术条件,确定土地开发的方向、目标、规模。其次,编制土地储备开发实施方案草案。依据土地储备计划和土地储备开发政策要求,在综合考虑待开发土地的开发方向、目标和规模的基础上,提出土地储备开发的内容和进度,并详细进行成本分析、财务分析和效益分析。再次,土地储备开发实施方案草案论证。可以通过协调会、技术分析会等,组织工程、估价、财务、规划等方面的人才对开发实施方案草案进行论证。最后,根据论证意见对开发实施方案草案进行修改,最终提出一个科学合理、切实可行、综合效益较好的方案作为土地储备开发实施推荐方案。

（4）审查报批阶段。为了保证土地储备开发实施方案的质量,土地储备开发实施方案由土地储备机构报国土资源主管部门,由国土资源主管部门会同计划、建设、交通、环保等管理部门就土地、产业政策、城市规划、建设资质、交通及环保等条件提出原则意见。根据原则意见进行修改后的土地储备开发实施方案经再次审查通过后即可实施。

3．土地储备开发实施方案的主要内容

土地储备开发实施方案主要包括项目基本情况、工作方案、开发进度、投资方案等。

（1）项目基本情况。项目基本情况主要包括:

① 项目区域情况。主要是区域位置描述和附图、自然环境描述和分析。

② 土地利用现状分析。依据土地勘测成果报告统计分析土地的权属现状、用途及规模,并绘制分布图。

③ 现状地上物状况。进行房屋现状、基础设施(含地下管线)、树木(含古树)、文物调查统计,详细制作项目区内地上物分类统计表。

④ 项目规划情况。依据规划文件,详细介绍主要规划指标并附控制性详细规划成果,制定项目分期开发面积指标表。

⑤ 项目背景。简单介绍项目产生的历史背景和目前项目前期工作状况,包括前期已经进行的投资状况等,同时介绍项目的特殊情况及其适用政策。

（2）编制依据。编制依据分为法律法规依据和项目依据两大类,法律法规依据主要是指国家各级政府及主管单位对土地储备开发及相关活动所制定的法律法规,项目依据主要

是指各政府部门针对本项目所出具的一系列法律文件。

（3）项目市场分析。项目市场分析主要包括宏观经济分析、房地产市场分析、土地市场分析、区域市场分析。

（4）土地储备开发实施主要内容及开发进度。在此部分需要详细介绍项目开发所要完成的主要工作任务，例如前期手续的办理、征地拆迁、市政建设等工作，这是项目实施目标的分解，也是后期委托开发中的委托事项依据。开发进度一般直接安排项目各项工作内容的计划开工和结束时间，对于需要进行分期开发的大项目，还需要对各分期开发地块进行分期安排，然后再针对每个地块所要完成的工作进行分解安排进度计划。

（5）征地工作实施方案。征地工作实施方案主要包括被征收土地现状、征地补偿方案、征地补偿费用构成与测算、征地工作进度计划。征地补偿方案包括征地补偿内容及标准、征地补偿方式、征地费用的支付方式。征地工作涉及被征地农民的切身利益和长远生计，因此征地工作实施方案不仅要科学高效，更要严格按照国家的有关政策，在尊重和考虑被征地对象权益的前提下，制定完善的征地工作实施方案。

（6）拆迁工作实施方案。拆迁工作实施方案包括现状调查统计、拆迁补偿方案、拆迁费用测算、拆迁工作进度计划。对于有回迁建设的项目，还需要编制回迁居民安置方案。

（7）市政建设实施方案。市政建设实施方案主要包括市政规划说明、管线综合、实施要求、工程费用估算、开发进度计划。市政建设主要包括供水、排水、供电、供气、通信、道路、场地平整、围墙等，供暖城市可能还需要建设供暖设施。

（8）土地供应方案。土地供应方案主要包括土地供应模式、土地供应计划、土地储备开发深度、储备开发成本及入市交易底价的确定、资金回收计划等。

（9）投资方案。投资方案主要包括总投资估算、资金筹措方案、出让金估算、交易底价估算、土地销售收入估算、现金流量和财务指标分析。对于分期开发的项目，还要做项目分期投资平衡分析。

需要注意的是，交易底价估算与土地销售收入估算不同，交易底价估算额等于开发成本与出让金之和，而土地销售收入是利用土地评估中的假设开发法，模拟土地进入二级开发状态的市场，通过商品房销售来倒推地价水平。

现金流量需要结合开发进度、供地方案来安排投资进度，然后根据投资进度制定现金流量表，根据现金流量表对项目进行财务指标的分析。

（10）项目管理方案。主要包括建设计划管理、项目进度计划管理和子项管理。

① 建设计划管理。主要是将建设计划管理体系引入土地储备开发项目中，对土地储备开发下的各个子项目进行总体控制，如图 7-1 所示。

② 项目进度计划管理。主要是提出项目实施中各环节的衔接关系与管理措施。各环节的重叠关系如图 7-2 所示。

③ 子项管理。子项管理是指整体项目下的各管理板块的概要性管理方案制定与实施，主要包括项目设计管理、项目成本管理、项目质量管理、项目财务管理、项目安全管理、项目进度管理、项目经营管理等。

（11）重要事项说明。提出项目中工作重点、方案调整措施及可能造成方案变化的因素。一般来说，项目的工作重点是征地拆迁工作，造成方案变化的主要影响因素有市政设计变化、规划调整等。

图 7-1 土地储备开发项目计划管理体系

图 7-2 土地储备开发项目各环节衔接关系

土地储备开发实施方案的最后,需要将方案编制依据文件附在方案最后,以备方案审查。

7.2.3 土地储备开发实施主体的确定

土地储备开发实施方案通过审核的同时,由联席会议决定土地储备开发实施主体的确定方式。土地储备开发实施主体是整个土地一级开发实施的灵魂与核心,是关系到项目成功与否的关键环节。因此,无论采取哪种土地一级开发模式,都应当把开发主体的选择与确定作为所有工作的重中之重。

1. 土地储备开发实施主体的类型

土地储备开发实施模式有三种,具体如下。

第一种模式是由政府组建的土地储备机构自行负责土地储备开发的具体实施,这种模式称为土地储备中心自主开发模式。具体来说,该种模式由政府组建的土地储备中心作为实施主体,储备开发所需的全部费用和风险均由政府承担,政府同时享受土地开发的所有收益。此种模式可以加强政府对城市规划和产业结构的调整,但不利于风险控制、成本控制、质量控制；由于土地储备机构本身是政府的一部分,双方不能形成良好的合同关系,这就不能很好地控制进度。对于财政薄弱的地方政府来说,此模式还不利于资金的筹措。

第二种模式是由政府出资,选择社会企业负责项目管理,这种模式称为社会企业项目管理模式。具体来说,该种模式由政府出资,委托社会企业负责土地储备开发项目实施管理,此模式适合缺乏土地储备开发项目管理经验的政府,通过合同关系约束,有利于成本控制、进度控制、质量控制。但此模式仍然由政府出资并承担项目风险,并且不适合资金紧张的地方政府。

第三种模式是由政府和社会企业联合出资或仅由社会企业出资,并由社会企业负责项目管理,这种模式又被称为社会企业带资开发模式。具体来说,这种模式部分或全部资金来源于社会企业,政府与企业共担风险、共享收益,由政府主导、企业负责建设管理。此模式可以很好地解决资金筹措问题,并能够很好地控制成本、进度、质量,可以高效地完成项目建设。

2. 土地储备开发实施主体的确定方式

以上三种模式会产生两种不同的土地储备开发实施主体,第一种模式的实施主体是土地储备开发中心,第二种与第三种模式的实施主体是社会企业,一般是房地产开发企业。土地储备开发实施主体的确定方式主要有两种：第一种方式是直接委托,一般适用于第一种模式,偶尔也应用于第二种、第三种模式；第二种方式是招投标,广泛应用于第二种、第三种模式。

3. 招标方式确定土地储备开发实施主体的优势及流程

(1) 招标方式确定土地储备开发实施主体的优势。在第二种和第三种模式下,通过招标方式确定土地储备开发实施主体,具有如下优势。

① 可以更好地规范土地储备开发行为,更好地实施城市总体规划和土地利用总体规划,确保有计划地实现土地供应制度。

② 可以高速度、高质量地推进政府土地储备,逐步建立土地供应数据库,有利于政府宏观调控土地资源和正确引导供应市场。

③ 可以进一步建立健全土地储备开发市场,保证土地储备开发质量,控制土地储备开发成本。

④ 实行公开招标投标,可以规范土地储备开发项目招标投标活动,维护招标投标活动双方当事人的合法权益。

⑤ 土地储备开发实行招标投标,引入竞争机制,使房地产市场从源头上更加透明化、专业化。

⑥ 土地储备开发实行招标投标,让政府能够集中有限的人力物力去控制、监督土地一级开发的质量、进度和成本,实现政府职能作用。

(2) 土地储备开发实施主体招标投标的流程。土地储备开发实施主体招标投标的流程主要有以下几个阶段。

① 前期准备阶段。主要工作内容包括确定项目招标人、确定项目名称与范围、确认土地利用现状、明晰规划方案及指标、明确土地储备开发内容、明确施工要求、明确土地储备开

发实施主体投标人资格资质要求、编制《土地储备开发招标方案》、编制《土地储备开发招标公告》及相应招标文件。

② 招标投标阶段。主要工作内容包括发布招标公告、发售招标文件、投标人现场勘察、招标预备会与招标文件答疑、投标、开标、组织专家进行评标、定标。

通过直接委托或招标投标方式确定土地储备开发实施主体后,由土地储备开发主体(地方政府或土地储备开发机构)与土地储备开发实施主体签订《土地储备开发委托协议》,由土地储备开发机构自主开发的项目则由政府批复给土地储备中心即可,不签署《土地储备开发委托协议》。

在《土地储备开发委托协议》中,需要明确以下内容:土地一级开发合同各方、土地一级开发的内容和标准、土地一级开发费用的支付方式和期限、土地一级开发的工程进度、土地一级开发质量标准及要求、工程监理及验收、违约责任、争议的解决方式、合同各方认为须明确的其他事项。

4.土地储备开发实施主体的职责

土地储备开发实施主体的主要工作职责有五项。

(1) 土地储备开发资金筹措。第一种和第二种开发模式,资金筹措的方式主要有政府投资、土地储备机构直接与金融机构签订借款协议两种。第三种开发模式,资金筹措的主要模式有开发企业直接融资,由土地储备机构担任担保;土地开发企业完全融资及承担责任;开发企业专门成立项目公司,负责一级开发,由项目公司进行融资,开发企业担任担保几种形式。

(2) 土地储备开发手续办理。土地储备开发实施主体应向规划部门办理规划意见,向国土部门办理用地手续,向计划部门办理项目立项手续,涉及交通、园林、文物、环保和市政专业部门的,也应按照有关规定办理相应手续。

(3) 征地拆迁。在开发中,涉及集体土地征收或农用地转用的,必须办理征地和农用地转非农建设用地手续。涉及国有土地收回(收购)的,项目实施主体应当与原用地方签订国有土地收回(收购)协议书,对于需要没收的土地,则需协调土地管理部门办理土地没收手续。涉及地上物拆迁的,项目实施主体需要办理拆迁审批手续,并组织拆迁补偿安置工作。

(4) 基础设施建设。项目实施主体通过招投标方式确定建设施工单位、监理单位,负责办理建设报批手续,并组织建设施工。

(5) 竣工验收与成本核算。项目开发完成后,由项目实施主体向政府土地管理部门提出验收申请并组织项目成本分析,完成成本分析报告。

7.2.4　潜在项目实施主体竞争者前期工作

土地储备开发项目如果确定采用第二种或第三种模式进行土地储备开发实施,对于社会企业来说是一个投资机遇,这些准备参与项目竞争的企业,称为潜在项目实施主体竞争者。在确定项目实施主体前,这些竞争者需要完成项目投资分析和参与项目竞争两项工作。

土地储备开发项目如果采用招投标的方式确定实施主体,在招标主体发布招标公告后,潜在项目实施主体竞争者就必须根据招标公告和招标文件等材料,组织人力、财力进行项目投资分析,以确定自身所能承受的最低报价和最高限制条件。通过投资分析后得出结论认为运作此项目能够达到自身企业发展的战略目标或短期的盈利,并且自身具有良好的竞争力,潜在项目实施主体竞争者就必须在投标标书送达截止日前完成投标方案、标书内容研究、标书制定和投送。完成标书投送后,还需要参与开标会,参与项目竞争,以最大的努力获取项目。

7.3　土地储备开发行政审批

7.3.1　建设项目用地预审

1. 建设项目用地预审的概念与内容

土地一级开发主体在获得授权后,首先要做的工作就是申报建设项目用地预审。《建设项目用地预审管理办法》于 2009 年 1 月 1 日正式实施,这是建设项目用地预审的标准依据。

建设项目用地预审,是指国土资源管理部门在建设项目审批、核准、备案阶段,依法对建设项目涉及的土地利用事项进行的审查。

建设项目用地预审的主要审查内容如下。

(1)建设项目选址是否符合土地利用总体规划,是否符合国家供地政策和土地管理法律、法规规定的条件。

(2)建设项目用地规模是否符合有关建设用地指标的规定。

(3)建设项目占用耕地的,补充耕地初步方案是否可行。

(4)征地补偿费用和矿山项目土地复垦资金的拟安排情况。

(5)经省级以上人民政府批准的能源、交通、水利等基础设施建设用地需要改变土地利用总体规划的,规划的调整方案及其对规划实施影响评估报告等是否符合法律、法规的规定。

2. 建设项目用地预审的原则

建设项目用地预审的目的是保证土地利用总体规划的实施,充分发挥土地供应的宏观调控作用,控制建设用地总量。鉴于此目的,建设项目用地预审应当坚持以下原则。

(1)符合土地利用总体规划。

(2)保护耕地,特别是基本农田。

(3)合理和节约集约利用土地。

(4)符合国家供地政策。

3. 建设项目用地预审申报材料

建设项目用地预审申报材料包括:

(1)建设项目用地预审申请表。

(2)建设项目用地预审申请报告,内容包括拟建项目的基本情况、拟选址占地情况、拟用地面积确定的依据和适用建设用地的指标情况、补充耕地的初步方案、征地补偿费用和矿山项目土地复垦资金的拟安排情况等。

（3）项目立项批准文件。

（4）单独选址建设项目拟选址位于地质灾害防治规划确定的地质灾害易发区内的,提交地质灾害危险性评估报告。

（5）单独选址建设项目所在区域的国土资源管理部门出具是否压覆重要矿产资源的证明材料。

7.3.2　项目立项

根据《国务院关于投资体制改革的决定》,在《政府核准的投资项目目录》(简称《目录》)内由企业投资建设实行核准制的项目,仅需向政府提交项目申请报告,不再经过批准项目建议书、可行性研究报告和开工报告的程序,对于《目录》以外的企业投资项目实行备案制。

1. 项目立项申请材料

办理土地储备开发项目立项申请,应当提交下述材料。

（1）由具备相应工程咨询资格的机构编制的项目申请报告一式五份。项目申请报告的主要内容包括：项目申报单位情况、拟建项目情况、建设用地与相关规划、资源利用和能源耗用分析、生态环境影响分析、经济和社会效果分析。

（2）城市规划行政主管部门出具的城市规划意见。

（3）国土资源行政主管部门出具的项目用地预审意见。

（4）环境保护行政主管部门出具的环境影响评价文件的审批意见。

（5）市交通行政主管部门出具的交通流量评价通过的意见。

（6）房地产行业主管部门实行资质管理的,应提供资质证明文件。

（7）属中外合营项目的,应提供合营各方签署的合作意向书。

（8）需要经区、县发展改革部门初审的,由项目所在地的区、县发展改革部门出具关于项目核准的初审意见。

（9）其他应提交的材料。

2. 项目审查的内容与程序

项目立项申请的主要审查内容包括 10 项。

（1）项目申报内容是否符合国家法律、法规。

（2）项目是否符合国家及本市国民经济和社会发展规划、城市总体规划、土地利用总体规划以及行业发展规划。

（3）项目是否符合国家宏观调控政策、产业政策、行业准入标准。

（4）项目是否符合本市区域布局和产业结构调整的要求。

（5）项目是否符合土地、水、能源的合理开发和有效利用要求,有利于促进环境保护和改善生态环境。

（6）项目是否符合自然文化遗产、文物保护的有关政策。

（7）项目是否影响国家及本市经济安全。

（8）项目是否符合社会公众利益,是否对项目建设地及周边地区的公众利益产生重大不利影响。

（9）项目申请单位是否具有相应的房地产资质。

（10）项目申报单位是否具有承担相应项目建设的能力。

对于土地储备开发项目,首先由实施主体委托有相应资质的工程咨询公司编制项目申请报告,整理申报材料报发展和改革委员会,发展和改革委员会通过审查后做出审查决定。对于不予通过的,以书面形式说明不予通过的理由;对于给予通过的,颁发项目核准批复。

需要注意的是,建设项目用地预审与项目立项申请是相辅相成的,在各自的申报材料要求中都需要对方的批复,在实际的操作过程中,一般是实施主体同时递交建设项目用地预审申请和项目立项申请,然后由发展和改革委员会向国土部门发送《项目办理用地预审告知单》,然后由国土部门对建设项目用地进行预审,并将预审结果告知发展和改革委员会。

7.3.3　规划意见申报

规划意见申报主要有控制性详细规划调整(简称"控规调整")和规划意见书办理两项工作。如果项目实施主体对开发计划需要进行调整,必须办理控规调整手续,对于不需要进行控规调整的项目则可以直接办理规划意见书。

1. 控制性详细规划调整

根据《城乡规划法》第四十八条的规定:"修改控制性详细规划的,组织编制机关应当对修改的必要性进行论证,征求规划地段利害关系人的意见,并向原审批机关提出专题报告,经原审批机关同意后,方可编制修改方案。修改后的控制性详细规划,应当依照本法第十九条、第二十条规定的审批程序报批。控制性详细规划修改涉及城市总体规划、镇总体规划的强制性内容的,应当先修改总体规划。"

控规调整的工作程序主要包括以下几个步骤。

（1）申报材料准备。储备开发实施主体需要准备的申报材料有：用地权属材料(土地储备开发委托协议书等)、申请书、控规调整申报表、控规调整论证报告、图示展板,以及上述材料的电子材料和演示文件。

（2）预审与公示。土地储备开发实施主体报送控规调整申报材料到规划管理部门,先由详细规划处进行预审,同时,按照《城乡规划法》的规定,将申请事项公示以征求规划地段利害关系人的意见。详细规划处将预审意见及公示汇总进行意见整理。

（3）控规调整审查与报批。通过预审和公示后的项目由规划管理部门组织召开控规调整审查组审查会议对项目进行审查。审查通过的项目由规划管理部门草拟会议纪要并报人民政府批准,审查不通过的项目将予以退件。

（4）控规调整审批通知书领取。规划管理部门在获得人民政府下发的批准文件后组织起草控规调整审批通知书,经规划管理部门内部批准后通知土地储备开发实施主体领取。

2. 规划意见书办理

规划意见书办理是土地储备开发最重要的一个行政审批环节,直接关系到项目的实施操作和未来土地交付使用时的约定条件。

规划意见书办理程序的主要步骤。

（1）申报材料准备。申请人应当准备的申报材料包括申报委托书、《建设项目规划许可及其他事项申报表》、对项目的相关批复及规划文件、法律法规规定的其他需要报送的材料。

（2）申报受理。申请人报申报材料至规划管理部门，由规划管理部门的受理科室对申报材料进行形式审查，主要是审查申报材料是否齐全、规范、有效，同时审查申请事项是否在本规划部门管理职责范围内。

（3）审查与决定。申报受理后，首先由规划管理部门委托测绘部门进行钉桩、勘界，并由测绘部门出具钉桩勘界报告。然后由规划管理部门审查确定建设用地及代征城市公共用地范围和面积，并提出规划设计要求，规划设计要求包括：规划土地使用要求（建筑规模、容积率、建筑高度、绿地率等）；居住建筑（含居住区、居住小区、居住组团）的公共服务设施配套要求；建设项目与退让用地边界、城市道路、铁路干线、河道、高压电力线等距离要求；建筑风貌的要求等。

通过审查的项目，由规划管理部门颁发《规划意见书》。

7.3.4　专业意见征询

专业意见征询事项包括交通影响评价、环境影响评价、林木处理意见、文物保护意见、市政综合咨询等内容。

1. 交通影响评价

交通问题已经成为影响城市发展的一个关键问题，特别是交通拥堵的特大城市，为了加强交通管理，一般都要求大型建设项目必须做交通影响评价。交通影响评价办理程序的主要步骤如下。

（1）土地储备开发实施主体委托有资质的设计单位做出土地储备开发项目交通影响评价报告。交通影响评价报告的主要内容有：

① 项目的研究范围；

② 建设项目背景与现状交通分析；

③ 建设项目交通量预测；

④ 交通影响评价；

⑤ 交通设施改进和相关措施；

⑥ 结论和建议。

（2）土地储备开发实施主体将交通影响评价报告交至规划管理部门。

（3）规划管理部门将交通影响评价报告转到交通管理部门，由交通管理部门组织规划、公安、运输、路政等相关部门对交通影响评价报告进行评议。

（4）交通管理部门将评价意见函告规划部门，再由规划管理部门将评价意见书通知土地储备开发实施主体。

2. 环境影响评价

城市建设活动会对周边环境产生影响，其影响程度取决于建设活动的规模和类别。房地产开发项目会对周边的土壤、水资源、空气等生态环境造成较大的影响，特别是位于水源地、生态保护区的项目，所以，在国内大部分城市都要求土地储备开发项目必须进行环境影响评价。然而,根据国家新颁布的《建设项目环境影响评价分类管理名录》,未将土地储备开发类项目纳入该目录,所以也有部分城市对土地储备开发项目取消了环境影响评价。

环境影响评价办理程序主要步骤。

(1)准备申报资料。土地储备开发实施主体需要准备的申报资料包括《建设项目环境管理申请登记表》《建设项目环境保护审批登记表》《建设项目环境影响报告书》或《建设项目环境影响报告表》、立项情况说明、地形图等。其中《建设项目环境影响报告书》或《建设项目环境影响报告表》必须由实施主体委托具有环境影响评价资格的机构负责撰写。

《建设项目环境影响报告书》的主要内容包括:建设项目概况;建设项目周围环境现状;建设项目对环境可能造成影响的分析和预测;环境保护措施及其经济、技术论证;环境影响经济损益分析;对建设项目实施环境监测的建议;环境影响评价结论。

(2)项目初审。土地储备开发实施主体向环境保护管理部门递交申报材料,由环境保护管理部门进行初审,并对项目进行现场勘查,以初步确定是否可行。

(3)专家评审。初步确定可行的项目,由环境保护管理部门组织召开专家评审会,对项目申报材料进行技术评审。

(4)审批决定。评审后,将评审意见与初审意见报环境保护管理部门审批,最终获得批准的项目将通知土地储备开发实施主体领取《环境影响报告书批复》。

3. 林木处理意见

在土地储备开发项目中,经常会遇到古树名木或者需要占用林地,出于保护资源环境的考虑,此类项目均需要到园林部门办理林木处理意见。林木处理的方式一般包括迁移、避让、砍伐等,对于古树名木一般采用避让方式,在办理林木处理意见时必须填写《建设项目避让古树名木措施申请表》,并提交《避让保护实施方案》。对于其他树木能够采用迁移的尽量采用迁移,特别是对于老城区的树龄较大的树木,在办理林木处理意见时必须填写《古树名木迁移申请表》,并提交《迁移方案》,在《迁移方案》中必须明确迁移目的地、施工队伍情况、保证被迁移古树名木成活措施等。

4. 文物保护意见

对于土地储备项目涉及文物保护问题的,必须在开发前向文物保护单位办理文物保护意见。文物保护的措施主要有文物迁移、原址保护。在申请文物保护意见前,如果项目涉及地下遗存的,还应先行办理考古勘探发掘。申请单位向文物保护单位提交的申请资料包括申请函、建设工程的规划位置、保护措施,涉及地下遗存的,同时提供考古勘查发掘资料。

5. 市政综合咨询

市政综合咨询工作包括道路、排水(雨水、污水、中水)、供水、燃气、供热、供电、电信、有线电视网等市政规划方案的专业意见,并需要根据这些专业意见办理市政设施及管网综合规划方案。每个土地储备开发项目的实施方案对项目市政建设的要求都不相同,需要根据各自的实施方案办理市政规划方案,如南方地区就不需要办理供暖。

土地储备开发实施主体将市政基础设施分别委托给市政专业设计部门(如自来水公司、排水公司、电力公司、市政设计院等)编制市政规划方案,将所有规划方案提交给市政规划部门,由市政规划部门进行市政综合和道路雨污初步设计。土地储备开发实施主体组织召开项目综合审查,由城市规划管理部门及各市政单位确定出市政方案综合,并将该方案综合返回给土地储备开发实施主体。

土地储备开发实施主体将市政方案综合委托给市政规划部门进行市政综合设计,并由市政规划部门召集各市政部门召开会议,共同出具会议纪要并报规划管理部门征询意见。经规划管理部门同意后,土地储备开发实施主体委托设计单位报装及进行施工图设计,设计单位将市政申报资料申报给规划管理部门并经过批准后,土地储备开发实施主体可取得市政规划许可证。

7.3.5 征地拆迁报批

1. 征地报批

征地指国家出于公共利益的需要,按照法定程序强制征收农民集体所有土地,根据补偿标准一次性给予被征地者一定的货币补偿,并对被征地农民进行安置。

征地的整体工作程序分成征地审批和征地实施两大部分,本节仅介绍征地审批环节,征地实施环节将在下节介绍。

征地审批环节一般分为征地方案公告、征地调查、征地补偿安置方案公告、征地听证、征地报批五个步骤。

(1)征地方案公告。土地储备开发实施主体就征地意向与国土资源管理部门、集体经济组织进行协商,由当地国土资源管理部门将拟征地的用途、位置、补偿标准、安置途径等,以书面形式告知被征地农村集体经济组织和农户。告知后,凡被征地农村集体经济组织和农户在拟征土地上抢栽、抢种、抢建的地上附着物和青苗,征地时一律不予补偿。

征地方案公告应当包括下列内容:

① 征地批准机关、批准文号、批准时间和批准用途;

② 被征收土地的所有权人、位置、地类和面积;

③ 征地补偿标准和农业人员安置途径;

④ 办理征地补偿登记的期限、地点。

(2)征地调查。当地国土资源管理部门应对拟征土地的权属、地类、面积以及地上附着物权属、种类、数量等现状进行调查,被征地单位及个人负责指认地上附着物归属,调查结果应与被征地农村集体经济组织、农户和地上附着物产权人共同确认。

(3)征地补偿安置方案公告。被征地所在地的市、县人民政府土地行政主管部门会同有关部门在征收土地公告之日起 45 日内,以被征收土地的所有权人为单位拟订征地补偿安置方案并予以公告。

征地补偿安置方案公告应当包括下列内容:

① 本集体经济组织被征收土地的位置、地类、面积,地上附着物和青苗的种类、数量,需要安置的农业人口的数量;

② 土地补偿费的标准、数额、支付对象和支付方式;

③ 安置补助费的标准、数额、支付对象和支付方式;

④ 地上附着物和青苗的补偿标准和支付方式;

⑤ 农业人员的具体安置途径；

⑥ 其他有关征地补偿、安置的具体措施。

（4）征地听证。在征地依法报批前，当地国土资源管理部门应告知被征地农村集体经济组织和农户，对征地补偿标准、安置途径有申请听证的权利。当事人申请听证的，各地国土资源管理部门应当按照《国土资源听证规定》所规定的程序和有关要求组织听证。

（5）征地报批。完成上述四步骤后，征地申请人准备征地申报资料，报县（市）、区土地管理部门，主要申报资料包括：

① 一书四方案（建设项目用地呈报说明书、农用地转用方案、补充耕地方案、土地征收方案、供地方案）；

② 用地情况汇总表；

③ 项目立项批复；

④ 规划选址意见书；

⑤ 征地补偿费50％的银行存款证明；

⑥ 征地方案听证材料；

⑦ 建设项目用地预审报告；

⑧ 附图，附图包括建设用地勘测定界报告书和勘测定界图、土地利用分区规划图、单独选址的项目需附建设项目总平面布置图。

一些复杂项目还需要按照要求申报其他资料。例如，占用林地的，必须出具占用林地审核同意书；占用耕地的，申报《补充耕地方案》时，需附补充耕地协议或补充耕地的验收证明。同时需附补充耕地位置图（在土地利用现状图上标注）。

经具有审批权的人民政府批准后，土地储备开发实施主体交纳新增建设用地有偿使用费、耕地占用税等税费后即可获得征地批复。

一般房地产开发程序分为四个阶段，即项目立项阶段、项目前期准备阶段、项目建设阶段、项目销售及售后服务阶段。

2. 拆迁报批

本书所说的拆迁是广义上的拆迁，包括狭义的拆迁和国有土地收回。

狭义的拆迁是指根据城市建设和国家经济发展的需要，取得房屋拆迁许可证的单位，对项目规划用地范围内的房屋及其附属物进行拆除，并依据法律、法规对被拆迁人进行补偿、安置的活动。

国有土地收回是指政府出于公共利益要求收回原国有土地使用权人对拟收回土地的土地使用权，并根据情况决定是否给予一定的补偿。

有下列情形之一的土地，有关人民政府土地行政主管部门报经原批准用地的人民政府或者有批准权的人民政府批准，可以收回国有土地使用权：

（1）取得土地使用权后闲置满两年尚未动工开发的土地；

（2）为公共利益需要使用土地的；

（3）为实施城市规划进行旧城区改建，需要调整使用土地的；

（4）土地出让等有偿使用合同约定的使用期限届满，土地使用者未申请续期或者申请续期未获批准的土地；

（5）因单位撤销、迁移等原因，停止使用原划拨的国有土地；

（6）公路、铁路、机场、矿场等经核准报废的土地。

一般来说，（1）、（4）、（5）、（6）四种情况，对原土地使用权人不予补偿。对于第（1）种情况，直接由县、市人民政府土地管理部门报经原批准用地的人民政府批准后予以公告，下达《收回国有土地使用权决定书》，终止土地有偿使用合同或撤销建设用地批准书，注销土地登记和土地证书。

对于正常使用的国有土地需要收回土地使用权的，由土地储备机构或土地储备开发实施主体与土地使用权人进行土地使用权收购补偿谈判，并签署《国有土地收购储备补偿协议》。

狭义拆迁的行政审批事项主要有申报年度拆迁计划、申办拆迁范围暂停办理相关事项、开展拆迁招投标和申办房屋拆迁许可证等。

（1）申报年度拆迁计划。拆迁人按照规定向拆迁管理部门申报下一年度的年度拆迁计划。拆迁计划申报一般包括项目名称、项目地点、拆迁人、项目性质、计划启动时间、拆迁规模（户数、住宅和非住宅建筑面积）、补偿安置方案（货币补偿、房屋安置）、项目前期准备情况（立项批准、规划许可、用地批准、拆迁公示、入户调查、补偿安置资金落实）、适用政策和备注，并提交相关证明材料、安置房源情况和确定项目拆迁工作的具体负责人。拆迁管理部门对申报拆迁项目进行审核，报当地人民政府批准后下达拆迁计划。

（2）申办拆迁范围暂停办理相关事项。拆迁人向拆迁管理部门申请在拆迁范围暂停办理相关事项，提交材料包括：

① 《拆迁范围内暂停办理相关事项申请表》；

② 建设项目立项文件；

③ 规划批准文件；

④ 前一阶段拆迁准备工作的情况说明、下一阶段（尤其是公示期间）拆迁工作的计划和安排。

受理之后，由拆迁管理部门到现场核实拆迁范围。通过审核合格，由拆迁管理部门制作拆迁公示并在拆迁范围内发布，同时书面通知相关部门暂停办理有关事项。

（3）开展拆迁招投标。拆迁人合作单位包括拆迁公司、房地产评估公司、拆除公司和测绘公司。房屋拆迁包括自行拆迁和委托拆迁。自行拆迁一般是拆迁人（土地储备开发实施主体）自有拆迁部门负责拆迁工作。委托拆迁是拆迁人委托具有房屋拆迁资格的拆迁公司负责项目拆迁工作。同样，拆除工作可以由拆迁人自行负责，也可以委托具有拆除施工资格的专业拆除公司负责。所以，如果拆迁人采用委托拆迁和委托拆除的方式开展拆迁工作，就必须先行确定拆迁、拆除单位。而且，房地产评估和测绘必须分别由具有房地产评估资格和测绘资格的公司负责，不可由拆迁人自行评估、测绘。对于被拆迁房屋均具有房产证的项目，可以不进行测绘。

因此，拆迁人需要通过招标方式确定拆迁、房地产评估、测绘和拆除单位。拆迁招标可以公开招标，也可邀请招标。在发出招标文件前，由拆迁人向拆迁管理部门办理招标备案。拆迁人通过招标、投标、开标、评标等一系列手续后确定中标单位。由拆迁人编写招投标情况报告，与中标人签订书面委托协议等报拆迁管理部门备案。拆迁管理部门将拆迁人招投标情况的书面报告作为核发房屋拆迁许可证的审查内容。最后，由拆迁管理部门对中标单位的现场工作人员进行培训。

（4）拆迁入户调查、测绘和评估。拆迁入户调查、测绘和评估是编制拆迁补偿安置实施方案并进行拆迁补偿工作实施的基础。拆迁人向拆迁管理部门申请签发入户调查通知书后，召开入户调查和评估工作准备会，对工作程序、入户摸底调查内容、相关文书表格以及拆迁现场办公室等进行规范和统一。

入户调查内容主要包括被拆迁人的房屋权属和使用状况、户籍和家庭人口结构情况、拆迁范围外另有住房情况、家庭收入及生活水平情况等，并制作详细的拆迁入户调查情况登记表。同时房地产估价人员根据现场勘查情况制作房屋估价条件登记表。对于入户调查所得的内容需要专人负责进行核对，主要是通过房地产管理部门、户籍管理部门的记录档案进行核对。由于我国的房地产管理尚处于初级阶段，大量历史遗留房产没有办理房产登记手续，其面积也无法在有效的法律证件中获得，对于此类房产，在入户调查时，由测绘单位同时进行测绘，制作被拆迁人（居民住宅、非住宅单位）拆迁房屋测绘图和汇总平面图，同时在地形图上详细分类标注相关信息。

在完成入户调查后，房地产评估机构对调查所得的数据进行整理分析，依据房地产估价技术规范以及拆迁补偿标准进行被拆迁房屋的房地产评估工作，准备评估被拆迁房屋的补偿价格。

（5）编制拆迁补偿安置实施方案。拆迁人根据拆迁入户摸底调查和入户评估情况，按照国家和当地房屋拆迁有关法规政策规定，根据所参考项目的拆迁实施实际情况予以适当调整，编制拆迁补偿安置方案。住宅房屋拆迁补偿安置方案包括分户方案和项目汇总方案。分户方案内容包括被拆迁人人口情况（包括常住人口、户籍人口及结构等）、被拆除房屋及其附属物的状况（包括产权归属、房屋使用性质、面积等）、评估补偿款（包括区位补偿价、重置成新价）、补助费预算、补偿安置方式、安置方向等内容。拆迁人要制定完善的拆迁补偿安置实施方案报拆迁管理部门备案。

（6）筹集拆迁补偿资金及可购安置房、拆迁裁决周转房。拆迁人根据拆迁补偿安置方案，将筹集的补偿安置资金存入开户银行，列入拆迁补偿安置资金专户。受理银行与拆迁管理部门就拆迁补偿安置资金使用监督事项签订承诺书，并出具拆迁补偿安置资金证明。

拆迁人可以根据拆迁项目性质、所在区位、拆迁范围内户均面积等具体情况，合理确定项目安置房源的比例。原则上必须提出安置专项方案及相应的安置房源证明，安置房源的比例一般不低于拆迁范围内居民拆迁总户数的30%。

拆迁人根据拆迁补偿安置方案、拆迁管理部门拆迁裁决，按照拆迁范围内居民总户数比例，落实一定数量的拆迁裁决周转房。

（7）申办房屋拆迁许可证。在完成上述六项工作后，拆迁人可以向拆迁管理部门申请办理房屋拆迁许可证，需要提交的申请材料包括：

① 规划意见书；

② 立项批复；

③ 拆迁计划；

④ 拆迁补偿安置资金证明；

⑤ 拆迁方案；

⑥ 招标情况书面报告；

⑦ 委托评估合同及评估机构营业执照、资质证书；

⑧ 房屋拆迁许可证申请表。

对于委托拆迁和拆除的项目，还需要提供委托合同及受托方资格证书。对于需要测绘的项目，需要提供测绘委托合同及测绘机构资质证书。

7.4　土地储备开发实施与交付

7.4.1　征地实施程序

1. 征地公告

土地储备开发实施主体在取得征地批复后，必须进行征地公告，征求公众意见。公告内容包括征地批复文号、内容，经批准的征地补偿安置方案，征求意见期限不得少于 30 日。

2. 征地补偿安置协议书的签订

根据征地补偿安置方案，土地储备开发实施主体必须与被征地土地所有权人签订征地补偿协议书，同时与被补偿安置家庭以户口为单位签订补偿安置协议书（参见以下示例）。依照《国有土地上房屋征收与补偿条例》的规定，房屋征收部门与被征收人应就补偿方式、补偿金额和支付期限、用于产权调换房屋的地点和面积、搬迁费、临时安置费或者周转用房、停产停业损失、搬迁期限、过渡方式和过渡期限等事项，订立补偿协议。补偿协议订立后，一方当事人不履行补偿协议约定的义务的，另一方当事人可以依法提起诉讼。在实际操作中，也可以与被征地集体经济组织签订征地补偿一揽子协议，由被征地集体经济组织分别与被补偿安置家庭签订补偿安置协议。后一种方式一般称为包干征地。

征收土地协议书

征 地 方：××市××区国土资源局　　　　（以下简称甲方）

被征地方：　　　　　　　　　　　　　　（以下简称乙方）

用 地 方：　　　　　　　　　　　　　　（以下简称丙方）

为了　　　　　　　　　　，根据　　　　　　　　文件，甲方需征收乙方集体土地，用于兴建　　　　　项目，经甲、乙、丙三方协商一致，签订协议如下。

一、征地位置

该宗地位于××市××区　　　　乡（镇）　　村　　组，其四至界线详见《土地勘测定界图》，该图须经甲、乙、丙三方盖章认可。

二、征地面积

总面积　　　平方米（　　亩），其中农用地　　　平方米（　　亩）、建设用地　　平方米（　　亩）、未利用地　　　平方米（　　亩）。

三、征地补偿费用

根据《中华人民共和国土地管理法》、××省人民政府×政发〔2012〕11号文件及××区人民政府××发〔2012〕1号文件,经甲、乙、丙三方协商,征地补偿费总额为　　　　万元(大写:　　　　　　元整)。

(一)土地补偿费

园地土地补偿费:　　万元/公顷×补偿倍数×　公顷＝　　万元

建设用地土地补偿费:　　万元/公顷×补偿倍数×　公顷＝　万元

未利用土地补偿费:　　万元/公顷×补偿倍数×　公顷＝　　万元

土地补偿费合计:　　万元

(二)安置补助费

园地安置补助费:　　万元/公顷×补偿倍数×　公顷＝　　万元

建设用地安置补助费:　　万元/公顷×补偿倍数×　公顷＝　万元

安置补助费合计:　　万元

(三)青苗费

以上三项合计为:　　万元

四、付款方式

征地方案经依法批准后三个月内一次性付清征地补偿费,征地补偿费由丙方直接与乙方结算。丙方将征地补偿费支付给乙方后,乙方负责在　日内清除地面青苗及地上附着物,将土地交给丙方使用,确保工程建设顺利进行。

五、劳动力安置

土地征收后,由乙方按照×政发〔2012〕11号文件拟定劳动力安置方案,经村民代表大会讨论通过报乡(镇)人民政府审核后执行,妥善安置剩余劳动力的生产和生活。

六、本协议未尽事宜,由甲、乙、丙三方另行商定。

七、本协议一式拾份,由三方签字盖章且该宗地经有权一级的人民政府批准后生效。

甲　　方:(章)××市××区国土资源局

负责人:

乙　　方:(章)

负责人:

丙　　方:(章)

负责人:

年　　月　　日

房屋征收部门与被征收人在征收补偿方案确定的签约期限内达不成补偿协议,或者被征收房屋所有权人不明确的,由房屋征收部门报请做出房屋征收决定的市、县级人民政府依照《国有土地上房屋征收与补偿条例》的规定,按照征收补偿方案做出补偿决定,并在房屋征收范围内予以公告。被征收人对补偿决定不服的,可以依法申请行政复议,也可以依法提起行政诉讼。

3. 征地补偿安置费支付

实施房屋征收应当先补偿、后搬迁。在签署征地补偿安置协议后,土地储备开发实施主体必须在约定的时限内向被征地集体经济组织拨付征地补偿安置费用,征收补偿费用应当足额到位、专户存储、专款专用。当地国土资源部门应配合农业、民政、劳动保障等有关部门对被征地集体经济组织内部征地补偿安置费用的分配和使用情况进行监督。

4．地上物拆除与安置建设

完成征地补偿款发放后,在约定的时间内,被征收人应当在补偿协议约定或者补偿决定确定的搬迁期限内完成搬迁。任何单位和个人不得采取暴力、威胁或者违反规定中断供水、供热、供气、供电和道路通行等非法方式迫使被征收人搬迁。禁止建设单位参与搬迁活动。被征收人完成搬迁后,土地储备开发实施主体对被征地范围内的土地进行地上物拆除。按照补偿安置协议约定,如果需要提供安置建设的,如征地农户回迁住房建设等,土地储备开发实施主体必须按照征地补偿安置协议的约定时间在规划地址内进行安置房屋及各类设施建设。

5．征地扫尾事项办理

各级国土资源部门要对依法批准的征收土地方案的实施情况进行监督检查。因征地确实导致被征地农民原有生活水平下降的,当地国土资源部门应积极会同政府有关部门,切实采取有效措施,多渠道解决好被征地农民的生产生活,维护社会稳定。

在土地储备开发实施主体将征地补偿安置费用拨付给被征地集体经济组织后,土地储备开发实施主体及当地人民政府土地管理部门有权要求被征地集体经济组织在一定时限内提供支付清单,并督促集体经济组织将征地补偿、安置费用收支状况向本集体经济组织成员予以公布,以便被征地农村集体经济组织、农村村民或者其他权利人查询和监督。房屋征收部门应当依法建立房屋征收补偿档案,并将分户补偿情况在房屋征收范围内向被征收人公布。审计机关也应当加强对征收补偿费用管理和使用情况的监督,并公布审计结果。

在完成征地补偿安置和地上物拆除后,由土地储备开发实施主体申请征地结案,需要提交的材料有:

(1) 国家建设用地征地结案申请表;

(2) 用地批准文件(复印件);

(3) 征地补偿安置协议书(复印件);

(4) 国家建设征收土地结案证明(村委会、乡政府出具);

(5) 国家建设征收土地结案表;

(6) 征地补偿款交款凭证(复印件)。

经当地国土资源管理部门审查合格后,向土地储备开发实施主体颁发经批准的《国家建设征收土地结案表》。

7.4.2　征地补偿与安置的原则与方式

1．征地工作原则

在征地工作中必须遵循下述原则。

7-2

（1）公开公正原则。根据《征用土地公告办法》（2001年国土资源部令第10号）、《关于印发〈关于完善征地补偿安置制度的指导意见〉的通知》（国土资发〔2004〕238号）和《国有土地上房屋征收与补偿条例》（中华人民共和国国务院令第590号）的文件要求,征地事项及征地补偿安置方案、补偿安置款支付明细都应当进行公告,以听取被征地人的意见,通过事项公开来保证征地工作各个环节的公正。公开公正原则是征地工作顺利进行并维护被征地人合法权益、维护社会稳定的最重要保障。

7-3

（2）切实维护被征地人合法权益原则。《关于切实维护被征地农民合法权益的通知》（国土资发〔2002〕225号）指出,征地首先要考虑农民的补偿安置。各地要严格按照《土地管理法》《中华人民共和国土地管理法实施条例》有关征地管理的规定和国土资源部颁发的《关于加强征地管理工作的通知》（国土资发〔1999〕480号）。《国有土地上房屋征收与补偿条例》也要求,要规范国有土地上房屋征收与补偿活动,维护公共利益,保障被征收房屋所有权人的合法权益。

7-4

《关于切实做好征地补偿安置工作的通知》（国土资发〔2001〕358号）要求,认真做好征地调查、确定补偿标准、拟定方案、审查报批及批后实施、跟踪检查等征地过程中各环节的工作。《国有土地上房屋征收与补偿条例》也要求,由市、县级人民政府负责本行政区域的房屋征收与补偿工作,市、县级人民政府有关部门应当依照条例的规定和本级人民政府规定的职责分工,互相配合,保障房屋征收与补偿工作的顺利进行。房屋征收部门可以委托房屋征收实施单位,承担房屋征收与补偿的具体工作,但房屋征收实施单位不得以营利为目的。房屋

7-5

征收部门对房屋征收实施单位在委托范围内实施的房屋征收与补偿行为负责监督,并对其行为后果承担法律责任。

7-6

（3）被征地农民生活水平不降低,长期生活有保障原则。一方面,要按照《土地管理法》的相关规定,切实按照标准给予农民相应的补偿。另一方面,必须认真落实《国务院办公厅转发劳动保障部关于做好被征地农民就业培训和社会保障工作指导意见的通知》（国办发〔2006〕29号）的规定,做好被征地农民就业培训和社会保障工作。被征地农民的社会保障费用,按有关规定纳入征地补偿安置费用,不足部分由当地政府从国有土地有偿使用收入中解决。社会保障费用不落实的不得批准征地。

（4）征地工作跟踪检查原则。征收土地经依法批准后,省级国土资源管理部门要跟踪检查征地补偿安置方案的实施情况,督促市、县人民政府和有关部门、单位兑现补偿费用,落实安置措施。地方各级国土资源管理部门要对本行政区域内征地批后实施情况进行全面检查。《国有土地上房屋征收与补偿条例》也要求,上级人民政府应当加强对下级人民政府房屋征收与补偿工作的监督。国务院住房城乡建设主管部门和省、自治区、直辖市人民政府住房城乡建设主管部门应当会同同级财政、国土资源、发展改革等有关部门,加强对房屋征收与补偿实施工作的指导。任何组织和个人对违反本条例规定的行为,都有权向有关人民政府、房屋征收部门和其他有关部门举报。接到举报的有关人民政府、房屋征收部门和其他有关部门对举报应当及时核实、处理。监察机关应当加强对参与房屋征收与补偿工作的政府和有关部门或者单位及其工作人员的监察。

2. 征地补偿的内容与标准

（1）征收农民集体所有的土地的补偿内容与标准。根据原《土地管理法》第四十七条的

规定："征收耕地的补偿费用包括土地补偿费、安置补助费以及地上附着物和青苗的补偿费。征收耕地的土地补偿费，为该耕地被征收前三年平均年产值的六至十倍。征收耕地的安置补助费，按照需要安置的农业人口数计算。需要安置的农业人口数，按照被征收的耕地数量除以征地前被征收单位平均每人占有耕地的数量计算。每一个需要安置的农业人口的安置补助费标准，为该耕地被征收前三年平均年产值的四至六倍。但是，每公顷被征收耕地的安置补助费，最高不得超过被征收前三年平均年产值的十五倍。"

按如上规定："所支付的土地补偿费和安置补助费，尚不能使需要安置的农民保持原有生活水平的，经省、自治区、直辖市人民政府批准，可以增加安置补助费。但是，土地补偿费和安置补助费的总和不得超过土地被征收前三年平均年产值的三十倍。"

为了适应不断变化的经济社会发展情况和各地的不同情况，2012 年 11 月 28 日，国务院常务会议讨论通过《中华人民共和国土地管理法修正案（草案）》，对农民集体所有土地征收补偿制度做了修改。草案删除了原《土地管理法》第 47 条中按照被征收土地的原用途给予补偿，以及土地补偿费和安置补助费的总和不得超过土地被征收前三年平均年产值的 30 倍的内容，这将有利于提高农民分成比例。

土地补偿费归农村集体经济组织所有，由村集体经济组织或企业统一安置就业的，安置补助费归村集体经济组织或企业所有，被征地村民不同意统一安置就业并自谋职业的，安置补助费归村民个人所有；地上附着物及青苗补偿费归地上附着物及青苗的所有者所有。

征收其他土地的土地补偿费和安置补助费标准，省、自治区、直辖市参照征收耕地的土地补偿费和安置补助费的标准规定。被征收土地上的附着物和青苗的补偿标准，由省、自治区、直辖市规定。

一般来说，各级国土资源部门需按要求确定年产值标准、年产值倍数、征地区片综合地价，以此为依据确定征地补偿标准。

（2）国有土地上房屋征收与补偿内容与标准。根据《国有土地上房屋征收与补偿条例》规定，为了公共利益的需要，征收国有土地上单位、个人的房屋，应当对被征收房屋所有权人给予公平补偿。确定征地安置补偿项目时，市、县级人民政府对被征收人给予的补偿包括：

① 被征收房屋价值的补偿；

② 因征收房屋造成的搬迁、临时安置的补偿；

③ 因征收房屋造成的停产停业损失的补偿。

市、县级人民政府应当制定补助和奖励办法，对被征收人给予补助和奖励。对被征收房屋价值的补偿，不得低于房屋征收决定公告之日被征收房屋类似房地产的市场价格。被征收房屋的价值，由具有相应资质的房地产价格评估机构按照房屋征收评估办法评估确定。房地产价格评估机构由被征收人协商选定；协商不成的，通过多数决定、随机选定等方式确定，具体办法由省、自治区、直辖市制定。被征收人选择房屋产权调换的，市、县级人民政府应当提供用于产权调换的房屋，并与被征收人计算、结清被征收房屋价值与用于产权调换房屋价值的差价。因旧城区改建征收个人住宅，被征收人选择在改建地段进行房屋产权调换的，做出房屋征收决定的市、县级人民政府应当提供改建地段或者就近地段的房屋。因征收房屋造成搬迁的，房屋征收部门应当向被征收人支付搬迁费；选择房屋产权调换的，产权调换房屋交付前，房屋征收部门应当向被征收人支付临时安置费或者提供周转用房。对因征收房屋造成停产停业损失的补偿，根据房屋被征收前的效益、停产停业期限等因素确定。具体补偿办法由省、自治区、直辖市制定。市、县级人民政府做出房屋征收决定前,应当组织有关部门依法对征收范围内未经登记的建筑进行调查、认定和处理。对认定为合法建筑和未超过批准期限的临时建筑应当给予补偿;对认定为违法建筑和超过批准期限的临时建筑不予补偿。

3. 被征地农民安置的途径

根据国土资源部《关于切实做好征地补偿安置工作的通知》(国土资发〔2001〕358 号)的规定,被征地农民安置的途径包括农业生产安置、重新择业安置、入股分红安置、异地移民安置等。

(1) 农业生产安置。征收城市规划区外的农民集体土地,应当通过利用农村集体机动地、农户自愿交回的承包地、承包地流转和土地开发整理新增加的耕地等,为被征地农民重新分配承包地,使其继续从事农业生产。

(2) 重新择业安置。土地储备开发实施主体应当积极创造条件,向被征地农民提供免费的劳动技能培训,安排相应的工作岗位。在同等条件下,用地单位应优先吸收被征地农民就业。征收城市规划区内的农民集体土地,应当将因征地而导致无地的农民,纳入城镇就业体系,并建立社会保障制度。

(3) 入股分红安置。对有长期稳定收益的项目用地,在农户自愿的前提下,被征地农村集体经济组织经与用地单位协商,可以以征地补偿安置费入股,或以经批准的建设用地土地使用权作价入股。农村集体经济组织和农户通过合同约定以优先股的方式获取收益。此种安置方式用于工业项目、旅游项目的较多,一般不适用于住宅开发项目。

(4) 异地移民安置。本地区确实无法为因征地而导致无地的农民提供基本生产生活条件的,在充分征求被征地农村集体经济组织和农户意见的前提下,可由政府统一组织,实行异地移民安置。

7.4.3　拆迁实施程序

1. 拆迁公告

拆迁管理部门在将拆迁许可证颁发给拆迁人的同时,由拆迁管理部门将房屋拆迁许可证中载明的拆迁人、拆迁范围、拆迁期限等事项以房屋拆迁公告的形式予以公布。以下为拆迁公告的示例。

房屋拆迁公告

为贯彻落实《福建省建设海峡西岸经济区纲要》,主动融入海西城市群,顾全泉州海湾型城市发展大局,加快南安城市东进北拓步伐,建设新的城市中心,同时,为满足新的城市中心区域内新城大道、福庄路、福民路、福安路、凤凰大道、福溪路、福中路、公园南路及市民广场建设需要,完善道路交通网络,优化城市布局,提升城市品位,塑造南安山水园林城市整体形象,根据福建省人民政府关于南安市城市总体规划局部调整的批复和福建省人民政府关于南安市城市建设农用地转用和土地征收的相关批复,依据《中华人民共和国城乡规划法》《城市房屋拆迁管理条例》《福建省城市房屋拆迁管理条例》的有关规定,决定对南安市美林街道福溪村、庄顶村部分房屋进行拆迁。现将相关事宜公告如下。

一、拆迁范围

市民中心片区房屋拆迁分为两期，第一期拆迁范围分为东、西两个片区，其中东片区四至范围为：东至福溪排涝站，西至福溪小学，南至江北大道，北至凤凰山脚；西片区四至范围为：东至中甲水库，西至耕地，南至永兴饮料厂，北至新奇美围墙（具体拆迁范围以规划红线图为准），其余地块为第二期拆迁范围。

二、拆迁期限

20××年8月8日至20××年11月8日。

三、拆迁登记

拆迁范围内的单位和居民，自本公告发布之日起10日内，持有效证件到南安市行政中心拆迁安置办公室办理拆迁登记手续。

四、补偿安置办法及奖励措施

依照《中华人民共和国城乡规划法》《城市房屋拆迁管理条例》《福建省城市房屋拆迁管理条例》及相关法律、法规及配套政策的有关规定进行补偿和安置，房屋拆迁实行货币补偿或产权调换安置原则。

1. 私人住宅可选择货币补偿，也可选择产权调换。

2. 选择产权调换的，实行"就近安置""先签订协议并搬迁腾空，先选房"和"调换相应产权建筑面积、差价互补"的原则。

3. 先拆迁的可以优先置换店面或车位。

4. 合法建筑的被拆迁人在《房屋拆迁公告》规定的拆迁期限第一个月内签订协议并搬迁腾空的，按被拆迁建筑面积给予100元/m²奖励；第二个月内签订协议并将房屋搬迁腾空的，按被拆迁建筑面积给予50元/m²奖励。

具体补偿安置办法见《南安市人民政府关于市民中心片区房屋拆迁补偿安置方案的批复》（南政文×××××××号）。

五、强制措施

被拆迁人在拆迁公告规定的期限内，未能协商达成拆迁补偿安置协议、未完成搬迁腾空房屋的，拆迁人将依法依规强制拆迁。凡被实施强制拆迁的房屋，不再适用本方案的补差价减免优惠、奖励办法。

咨询电话：（略）

联系人：吴先生　林先生

特此公告

南安市市民中心建设工作

领导小组办公室

20××年×月×日

2. 拆迁补偿安置协议签署与补偿安置到位

在拆迁公告后，拆迁人通过宣传和解释拆迁相关政策，根据拆迁补偿方案，与被拆迁人达成房屋拆迁补偿安置协议，并根据协议落实补偿款或安置房等。房屋拆迁管理部门代管的房屋需要拆迁的，拆迁安置补偿协议书须经公证机关公证，并办理证据保全。

3. 拆迁裁决

房屋征收部门与被征收人在征收补偿方案确定的签约期限内达不成补偿协议,或者被征收房屋所有权人不明确的,由房屋征收部门报请做出房屋征收决定的市、县级人民政府依照《国有土地上房屋征收与补偿条例》的规定,按照征收补偿方案做出补偿决定,并在房屋征收范围内予以公告。被征收人对补偿决定不服的,可以依法申请行政复议,也可以依法提起行政诉讼。

4. 强制拆迁

被征收人在法定期限内不申请行政复议或者不提起行政诉讼,在补偿决定规定的期限内又不搬迁的,可由做出房屋征收决定的市、县级人民政府依法申请人民法院强制执行。任何单位和个人不得采取暴力、威胁或者违反规定中断供水、供热、供气、供电和道路通行等非法方式迫使被征收人搬迁。禁止建设单位参与搬迁活动。强制执行申请书应当附具补偿金额和专户存储账号、产权调换房屋和周转用房的地点和面积等材料。

5. 拆除和拆迁档案整理归档

对于补偿安置完毕的单位,拆迁人可以委托拆除单位或自行对已补偿的房产进行拆除作业,但是,如果是居民楼,整栋楼房尚未补偿完毕并清空住户,不可以对该楼房进行拆除。

全部完成拆迁工作后,拆迁人或受托拆迁单位及时将如下拆迁档案材料整理归档:

① 各被拆迁人的拆迁补偿协议等相关材料;
② 申办拆迁许可证的有关材料;
③ 被拆迁房屋的评估报告;
④ 拆迁情况总结和拆迁结案表;
⑤ 裁决、强制拆迁的有关文件;
⑥ 其他材料。

拆迁人或受托拆迁单位在完成拆迁后向土地、房屋管理部门移交拆迁档案,同时将拆迁结案表报国土、房屋和拆迁管理部门。

7.4.4　拆迁工作原则与方式

1. 拆迁工作原则

(1)维护社会稳定原则。拆迁工作涉及的民众范围较广,利益冲突尖锐,容易引发群体事件,危害社会稳定。拆迁工作必须严格遵循《国有土地上房屋征收与补偿条例》,公平合理地确定补偿安置条件,以维护社会稳定为第一原则。

(2)符合城市规划原则。依法编制的城市规划是引导城市科学布局、合理发展的法律文件,它对建设功能完善、结构合理的现代化城市具有重要意义。制定国民经济和社会发展规划、土地利用总体规划、城乡规划和专项规划,应当广泛征求社会公众意见,经过科学论证。房屋及其附属物的拆迁应当符合城市规划要求。项目的建设选址、拆迁范围确定等工作都需严格按照城市规划要求执行。拆迁单位应在拆迁范围内实施拆迁,不得擅自扩大或缩小拆迁范围。

(3) 有利于城市旧区改造。城市的房屋拆迁是城市旧城区改造的重要手段。通过房屋拆迁,可以达到调整城市的用地结构与布局的目的,更好地建设城市。

(4) 有利于生态环境改善。生态环境是实现经济、社会可持续发展的前提条件,保护好生态环境是城市建设坚持的基本方针。房屋拆迁建设应当充分考虑对周围生态环境的影响,并采取相应措施保护和改善周围的生态环境。

2. 拆迁补偿对象、范围与方式

拆迁补偿对象是被拆迁房屋及其附属物的所有人。拆迁补偿的范围是被拆迁的房屋及其附属物,且这些建筑物是经合法程序建成的。拆除违章建筑、超过批准期限的临时建筑不应给予补偿,拆除未超过批准期限的临时建筑应当给予适当补偿。这里的适当补偿为这些建筑在使用期限内的残余价值。

房屋拆迁补偿的方式有货币补偿和房屋产权调换。货币补偿是指在房屋拆迁补偿中,拆迁人以支付货币来赔偿被拆迁人因拆除房屋及其附属物所造成的经济损失的补偿方式。房屋产权调换是指拆迁人用异地或者原地再建的房屋与被拆迁人的房屋按一定的核算标准进行交换,被拆迁人获得调换房屋产权的补偿安置方式。

7.4.5　市政基础设施建设

1. 市政基础设施建设开工准备

土地储备开发实施主体组织专业人员对市政建设进行施工预算,将预算结果作为招标的标底,通过招投标方式选择市政建设施工、监理单位。土地储备开发实施主体向建设管理部门申办市政工程开工许可证。

2. 临时"三通"建设

为了保证土地储备开发项目的实施,在正式开工建设前,必须先建设好临时用路、临时用电、临时用水的临时"三通"设施建设。

(1) 临时用路。在土地储备开发的现场施工中,如果有可利用的道路,则对原有道路进行简单修整,以有利于机械进出场和施工方便。如果没有可利用的道路,则需要由初步开发实施主体负责修建临时施工道路。临时用路需要考虑能够使施工车辆最便捷地往返于工地、堆土场、取土区、材料供应地,但需要注意尽量避开居住区、生活道路。

(2) 临时用电。施工现场的用电,一般要根据附近的电源,建设专用的配电室,采用集中管理的办法,来保证施工现场的办公、施工、生活用电。一般来讲,所用电力根据电压的不同从配电室中被分为三路接出:第一路作为办公、生活用电,第二路作为拌和场的机械用电,第三路作为施工用电。

(3) 临时用水。临时用水一般就近选取市政供水管网铺设供水管线,但必须考虑到周边用水单位的用水量,以防止影响周边用水单位用水。对于不在市政供水范围内的项目,土地储备开发实施主体必须申报地下用水并组织开挖水井,或者申报使用河、渠用水并建设临时用水设施。

3. 市政基础设施建设实施

（1）场地平整。在进行道路管线建设之前，必须先完成场地平整，包括地上物的拆除、高地铲平、低地填埋等。在施工中，尽量将本项目渣土在本项目内使用，以减少渣土外运、外购的成本。

（2）道路施工。道路施工在安排进度计划时必须兼顾路基、排水的各道工序以及结合周围环境，道路施工基本遵循如下施工顺序。

① 路基工程：测量放样→路基土方开挖→路基石渣填筑→路基填方碾压。

② 路面工程：碎石底基层→水泥碎石基层→混凝土路面。在设计中需要建设沥青路面的项目，在完成混凝土路面后加铺沥青路面。

（3）管线施工。管线施工主要包括污水管线、雨水管线、供水管线、供气管线、供热管线、供电管线、通信管线、电视管线等工程的施工。管线工程多为地下工程，具有隐蔽性、交叉性、多专业施工性和后期维修的困难性等特点。在施工前，必须对施工图纸仔细审查，把图纸中的内容与实际现状相对照，验证是否存在矛盾，并在规范许可的范围内尽可能提一些切实可行的改进意见，以加强图纸与实际场地、实际需求的吻合程度。合理安排施工顺序，原则上要求按先深后浅、先管后线、先暗后明的顺序进行，管线施工的先后顺序一般为雨污水、煤气、热力管、自来水、污水管、供电线路、通信线路、电视及室外照明线路等。

7.4.6　土地储备开发项目验收

1. 内部验收

项目完工后，施工单位自行对建设项目进行验收，以保证工完场清、资料齐全。

2. 监理验收

内部验收合格后，施工单位向监理单位和土地储备开发实施主体提出验收申请，监理单位和土地储备开发实施主体确认项目已经具备验收条件后，开展监理验收，严格检查项目质量，审查竣工资料，对发现的问题提出处理意见，并组织施工单位尽快落实解决。监理验收的主要内容包括：

（1）听取施工单位的内部验收报告和档案检查报告；

（2）审查各种项目档案文件是否齐全、准确；

（3）检查项目预算执行情况，审查项目初步决算，考核投资效果；

（4）实地检查分项、分部项目建设完成情况，审查设计规定的建设内容是否全部建成，质量是否达到要求，并附相应的检定技术资料；

（5）审查材料和设备耗用情况，清理剩余材料设备；

（6）提出是否通过初步验收以及能否交付使用的结论性意见，由监理验收领导小组提出监理验收报告；

（7）对监理验收过程中提出的问题明确处理方法及处理时限。

3．正式验收

在监理验收合格后，土地储备开发实施主体向土地储备开发主体提出验收申请。正式验收包括现场验收、权属验收、资料验收、成本验收。

（1）现场验收是指土地储备开发主体在受理土地储备开发实施主体提出的正式验收申请后，组织国土、规划、建设、交通、市政等管理部门专家组成验收组进驻项目现场，对项目用地开发前后的面积、现状、平整、四至进行核实，对市政设施、配套设施、安置房等建设内容进行实地检查。

（2）权属验收是指国土、房屋等管理部门对项目用地范围内土地、房产等权属资料进行查验，并对涉及的主要权利人进行走访与座谈，多方听取当事人意见，以保证项目用地权属清晰完善。

（3）资料验收是指国土、规划、建设、交通、市政等部门对土地储备开发实施方案中明确需要由土地储备开发实施主体完成的申报文件进行查验，以保证申报事项全部完成，同时对土地储备开发中涉及的各类资料进行查验，保证资料的完备。

（4）成本验收是指国土、财政等部门委托土地评估机构或审计机构对项目进行成本分析或审计，并组织专家组对成本分析报告或审计报告进行评审。

通过上述四项验收后，验收组出具验收意见，验收合格项目纳入土地储备库或直接组织入市交易；对于不合格项目，验收组提出问题及解决方案，并明确解决期限，待改进后重新组织验收。

纳入土地储备库的项目，由土地储备开发主体根据验收确认的土地储备开发成本及约定的开发利润向土地储备开发实施主体支付费用，土地储备开发实施主体向土地储备开发主体移交项目资料办理交付手续。直接入市的交易项目，由土地使用权人与土地储备开发主体、土地储备开发实施主体签订三方合同，土地使用权人向土地储备开发实施主体支付土地储备开发成本及利润，土地储备开发实施主体向土地使用权人交付土地及资料。

案　　例

土地储备机构职能不清 新拆迁条例或在地方遇阻
3000余家土地储备机构职能不清，新拆迁条例或遇阻地方土政策

本报记者　万静

1月21日，《国有土地上房屋征收与补偿条例》施行。虽然刚刚过去1个月，舆论对这个新拆迁条例的关注，似乎已经沉寂下来。但是在业内，一方面对条例的施行寄予厚望，另一方面又多有担心。新拆迁条例会不会遇阻地方土政策？这便是担心之一。

围绕征地拆迁的形形色色的土政策中，首当其冲的是"土地储备制度"，因为，地方政府的土地储备中心职能就从没有厘清过。长期以来，以土地储备的名义大肆征地、拆迁的行为比比皆是。

一个典型案例　土政策赋储备中心拆迁职能

虽然有关土地储备制度的上位法中没有一条赋予土地储备中心拆迁职能，但安徽省芜湖市早在2005年的一份政府规章中就做出了类似规定。这份规章名为《芜湖市招标拍卖挂

牌出让国有土地使用权实施办法》。该实施办法第七条规定：出让存量建设用地,由市土地收储中心(以下简称"土储中心")先行收储并负责落实拆迁补偿事宜。

以土地储备为由就可以实施拆迁吗? 这一规定随着 2010 年的一起拆迁纠纷,被媒体广泛报道并饱受诟病。

2009 年 6 月 15 日,位于芜湖市主要商业区九华山路繁华地段的中江商场业主们被通知:芜湖市虹宇拆迁有限公司(以下简称"虹宇拆迁")"将对中江商场周边地面建筑组织实施拆迁"。

在此次拆迁中,领取规划许可证、规划选址意见书、国有土地使用批复等批文的单位都是芜湖土储中心。但最后真正拿到房屋拆迁许可证的,却是芜湖市镜湖区建设投资公司(以下简称"镜湖建投公司")。此后,镜湖建投公司又将此地段的拆迁项目转包给了虹宇拆迁。

有一个情节值得注意,芜湖市土储中心一直声称拆迁是为了"旧城改造"。但早在 2008 年年底,这块 16.5 亩的土地就已经被芜湖市国土局卖给了开发商汇锦置业。据镜湖区政府网介绍,这块地将建成一个 8 万 m^2、投资 5 亿元的汇锦国际商城。

以"土储中心"的名义征地拆迁,背后却是商业开发!

这一事件的结果是:安徽省发展和改革委员会撤销了芜湖市的立项批准文件,安徽省国土厅撤销了芜湖市的国有土地使用权批准文件。

这一典型案例随着媒体的广泛报道,一度引发了公众对上储中心拆迁职能合法性的持续讨论。

新旧拆迁条例　均未赋予储备中心拆迁职能

根据新拆迁条例的规定,政府征收行为被严格限定在符合"公共利益"的六种情况下,土地储备不在其列。

旧的拆迁条例是如何规定的呢?

中国社科院法学所研究员孙宪忠曾参与新拆迁条例的修订工作。他指出,即便是根据国务院 2001 年 11 月 1 日起施行的《城市房屋拆迁管理条例》(俗称旧拆迁条例),土储中心不具备拆迁主体资格,也不具有拆迁职能。旧拆迁条例第四条规定:"拆迁人,是指取得房屋拆迁许可证的单位。"第七条明确规定:"申请领取房屋拆迁许可证的,应当向房屋所在地的市、县人民政府房屋拆迁管理部门提交下列资料:(一)建设项目批准文件,(二)建设用地规划许可证,(三)国有土地使用权批准文件,(四)拆迁计划和拆迁方案,(五)办理存款业务的金融机构出具的拆迁补偿安置资金证明。"

也就是说,取得拆迁资格的前提是有了建设项目,是"为建而拆"。而土储中心是"为储而拆",拆迁时还不知道建设项目在哪儿。

从程序上来说,土储中心对某宗土地进行收储时,一般情况下建设项目还不确定,开发单位和建设单位都不明确,所以不可能有确定的建设项目。即使根据旧的拆迁条例,也不可能有资格申请拆迁。

北京律师王令认为,在"土地财政"的诱惑下,一些地方随意扩大可以纳入储备的土地范围,赋予土储中心以拆迁职能,是对法律规定的曲解。这是现实中行政强拆纠纷屡屡发生的重要原因。但根本原因还在于土地储备机构的职能定位,从土地储备制度实施以来就从未明晰过。

2001 年 4 月 30 日,国务院下发《关于加强国有土地资产管理的通知》指出:为增强政府对土地市场的调控能力,有条件的地方政府要对建设用地试行收购储备制度。此后,土地储备制度得到快速发展。据不完全统计,目前全国已有 3000 多家土地储备机构。

为了规范土地储备行为,2007 年 11 月 19 日,国土资源部、财政部、中国人民银行联合发布了《土地储备管理办法》,指出土地储备是有关机关按照法律程序,运用市场机制,按照土地利用总体规划和城市规划,对通过收回、收购、置换、征用等方式取得的土地进行前期开发,并予以储备以供应和调控城市各类建设用地需求的一种经营管理的机制和行为。

中国建设管理与房地产研究中心执行主任、北京才良律师事务所主任王才良认为,纵观《土地储备管理办法》全部内容,都找不到赋予土储中心拆迁的工作职能,它设立的初衷主要是面向存量用地,即废弃工厂、国有企业、旧城改造以及闲置土地等的土地收储工作,并不负责拆迁。

确保条例施行　地方各种土政策应及时清理

在上述芜湖市的地方规章中,地价评估机构、拍卖机构以及拍卖出让的公证机构均由市土储中心来指定。既参与规划、又实施具体征收拆迁,而后又全程参与整个土地拍卖流程,作为一个隶属于土管部门的事业单位,土储中心拥有如此众多实权,却缺失必要的制约。这不能不让人担心地方政府土地储备的扩张冲动会阻碍新拆迁条例的正确实施。

中国土地学会秘书长黄小虎表示,当时设立土储中心的目的是平抑地价和稳定地价。在具体操作中,如果土地价格过高,土储中心加大投放力度和数量;土地价格过低,土储中心多收购土地。从实施的结果来看,土储中心的行为已经违背了这个方向,成了地方政府获取收益的一个工具。新拆迁条例实施后,土储中心应该保持原有的土地收储职能,继续进行土地收储工作。

当然也有乐观的观点。北京市房地产行业协会律师孟宪生认为,根据新拆迁条例规定,政府征收行为与补偿方案应该广泛征求社会公众意见,补偿标准按照市场价格确定。这样一来,以土地储备为名的行政强拆可操作性难度加大,成本大幅增加,为土地储备而发起的行政强拆获利空间将大大缩小,因此遭扭曲的土地储备职能将逐渐恢复其本来面目,实现其设立初衷的价值含义——平抑地价和稳定地价,实现政府加强土地调控,规范土地市场运行的目的。

法律界人士介绍,根据《中华人民共和国立法法》的规定,新拆迁条例施行后,凡与之相冲突的地方性法规、规章及各色土政策,自然也就同时失效。一般情况下,国务院法制办不会单独就某个条例的实施布置清理工作。地方人大、政府应该主动进行相关清理工作。

(案例来源:法制日报 2011 年 02 月 16 日 09:59)

问题分析:

1. 土地储备制度的目的是什么?

2. 土储中心是否应该具有拆迁职能?为什么?

3. 为什么目前许多地方土储中心具有拆迁职能?

本章小结

我国的市、县都在实施土地储备制度,城市土地储备制度的建立对房地产开发产生了重要的影响。本章以土地储备开发程序为主线,介绍土地储备开发制度的相关知识,通过本章的学习,使读者熟悉土地储备开发中的基本理论知识,掌握土地储备开发的基本工作程序与内容。

习题

思考题

1. 土地储备计划编制的原则是什么?

2. 土地储备计划的主要内容包括哪些?

3. 土地储备开发实施方案的主要内容包括哪些?

4. 土地储备开发实施的模式主要有哪几种? 各种模式之间的差异有哪些?

5. 土地储备开发行政审批主要包括哪些?

6. 征地、拆迁工作的主要程序包括哪些?

7. 试讨论分析:制定何种政策,才能保证被征地、拆迁方的合法利益而又不损害公众利益?

第8章

房地产开发项目的规划设计及其评价

【学习要点及目标】
- ◆ 了解城市规划的概念和编制体系。
- ◆ 懂得居住区规划的具体内容。
- ◆ 懂得房地产开发的规划设计和勘察过程。
- ◆ 理解规划设计图纸的深度要求。
- ◆ 懂得居住建筑节能节地的设计手段。
- ◆ 掌握对规划设计进行评价的方法。

【核心概念】

城市总体规划和详细规划、居住区规划、居住区用地组成、容积率、建筑密度、日照间距、规划方案的评价。

【引导案例】

某地产开发公司准备对某一地块进行商业开发,现有两个规划方案。方案一建筑容积率高,有较多的沿街商业设施,能带来较高的商业利润,但建筑形式比较单一,建筑识别性不强;方案二建筑形式独特,形成了围合式的院落,场所感强,但经济性不如方案一。在实际开发中,该选择哪个方案呢?

8.1 房地产开发项目的规划设计

8.1.1 城市规划的概念

根据国家标准《城市规划基本术语标准》(GB/T 50280—1998),城市规划是"对一定时期内城市的经济和社会发展、土地利用、空间布局以及各项建设的综合部署,具体安排和实施管理"。《不列颠百科全书》中关于城市规划与建设的条目指出:"城市规划与改建的目的,不仅仅在于安排好城市形体——城市中的建筑、街道、公园、公用设施及其他的各种要求,而且,最重要的在于实现社会与经济目标。城市规划的实现要靠政府的运筹,并需运用调查、分析、预测和设计等专门技术。"所以,我们可以把城市规划看成一种社会活动、政府职能;同时,城市规划更是一项专门职业。各国城市规划的共同和基本的任务是通过空间发展的合理组织,满足社会经济发展和生态保护、文化传统保护等的要求。

《中华人民共和国城乡规划法解说》中,对城乡规划做了如下定义:"城乡规划是各级政府统筹安排城乡发展建设空间布局,保护生态和自然环境,合理利用自然资源,维护社会公正与公平的重要依据,具有重要公共政策的属性。"由此可见,现代城市规划既是一项社会实践活动,也是一项政府职能,同时也是一项专门技术,具有综合性、政策性、民主性和实践性的特点。由于城市规划的核心在于对社会资源的配置,因此,城市规划就成为社会利益调整的重要手段,要充分协调经济效益和社会公正之间的关系。城市规划正是通过对城市土地和空间使用配置的调控,来对城市建设和发展中的市场行为进行干预,从而保证城市的有序发展。在市场经济体制下,某一地块的价值不仅取决于该地块的使用本身,往往还受到周边地块的使用性质、开发强度、使用方式等的影响,而且不仅受到现在的土地使用状况的影响,更为重要的是会受到其未来的使用状况的影响,因此,充分发挥城市规划在资源(特别是土地资源)配置方面的指导作用,对城市长远的发展具有决定性的作用。

8.1.2 城市规划的编制体系

城市规划是城市政府为达到城市发展目标而对城市建设进行的安排,城市中的一切开发建设活动,都必须服从城市规划和规划管理。城市规划分为总体规划和详细规划,详细规划又可分为控制性详细规划和修建性详细规划。

(1)编制城市总体规划应先编制总体规划纲要,作为指导总体规划编制的重要依据。城市规划纲要研究确定城市总体规划的重大原则,并作为编制城市总体规划的原则。

(2)城市总体规划是在较长时期内,对整个城市的发展进行的综合部署,从宏观上控制城市土地合理利用和空间布局,指导城市协调发展。总体规划是编制城市近期建设规划、详细规划、专项规划和实施城市规划行政管理的法定依据。它的主要任务是:综合研究和确定城市性质、规模和空间发展状态,统筹安排城市各项建设用地,合理配置城市各项基础设施,处理好远期发展与近期建设的关系,指导城市合理发展。城市总体规划的期限一般为20年,同时应当对城市远景发展做出轮廓性的规划安排。

(3)分区规划是在总体规划的基础上,具体地划分土地使用界限,对土地使用的进一步分类,对不同使用性质的位置和范围提出控制性要求。它的主要任务是:在总体规划的基础上,对城市土地利用、人口分布和公共设施、城市基础设施的配置做出进一步的安排,以便与详细规划更好地衔接。

(4)控制性详细规划是我国特有的规划类型,通过数据控制落实规划意图,具有法律效应。控制性详细规划以控制建设用地的性质、使用强度和空间环境,作为城市规划管理的依据,并指导修建性详细规划的编制。控制性详细规划是从战略性控制到实施性控制的编制层次。

控制性详细规划的内容包括:

① 详细规定所规划范围内各类不同使用性质用地的界线,规定各类用地内适建、不适建或者有条件地允许建设的建筑类型;

② 规定各地块建筑高度、建筑密度、容积率、绿化率等控制指标;规定交通出入口方位、停车泊位、建筑后退红线距离、建筑间距等要求;

③ 提出各地块的建筑体量、体型、色彩等要求;

④ 确定各级支路的红线位置、控制点坐标和标高;

⑤ 根据规划容量,确定工程管线走向、管径和工程设施的用地界线;

8-1

8-2

⑥ 制定相应的土地使用与建筑管理规定。

（5）修建性详细规划是按照城市总体规划、分区规划以及控制性详细规划的指导、控制和要求，以城市中准备实施开发建设的待建地区为对象，对其中的各项物质要素进行统一的空间布局。修建性详细规划具有实施性强、形象化和编制主体多元化的特点。

修建性详细规划的内容包括：

① 建设条件分析及综合技术经济论证；

② 做出建筑、道路和绿地等的空间布局和景观规划设计，布置总平面图；

③ 道路交通规划设计；

④ 绿地系统规划设计；

⑤ 工程管线规划设计；

⑥ 竖向规划设计；

⑦ 估算工程量、拆迁量和总造价，分析投资效益。

城市规划体系，具有从抽象到具体、从发展战略到操作管理、从宏观到微观、从概要说明到详细布局、从整体到局部、从远期目标到近期建设实施的特点，从而构成了完整的城市规划层次体系，是指导房地产开发的重要依据。

8.1.3　居住区规划

房地产开发涉及的规划，在实际中以居住区（居住小区）居多，因此，这里着重介绍有关居住区规划的内容。

1. 居住区的用地组成

根据居民社会生活活动的需求和居住功能的要求，居住区用地一般包括以下几种。

（1）住宅用地。指建造住宅的用地，用地包括住宅建筑的基地、住宅之间的日照间距、宅前宅后必要的安全与卫生距离、住宅建筑入口的小路、宅旁绿化及底层杂物小院等。

（2）公共服务设施用地。指居住区内公共建筑和公用设施的建设用地，包括公共建筑和公用设施的基地、附属用地（绿化、停车场、广场、活动场地等）及道路等。

（3）道路用地。指居住区内的道路广场、停车场用地，包括居住区内的各级道路、广场、社会及居民停车场等，但不包括上述两类居住用地内的道路、广场和停车场。

（4）公共绿地。居住区内的各类公共绿化用地，包括居住区公园、小游园、街头绿地、林荫道、宅间日照间距以外的绿地、活动场地及运动场等，不包括居住区内的各种专用绿地。

以上四种用地是居住区的主要组成用地，但在居住区中还有与居民关系密切的、互不干扰的小型工厂的工业用地，可以给居民提供就近就业场所的城市公共设施用地及市政设施等其他用地。

2. 居住区的规模

居住区的规模包括人口和用地两个方面，由于人口数量对于设施等的影响较大，因此，一般以人口规模作为标志，用地规模的大小是以人口规模的变化和城市功能的改变所形成的地域空间来划分。对居住区规模的影响因素是多方面的，但影响较大的主要有以下几方面。

（1）公共服务设施的经济性。居住区级的公共服务设施是依据该区居住人口的数量来配套设置的，要使公共服务设施达到满足居民日常生活所需的精神和物质要求，就需要设置较完备的商业服务、文化教育、医疗卫生等设施，同时设施要维持运转，还需要一定规模的人群来支撑，使设施被合理地使用，这个人群的规模要维持在 5 万人以上。

（2）公共服务设施的合理服务半径。居住区的公共服务设施的设置不仅要考虑其经济性，还要考虑其辐射的范围——服务半径。合理的服务半径，是指居民到达居住区级公共服务设施的最大步行距离，一般为 800～1000m，在地形起伏的地区可适当减少服务半径。居住区的地域空间规模受到了以经济性为下限，以服务半径为上限的约束。

（3）城市道路交通与完整的地域单元。现代城市住区的发展变化与机动车的发展关系十分密切。现代城市交通的发展要求城市干道之间要有合理的间距，以保证城市交通的安全、快速和畅通。一般认为居住区是被城市主干道和自然边界划分而成的完整的地域，城市干道的合理间距为 600～1000m。

居住区是城市空间的重要组成部分，在空间布局和功能布局上应充分考虑城市的整体性。综合上述因素，居住区的人口规模一般为 3 万～5 万人，用地规模为 40～100hm^2。

3. 居住区布局结构和道路系统

在居住区规划的设计和实践中，逐步形成了"居住区-小区-组团"的城市居住区组织形式。居住组团是由若干栋住宅集中紧凑地布置在一起，在建筑上形成整体的、在生活上有密切联系的住宅组织形式，它是居住区中最基本的布局结构形式。若干住宅组团的有机结合构成居住小区，它是由城市道路以及自然界线（如河流）划分的完整居住地段。居住小区的再次组合就是居住区。表 8-1 为居住区分级控制规模的住户数量和人口数量指标。常见的居住区规划空间结构主要有内向型、开放型、自由型等。

表 8-1 居住区分级控制规模指标

项　目	居　住　区	小　区	组　团
户数/户	10 000～16 000	3000～5000	300～1000
人口/人	30 000～50 000	10 000～15 000	1000～3000

居住区内部道路是城市居住区的骨架，居住区道路不仅具有组织车行交通和人行交通的功能，同时也具有保持居住环境，避免穿越式交通，提供居民交往、休闲的功能，此外，还是市政管线敷设的通道。居住区原则上不允许过境交通穿过，不能有过多的车道出口通向城市交通干道，出入口间距应不小于 150～200m。

房地产开发的适宜规模是居住小区。居住区的布局结构往往通过其内部的道路系统分割而成。居住区道路分为居住区道路、小区道路、组团道路和宅间小路四级。居住区级道路是居住区的主要道路，一般是城市的次干路或城市支路，既有组织居住区交通的作用，用以划分和联系各小区，也具有城市交通的作用，解决居住区的对外联系，道路红线宽度为 20～30m，车行道宽度不应小于 9m，人行道宽度为 2～4m；小区级道路具有连接小区内外、组织居住组团的功能，一般不允许城市交通和公共交通进入，红线宽度一般为 10～14m，车行道宽度为 6～8m，人行道宽度为 1.5～2m；组团级道路主要用于沟通组团的内外联系,以通行自行车和人行为主,宽度一般为 4～6m;宅间小路一般是进出庭院及住宅的道路,主要通行自行车和行人,但也要满足消防、救护、搬家、垃圾清运等汽车的通行,一般宽度不小于 2.6m。

道路的最小宽度,在较为理想的条件下,考虑到车辆的种类和设计车速,单车道宽度应在 3.5m 以上,双车道宽度可为 6～7m。在《民用建筑设计统一标准》(GB 50352—2019)中规定:考虑机动车与自行车共用的通路宽度不应小于4m,双车道宽度不应小于7m。《建筑设计防火规范》(2018 年版)(GB 50016—2014)中规定,消防车道的宽度不应小于 3.5m。人行道宽度可视具体情况而定,设在车道两侧的人行道宽度一般不应小于 1.5m。

4. 住宅的规划布置

影响住宅组群布局的主要物质因素是地形地貌、建筑物、植物三大类。行列式、周边式和点群式是住宅群体组合中最常用的三种基本组织方式。此外,还有将三种基本方式综合运用的混合式和因地形地貌、用地条件的限制,因地制宜而形成的自由式。

(1)行列式。行列式是建筑按照一定的朝向和合理的间距成排布置的方式。这种布置方式能使绝大多数居室获得良好的日照和通风,利于管线敷设和工业化施工,是各地广泛采用的一种方式。但住宅群体和形成的空间形式单调,识别性差,易产生穿越交通。因此在规划布局时常利用建筑山墙错列、建筑单元错落拼接等方式来活跃空间气氛。常见的行列式布局形式见表 8-2、表 8-3。

表 8-2　行列式布局常见形式 1

基 本 形 式	山墙错落前后交错	左 右 交 错	左右前后交错

表 8-3　行列式布局常见形式 2

单元错开拼接不等长拼接	等长拼接	成组改变朝向

(2)周边式。周边式是建筑沿街坊或院落周边围合布置的形式,形成的院落空间较为封闭,便于在其中组织公共绿化休息园地,对于寒冷和多风沙地区,可阻挡风沙和减少院内风雪,同时还可以节约建筑用地,提高建筑密度。周边式形成的内向集中空间,空间领域感和归属感较强。但其主要缺点是东西向的住宅比例较多,居室朝向差,不利于湿热地区使用,转角单元空间较差,有旋涡风、噪声及干扰较大,对地形适应性差,而且施工复杂、不利于抗震、造价高。常见的周边式布局形式见表 8-4。

表 8-4　周边式布局常见形式

单周边	双周边	自由周边

（3）点群式。点群式是由建筑基底面积较小的建筑相互邻近形成的散点状群体空间。点群式布置的住宅建筑一般为点式或塔式住宅,住宅日照和通风条件较好,对地形的适应能力强,但缺点是建筑外墙面积大,不利于节能,而且形成的外部空间较为分散,空间主次关系不够明确,视线干扰较大,识别性较差。

（4）混合式。混合式是以上三种布局方式的混合形式。较常用的是以行列式为主,以少量住宅、公共建筑沿道路或院落周边布局,或在用地边角处散点状布局,形成兼具封闭感和开敞感的院落空间。这种布局方式可以保证大量住宅具有较好的朝向和日照,还可以形成一定的主次空间,空间的封闭感和开敞感均可以达到,而且易于与用地结合,因此在实际运用中具有较强的适应性。

（5）自由式。自由式是根据具体的地形特点,在考虑日照、通风等技术要求的前提下,建筑成组成群、灵活自由的布置。

5. 住宅选型

住宅类型很多,如按层数划分,有低层住宅、多层住宅、中高层住宅和高层住宅。1～3层的住宅为低层住宅,4～6层的为多层住宅,7～9层的为中高层住宅,10层以上为高层住宅。由于在居住小区开发中,有大量的建筑是住宅,因此,住宅选型是规划的主要内容,它直接影响土地的经济利用、住宅需求、建筑造价、景观效果以及施工的难易程度。

（1）低层住宅。低层住宅一般指 1～3 层的住宅建筑。随着城市的发展,城市建筑密度大大增加,使得多、高层住宅在城市住宅中所占的比例逐步增大,低层住宅主要存在于人口密度相对较低的城市郊区和小城镇。

低层住宅一般可分为以下几种类型。

① 城市集合型低层住宅。城市集合型低层住宅指在城市范围内以集中形式建造的低标准低层住宅,适用于农业社会和农业社会向工业社会过渡的阶段。但随着社会经济的发展,这种住宅的比例逐步减小,除小城镇以外,一般只出现在占地较大的工矿企业或单位,或是在旧城保护区,以及新建住宅区的局部地段,多是为与多、高层住宅在空间和环境等方面相配合而修建的。

② 别墅。别墅的原本含义为:"住宅以外的供游玩、休养的园林式住房。"是一种除"正宅"以外的"副宅"。随着城市环境质量的下降、交通和通信更为发达等原因,别墅的范围也开始涵括"正宅"的内容,既可以是住户休养的住所,也可以是常年栖居的生活用房。别墅可分为城市型别墅和郊野型别墅,近年还出现了商务型别墅、度假型别墅。

别墅和城市集合型低层住宅在建筑标准(主要指面积标准和建筑质量标准)上和环境标准(主要指住宅周围的环境及服务设施)上有一定的差别,别墅的标准较高,而城市集合型住宅的标准相对较低。低层住宅的低层数和小体量较易形成亲切的尺度,住户的生活活动空间接近自然环境,符合人类回归自然的心理需求;建筑造型较为灵活,有"前院后庭"的理想家园模式,使居民对住宅及居住环境有较强的认同感和归属感。但低层住宅也有一些缺点:不利于节约土地,密度较低,与多、高层住宅相比,底层和顶层面积较多,不够经济,道路、管网及其他设施的使用效率低。

(2) 多层住宅。多层住宅的平面类型较多,按交通廊的组织可分为梯间式、外廊式、内廊式、跃廊式;按楼梯间的布局可分为外楼梯式、内楼梯式、横楼梯式、直上式、错层式;按拼接与否可分为拼联式与独立单元式(常称点式);按天井围合形式可分为天井式、开口天井式、院落式;按其剖面组合形式可分为台阶式、跃层式、复式、变层高式。

① 梯间式。由楼梯平台直接进分户门,一般每梯可安排 2~4 户。这种类型平面布置紧凑,公共交通面积少,户间干扰少而较安静,但往往缺少邻里交往空间,且多户时难以保证每户有良好的朝向。

② 外廊式。长外廊便于各户并列组合,对小面积套型较为适宜,一梯可服务多户,分户明确,每户有良好的朝向、采光和通风,外廊敞亮,有利于邻里交往和安全防卫,但公共外廊对户内有视线及音响干扰,在寒冷地区不易保温防寒,在气候温和地区采用较多。也可将拼联户数减少,形成短外廊式,既具有长外廊式的某些优点,又较安静,且有一定范围的邻里交往。

③ 内廊式。长内廊的两侧布置各户,楼梯服务户数增多,使用率大大提高,且房屋进深加大,用地节省,在寒冷地区有利于保温。但各户均为单朝向户,且内廊较暗,户间干扰也大,户内不能组织良好的穿堂风。可缩短内廊,形成短内廊式(内廊单元式),保留了长内廊的一些优点,且居住较安静,在我国北方应用较广。由于中间的单朝向户通风不佳,在南方地区不宜采用。

④ 跃廊式。跃廊式是由通廊进入各户后,再由户内小楼梯进入另一层。由于隔层设通廊,从而节省交通面积,增加服务户数,且可减少干扰,每户有可能争取两个朝向。户内常在下层设厨房、起居室,上层设卧室、卫生间,套内如同低层住宅,居住较安静。跃廊式在每户面积大、居室多时较适宜。

⑤ 台阶式。住宅单元逐层错位叠加、层层退台、使每户都有独用的大面积平台,外形形成台阶形或金字塔形。室外环境又如低层住宅,为每户提供了休息和户外活动场所,相对来说也比较节约用地。但是要求每户有独立的室外入口,有两套垂直交通系统,在阶梯形住宅中央空间设置车库或其他公用设施。

⑥ 跃层式。当套型面积较大、居室较多时,作成跃层式住宅可以上下层动静分区,将起居室、厨房、餐厅布置在下层,卧室布置在上层,居住较安静,车库放在底层,并在其屋顶做绿化和休息交往空间。在竖向组合中,也可以跃半层,使住户室内各部分处在不同的标高上,其优点在于可以结合地形,或利用底层的空间高差布置商店或贮藏,并有利于户内分区,但应注意结构和抗震等的处理。

⑦ 复式。复式住宅是在住宅层高为 3.3~3.5m 的情况下,在内部空间中巧妙地布置夹层,形成空间重复利用。起居空间最高,不设夹层,其他空间则做夹层处理,从而大大提高了空间利用率。复式住宅在构造和施工上有一定的复杂性,且有些空间比较低矮狭小,使用不便。

⑧ 变层高式。变层高式住宅根据不同的层高进行搭配,起居室较高,卧室次之,厨房和卫生间等服务空间则较低,既可以高效利用空间,又可以节约材料和用地。

（3）高层住宅。

① 单元组合式高层住宅。以单元组合成为一栋建筑,单元内各户以电梯、楼梯为核心布置。单元组合式高层住宅平面形式很多,常见的有矩形、T 形、十字形、Y 形及 Z 形等,也有以电梯、楼梯间作为单元和单元组合之间的插入体。

② 长廊式高层住宅。长内廊高层住宅各户在内廊两侧布置,可以经济地利用通道,使电梯服务户数增多。长内廊的过道通风条件很差,在发生火灾时不易排除烟热,常需设置机械通风设备。长外廊高层住宅一般都将外廊封闭,利用外廊作为安全疏散的通道。另外,还可以将外廊连成环形,形成大天井。

③ 塔式住宅。塔式住宅是指平面上两个方向的尺寸比较接近,而高度又远远超过平面尺寸的高层住宅。这种类型住宅是以一组交通枢纽为中心,各户环绕布置,不与其他单元拼接,独立自成一栋。这种住宅的特点是能适应地段小、地形起伏复杂的基地。在住宅群中,与板式高层住宅相比,较少影响其他住宅的日照、采光、通风和视野,可以与其他类型住宅组合成住宅组团,使街景更为生动。塔式住宅内部空间组织比较紧凑,采光面多,通风好,目前我国许多城市都经常采用。

④ 跃廊式高层住宅。跃廊式高层住宅每隔一二层设有公共走道,由于电梯可隔一层或两层停靠,从而大大提高了电梯的利用率,既节约交通面积,又减少了干扰。跃廊式的公共走廊可以是内廊或外廊,跃层既可跃一层,也可以跃半层,也可以有的户是跃层,有的户不是跃层。

6. 公共建筑规划布置

居住区公共服务设施(也称配套公建)是指居住区内除住宅建筑之外的其他建筑,是为居民生活配套服务的建筑,是居民居住生活的重要物质基础,关系到居民生活的质量和方便程度。从公共服务设施的内容上看,居住区公共服务设施分为教育、医疗卫生、文化、体育、商业服务、金融邮电、社区服务、市政公用和行政管理及其他等设施。居住区公共服务设施定额指标包括建筑面积和用地面积两个方面,公共建筑的规模一般以每千人拥有的各项公共服务设施的建筑面积和用地面积为指标,称为"千人指标"。

居住区公共服务设施分为居住区、小区、组团三级,居住区级配套公建多属非经常使用的医院、文化中心、大型商业设施等,服务半径一般为 800~1000m;小区级配套公建一般是经常使用的幼儿园、超市、银行、健身设施等,服务半径一般为 400~500m;组团级配套公建主要是居委会、小型商业服务设施、垃圾收集、车库、市政公用设施,服务半径一般为 150~200m。

居住区配套公共建筑的规划布置应按照使用的频繁程度分等级,与人口规模相适应,以成套配置和集中与分散相结合的原则进行布置。居住区配套公共建筑的规划布置的基本原则是:

（1）各类公共建筑应有合理的服务半径,以便于居民使用。

（2）应设置在交通较方便、人流较集中的地段,符合人流走向。

（3）如为独立的工矿居住区或地处市郊的居住区,则应在考虑附近地区使用方便的同时,还要保持居住区内部的安宁。

(4)各级公共服务中心宜与相应的公共绿地相邻布置,或靠近河湖水面等一些能较好体现城市建筑面貌的地段。

居住小区级公共服务设施分为商业服务设施和儿童教育设施两大类。根据居住区配套公共建筑的功能的不同,公共建筑可按照如下方式进行布置。

居住区文化商业服务中心的布置方式大致有三种:沿街线状布置、独立地段成片集中布置、沿街和成片集中相结合的布置。沿街线状布置是我国传统的布置方式,对改变城市面貌、丰富城市景观有显著的效果,特别是采用沿街住宅带底层商店的方式比较节约用地,但在使用和管理方面不如成片集中的方式有利。独立地段成片集中布置的方式在改变城市面貌方面不如沿街带状布置方式效果好,且用地偏多,但由于在独立地段建造,可充分满足各类公共服务设施的布置要求,方便使用和管理。沿街和成片集中相结合的布置方式,吸取了前两种方式的优点。居住区文化商业服务中心的布置具体采用什么形式,应根据居民的生活习惯、气候条件、建设规模等综合考虑。

居住区商业服务设施的基本布置方式有两种:一是设在住宅或其他建筑底层,二是独立设置。住宅底层设置商业服务设施是我国比较常见的布置方式。独立设置的商业服务设施可以布置在同一幢空间较大的建筑内,也可以由几幢建筑结合周围环境加以组合。在用地上比住宅底层商店多,优点是平面布置灵活,能统一柱网,简化结构。这种方式集中紧凑,便于居民使用。

中小学是居住小区级公共服务设施中占地面积和建筑面积最大的项目,直接影响居住区的规划结构。一般小学的服务半径为 500m 左右,中学为 1000m 左右。中小学的布置一般应设在居住区或小区的边缘,沿次要道路比较僻静的地段,不宜在交通频繁的城市干道或铁路干线附近布置,以免噪声干扰,同时应注意学校对居民的干扰,与住宅保持一定的距离。托幼机构最好布置在环境安静、接送方便的单独地段。

7. 居住区绿地的规划布置

居住区绿地与居民生活关系密切,对改善居民的生活环境和城市生态环境发挥着重要的作用。居住区绿化系统包括公共绿地、公共建筑或公用设施附属绿地、宅旁和庭院绿地、街道绿化等。

居住区的绿地指标由平均每人的公共绿地面积和绿地率所组成。根据现行我国《城市居住区规划设计标准》(GB 50180—2018)的规定,居住区内公共绿地的总指标应根据人口规模分别达到:住宅组团不少于 $0.5m^2$/人,居住小区(含组团)不少于 $1m^2$/人,居住区(含小区与组团)不少于 $1.5m^2$/人。对绿地率的要求,新区不低于总面积的 30%,旧区改建不低于总面积的 25%。

居住区绿地规划的基本要求如下。

(1)根据居住区的功能组织和居民对绿地的使用要求采取集中与分散,重点与一般及点、线、面相结合的原则,以形成完整统一的居住区绿地系统。

(2)尽可能利用劣地、坡地、洼地进行绿化,以节约用地。充分利用建设用地中的原有绿化、河湖水面等自然条件。

(3)注意美化居住环境。

(4)以价廉、易管、易长为原则。在居住区的重要地段少量种植形态优美,具有色、香和地方特色的花木或大树,使整个居住区的绿化环境能保持四季常青的景色。

8. 居住区停车场规划设计

近年来,我国居民小汽车的拥有比例呈逐年提高的态势,小汽车的停放问题已成为居住小区的普遍问题。机动车停车场(库)的布局应考虑使用方便,服务半径不宜超过150m。《居住区规划设计标准》(GB 50180—2018)对地面停车率的控制主要是出于对地面环境的考虑,控制地面停车数量,提出地面停车率不宜超过10%的控制指标,当停车率高于10%时,其余部分可采用地下、半地下停车或多层停车库等方式。

一般小汽车的停车面积可按每个停车位25~30m²来计算。地下停车场(库)及地面多层式停车场(库),每个停车位面积可取30~40m²。在停车场边缘及转角处的停车位应比正常的更大一些,以保证车辆进出方便、安全,特别是在受到建筑物、车道或其他障碍物的限制时,更要考虑尺寸上的余地,一般端部的停车位应比正常的宽30cm。在架空建筑物下面的停车位宽度应为3.35m,净高应在2.1m以上,而且布置时应注意到柱子等对车辆进出的影响。

(1) 停车方式及停车带和通道宽度。车辆的停放方式按其与通道的关系可分为三种类型,即平行式、垂直式和倾斜式。

平行式即车辆平行于通道方向停放,这种方式所需停车带较窄,车辆驶出方便、迅速,但占地最大,单位长度内停放的车辆较少,较适宜于路边停车。

垂直式即车辆垂直通道方向停放,以这种方式停车,单位长度内停放的车辆数最多,用地比较紧凑,但停车带占地较宽,且在进出停车位时,需要倒车一次,因而要求通道至少有两个车道宽,可以两边停车,合用中间一条通道。

倾斜式即车辆与通道成角度停放,一般为30°、45°、60°三种角度停放。这种停车方式的停车带随车身长度不同而异,在场地受限制时采用。这种方式车辆出入及停车均方便,故有利于迅速停置和疏散。这种停车方式的缺点是停车位面积较上两种方式要多,用地较浪费,需要合理解决三角块用地的使用。

(2) 常见的停车设施。

① 停车场。地面停车是一种最常见也最便捷的停车形式,可根据居住区交通的组织、道路系统和住宅系统的布局,利用路边、组团之间、宅间等零星的边角地段,布置形式灵活、多样的地面停车场。地面停车场在布置时应注意处理好车辆出入与行人的关系;车辆出入的组织与相毗邻的道路交通方向一致,停车场内车辆应采用单向行驶路线。

对于地面的公共停车场,当停车位的数量大于50个时,须设置2个以上出入口。当停车位的数量大于500个时,出入口的数量不得少于3个,而且这时出入口之间的距离须大于15m。

地下停车场,当车位数量大于25个时,应设置至少2个出入口。地面上的多层停车场,当车位数小于100个时,可以设置一个双车道的出入口;当车位数大于100个时,应设置两个及两个以上的出入口。地面的小汽车停车场出入口宽度不得小于7m。

② 多层停车库。多层停车库按车辆进库就位的不同情况,可分为坡道式车库和机械化车库两类。坡道式车库又划分为直坡道式车库、错层式车库(半坡道式车库)、螺旋坡道式车库、斜坡楼板式车库。

直坡道式车库由水平停车楼面组成,每层间用直坡道相连,坡道可设在库内或库外。这类车库布局简单整齐,交通路线比较明确,但用地不够经济,每车位占地面积较多。

错层式车库是直坡道式车库的发展,至少要有两个停车段组成,而且相互错半层,用短坡道相连。因坡道长度缩短,坡度也允许陡些。这类车库每车占用面积较小,用地较经济,若两错层间局部重叠用地更省。但交通线对部分车位有些干扰,外立面呈错层形式。

螺旋坡道式车库与直坡道式车库相似,层间用圆形坡道联系(即螺旋式),坡道可设单行或双行(双行时上行在外,下行在内)。这类车库布局比较简单整齐,交通路线明确,上下行坡道干扰少,车速较快。但螺旋式坡道造价较高,用地同样不够经济,每车位占地面积较多。

倾斜楼板式车库由坡度很缓的连续倾斜停车楼面组成,通道同时也是坡道,无须再设专门的单独坡道,所以每车位占用面积比较少。但交通路线较长,对车位有干扰,外立面随楼板结构呈连续斜面。

机械化车库是采用电梯(升降机)将车辆上下运送(亦有电梯兼做水平运行的)。其优点是节省用地,能在狭窄或不规则用地上建造,建筑费用较低。不过,这种车库使用效率往往受出入口限制,每车所占用的总平均面积与坡道式车库所占面积几乎相同,且机械设备费用也较贵,故不能体现其优越性。

8.2 开发项目规划设计的组织与控制

8.2.1 房地产开发的规划设计勘察过程

房地产开发的规划设计勘察过程,统称工程勘察。

工程勘察是指为满足工程建设的规划、设计、施工、运营及综合活动等方面的需要,对地形、地质及水文等状况进行测绘勘探、测试,并提供相应成果和资料的活动。

工程勘察是房地产开发项目前期准备工作的至关重要的一步,是规划设计、建筑设计以及基础设施建设的基础。工程勘察一般由开发企业委托勘察设计部门进行。它的主要任务是通过对开发区的地形测量、工程地质结构钻探、地表水和气象资料调查,掌握开发用地及邻近重要地段的地形地貌、地层结构、土壤性质、水文资料、地基承载力及稳定性、不冻季节的延续期、土壤冻结厚度等资料,并编制成图和报告,从而为开发项目的规划、建筑设计、管网设置和工程施工提供可靠的依据。

房地产开发项目的工程勘察,其工作阶段的划分应与规划设计、施工阶段的划分相适应。一般分为选址勘察、初步勘察、详细勘察和施工勘察四个阶段。

1. 选址勘察

选址勘察是通过现场调查、测绘、勘探和资料分析,对工程地质的稳定性和适宜性做出评价,并编制出1:5000的反映地形地貌的地形图,为选址定点提供可靠的地质资料。这类勘察亦称为资料分析,开发商一般可通过规划部门的地形图获知。

(1)选址勘察的主要工作有:

① 收集区域地质、地形地貌、地震、矿产和附近地区的工程地质资料及当地的建筑经验;

② 在收集和分析已有资料的基础上,通过踏勘,了解场地的地层、构造、岩石和土的性质、不良地质现象及地下水等工程地质条件;

③ 对工程地质条件复杂,已有资料不能符合要求,但其他方面条件较好且倾向于选取的场地,应根据具体情况进行地质测绘及必要的勘探工作。

(2) 确定开发场地时,在工程地质方面,宜避开下列地段:

① 不良地质现象发育且对场地稳定性有直接危害或潜在威胁;

② 对建筑物抗震有危险的地段;

③ 洪水或地下水对建筑场地有严重不良影响;

④ 地下有未开采的有价值矿藏或未稳定的地下采空区。

2. 初步勘察

初步勘察一般在选择场址勘察之后进行,其任务是适应初步设计(或扩大初步设计)的需要,针对场地内建设地段的稳定性,是否适宜建设做出地质评价和进一步评价,并提交1∶2000 的地形图,为建筑总平面图布置、主要地基基础设计方案、不良地质现象的防治工程方案等提供工程地质资料。

初步勘察前,应取得附有建筑区范围的地形图和有关工程的性质及规模的文件。初步勘察的主要工作有:①初步查明地层、构造、岩石和土的物理力学性质、地下水埋藏条件及冻结深度;②查明场地不良地质现象的原因、分布范围、对场地稳定性的影响程度及其发展趋势;③对设计烈度为 7 度及 7 度以上的建筑物,应判定场地和地基的地震效应。

3. 详细勘察

详细勘察是在初步勘察的基础上对建筑物场地进行进一步勘察,做出工程地质详细评价,并绘制 1∶1000 的地形图,为地基基础设计、地基处理与加固、对不良地质现象的防治工程等提供工程地质资料。

详细勘察的主要工作有:①查明建筑物范围内的地层结构、岩石和土的物理力学性质,并对地基的稳定性和承载能力做出评价;②提供不良地质现象的防治工程所需的计算指标及资料;③查明地下水的埋藏条件和侵蚀性,必要时,还应查明地层的渗透性,水位变化幅度及规律;④判定地基岩石及地下水在建筑物施工和使用中可能产生的变化及影响,并提出防治建议。

4. 施工勘察

施工勘察是对大型或地质条件复杂的工程,做好施工阶段的勘察配合、地质编录和勘察资料验收等工作。如发现有影响设计的地质、地形问题,应进行补充勘察。多数开发项目都不会进行施工勘察,只有在地质比较复杂、工程要求高的情况下,对与施工有关的工程地质问题进行勘察,为制定施工方案提供相应的工程地质资料。

施工勘察阶段的主要工作如下。

(1) 验槽时,应对基槽做地质素描,实测地层界线,查明人工填土的分布和均匀性等,必要时应进行补充勘探测试工作。

（2）对深基础进行施工勘察时，应根据不同的施工方法，分别进行下列工作：

① 当进行大幅度、大面积人工降低地下水位时，应提供地层渗透系数，并判定降水漏斗区域内土层坍塌或建筑物产生沉降的可能性；

② 当判定深层开挖对地基变形及邻近建筑物的影响时，宜在施工过程中实测基底回弹、隆起或土的侧向位移，以及邻近建筑物的附加沉降等；

③ 当采用沉井、沉箱基础工程方案时，应提供其与地基土的摩擦系数，并判定其正常下沉的可能性。

8.2.2　规划设计的组织与委托

1. 设计资格

《城乡规划法》明确提出了对城乡规划编制单位的资质要求。《城乡规划法》第二十四条规定，城乡规划组织编制机关应当委托具有相应资质等级的单位承担城乡规划的具体编制工作。

从事城乡规划编制工作应当具备下列条件，并经国务院城乡规划主管部门或者省、自治区、直辖市人民政府城乡规划主管部门依法审查合格，取得相应等级的资质证书后，方可在资质许可等级的范围内从事城乡规划编制工作：

（1）有法人资格；

（2）有规定数量的经国家城乡规划主管部门注册的规划师；

（3）有规定数量的相关专业技术人员；

（4）有相应的技术装备；

（5）有健全的技术、质量、财务管理制度。

编制城乡规划必须遵守国家有关标准。

2. 设计等级

目前我国建设工程设计单位共分为甲、乙、丙三个等级，一般不得越级设计。

3. 设计范围

我国建设工程设计单位的资格证书上都注明了该设计单位的设计范围，一般不能超出范围设计。

（1）甲级城市规划编制单位承担城市规划编制任务的范围不受限制。

（2）乙级城市规划编制单位可以在全国承担下列任务：20万人口以下城市总体规划和各种专项规划和编制（含修订或者调整）详细规划；研究拟定大型工程项目规划选址意见书。

（3）丙级城市规划编制单位可以在本省、自治区、直辖市承担下列任务：建制镇总体规划编制和修订；20万人口以下城市的详细规划的编制；20万人口以下城市的各种专项规划的编制；中、小型建设工程项目规划选址的可行性研究。

（4）有甲、乙、丙级资质的城市规划编制单位均可编制集镇和村庄规划。

8.2.3 各专业图纸需要达到的深度要求

民用建筑工程设计一般分为方案设计、初步设计和施工图设计三个阶段；对于技术要求简单的民用建筑工程,经有关主管部门同意,并且合同中有不做初步设计的约定,可在方案设计审批后直接进入施工图设计。

1. 方案设计

方案设计(概念设计)是在投资决策之后,由咨询单位对可行性研究提出意见和问题,经与业主协商认可后提出的具体开展建设的设计文件,其深度应当满足编制初步设计文件和控制概算的需要。

方案设计文件包括以下几方面的内容。

(1) 设计说明书,包括各专业设计说明以及投资估算等内容；对于涉及建筑节能设计的专业,其设计说明应有建筑节能设计专门内容。

① 设计依据、设计要求及主要技术经济指标,具体包括：与工程设计有关的依据性文件的名称和文号；设计所执行的主要法规和所采用的主要标准；设计基础资料；简述政府有关主管部门对项目设计的要求；简述建设单位委托设计的内容和范围；工程规模、项目设计规模等级和设计标准；主要技术经济指标。

② 总平面设计说明,具体包括：概述场地现状特点和周边环境情况及地质地貌特征,详尽阐述总体方案的构思意图和布局特点,以及在竖向设计、交通组织、防火设计、景观绿化、环境保护等方面所采用的具体措施；说明关于一次规划、分期建设以及原有建筑和古树名木保留、利用、改造方面的总体设想。

③ 建筑设计说明,具体包括：建筑方案的设计构思和特点；建筑群体和单体的空间处理、平面和竖向构成、立面造型和环境营造、环境分析；建筑功能布局和各种出入口、垂直交通运输设施的布置；建筑内部交通组织、防火和安全疏散设计；关于无障碍和智能化设计方面的简要说明；当建筑在声学、建筑防护、电磁波屏蔽以及人防地下室等方面有特殊要求时,应做出相应说明；建筑节能设计说明。

④ 其他各专业设计说明,具体包括建筑结构、建筑电气、给水排水、采暖通风和空气调节、热能动力等。

⑤ 投资估算文件。

(2) 总平面图以及建筑设计图纸。

① 总平面设计图纸。

a. 场地的区域位置。

b. 场地的范围。

c. 场地内四邻环境的反映。

d. 场地内拟建道路、停车场、广场、绿地及建筑物的布置,并表示出主要建筑物与各类控制线、相邻建筑物之间的距离及建筑物总尺寸,以及基地出入口与城市道路交叉口之间的距离。

e. 拟建主要建筑物的名称、出入口位置、层数、建筑高度、设计标高,以及地形复杂时主要道路、广场的控制标高。

f. 指北针或风玫瑰图、比例。

g. 根据需要绘制的反映方案特性的分析图,如功能分区、空间组合、景观分析、交通分析、消防分析、地形分析、绿地布置、日照分析、分期建设。

② 建筑设计图纸。

a. 平面图:包括平面总尺寸、开间、进深尺寸及结构受力体系的柱网、承重墙位置和尺寸;各主要使用房间的名称;各楼层地面标高、屋面标高;室内停车库的停车位和行车线路;底层平面图应标明剖切线位置和编号,并应标示指北针;主要用房的放大平面和室内布置必要时绘制;图纸名称、比例或比例尺。

b. 立面图:体现建筑造型的特点,选择绘制一两个有代表性的立面;绘制各主要部位和最高点的标高或主体建筑的总高度;当与相邻建筑(或原有建筑)有直接关系时,应绘制相邻或原有建筑的局部立面图;绘制图纸名称、比例或比例尺。

c. 剖面图:剖面应剖在高度和层数不同、空间关系比较复杂的部位;标明各层标高及室外地面标高、建筑总高度;若遇有高度控制时,还应标明最高点的标高;标明剖面编号、比例或比例尺。

(3) 设计委托或设计合同中规定的透视图、鸟瞰图、模型等。

2. 初步设计

初步设计(基础设计)的内容依项目的类型不同而有所变化,一般来说,它是项目的宏观设计,即项目的总体设计、布局设计、主要的工艺流程、设备的选型和安装设计、土建工程量及费用的估算等。初步设计文件应当满足编制施工招标文件、主要设备材料订货和编制施工图设计文件的需要,是下一阶段施工图设计的基础。

初步设计文件一般包括如下几方面内容。

(1) 设计说明书。包括设计总说明、各专业设计说明。对于涉及建筑节能设计的专业,其设计说明应有建筑节能设计专项说明。

设计总说明包括如下几方面内容。

① 工程设计依据,具体包括:政府有关部门的批文;设计所执行的主要法规和所采用的主要标准;工程所在地区的气象条件、地理条件、建设场地的工程地质条件;公用设施和交通运输条件;规划、用地、环卫、卫生、绿化、消防、人防、抗震等要求和设计依据资料;建设单位提供的有关使用要求或生产工艺等资料。

② 工程建设的规模和设计范围,具体包括:工程的设计规模及项目组成;分期建设的情况;承担的设计范围与分工。

③ 总指标,具体包括:总用地面积、总建筑面积和反映建筑功能规模的技术指标;其他有关技术经济指标。

④ 设计特点,具体包括:简述各专业的设计特点和系统组成;采用新技术、新材料、新设备和新结构的情况。

⑤ 提请在设计审批时需解决或确定的主要问题,具体包括:有关城市规划、红线、拆迁

和水、电、蒸汽、燃料等能源供应的协作问题；总建筑面积、总概算(投资)存在的问题；设计选用标准方面的问题；主要设计基础资料和施工条件落实情况等影响设计进度的因素；明确需要进行专项研究的内容。

(2) 有关专业的设计图纸。在初步设计阶段，总平面专业设计文件应包括设计说明书、设计图纸。

① 设计说明书，具体包括：设计依据及基础资料，场地概述、总平面布置、竖向设计、交通组织、主要经济技术指标表。

总平面布置需要进行如下工作：说明总平面设计构思及指导思想；说明如何因地制宜，结合地域文化特点及气候、自然地形综合考虑地形、地质、日照、通风、防火、卫生、交通以及环境保护等要求布置建筑物、构筑物，使其满足使用功能、城市规划要求以及技术安全、经济合理性、节能、节地、节水、节材等要求；说明功能分区、远近期结合、预留发展用地的设想；说明建筑空间组织及其与四周环境关系；说明环境景观和绿地布置及其功能性、观赏性等；说明无障碍设施的布置。

② 设计图纸，具体包括区域位置图、总平面图、竖向布置图。

总平面图的具体内容包括：保留的地形和地物；测量坐标网、坐标值，场地范围的测量坐标、道路红线、建筑控制线、用地红线；场地四邻原有及规划的道路、绿化带等的位置和主要建筑物及构筑物的位置、名称、层数、间距；建筑物、构筑物的位置与各类控制线的距离，其中主要建筑物、构筑物应标注坐标、与相邻建筑物之间的距离及建筑物总尺寸、名称、层数；道路、广场主要坐标，停车场及停车位、消防车道及高层建筑消防扑救场地的布置，必要时加绘交通流线示意；绿化、景观及休闲设施的布置示意，并标识出护坡、挡土墙、排水沟等；主要技术经济指标表。

(3) 主要设备表或材料表。

(4) 工程概算书。

(5) 有关专业工程设计计算书。

3. 施工图设计

施工图设计(详细设计)的主要内容是根据批准的初步设计，绘制出正确、完整和尽可能详细的建筑、安装图纸，包括建设项目部分工程的详图、零部件结构明细表、验收标准、方法、施工图预算等。此设计文件应当满足设备材料采购、非标准设备制作和施工的需要，并注明建筑工程的合理使用年限。

施工图设计包含：合同所涉及的所有专业的设计图纸以及图纸总封面，对于涉及建筑节能设计的专业，其设计说明应有建筑节能设计的专项内容；合同要求的工程预算书；各专业计算书。

(1) 总平面设计。施工图设计阶段，总平面专业设计文件应包括图纸目录、设计说明、设计图纸(包括总平面图、竖向布置图、土石方图、管道综合图、绿化及建筑小品布置图、详图等)、计算书。

总平面图包括的具体内容有：保留的地形和地物；测量坐标网、坐标值；场地范围的测量坐标、道路红线、建筑控制线、用地红线等的位置；场地四邻原有及规划的道路、绿化带等的位置，以及主要建筑物和构筑物及地下建筑物的位置、名称、层数；建筑物、构筑物的名称编号、层数、定位(坐标或相互关系尺寸);广场、停车场、运动场地、道路、围墙、无障碍设施、排水沟、挡土墙、护坡等的定位。

(2) 建筑设计。施工图设计阶段,建筑专业设计文件应包括图纸目录、设计说明、设计图纸(平面图、立面图、剖面图、详图)、计算书。

① 平面图的内容包括:承重墙、柱及其定位轴线和轴线编号,内外门窗位置、编号及定位尺寸,门的开启方向,注明房间名称及编号,库房注明储存物品的火灾危险性类别;轴线总尺寸(或外包总尺寸)、轴线间尺寸(柱距、跨度)、门窗洞口尺寸、分段尺寸;墙身厚度(包括承重墙和非承重墙),柱与壁柱截面尺寸及其与轴线关系尺寸;当围护结构为幕墙时,标明幕墙与主体结构的定位关系;玻璃幕墙部分标注立面分格间距的中心尺寸;变形缝位置、尺寸及做法索引;主要建筑设备和固定家具的位置及相关做法索引,如卫生器具、雨水管、水池、台、橱、柜、隔断等;电梯、自动扶梯及步道、楼梯位置;主要结构和建筑构造部件位置;楼地面预留孔洞和通气通道、管线竖井、烟囱、垃圾道等位置、尺寸和做法索引,以及墙体(主要为填充墙、承重砌体墙)预留洞的位置、尺寸与标高或高度等;车库的停车位(无障碍车位)和通行路线;特殊工艺要求的土建配合尺寸及工业建筑中的地面荷载、起重设备的起重量、行车轨距和轨顶标高等;室外地面标高、底层地面标高、各楼层标高、地下室各层标高;有关平面节点详图和详图索引号;每层建筑平面中防火分区面积和防火分区分隔位置及安全出口位置示意;住宅平面图标注各房间使用面积、阳台面积;屋顶平面应有女儿墙、檐口、天沟、坡度、坡向、雨水口、屋脊、变形缝、楼梯间、水箱间、电梯机房、天窗反挡风板、屋面上人孔、检修梯、室外消防楼梯及其他构筑物,必要的详图索引号、标高等。

② 立面图的内容包括:两端轴线编号,立面转折较复杂时可用展开立面表示,但应准确注明转角处的轴线编号;立面外轮廓及主要结构和建筑构造部件的位置,如女儿墙顶、檐口、柱、变形缝、室外楼梯和垂直爬梯、室外空调机搁板,烟囱、勒脚、门窗、幕墙、洞口、门头、雨水管,以及其他装饰构件、线脚和粉刷分格线等;建筑的总高度、楼层位置辅助线、楼层数和标高以及关键控制标高的标注;平、剖面图未能表示出来的屋顶、檐口、女儿墙、窗台以及其他装饰构件、线脚等的标高或尺寸;在平面图上表达不清的窗编号;各部分装饰用料名称或代号,剖面图上无法表达的构造节点详图索引;内部院落看不到的局部立面,可在相关剖面图上表示,若剖面图未能表示完全时,则需单独绘出。

③ 剖面图的内容包括:墙、柱、轴线和轴线编号;剖切到或可见的主要结构和建筑构件,如室外地面、底层地(楼)面、地坑、地沟、各层楼板、夹层、平台、吊顶、屋架、屋顶、出屋顶烟囱、天窗、挡风板、檐口、女儿墙、爬梯、门、窗、外遮阳构件、楼梯、台阶、坡道、散水、平台、阳台、雨篷、洞口及其他装修等可见的内容;外部高度尺寸、内部高度尺寸;主要结构和建筑构造部件的标高,如室内地面、楼面(含地下室)、平台、雨篷、吊顶、屋面板、屋面檐口、女儿墙顶、高出屋顶的建筑物、构筑物及其他屋面特殊构件等的标高,室外地面标高;节点构造详图索引号。

④ 详图的内容包括:内外墙、屋面等节点,标注各材料名称及具体技术要求,注明细部和厚度尺寸等;楼梯、电梯、厨房、卫生间等局部平面放大和构造详图;室内外装饰方面的构造、线脚、图案等;门、窗、幕墙绘制立面图;对贴邻的原有建筑,应绘出其局部的平、立、剖面图,并索引新建筑与原有建筑结合处的详图号。

8.3 房地产开发项目规划设计方案的技术经济因素分析

在房地产开发项目中,规划设计方案的合理性直接关系到开发企业的投资效益。房地产开发项目规划设计方案的技术经济影响因素主要分为两类:一类是整个开发区规划设计方案的综合技术经济因素,另一类是单体建筑设计方案的技术经济因素。

8.3.1 住宅开发区规划的综合技术经济因素分析

居住区的技术经济指标一般由两部分组成:用地平衡表及主要技术经济指标。用地平衡表的作用:对土地使用现状进行分析,作为调整用地和制定规划的依据之一;进行方案比较,检验设计方案用地分配的经济性和合理性;作为审批居住区规划设计方案的依据之一。

8-4

1. 用地容积率

用地容积率简称容积率(又称建筑面积密度),指开发区内建筑面积与开发用地面积之比,或单位用地面积上所分摊的建筑面积。

$$容积率 = 总建筑面积 / 总用地面积$$

在规划方面,容积率用来控制土地的使用强度,即开发企业必须在控制性详细规划所提出的容积率范围内进行房地产开发活动。城市通过容积率控制的手段,来达到保护城市环境质量、保证基础设施合理运行的目的。

当容积率控制与开发项目功能存在矛盾时,开发企业可向城市规划管理部门申请增加容积率。

(1) 容积率补偿。在开发建设中对已满足规划管理的各项经济技术指标要求,并为城市环境或公共事业做出贡献、符合下列情况之一的,可给予容积率补偿。

① 在开发建设用地范围内留出已满足规定指标外的公共用地,或建筑底层架空开敞用地,其目的是为城市提供公共绿地或公共活动场所的。提供的公共用地必须符合以下要求:任意方向净宽大于 10m,实际使用面积大于 $100m^2$;每天 24 小时敞开为公众开放活动,不得改变使用性质。

② 在开发建设用地范围内,在满足规定指标的条件下提供用地作为城市公共停车场。要求公共停车场设于地面且直接对外,停车位大于 20 个泊位。

满足上述两项,补偿容积率标准按每提供 $1m^2$ 开敞的城市公共活动空间、公共绿地和公共停车场,补偿 $1.5 \sim 2.5m^2$ 建设面积(旧区取上限,新区取下限)。

(2) 容积率转让。在相邻用地之间,其用地性质相同或性质相容的,可以转让容积率,转让数额不得大于用地中较小地块容积率的 10%。

(3) 容积率提高。建设方面确因特殊需要,要求提高容积率和建筑高度的,需经规划管理部门审查并报市政府有关领导审批。获准后,按其超出规定指标的面积计算,由开发建设单位向政府缴纳超标增容费。

此外,有的城市在旧区开发中,对于拆迁户多,还建面积大的地段,考虑到调动开发企业

8-5

的积极性,保证开发企业的基本利益,允许开发企业向规划管理部门申请无偿增容。

2. 建筑密度

建筑密度指在开发用地范围内,建筑物的基底面积总和与占用地面积之比。建筑物的覆盖率,具体指项目用地范围内所有建筑的基底总面积与规划建设用地面积之比,它可以反映出一定用地范围内的空地率和建筑密集程度。

$$建筑密度=建筑物基底面积总和/规划建设总用地面积$$

在居住区规划中,建筑密度一般指住建筑密度,即住宅建筑净密度。

$$住宅建筑净密度=住宅建筑基底总面积/住宅用地总面积$$

住宅建筑净密度主要取决于房屋布置对气候、防火、防震、地形条件和院落使用等的要求,因此住宅建筑净密度与房屋间距、建筑层数、层高、房屋排列方式等有关,在同样条件下,一般住宅层数越高,住宅建筑净密度越低。

3. 平均层数

平均层数是指各种住宅层数的平均值。一般按各幢住宅楼各层建筑面积总和与基底面积之比进行计算。

$$住宅平均层数=住宅总建筑面积/住宅基底总面积$$

例 8-1 已知各种层数住宅的建筑面积:一幢三层楼建筑面积为 $3564.2m^2$,一幢四层楼建筑面积为 $83\ 113.0m^2$,一幢五层楼建筑面积为 $16\ 030.6m^2$,总建筑面积为 $102\ 707.8m^2$。试求其平均层数。

解:各种层数基底面积:

三层楼基底面积$=3564.2/3m^2=1188.1m^2$

四层楼基底面积$=83\ 113.0/4m^2=20\ 778.3m^2$

五层楼基底面积$=16\ 030.6/5m^2=3206.1m^2$

住宅基底总面积$=(1188.1+20\ 778.3+3206.1)m^2=25\ 172.5m^2$

平均层数$=102\ 707.8/25\ 172.5$层$=4.1$层

容积率与建筑密度、平均层数的关系如下:

$$平均层数=容积率/建筑密度$$

由上式可知,当容积率一定时,平均层数越少,则建筑密度越高。房地产开发企业往往希望有较高的建筑密度,这样可以减少平均层数,使住宅建筑调整到经济层数上,从而降低建筑成本。但是,提高建筑密度则减少了空地,降低了建筑环境质量。因此,建筑密度指标是规划管理部门用来控制建筑基底面积、保证空地率的重要的规划控制指标。

4. 建筑间距

建筑间距一般指前后两排居住建筑之间的水平距离。建筑间距与建筑所在地区的日照、通风、防止噪声和视线干扰、防火、防震、绿化、管线埋设、建筑布局形式以及节地要求都有一定的关系,在设计中需要综合考虑确定。

(1)日照要求。日照要求是确定住宅建筑间距的主要依据。

每套住宅至少应有一个居住空间能获得日照;当一套住宅的居住空间超过 4 个时,其中宜有两个能获得日照。日照标准应符合《城市居住区规划设计标准》(GB 50180—2018)的规定(表 8-5)。

表 8-5 住宅建筑日照标准

项　　目	Ⅰ、Ⅱ、Ⅲ、Ⅶ气候区		Ⅳ气候区		Ⅴ、Ⅵ气候区
城区常住人口/万人	≥50	≤50	≥50	≤50	无限定
日照标准日	大寒日				冬至日
日照时数/h	≥2		≥3		≥1
有效日照时间带/h(当地真太阳时)	8～16				9～15
计算起点	底层窗台面				

注：底层窗台面是指距离室内地坪 0.9m 高的外墙位置。

住宅日照标准应符合表 8-5 的规定；对于特定情况还应符合下列规定：

① 老年人居住的建筑不应低于冬至日日照 2h 的标准；

② 在原设计建筑外墙上增加任何设施都不应使相邻住宅原有日照标准降低，既有住宅建筑进行无障碍改造加装电梯除外；

③ 旧区改建项目内新建住宅建筑日照标准不应低于大寒日日照时数 1h。

(2)节地措施。除通过建筑单体设计外，还可以通过居住区建筑群体的规划布置来提高节约用地的效果。建筑群体组合的节地措施有：

① 住宅底层布置公共服务设施。公共服务设施布置在住宅底层可以减少居住区公共建筑的用地。适宜布置在住宅底层的公共服务设施主要是一些对住户干扰不大、本身对用房和用地无特殊要求的如小百货商店、居委会等设施。

② 合理利用住宅间用地。

a. 确定合理的日照间距系数，在满足卫生条件的前提下，尽量采用较小的间距系数，对于节地是很有意义的；可在总图布置时适当偏角，日照间距可以折减，可以节约用地。不同方位间距折减换算表见表 8-6。

表 8-6 不同方位间距折减换算表

项目	方位				
	0°～15°(含)	15°～30°(含)	30°～45°(含)	45°～60°(含)	>60°
折减值	1.00L	0.90L	0.80L	0.90L	0.95L

注：L 为住宅当地正南的标准日照间距。

b. 可以利用南北向住宅沿街山墙一侧的用地布置低层公共服务设施。这种布置方式既保证了住宅的良好朝向，又丰富了城市沿街面貌。其基本组合方式大致有以下几种，见图 8-1。还可以在住宅间距内插建低层公共建筑或采用 Γ 型、Π 型、E 型、梳型等住宅，但这种方式对结构、施工、抗震等存在不利因素，一般不宜大量采用。

c. 可以通过巧妙的空间借用，在城市干道南侧布置高层，把日照间距用地纳入道路用地，使住宅北临或西临道路、绿地、河流等空间，可以适当提高层数，以达到在不增加用地和不影响使用的情况下，提高建筑面积密度，但应注意与群体的统一协调。

d. 可以采用少量的东西向住宅。少量住宅东西向布置有利于组织院落，布置室外活动

图 8-1 住宅与公共建筑组合方式
（a）嵌入式；（b）外接式；（c）半插入式；（d）院落式

场地和小块绿地。东西向布置的住宅在南方地区为防止西晒，一般以外廊式为宜。

e. 可采用高低层住宅混合布置的方式，布置高层塔式住宅，不仅可以提高建筑密度，同时可以丰富群体面貌。

③ 利用地下空间和采用高架平台。

5. 户室比

户室比是指各种户型住宅在总户数中所占的百分比，它反映一定时期内社会对住宅需求的基本趋势和构成。在进行规划设计时，科学的户室比是非常重要的，直接决定了住房供给与需求的符合程度。在 2006 年 5 月 24 日，国务院等九部委颁布的关于调控房地产市场的六条政策（业内称为"国六条"）中，第一条就明确规定要求切实调整住房供应结构，重点发展中低价位、中小套型普通商品住房、经济适用住房和廉租住房。各地都要制定和实施住房建设规划，对新建住房结构提出具体比例要求；90m^2 以下住宅要占居住区开发住宅面积的 70% 以上。

我国各地住宅供需情况不尽相同，但户室比的变化总趋势呈"枣核状"，即两头小，中间大：一室户、三室户需求相对较少，二室户、二室半户需求多。另外，住房需求受经济收入、家庭人口结构、文化、习俗等多种因素的影响。因而，户室比呈"枣核状"是普遍存在的现象。

6. 造价

造价是开发区规划设计方案最重要的经济技术指标，直接影响开发企业的效益和住房需求者的购买能力。

8.3.2 住宅的技术经济因素分析

1. 外墙周长系数

外墙周长系数是指每平方米建筑面积所分摊的外墙周长。

外墙周长系数＝建筑物外墙周长（m）/建筑面积（m^2）

外墙周长系数是衡量外墙周长大小的参数，外墙周长系数越小，分摊在单位建筑面积的周长就越小,则住宅建筑的单位造价就越低;反之,外墙周长系数越大,则建筑的单位造价就越高。一般建筑的平面形状简单,它的外墙周长系数就小,单位造价就低(表 8-7)。在建筑面积一定时,合理地加大建筑物的进深,可以减小外墙周长系数。在间距和层数一定时,大进深、小面宽方案比小进深、大面宽方案明显节约用地。且当层数在 6 层以下时,每增加一层,每户基本用地的差别较明显,层数越低差别越大,层数越高差别越小。

表 8-7　几种平面形状的建筑物的外墙周长系数

项　　目	平面形状		
	10.95 × 10.95	8.00 × 15.00	8.00 / 1.00 / 1.00 / 15.50
建筑基地面积 S/m^2	120	120	120
外墙周长 L/m	43.8	46	51
外墙周长系数 L/S	0.365	0.383	0.425
变化率/%	100	105	116

2. 平面系数

住宅建筑面积由居住面积、辅助面积和结构面积组成。居住面积指居室净面积,辅助面积指客厅、厨房、卫生间等室内空间的面积,结构面积为墙体和柱子等结构所占的面积。居住面积与建筑面积之比为平面系数。

$$平面系数＝居住面积/建筑面积×100\%$$

一般用平面系数衡量建筑平面的经济合理性,平面系数越大,说明居住面积占建筑面积的比例越高。一般认为,平面系数达到 50% 以上,辅助面积占建筑面积的 25% 左右比较经济合理。结构面积系数越小,方案越经济。

3. 层高

降低层高对节约用地有不可忽视的意义。降低层高可以降低建筑物的总高度,从而减少建筑间的日照间距,以达到节约用地、节省造价的目的。以 6 层住宅为例,层高从 2.8m 降到 2.7m,间距系数按 1.76～2.04 计算,每公顷用地上可多建住宅 326～350m^2,对于小面积住宅,适当降低净高,能使空间比例更加恰当。

4. 层数

修建高层住宅能使居室获得良好的日照条件,获得更多的空地布置绿化和安排活动空间,改善小区的室外环境,但建多层还是高层是一个复杂的技术问题,需要根据具体情况确定。

一般住宅建筑在 4 层以下时,增加楼层不影响其结构形式,单位建筑面积的造价可能会降低。如果高度超过 4 层,结构形式需要改变成为框架结构或加厚承重墙截面。7 层以及 7 层以上住宅或住户入口层楼面距室外设计地面的高度超过 16m 的住宅,需要设置电梯。12 层及 12 层以上住宅应设不少于 2 台电梯,其中 1 台宜为可容纳担架的电梯。补充建筑设备,增加交通面积,增加结构强度,以抵御风荷载及地震荷载,从而增加了造价。

由表8-8可知,住宅用地节约额并非随层数递增而递增,由1层至4层时,节地效果显著,增至8层以后,基底面积在每户建筑面积中所占的比例减小,因而增加层数所产生的节约用地的效果下降。

表8-8 住宅层数与相应的用地关系

项 目	层数						
	1	2	3	4	5	6	7
每户住宅用地/m²	94.2	63.9	53.8	48.8	45.7	43.7	42.3
本类住宅每户比前一类住宅用地节约/m²	—	30.3	10.1	5.0	3.1	2.0	1.4

5. 单元组合

将住宅单元组合在一起,则组合部位的山墙减少,以致山墙的工程量按房屋长度分摊到单位建筑面积上的数量相应减少,同时变组合前的外山墙为组合后的内山墙,从而降低了住宅单位造价。但住宅单元组合过长时,需设置沉降缝或伸缩缝,设计成双墙,这样降低了经济效益,且对抗震不利,因此一般应少于5个单元。

6. 结构形式

住宅建筑的结构和构件对住宅建筑的经济效果影响很大,因此,对基础、墙体、楼板、屋面等部位的构件设计,应进行技术经济分析,择优选择方案。

8.4 房地产开发项目规划设计方案的评价

房地产开发项目规划设计方案的评价,是房地产开发企业对项目进行管理的重要工作,是择优选择设计方案的前提。

8.4.1 房地产开发项目规划设计方案评价的特点

房地产开发项目规划设计方案评价,具有评价主体的多元性、评价目标的多样性、评价值的不确定性等特点。

1. 评价主体的多元性

居住小区开发规划设计方案,评价主体除开发者(开发企业)本身外,还涉及使用者(城市居民)、管理者(城市规划管理部门)、设计者和施工者。首先,不同的评价主体对方案的评价目标与准则往往不尽相同,因而导致不同的评价结果。在评价者中最主要的是使用者,开发商要尽其所能地为使用者提供物美价廉的住房产品和生活环境。其次,城市规划管理部门从城市社会公众利益出发,以城市建设必须服从城市总体规划为原则,尽可能照顾到局部的特点,来控制城市的建设活动。城市的开发建设必须经城市规划管理部门的审批后,才能实施。最后,设计者和施工者对设计方案的理解和看法也不容忽视。设计者通过构思,从开发项目的适用性、经济性和美观性等方面,表达开发者的意图;施工者从建设实施的角度,对开发项目的可能性、功效进行评价,这两者都直接关系到开发项目的效益。

在开发建设项目中,需要达到上述主体的一致的结合点。在对规划方案进行评价时,不仅要注重开发企业的经济利益,还应该考虑项目的社会和环境效益,局部利益要服从全局利益。

2．评价目标的多样性

开发项目规划设计的目标不是单一的,而是多样的。

（1）房地产开发的效益是综合性的。由于城市中存在着广泛的外部性,城市中各项开发建设活动客观上会对城市产生影响。为了提高房地产开发活动的效益并减少成本,城市规划主管部门必须在考虑经济效益的同时,保证土地开发的社会和环境效益。

（2）房地产开发的多目标密切相关。开发项目的经济、社会和环境效益三者之间有密切的关系,既有矛盾的一面,更有统一的一面。如开发低档住房,虽然收益率较高档住房低,但用户多,需求量大,风险小,因而仍然能取得良好的经济效益;小区的环境良好可增加对购房者的吸引力。

3．评价值的不确定性

房地产评价由于评价者的主观性和项目未来情况存在的不确定性,使得评价值存在不确定性。这是由于在房地产开发项目规划设计方案标准的评价指标体系中,有很多指标难以定量描述,只能根据主观的判断来确定,由于评价者的经验、价值观和专业水平存在着差异,因而对同一方案,评价结果不尽相同。另外,对规划设计方案的评价,实际上是对方案实施后取得的效益进行评估,由于设计方案未经实施,因而对未来情况难以准确描述,只能通过评价者对规划图纸、模型等来进行分析、设想,从而做出主观判断。综合上述两方面的原因,房地产的评价存在不确定性。

8.4.2 房地产开发项目规划设计方案评价的指标体系

1．住宅平均层数

$$住宅平均层数＝住宅总建筑面积/住宅基底总面积（层）$$

2．住宅建筑净密度

$$住宅建筑净密度＝住宅建筑基底总面积/住宅用地面积$$

3．住宅建筑面积净密度

$$住宅建筑面积净密度＝住宅总建筑面积/住宅用地面积$$

4．住宅建筑面积毛密度

$$住宅建筑面积毛密度＝住宅总建筑面积/居住用地面积$$

5．人口净密度

$$人口净密度＝规划总人口/住宅用地总面积$$

6．人口毛密度

$$人口毛密度＝规划总人口/居住用地面积$$

7．容积率（又称建筑面积密度、总建筑面积毛密度）

$$容积率＝总建筑面积/总用地面积$$

8．住宅用地指标

住宅用地指标决定于4个因素：

(1) 住宅居住面积定额（m^2/人）；

(2) 住宅居住面积密度（m^2/人）；

(3) 住宅建筑密度（%）；

(4) 平均层数。

平均每人住宅用地＝平均每人居住面积定额/（层数×住宅建筑密度×平面系数）（m^2/人）

或

平均每人住宅用地＝（每人居住面积定额×住宅用地面积）/住宅总居住面积（m^2/人）

8.4.3　房地产开发项目规划设计方案的评价方法

对房地产开发项目规划设计的评价，首先，要明确评价目标；其次，将目标分解为相应的准则以及可以明确表述的评价内容或指标，从而构成结构明确、层次清楚的目标体系；再次，选定合适的评价方法，对方案进行分析和评价；最后，通过比较分析，判断和选择最佳方案。

在对房地产开发项目进行评价的时候，有相对评价和绝对评价。相对评价是在不同方案之间进行相互比较；绝对评价是以国家规定的定额指标和规划管理部门提出的规划设计要点作为评价依据。开发项目的规划设计方案的评价是一种综合评价。这与可行性研究阶段对开发项目进行的评价是有区别的，虽然在可行性研究阶段对开发项目进行评价也考虑多目标因素，但其评价的重点是经济效益，规划设计方案评价既要考虑经济效益，也要考虑社会和环境效益。

对房地产开发规划项目规划设计方案的评价的主要方法有综合评分法和层次分析法等。综合评分法就是集众多专家的智慧对规划设计方案的各项评价指标进行评分，其中定性指标采用专家打分，定量指标则转化为相应的评分，最后将各项指标的得分累加，求出该方案的综合评分值。用层次分析法评价开发项目的规划设计方案的基本思路是：按照评价问题中各因素之间的隶属关系把它们排成从高到低的若干层次，建立不同层次元素之间的相互关系。根据对同一层次元素相对重要性比较的结果，决定层次各元素重要性的先后次序，以此来作为决策的依据。

另外，在实践中，在对房地产规划方案进行评价时，还可以采用列表评分的办法进行评价。在评价表中列出评分项,同时给予每一评分项以不同的权重,逐条进行评分,最后通过加和得出方案的总分,作为评价的标准(表8-9)。这种评价方法具有综合评分法的集众多专家智慧的优点:由专家确定合适的评分项;具有层次分析法的优点,即按照重要程度进行排序,确定评分项不同的权重。这种评价方式不仅具有科学性,同时兼具直观、快捷的优点,省去了大量的计算量,方便操作。

表 8-9 建筑规划设计方案评价表

一、基本性能指标

序号	项目	性 能 要 求	得分
1	符合规划	总建筑面积不少于设计任务书要求	
		满足建筑密度、容积率、间距、退缩、车位数、高度等要求	
		各类型建筑比例符合设计任务书要求,如商业楼、写字楼、多层住宅、小高层、中高层、高层、单体别墅、联排别墅、叠加别墅等的建筑面积	
2	满足规范	满足消防、民用建筑、住宅设计等规范要求	
3	面积合理	户建筑面积与户型配比符合目标客户的需求特征,一般小三房二厅(带主卫)$105\sim120\text{m}^2$、大三房二厅(主卫或带工人房)$120\sim135\text{m}^2$、三房二厅 $90\sim100\text{m}^2$、二房二厅(大套)$75\sim90\text{m}^2$、二房二厅(小套)$60\sim70\text{m}^2$、一房二厅 $45\sim55\text{m}^2$、单间公寓 $25\sim40\text{m}^2$、四房二厅(双主卫、带工人房)$150\sim180\text{m}^2$、四房二厅(一主卫带工人房)$135\sim150\text{m}^2$、四房二厅(一主卫)$125\sim150\text{m}^2$、二房二厅(主卫或带工人房)$85\sim95\text{m}^2$	
4	功能齐备	卧室、客厅、餐厅、厨房、卫生间、储藏室(柜)等空间齐备	
5	四明户型	厅、房、厨、卫对外自然采光通风,无暗卫及暗厨,开口采光宽度不少于2m,不宜采用采光井,卧室、起居室、书房、厨房迎光面窗地面积比不小于1/6	
6	方正实用	实用率标准:多层(4~6)90%、中高层(7~9)88%、小高层(10~12)85%、高层(13~18)82%、大高层(19~32)(100m内)80%;不低于标准2%	
		厅房方正,不能出现不规则形状,特别是不能出现尖角厅房	
7	动静分区	套内公共空间与私密空间分区,套内交通顺畅,不穿行客厅,卧室与卫生间联系,不穿行其他功能空间,餐厅、厨房紧密协调	
8	朝向景观	应将多数户型布置在东南方向或朝自然景观或朝小区中心花园,西北户型宜将其客厅或主人房其中之一朝东南,西北方向无景观不布置三房二厅以上大户型	
9	日照充足	每套至少1个居住空间获得日照;当有4个居住空间时,需有2个空间获得日照	
10	人车分流	车辆在小区外围进入地下室,并通过电梯或楼梯到达住宅	
11	建筑风格	建筑风格与外立面色彩符合目标客户需求特征,紧跟市场潮流	
		色彩搭配合理	
		建筑造型美观,裙楼与塔楼比例协调,阳台、屋顶、窗、装饰线条处理合理	
12	园林规划	组团式布局,利于布置园林空间,通过迂回设计丰富建筑外观	
		有中心园林,其面积与小区规模适应	
		小区入口位置合理,主入口设计能体现楼盘档次	
		有小区中轴线,注意中轴线园林布置与建筑外形	
		全部小区园林统一布局,浑然一体	
		着重水景观设计	

二、户型平面指标

序号	项目	性 能 要 求	得分
1	优越性能	设置入户过渡空间(玄关)	
		设置书房(家庭办公)或多功能房空间	
		飘窗设计、主人房弧型落地窗或其他造型设计	
		整体装修一次到位(包括墙、地、天花、橱柜、炊具、洁具、衣柜等)	
2	起居厅	起居厅面积≥18m^2,短边净宽不小于 3.9m	
		采用开间≥6m 的大开间,易分隔结构体系	
		可用于布置家具的连续直线墙面长≥4.2m	
3	餐厅厨房	餐厅面积≥10m^2,短边净宽不小于 2.1m	
		厨房面积≥6m^2	
		厨房净宽≥1.8m	
		厨房操作台长延长线≥3m,台高 0.8～0.85m,排烟机底高 1.5～1.6m	
		厨房净高≥2.4m	
		厨房通道净宽≥1.0m,转弯处满足轮椅最小回转宽度≥1.5m	
		具备通风、换气设施,预留冰箱与其他厨房电器位置,设置热水管道	
4	卫生间	双卫生间面积之和≥8m^2,其中一边净长度≥1.6m	
		单卫生间面积≥4.5m^2,其中一边净长度≥1.6m	
		卫生间净高≥2.2m,卫生间门洞净宽≥0.8m	
		预留热水器位置,并设置热水管道	
		洗衣机位置设置合理,设有洗衣机专用水嘴和地漏	
		卫生间洗浴、便溺、洗盥三件设备齐全	
5	卧室	主卧室面积≥15m^2,宽不小于 3.3m	
		次卧室面积≥10m^2,宽不小于 2.7m	
		其他卧室面积≥8m^2,宽不小于 2.4m	
		居室净高≥2.6m,局部净高≥2.1m	
6	阳台	主阳台进深≥1.5m	
		服务阳台进深≥1.2m	
		有晾衣设备	
7	储藏	储藏室(柜)使用面积≥3m^2	
8	通道	交通便捷,套内通道面积不超过使用面积的 1/20	
		入户过道净宽≥1.2m	
		门廊设有坡道,其坡度不大于 1/12	
		厨、卫通道净宽≥1m	
		在转弯处满足轮椅最小回转宽度≥1.5m	
9	楼梯	梯段净宽≥1.2m	
		平台宽度≥1.2m	
		踏步宽度≥260mm,高度≤175mm	
10	电梯大堂	电梯门宜直接对采光窗	
		高层住宅低层设大堂≥36m^2	

续表

三、住宅环境及其他性能指标

序号	项目	性 能 要 求	得分
1	绿化环境	小区内主要标识牌完善、醒目、美观、夜间可视	
		充分利用停车场,墙面(挡土墙)、平屋顶和阳台等部位进行绿化	
		木本植物种类不少于 48 种	
		植物随着季节更替呈现出具有观赏价值的色彩变化	
		有较好的灯光造型设计和夜景	
		公共设施有项目或公司标志	
2	室外噪声	临城市主干道户门窗采用隔音门窗与玻璃	
		室外等效噪声级白天≤50dB(A)、夜间≤40dB(A),偶然噪声级≤55dB(A)	
3	环境卫生	小区内公共厕所设置数量为每 30hm² 1 座以上,公共厕所达到一类标准	
		小区主要道路及公共活动场地均匀配置废物桶,其间距<80m,且废物桶要求防雨、密闭、整洁、美观,采用耐腐蚀材料制作	
		住宅楼设置固定的垃圾袋存放处,并设置收集装置	
		小区内垃圾密闭	
		小区内设有垃圾分类收集设施	
4	公共服务设施	小区内设置商业服务设施	
		小区内设置教育设施	
		小区内设置医疗卫生保健设施	
		小区内有儿童游戏场和老人活动中心	
		小区内有网球、羽毛球、乒乓球等室内外体育场地	
		小区内有游泳池	
		小区内有餐厅	
		小区内有美容美发店	
		小区内有会所等业主公众集会的场所	
		小区内有壁球、攀岩或高尔夫球练习设施	
		小区内无障碍设备齐全	
5	电气	每户用电负荷不少于:80m² 以下 4kW,80m² 以上 6kW;变压器负荷按建筑面积平均:高层 60W/m² 以上,多层 40W/m² 以上	
		户内配电箱有总漏电开关,照明、空调、厅房插座、厨卫插座分设回路	
		厅及主人房设有电视、电信插座并有两个以上电源插座,卧室、厨房、空调、排气扇均设电源插座,主人房或书房设计算机网络接口	
		电气线路采用防火的暗敷配线,入户电线截面积不少于 16mm²,厨房、空调分支线不少于 4mm²,其余不少于 2.5mm²	
6	保温隔热	外墙:平均传热系数≤2.2W/m²,热惰性指标不小于 3.2	
		屋顶:平均传热系数≤1.5W/m²	
		窗户、阳台门:平均传热系数≤3.5W/m²	
		窗户:有遮阳措施	
7	隔音性能	满足规范要求	

续表

四、住宅安全性能指标

序号	项目	性能要求	得分
1	建筑结构	结构设计、施工必须满足现行国家标准规范	
2	建筑防火	消防工程必须满足现行国家标准规范	
		耐火等级、防火分区满足现行国家标准规范	
		防火设施必须满足《建筑设计防火规范》(2018年版)(GB 50016—2014)	
		装修材料符合防火要求	
		燃气设计、施工安装必须满足现行国家标准规范	
3	防滑防坠落措施	阳台防坠落措施	
		阳台栏杆有防止儿童攀登措施	
		阳台栏杆垂直杆间净宽不大于0.11m,栏杆高度小于1.1m	
		外窗窗台距楼面的高度低于0.8m,设落地窗时,应有防护措施	
		楼梯栏杆垂直杆件净宽不大于0.11m	
		楼梯扶手高度不小于0.9m	
		当楼梯水平段栏杆长度大于0.5m,其扶手高度不小于1.05m	
		上人屋面栏杆或女儿墙高度不低于1.10m	
4	小区智能系统设施	设置可视对讲系统,并设有紧急按钮直通消防控制中心	
		小区有局域网,并通过光缆并入公共网	
		智能化保安系统包含:电子巡更系统、出入口等红外线报警和电视监控系统	
		停车场自动管理	
		水、电、燃气三表户外自动抄表计量,计算机统计	
		物业管理网络化、计算机化	
		楼宇设备自控系统	
		设置有线电视网	
		卫星电视接入或提供交叉式数字视频服务	
		设置住户内安防与监控和紧急呼救报警系统	
		公共照明自动控制	
		煤气泄漏自动报警	

续表

五、住宅耐久性能指标

序号	项目	性 能 要 求	得分
1	结构构件	建筑设计使用寿命在70年以上且符合规范要求	
		砌体有防止温度收缩裂缝和防止墙体渗漏的措施	
		混凝土工程强度等级不低于C20,侵蚀环境不低于C30;结构无裂缝,屋面无渗漏	
		沉降观测记录,无明显不均匀沉降	
2	防水性能	屋面防水等级为Ⅱ级,耐久年限为15年,并有有效的保证措施(AA级防水等级为Ⅲ级,耐久年限为10年)	
		厨卫间防水施工质量验收合格,卫生间蓄水实验24小时,不出现渗漏现象,防水耐久年限为15年	
		穿屋面、楼板的处理:屋面节点防水材料具有质量合格说明文件,耐久年限为15年	
		污水排水横管宜设于本层,当必须敷设于下一层时,其清扫口应设在本层	
		地下室防水材料质量、构造方法和类型符合《地下工程防水技术规范》(GB 50108—2008)的要求	
		户内供热水管道应有保温措施	
3	防腐性能	给水管材采用新型管材	
		热水管采用铜管或新型管材	
		燃气管干管采用防腐无缝钢管,支管采用新型管材或热镀锌管	
		排水管采用UPVC管材,有压部分采用防腐焊接管	
		电线套管采用阻燃塑料管或热镀锌管	
		门窗五金件为抗锈蚀材料或进行有效的防锈处理	
		墙体预埋金属件采用防腐蚀材料	
4	设备	电气开关、插座、各类信息接口质量符合国家标准规定	
		线路材料为铜材	
		厨房、卫生间水嘴采用陶瓷片密封水嘴	

注:小二房二厅及以下建筑面积户型的开间尺寸可不套用以上标准。

8-6

在目前房地产规划评价的实践中,列表评价法也是经常使用的一种评价方法(表8-9)。在实施列表评价法时,需要注意的是,表格当中要求列出的评分项要细致,能够涵盖对规划、建筑进行评价的所有方面,权重的确定要合理。在使用这种评价方式时,设计合理的评分项和给每一评分项确定合适的权重,直接决定了这种评价方式的科学性。一份科学合理的评价标准,往往可以广泛地应用于类似项目的评价。

8.5 公众参与社区规划设计

8.5.1 公众参与的概念与发展概况

1. 参与性设计

公众参与的设计理念可以追溯到参与性设计的提出。参与性设计起初应用于城市设计方面,在设计过程中主张涉及人的维度,即由社会公众参与、跨学科介入所引起的争执协同过程。

20世纪初,伴随着工业化和公共住宅的出现,进行委托设计的主体发生了转换,部分传统意义上的"委托人"——资本的拥有者逐步变成了设计内容的用户群体,这时设计者就面临与用户分离而带来的伦理问题和有效性问题。然而此时多数设计者并没有花力气去研究"人"这一客体,而是贯彻自己的设计理论,尤其是现代建筑理论。这种脱离实际的思想导致了两个彼此联系的发展:第一,建筑物乃至一座城市被看作一种抽象的艺术形式来处理;第二,恪守所谓的"社会变革设施中心理论"(a facility-centred theory of social change),即为居民提供住房等生活设施便可建设起良好的城市社区。事实证明,这样的研究方法均不尽如人意。20世纪50年代末,设计中开始出现一股反对力量,主张人与社会、人与形体环境的对话,这就是"参与性设计"思想。

2. 公众参与

20世纪60年代末"公众参与"(public participation)概念兴起,这是一种让群众参与决策过程的设计——群众真正成为工程的用户,这里强调的是与公民一起设计,而不是为他们设计。这一设计过程是一个教育过程,不管是对用户还是对设计者,不存在可替换的真实体验。正如弗里德曼所说:"设计过程有一部分是教育过程,设计者(规划者)从群众中学习社会的文脉和价值观,而群众则从设计者身上学习技术和管理,设计者可以与群众一起发展方案。"

1969年谢莉·安斯汀(Sherry Amestein)提出"市民参与阶梯"理论,公众参与分为"不是参与的参与"(non-participation)、"象征性参与"(tokenism)和"市民控制"(citizen power)三个阶段,只有到了第三阶段,公众参与才能真正实现实质性的参与。

公众参与主张从使用者角度出发,了解人们的日常使用需求和需要解决的问题。因此要求设计者吸取并应用相关旁系学科知识,或者由跨学科人员组成设计小组来进行设计上的实操。在城市设计的实践过程中,公众参与可通过多种形式进行:公众讨论会、市民特别工作组、组织公众到规划地址参观、市民意向调查;利用新闻媒介举行问题辩论会、举办方案展览以及关于规划设计的公众论坛等。

3. 公众参与在社区规划中的应用

社区是城市空间的基本单元,社区规划更新是城市治理的重要组成部分。社区是社会学中的概念,源于德文 gemeinschaft,由德国社会学家 F. 腾尼斯(1887)在著作《礼俗社会与法理社会》提出。20世纪30年代我国社会学家吴文藻先生提出"社区"的概念,之后众多学者在讨论中达成共识,将 community 译作"社区"。《中国大百科全书》中对社区(community)的定义为:以一定地理区域为基础的社会群体。随着规划师拓展对人类居住环境关注的宽度和深度,规划学科在理论和方法上与相关学科交叉互补,社区的概念和实践逐步被引借到城市规划学科。社区规划(community planning)是对一定时期内社区发展目标、实现手段以及人力资源的总体部署。为了有效地利用社区资源,合理配置生产力和城乡居民点,提高社会经济效益,保持良好的生态环境,促进社区开发与建设,需要制订比较全面的发展计划。社区规划的重点是通过物质规划手段达成社会目标,是以社区居民为主体,规划师及政府、非政府组织多方参与的社区建设过程。

在城市化高速发展的今天,仅依靠当局政府进行大刀阔斧的社区规划改革显然是不足的,如何在完成社区高速、高效、高利用率地更新的同时,实现人性化、公平化的和谐转变是目前各个国家都在探索的问题。公众参与作为一种可以表达公众诉求,为社区居民争取自身利益,解决城市问题的规划设计策略,在社区规划中得到社会各界的广泛肯定。

4. 国外早期公众参与社区规划方式

"二战"后欧美资本主义国家、以日本为代表的亚太地区国家和以东德及苏联所代表的社会主义国家便进行了一系列公众参与社区实践的运动,发展至今已基本形成稳定成熟的治理模式。各国社区更新的方式不尽相同,但其中共同之处是都建立了政府、社会组织、公民等多元合作的治理机制来促进社区自治(表 8-10)。

表 8-10　国外公众参与社区规划方式

国家	参与方式	具体内容	参与主体
英国	自上而下与自下而上相结合的庇护邻里运动	1969 年利物浦的庇护邻里行动计划(shelter neighbourhood action project,SNAP)首次促进了建筑师参与邻里居民的共同工作。同年在伦敦成立了一个服务社区的建筑咨询组织——住宅与空间和谐化使用(neighbourhood use of building and space),是早期专业者进入社区的初步尝试。其运作方式自上而下和自下而上均有保持,主要分为:执行式——社区执行相关政策;合作式——第三方参与(城市复兴公司);领导式——社区主导更新	政府主导,协调组织各方机构并提供政策支持,NGO 主导,居民参与
美国	政府引导下的社区规划会议	社区规划会议始于 1951 年的美国纽约曼哈顿区区长罗伯特·华格纳(Robort Wagner)首次创设的社区规划会议(community planning councils),其提供社区参与的机制。社区规划会议的发展在一定程度上反映了政府主导的自上而下的趋势,并随着社区规划方式的逐步发展开始注重全周期的"尽早且持续的参与"	政府引导,社区居民为主体,NGO 主导实施
日本	自上而下为主导的社区培育计划	培育计划始于 1965 年的日本神户市,但回顾来看,公共参与社区设计起源于 20 世纪 60 年代末开始的环境保护运动和历史资产保护运动。70 年代后日本经济高度增长,许多自然与历史资源面临严峻形势,更促成日本人对故乡自然历史资源与历史资产保护的共识。自上而下,总制订计划——提案,社会组织直接操作服务人民	NGO 协调多方支持,居民为主体,政府辅助

1980 年以来,为应对资本主义社会的市场失灵和政府监管的弊端,非营利性组织(non-profit organization,NPO)、非政府组织(non-governmental organization,NGO)应运而生,并成为弥补市场与政府调控失效的重要的第三部门,在全球范围内兴起。在社区治理方面,NGO 广泛参与其中,为公有及私有机构紧密合作,引导社区主体参与发挥了重要作用。

美国是公众参与组织比较普遍的国家之一,从 20 世纪 60 年代到 90 年代,有超过 2/3

的城市规划设计不同程度地组织了公众参与。如美国加利福尼亚州曾组织技术委员会、政府官员和有关职员做了一次山顶巡视活动,研究市区环境设计方案并以此作为制定城市设计规划的基础;圣迭戈市做了公众意向调查,组织公众评议组进行了一次地域踏勘,并以星期日报纸增刊方式刊登出规划,以填空答题的方式收集公众意见;波士顿市则举办了一系列公众论坛会,广泛听取公众对重大规划设计问题的意见。

英国公众参与社区规划同样可以追溯到 20 世纪 60 年代末期。比较经典的案例是英国纽卡斯尔市的贝克街区的更新改造工程。贝克街区基地面积 5km²,住户 2317 户,居民 8000 人,1969 年新城委员会为修建公路准备拆迁该基地上的住户,当时居民中存在意见分歧,状态紧张,这时欧斯金事务所被请来进行咨询。为了与社区接触,了解基层群众需求,欧斯金事务所在现场设立办公室和辅助机构,每日接受市民来访问询,在充分了解住户需要的基础上设计了 46 户实验性方案,并广泛讨论了住宅的庭院、居住区街道、住宅细部等具体问题以及解决住宅、街区以及房屋拆毁重建问题。经讨论,居民一致同意将一些老的公共建筑与新建筑混合,在具体住宅建设上,采用了 SAR 体系的设计方法。在贝克街区改造项目的方法论意义上,欧斯金所创造的"办公室哲学"(office philosophy)抑或"社会建筑学"(soil architecture)——一种寻求持续的用户参与和连续性过程,被公认为是现代城市设计的典范作品。

5. 国内公众参与社区规划实践

公众参与在我国起步相对较晚,作为一个社会主义国家,我国以往规划策略的制定是"自上而下"的过程,社会团体很难参与社区自治,公众参与基本上是被排除在外的。而在当今的社会主义市场经济体制下,随着体制的培育、发展和完善,我国公众的思维正在产生改变,自主意识日益增强,规划和设计策略必将向"自下而上"进行转变,周干峙院士曾指出:"重视人的因素,吸收群众参与,这不仅是实现规划宗旨本身的需要,也是我国社会主义政治民主化的重要方面。"

国内对于公众参与社区规划在近年来涌现出越来越多的成功案例。早期福建省福鼎县龙山居住小区采用自建公助的形式,自建采用传统联立式住宅,既保持地方特色,又实现了设计者与群众的双重满意,且对原有山体破坏降至较低水平。上海市 580 弄社区微更新项目实现了政府权力下放,提供政策支持——规划师指导整体规划体系设计——社会组织协同作用培育社区自组织——居民为主体的多层协作自治体系,把环境营造的主导权共享给每一个参与的主体,实现了老旧社区的花园绿地式更新,重塑居民对社区的参与感和责任感。北京市石景山区八角里南小区更新项目将公众参与分为两个阶段、七个环节进行,在准备阶段评估周边设施,理解既有条件;在第二阶段针对政府部门、企业、居民等不同主体展开不同形式的参与,形成概念方案,通过多次交流与反馈,全程公告在社区公告板及公众号上,公众参与信息完全共享,提高居民参与热情并获得了信息的高效反馈。

8.5.2 新时代背景下公众参与方式的探讨

1. 政策支持

综合分析国外和我国台湾地区公众参与社区规划"自下而上"的建设方式,政府依靠福利政策为基础的政治体系,采取的是"社区赋权"的思想,该种方式给予下层组织权利,容易造成巨额财政赤字,影响整体经济表现。因此在追求社区自治的同时,政府应该重新考虑自身定位,培养居民自立自主精神,发展社区高度自治,提升地方竞争力。我国目前公众参与社区更新方面依旧是"自上而下"为主导,在未来政府应对条件适合的地区给予政策和资金支持,建设更加完善的法律体系,颁布适应性的地方政策,鼓励自下而上的公众参与方式,并以此带动更多地区,提高整个社会的社区自治能力。

2. 扶持社会组织发展

在我国,设立非政府组织门槛相比国外更高,《社会团体登记管理条例》规定,成立社会团体必须具备 50 个以上的个人会员或者 30 个以上的单位会员,同时还有活动经费的要求。严格的成立条件限制了我国非政府组织的发展。建议政府修改我国非政府组织的准入标准,对于那些基层普通的非政府组织采用备案制管理。同时,要保护非政府组织的独立性和自主性,正确定位非政府组织与政府的关系,实行政社分开。政府与非政府组织不应是对立、打压或放任的关系,而是合作、扶持、监督和引导的关系。

3. 发挥专业人员作用

与以往的城市改造不同,如今的社区更新需要专业规划人员更加细致地了解社区需求,平衡各方利益,建立政府、社区、企业和开发商的顺畅沟通。在中国台湾,这个角色叫作"社区规划师"。在英国,这个角色是社区委托非政府组织或设计机构的规划师担任的。我国已有多个城市建立了"社区规划师制度",如成都(2009)、深圳(2011)、上海杨浦区(2018)以及北京(2019)。目前国内的社区规划师有两类——政府指派的和社区委托的,其中以政府指派的行政人员和专业技术人员为主。对于规划行业市场化还很不充分的我国而言,这两种模式并行是当前比较可行的做法,但是政府指派的社区规划师可能更多地反映政府试图在基层推行规划编制与规划实施的意图,而不是代表社区发声。因此是否将社区规划师制度化不重要,重要的是赋予社区更多的权利,并推进规划设计市场的建设,让更多社区委托的规划专业人员在社区更新中发挥作用。为响应这一社会需求,高校城乡规划专业也需要调整培养方案,帮助学生了解公众参与的理论与实践,了解规划师在公众参与中所扮演的角色和必备的技能。

4. 加强社会保障

在我国公众参与社区更新领域的法规制度还非常不健全。首先是立法层次过低,最重要的依据《中共中央 国务院关于加强和完善城乡社区治理的意见》只是一个部门文件。其次是配套法律制度滞后,对于如何加强和完善城乡社区的治理没有具体的配套文件。最后是相关的法律不完善。以非政府组织法律为例,现在我们只有《社会团体登记管理条例》《基金会管理条例》和《民办非企业单位登记管理暂行条例》,没有统一的关于非政府组织的立法。建立健全公众参与社区更新的法律法规迫在眉睫,以帮助公民依法实行社会自治。此外,要加大资金投入,拓宽城乡社区治理资金筹集渠道,保障公众参与社区更新的开展。

本章小结

本章介绍了房地产开发项目的规划设计的内容及其评价方法,具体包括:城市规划的概念,城市规划具有综合性、政策性、民主性和实践性的特点;城市规划分为总体规划和详细规划;房地产开发涉及的规划,在实际中以居住区居多。

居住区用地组成分为住宅用地、公共服务设施用地、道路用地、公共绿地等,其规模按人口和用地分级;在住宅布局中,行列式、周边式和点群式是基本方式,综合运用还可生成混合式和自由式;住宅形式可以按层数、楼梯间的布局、拼接与否、天井围合形式、剖面组合形式、交通廊的组织分为多种类型;还介绍了公共设施、道路、绿地、停车场等的配置要求。

民用建筑工程设计一般分为方案设计、初步设计和施工图设计三个阶段;对于技术要求简单的民用建筑工程,经有关主管部门同意,并且合同中有不做初步设计的约定,可在方案设计审批后直接进入施工图设计。

技术经济因素分析是居住建筑节能节地的设计手段。单体建筑设计方案的技术经济因素要与整个开发区规划设计方案的综合技术经济因素相结合。综合技术经济因素包括用地容积率、建筑密度、平均层数、建筑间距、户室比、造价等;单体技术经济因素包括外墙周长系数、平面系数、层高、层数、单元组合、结构形式等。

由于房地产开发项目规划设计方案评价具有评价主体的多元性、评价目标的多样性、评价值的不确定性等特点,所以较易实行的规划设计方案的评价方法是列表评价法,先经专家委员会评议确定明确的量化指标体系及其分值,然后优选方案。

案 例

某地产开发公司准备对某一地块进行商业开发,现有两个规划方案:方案一建筑容积率高,有较多的沿街商业设施,能带来较高的商业利润,但建筑形式比较单一,建筑识别性不强;方案二建筑形式独特,形成了围合式的院落,场所感强,但经济性不如方案一。在实际开发中,该选择哪个方案呢?

评析:这是从两个规划方案中优选一个的实例。房地产开发项目规划设计方案评价具有评价主体的多元性、评价目标的多样性、评价值的不确定性的特点,关键是该开发公司确定的目标是什么,是考虑目前的经济效益,还是考虑建设有特色的建筑,追求广告效应和久远的市场影响力,这势必涉及公司目前的经济实力和今后的发展规划。更重要的是需要考虑城市综合因素,以及该地区的商业设施有没有持续发展的空间。虽然优缺点似乎已经明确,方案一突出了商业性(热闹、开放)特点,方案二突出了使用者的心理感受和安全(幽静、闭合)性;但是具体情况应做具体分析,在一定情况下,优势有可能转化为弱势,缺点也有可能转化为优点。因此目前能感觉得到的经济性(商业门店能以较高价格销售,或租赁或经营还能带来长久经济效益)也不是绝对的。可以应用列表评价法对规划设计方案打分,先经专家委员会评议确定各项量化指标及其分值,而后抉择出最终施行方案。

习题

一、单选题

1. (　　)具有实施性强、形象和编制主体多元化的特点。

　　A. 总体规划　　　B. 分区规划　　　C. 控制性详细规划　　　D. 修建性详细规划

2. (　　)是确定基本建设项目,编制设计文件的主要依据。

　　A. 项目建议书　　　　　　　　B. 可行性研究报告

　　C. 工程勘察报告　　　　　　　D. 控制性详细规划

3. 城市通过(　　)控制的手段,来达到保护城市环境质量,保证基础设施合理运行的目的。

　　A. 建筑密度　　　　　　　　　B. 平均层数

　　C. 容积率　　　　　　　　　　D. 建筑间距

二、多选题

1. 控制性详细规划的特点包括(　　)。

　　A. 是我国特有的规划类型　　　　B. 具有法律效应

　　C. 通过数据控制落实规划意图　　D. 是从战略性控制到实施性控制的编制层次

2. 城市规划体系的特点包括(　　)。

　　A. 从具体到抽象　　　　　　　B. 从宏观到微观

　　C. 从概要说明到详细布局　　　D. 从远期目标到近期建设实施

3. 居住区文化商业服务中心的布置方式有(　　)。

　　A. 沿街线状布置　　　　　　　B. 成片集中布置

　　C. 成组布置　　　　　　　　　D. 沿街和成片集中相结合

4. 提高住宅建筑经济性的手段有(　　)。

　　A. 减少平面系数　　　　　　　B. 在满足使用条件下加大建筑物的进深

　　C. 减小外墙周长系数　　　　　D. 在满足使用条件下降低建筑物的层高

三、思考题

1. 居住区的用地组成有哪些?

2. 住宅群体组合的组织方式有哪些?

3. 简述常见的住宅类型及其特点。

4. 工程勘察分为哪几个阶段?

5. 简述房地产开发的基本建设程序。

6. 在开发建设中,在何种情况下可给予容积率补偿?

第9章

房地产开发项目招标与投标

【学习要点及目标】

◆ 熟悉房地产开发工程招标投标的概念、原则。

◆ 掌握房地产开发工程招标投标的程序、方式。

◆ 熟悉房地产开发工程勘察与设计招标。

◆ 掌握房地产开发工程施工招标。

◆ 熟悉房地产开发工程监理招标。

◆ 掌握房地产开发工程材料与设备购置的招标。

【核心概念】

公开招标、邀请招标、开标、评标、中标、询价。

【引导案例】

某企业为房地产开发企业,2020年6月该企业《工程招标合约管理办法》中的招标管理红线要求为:不得未定价先进场施工;议标率不得大于25%;不得违反定标原则;不得出现越权及违规行为,包括:选用未经考察合格入库的单位参与投标或议标;选用暂停或列入黑名单的单位参与投标或议标;开标后再修改招标条件(如兼投不兼中、要求施工单位缴纳施工质量保证金、切割标段等)。

2020年7月,该企业根据《工程招标合约管理办法》的要求进行了年度招标,中标通知书发出后,开发商未能如期签订合同。中标通知书发出是否意味着合同已经成立?若该开发企业拒绝签订合同,是否应当承担责任?另外,如该企业后续工程引用年度招标结果,是否属于议标?

9.1 房地产开发项目招标投标概述

在国际上,招标和投标最初存在的主要原因是为了满足市场竞争条件下稀缺商品交易的公开性和公平性。我国自20世纪80年代初开始逐步引入招标投标制度,不断建立健全和完善招标投标方面的法律法规,陆续出台了《中华人民共和国招标投标法》(简称《招标投标法》)、《工程建设项目施工招标投标办法》、《工程建设项目勘察设计招标投标办法》、《工程建设项目货物招标投标办法》、《必须招标的工程项目规定》等,使其在工程建设项目勘察、设计、监理、施工、设备和材料采购等方面得到广泛应用。在招标与投标的具体执行过程中,通常是由货物、工程或者服务的采购方作为招标方,通过发布招标公告或者向一定数量的特定供应商、承包商发出投标邀请书等方式,发出招标采购的信息,提出招标采购条件,由各有意提供采购所需货物、工程或者服务的供应商、承包商作为投标方,向招标方书面提出响应招标要求的条件,参加投标竞争;招标方按照规定的程序从众多投标人中择优选定中标人,并与其签订采购合同。其应用于房地产开发中,就开发企业而言,在不同项目的招标和投标中所扮演的角色不同。在工程招标与投标中为招标方,而在土地招标与投标中则为投标方。

9.1.1　房地产开发项目招标投标的概念

房地产开发项目招投标,是房地产开发企业在市场经济条件下进行货物、工程和服务的采购时达成交易的一种方式。从交易过程来看,招标投标必然包括招标和投标两个最基本的环节,没有招标就不会有供应商或者承包商的投标;没有投标,采购人的招标就不会得到响应,也就没有后续的开标、评标、中标、合同签订及履行等。

房地产开发项目招标是指房地产开发企业就拟开发的房地产项目发布通告,吸引项目总承包单位、设计单位、施工单位、材料设备供应单位等参加竞争,并提出各自完成开发项目的条件,从中选择条件优越者完成开发项目的法律行为。房地产开发项目的招标,可以是开发全过程招标,也可以是项目施工招标、项目勘察设计招标、材料和设备供应招标。

房地产开发项目投标是房地产开发项目招标的对称概念,房地产开发项目投标是指具有合法资格和能力的企业在获得招标信息后,依据开发企业招标文件提出的各项条件和要求,经过初步研究,在指定期限内,结合自身能力,提出意向条件和报价,供开发企业择优选择,并等候开标,直到签订承包合同为止。

9.1.2　房地产开发项目招标投标的原则

根据《招标投标法》第一章总则第五条,房地产开发工程项目招标投标活动应当遵循公开、公平、公正和诚实守信的原则。

1. 公开原则

公开原则强调招标投标活动应具有较高的透明度,具体表现为房地产开发工程项目进行招标活动的信息要公开,开标的程序要公开,评标的标准和程序要公开,中标的结果要公开。

2. 公平原则

公平原则是指每个潜在投标人都享有参与平等竞争的机会和权利,不得设置任何条件歧视排斥或偏袒保护潜在投标人,招标人与投标人应当公平交易。招标投标过程中应当制止一方把自己的意志强加给他方,招标时采取压价,或者在签订合同前与投标者恶意串通、提高标的价格以保护自身利益等违反公平原则的做法。

3. 公正原则

公正原则是指招标人与投标人应当公正交易,且招标人对每个投标人应当公正评价。招标投标公正的具体表现为按照招标投标法规文件中规定的标准,遵照事实进行评标和决标,杜绝徇私舞弊,偏袒一方。

4.诚实守信原则

诚实守信原则是指招标投标活动主体应当遵纪守法,诚实善意,恪守信用,严禁弄虚作假,言而无信。《民法典》中都有明确规定,强调民事活动应遵循诚实守信的原则。招标投标活动作为一种民事活动,也应遵循诚实守信的原则。故在招标投标过程中,招标方不得发布虚假的招标投标信息,不得擅自变更中标结果。

9.1.3　房地产开发工程项目招标投标的作用

目前,房地产开发工程招标投标行为日趋规范,成为推进现代市场体系建设的重要手段,对于创造公平竞争的市场环境、提高经济效益、保证项目质量、维护国家和社会公共利益,发挥着越来越重要的作用。

(1)房地产开发工程项目招标投标能够维护和规范市场竞争秩序,保护招标投标活动当事人的合法权益,提高市场交易的公平度、满意度和可信度,有利于完善建立健全现代市场经济体系。

(2)房地产开发工程项目招标投标的实质是通过市场竞争机制的作用,充分发挥先进生产力,从而促进经济发展和社会进步。

(3)房地产开发工程项目招标投标能够促进招投标双方提高管理和技术水平,也能够促进工程项目评价指标的优化,以利于进一步取得良好的经济及社会效益。

(4)房地产开发工程项目招标投标能够优化社会资源配置和项目实施方案,提高项目的质量。

(5)房地产开发工程项目招标投标有利于合理有效地使用国有资金和其他资金,形成了从源头预防腐败交易的监督制约体系,从而保护了国家和社会公共利益。

9.1.4　房地产开发项目招标的方式

为规范工程招标投标活动,保障招投标当事人的合法权益、社会公共利益和国家利益,我国《招标投标法》第二章的第十条规定,提出招标项目、进行招标的房地产开发项目招标有公开招标和邀请招标两种方式。

1.公开招标

公开招标是指招标人以招标公告的方式邀请不特定的法人或者其他组织投标,是招标人在指定的报刊、网络或其他媒体上发布招标公告,吸引众多的潜在投标人参加投标竞争,招标人从中择优选择中标人的招标方式。

公开招标需符合的条件:一是招标人需向不特定的法人或者其他组织发出投标邀请。招标人应当通过全社会所熟悉的公共媒体公布其招标项目、拟采购的具体设备或工程内容等信息,向不特定的人提出邀请。二是公开招标需采取公告的方式,向社会公众明示其招标要求,使尽量多的潜在投标商获取招标信息,前来投标。采取其他方式如向个别供应商或承包商寄信等方式采购的都不是公告方式,不应被公开招标人所采纳。招标公告的发布有多种途径,如可以通过报纸、广播、网络等公共媒体。

公开招标是房地产开发项目招标方式之一,其具有选择余地大、公平竞争、扩大供应来源、有利于获得最优报价等优点。但同时也具有招标工作量大、耗费时间长、采购费用高、投标单位良莠不齐、招标时所需费用较高、花费时间较长等缺点。总体来说,这种方式有助于充分竞争,对于全部使用国有投资,或者国有资金占控制地位或主导地位的,或者投资额大、工艺或者结构复杂的较大型房地产开发建设项目应当实行公开招标。

2. 邀请招标

邀请招标也称为有限竞争招标,指招标人以投标邀请书的方式邀请特定的法人或者其他组织投标。是一种由招标人选择若干供应商或承包商,向其发出投标邀请,由被邀请的供应商或承包商参与投标竞争,从中选定中标者的投标方式。根据《招标投标法》的规定,由招标人根据承包商或供应商的资信和业绩,选择不少于三家参加投标竞争的法人或其他组织作为潜在投标人,向其发出投标邀请书,邀请其参加投标竞争。

《中华人民共和国招标投标法实施条例》规定了四种适用邀请招标的法定情形:一必须是技术复杂,只有少量潜在投标人可供选择;二必须是有特殊要求,只有少量潜在投标人可供选择;三必须是受自然环境限制,只有少量潜在投标人可供选择;四是采用公开招标方式的费用占项目合同金额的比例过大。另外其他部门规章还补充规定了邀请招标的三个法定条件:一必须是涉及国家安全,适宜招标但不宜公开招标;二必须是涉及国家秘密,适宜招标但不宜公开招标;三必须是涉及抢险救灾,适宜招标但不宜公开招标。

邀请招标也是房地产开发项目的招标方式之一,因为招投标双方事前考察、调研、信息沟通更为深入完整,故其相对于公开招标,具有节省时间和费用、工作量小、目标集中、降低招标风险等优点。但其也有投标单位数量少导致竞争性差,可能会产生串通投标等缺点。整体来说,投标单位在选择邀请人前应充分考虑在技术、报价方面更具有竞争力的企业。对于全部使用国有资金投资占控制或主导地位的房地产开发项目,必须经国家有关部委或者省级人民政府批准方可实行邀请招标。

3. 公开招标与邀请招标的区别

公开招标与邀请招标这两种方式的主要区别如下。

(1) 发布招标信息的方式不同。公开招标采用公告的形式发布,而邀请招标采用投标邀请书的方式发布。

(2) 潜在投标人选择的范围不同。因公开招标使用的是招标公告的形式,所以其针对的是一切潜在的对招标项目感兴趣的法人或者其他组织,因此招标人事先不知道潜在投标人的数量,而邀请投标针对已经了解的法人或者其他组织发出投标邀请书,只有接到邀请书的建筑企业可以投标,缩小了招标人的选择范围。

(3) 竞争的范围不同。因为公开招标使所有符合条件的法人或者其他组织都有机会参加投标,竞争的范围较广,竞争性也体现得比较充分,招标人拥有较好的选择余地,容易获得最佳招标效果;邀请招标投标人的数量有限,竞争的范围也有限,招标人拥有的选择余地相对较少。

(4) 公开的程度不同。公开招标要求所有的活动都必须严格按照预先指定并为大家所知的程序和标准公开进行,从而大大降低了作弊的可能性,相比而言,邀请招标的公开程度相对小一些,产生不正之风的可能性也就大一些。

(5) 时间和费用不同。公开招标的程序相对较复杂,从发布招标公告,投标人做出响应参加投标,经过开标、评标、中标到最后签订合同,每个环节都有具体时间上的要求和限制,事先要进行很多准备工作,耗时较长,费用相对较高。而邀请招标不发公告,招标文件只发给有限的几家,使整个招投标的时间大大缩短,招标费用也相应减少。

9.1.5　房地产开发项目招标投标的基本程序

房地产开发工程招标投标应按照规范的程序进行。一般而言,房地产开发项目需经过招标、投标、开标、评标、中标、签订合同六个程序。

1. 招标

招标是招标人按照国家规定履行项目审批手续,落实资金来源,依法发布招标公告或者投标邀请书,编制并发布招标文件等具体环节。根据项目特点和实际要求,部分招标项目还会委托招标代理机构,组织潜在投标人对项目现场进行踏勘,进行招标文件的澄清或修改等。由于招标项目为招标投标活动的开始程序,招标项目的技术要求、对投标方资格审查的标准条件、投标报价要求和评标标准、合同条款等各项实质性条件都是在招标环节确定的,因此招标活动对整个招标投标具有本质影响。其操作的合法性、科学性会影响整个招标投标的效果。

2. 投标

投标是投标方根据招标文件的要求编制投标文件,参与招标活动。投标方应该对招标文件提出的实质性要求和条件做出响应,具体是指投标人对招标项目的技术要求、投标报价要求和评标标准等一一做出相对应的回答,不能存有遗漏或重大偏离。否则将被视为否决其投标,失去中标的可能。所以投标活动决定了竞争结果,对决定投标方能否中标及招标方能否实现投标目的起了关键作用。

3. 开标

开标是招投标活动应当遵循的公开原则的体现,以确保投标人提交的投标文件与提交评标委员会评审的投标文件是同一份文件。要如实公布和记录开标过程以及投标文件的唱标内容,以加强招标人和投标人之间,以及投标人与投标人相互之间的监督。开标应当在招标文件规定的时间和地点进行;投标人少于三个的应当重新招标,为避免泄露投标人的投标信息,招标人不得开标;异议应当在开标现场提出并答复。开标最基本的特点是公开,能够保证所有投标方的知情权,能够维护各方的合法权益。

4. 评标

评标是由招标人依法组建的评标委员会按照招标文件确定的评标标准和方法,对投标文件进行评审和比较;设有标底的,应当参考标底。评标是审定中标方的必需程序。对于依法必须招标的项目,招标方必须根据评标委员会提出的书面评标报告和推荐的中标候选人,确定中标人。招标人也可以授权评标委员会直接确定中标人。另有规定的从其规定。评标的合法、规范、公正、公平决定着招标的结果和效果。

5. 中标

中标是指招标方对依法必须招标的项目按有关规定在招标投标监督部门指定的媒体或场所公示推荐的中标候选人,再按照评标委员会推荐的中标候选人及公示结果,依据法律法规和招标文件规定的定标原则确定中标人,提交招标投标情况书面报告,发出中标通知书。中标是竞争的确定结果。

6. 签订合同

招标人和中标人应当自中标通知书发出之日起 30 日内,按照招标文件和中标人的投标文件订立书面合同。招标人和中标人不得再行订立背离合同实质性内容的其他协议。

9.2 房地产开发项目勘察设计招标

9.2.1 房地产开发项目勘察设计招投标的概念

工程勘察设计招投标指招标是单位依法必须进行勘察设计招标的工程建设项目,在当地公共交易平台发布公告,依照法定的方式,以公平、公正的原则,吸引多方勘察设计单位共同竞争,经招标单位审查获得投标资格的勘察设计单位,按照招标文件的要求,在规定的时间内向招标单位填报投标书,招标单位从中择优确定中标单位完成工程勘察或设计招标工作。此方式有利于公平竞争,保证工程质量,所以部分房地产开发工程项目勘察与设计工作任务采用招标方式。另外部分房地产开发工程勘察采取协商及委托方式。故本章此部分内容主要针对《工程建设项目勘察设计招标投标办法》中所指勘察设计招标项目。

9.2.2 房地产开发项目勘察招标

房地产开发项目勘察招标工作可由开发企业主持,也可委托具有法人资格并符合专业要求的招标代理、监理公司代办。勘察任务的发包可采取竞争招标方式(公开招标和邀请招标)或协商方式。

采用竞争招标方式发包工程的勘察任务时,需按以下程序进行:①向招标管理机构办理招标登记;②组织招标文件工作机构或委托专业机构代理招标事宜;③组织评标小组;④编制招标文件;⑤发布招标公告或邀请投标函;⑥接受投标报名;⑦对申请投标者进行资质审查(资格预审,资格后审在评标时审查);⑧组织投标单位勘察现场和进行答疑;⑨投标单位向招标单位交纳招投标保证金;⑩投标单位编制投标文件,招标单位或招标代理单位接受标书;⑪开标、评标、决标,确定中标的勘察企业;⑫招标单位发出中标通知书,与中标企业签订勘察合同。

勘察合同是委托方与承包方为完成一定的勘察任务,明确双方权利义务关系而达成的协议。房地产开发工程勘察合同的委托方即房地产开发企业或房地产开发工程总体承包单位；而承包方是持有勘察资质证书的勘察单位。合同签订生效后，委托方应付给承包方定金。合同双方盖章签字生效后合同才能成立。定金经协商后确定，通常是合同额的 10％～30％。合同履约后，定金抵作勘察费的一部分。委托方如不履行合同，无权要求返还定金。

9.2.3　房地产开发项目设计招标

房地产开发项目方案和施工图设计招标，应尽量采用竞争性招标方式。房地产开发项目设计招标的一般程序有八个步骤。

（1）组织招标工作小组。

（2）编制招标文件。其内容应当包括以下几方面：投标须知；投标文件格式及主要合同条款；项目说明书，包括资金来源情况；设计范围，对设计进度、阶段和深度的要求；设计基础资料；设计费用支付方式；投标报价要求；对投标人资格审查的标准；评标标准和办法；投标有效期，从提交投标文件截止日起计算。

（3）发布招标通知书或发出招标邀请函。采用邀请招标的情形有：技术复杂、有特殊要求或者受自然环境限制，只有少量潜在投标人可供选择；采用公开招标方式的费用占项目合同金额的比例过大。一般的房地产开发项目不具备上述特征，故较少采用邀请招标方式。

（4）对投标设计机构进行资格预审。

（5）组织投标者踏勘工程现场，解答投标者提出的问题。

（6）接受投标者的标书。

（7）开标、评标、决标。自招标文件开始发出之日起到投标人提交投标文件截止之日止，最短不得少于 20 日。开标前应组织好评标小组，评标小组主要由房地产开发企业的专业人员和有关专家组成。评标小组须依据评标办法规定的评标原则确定候选的中标单位。决标由开发企业根据评标结果做出决策，最终择优选定中标单位。决标也可由评标小组表决。

（8）签订设计承包合同。决标后，开发企业应立即向中标单位发出中标通知书，中标单位应在规定时间内与开发企业签订设计合同。设计单位应根据设计基础资料，按国家行业主管部门颁发的设计标准、技术规范、规程、定额等进行设计，并应按合同规定的进度和质量要求提交设计文件（包括概预算文件、材料设备清单）。

9.3　房地产开发项目施工招标

9.3.1　房地产开发项目施工招标的概念

对房地产开发工程项目施工实行招标投标，将有利于开发企业筛选优良的施工承包企业，同时也符合政府的相关规定和要求。房地产开发工程施工招标是指对房地产开发工程中施工项目的招标活动。本章内容涉及房地产开发项目施工招标，但鉴于一般情况下房地产开发项目的施工需监理同行，故本部分内容包含施工监理招标，施工招标和施工监理招标不分先后顺序，同时进行。

9.3.2　房地产开发项目施工招标的方式

(1)邀请招标:询问房地产开发企业库内具有符合本工程施工资质的单位的承接意向,向有意参与该房地产开发项目施工的单位发送招标文件,并经回标、开标、评标确定中标单位。

(2)议标:特殊情况无法进行施工招标的工程进行议标。例如,房地产开发企业库内各单位均不愿承接该施工项目或意向单位少于三家的施工项目,经审批后直接与一家单位进行议标,议标工程仅需提供报价清单,价格合理即可中标。

(3)直接发包:向房地产开发企业库内综合排名靠前的施工单位直接发包。

(4)年度招标:对于一些前期需要设计或咨询服务等的房地产开发项目的施工招标,可以采用年度招标的方式,同样按照邀请招标流程邀请招标,但可与一家或多家单位同时签订年度战略协议。在一个年度内,房地产开发企业所辖各项目如有相关工程,可直接分配给签订年度协议的施工单位进行施工。

9.3.3　房地产开发项目施工招标的程序

(1)项目立项,明确需要施工招标的内容及范围。

(2)初步筛选具备相应资质的施工单位,邀请其参与投标,并对该单位进行合格审查。

(3)编制招标文件及合同范本,向合格施工单位发送招标文件及图纸等相关资料。并约定回标日期和时间。

(4)投标单位按招标文件要求编制招标文件并装订密封,在规定的时间由委托人到指定地点进行现场开标。

(5)相关部门对投标报价进行进一步审核并出具审核意见,同意报批则由招投标部最终定标。

(6)定标后即可与施工单位签订施工合同。

9.3.4　房地产开发项目施工招标文件的编制

招标人根据房地产开发项目施工招标项目的特点和需要编制招标文件,招标人应当在招标文件中规定实质性要求和条件,并用醒目的方式标明。招标文件主要对招标项目的工期、范围、承包方式、付款方式等基本情况做出说明并对投标文件的格式、内容做出要求。投标人须严格按招标文件的要求编制招标文件。招标文件一般包括下列内容。

1)投标邀请书

投标邀请书应当至少载明下列内容:招标人的名称和地址;招标项目的内容、规模、资金来源;招标项目的实施地点和工期;获取招标文件或者资格预审文件的地点和时间;对招标文件或者资格预审文件收取的费用;对投标人的资质等级的要求。

2)投标须知

投标须知是指导投标方正确履行投标手续的文件。在投标须知中应写明:房地产开发招标项目的资金来源;对投标的资格要求;招标文件和投标文件澄清的程序;对投标文件的内容、使用语言的要求;投标报价的具体范围;投标保证金的规定;投标的程序;截止日期、有效期；开标的时间、地点；投标书的修改与撤回的规定；评标的程序；评标的标准等。

3）合同主要条款

一般采用标准《建设工程施工合同文本》中的主要合同条件，合同主要条款内容包括通用合同条款和专用合同条款，通用合同条款内容主要包括：合同双方的一般约定；发包人的义务；监理人内容；承包人内容；材料和工程设备内容；交通运输内容；测量放线内容；施工安全、治安保卫和环境保护；进度计划；开工和竣工；暂停施工；工程质量；试验和检验；变更；价格调整；计量与支付；竣工验收；缺陷责任与保修责任；保险；不可抗力；违约；索赔；争议的解决。专用合同条款内容主要是合同文件应约定的其他内容。

4）投标文件格式

投标文件格式内容要求包括：投标函及投标函附录；法定代表人身份证明；授权委托书；联合体协议书；投标保证金；已标价工程量清单；施工组织设计；项目管理机构；拟分包项目情况表；资格审查资料；其他材料；合同附件格式（合同协议书、履约担保格式、预付款担保格式）。

5）采用工程量清单招标的，应当提供工程量清单。

工程量清单的主要内容包括：工程量清单说明；投标报价说明；其他说明；工程量清单表；计日工表；暂估价表；投标报价汇总表；工程量清单单价分析表。

6）技术条款

技术条款的内容由招投标双方当事人约定，包括技术资料的保密，风险责任的承担，工程建设地点的现场施工条件、现场自然条件，工程采用的技术规范等。

7）设计图纸

设计图纸内容包括图纸目录和施工图纸。

8）评标标准和方法

评标方法主要有两种，一种是经评审的最低投标价法，另一种是综合评估法。符合招标文件的基本技术要求且评标价最低或综合评分最高的投标人，其所提交的备选方案方可予以考虑。

9）投标辅助材料

投标辅助材料的内容包括：农民工权益保障投诉渠道告知承诺函；举报渠道告知函等。

9.4 房地产开发项目施工监理招标

房地产开发项目施工监理实行招标投标，能够起到提高开发项目质量、监督建设全过程、控制造价等作用。有利于开发企业获得高质量的监理服务，同时也能保证房地产开发工程质量；有利于规范房地产开发工程建设各方的建设行为；有利于促使科学监管，保证房地产开发工程质量及其日后的使用安全。

9.4.1 房地产开发项目施工监理招标的类型

为保证房地产开发项目的工程质量，《招标投标法》规定，在中华人民共和国境内进行的工程建设项目监理,必须进行招标。

1. 公开招标

2000 年,《工程建设项目招标范围和规模标准规定》(国家发展计划委员会令第 3 号)提出使用国有企业自有资金,并且国有资产投资者实际拥有控制权的项目,或者关系到社会公共利益、公众安全的基础设施项目和公用事业项目,必须进行公开招标。

公开招标是指房地产开发企业以招标公告的方式,邀请不特定工程监理单位参加投标。向其发售监理招标文件,按照招标文件规定的评标方法、标准,从符合投标资格要求的投标人中优选中标人,并与中标人签订房地产开发项目施工监理合同的过程。

2. 邀请招标

邀请招标是指房地产开发企业以投标邀请书的方式要求特定工程监理单位参加投标,向其发售招标文件,按照招标文件规定的评标标准,优选中标人,并和中标人签订房地产开发项目施工监理合同的过程。

邀请招标方式也被称为选择性招标方式,建设单位不需要发布招标公告,简化了招标程序,缩短了招标时间。但由于邀请招标限制了投标人的范围和竞争的空间,可能会失去技术和价格最有竞争力的某些监理单位,达不到招标要实现的预期效果。

3. 直接发包

直接发包是指房地产开发企业直接与该企业下属监理公司签订房地产开发项目施工监理合同。

9.4.2 房地产开发项目施工监理招标的原则

房地产开发项目施工监理招标活动应当遵循公开、公平、公正和诚实守信的原则。

(1)公开原则。招投标信息、开标的程序、评标的标准和程序、中标的结果等都应当公开。法律、行政法规规定不予公开的事项除外。

(2)公平原则。公平原则是指所有当事人和中介机构在房地产开发项目施工监理招标过程中,享有同等的机会和权利,履行相应的义务,不歧视任何一方。

(3)公正原则。公正原则是指在房地产开发项目监理招标活动中,应该按照同一标准实事求是地对待所有当事人和中介机构,公正评价投标文件,择优选定中标人。

(4)诚实守信原则。诚实守信原则是指在房地产开发项目施工监理招标活动过程中,当事人和中介机构应当实事求是,言行一致,诚实守信,遵守诺言,履行约定。

9.4.3 房地产开发项目施工监理招标的程序

房地产开发项目施工监理招标,一般情况下包括:招标准备;发出招标公告或投标邀请书;组织资格审查;编制招标文件并发布;组织现场踏勘;编制并提交投标文件;开标、评标和定标;签订合同。

（1）招标准备。房地产开发项目施工监理招标准备包括：确定招标组织，建设单位自行招标或委托招标代理机构组织招标；综合考虑工程项目建设规模、复杂程度等因素，明确招标的范围和内容；编制招标方案等工作。

（2）发出招标公告或投标邀请书。招标公告与投标邀请书的内容包括：建设单位名称、地址，招标数量，招标项目实施地点、实施时间等。

（3）组织资格审核。为确保投标人满足招标项目的资格条件，应审查或复审监理投资人资格。资格审核包括资格预审和资格后审，资格预审是对申请参加投标的潜在投标人进行资质条件、技术、信用等的合格审查。资格后审是指开标后评标委员会根据招标文件中规定的资格审查标准审查投标人的资格。

（4）编制并发布招标文件。

（5）组织现场踏勘。招标人可根据房地产开发项目的特点和招标文件规定，组织潜在投标人对监理实施现场的地质条件和环境进行实地踏勘，以便潜在投标人据此做出投标决策。

（6）编制并提交投标文件。投标人应该按照招标文件要求编制投标文件，对招标文件提出的实质性要求和条件做出实质性响应，按照招标文件规定的时间、地点、方式递交投标文件，并根据要求提交投标保证金。投标人在提交投标截止日期之前可以撤回补充或者修改已提交的投标文件，并书面通知招标人。补充修改的内容为投标文件的组成部分。

（7）开标、评标、定标。

① 开标。招标人邀请所有投标人派代表参加开标，并按照招标文件规定的时间和地点主持开标，开标时间和程序应该符合招标文件规定的开标时间和程序。

② 评标。评标由招标人依法组建的评标委员会负责。评标委员熟练掌握招标项目的需求和项目特点，熟悉招标文件及其评标的办法，按招标文件规定的评标办法进行评标，撰写评标结论，经招标人授权确定直接中标人，或向招标人推荐中标候选人。

③ 定标。招标人按照有关规定在招标投标监督部门指定的媒体或网络上公示推荐的中标候选人，并根据招标文件规定的定标原则确定中标人，向中标人发出中标通知书。

（8）签订房地产开发建设项目监理合同。招标人和中标人应当自发出中标通知书之日起 30 日内，根据中标通知书、招标文件中的合同构成文件，签订监理合同。房地产开发项目施工监理合同书的内容是由当事人约定。一般应包括下面的条款：当事人的名称或姓名和住所、标的、数量、质量、价款或者报酬、履行期限、地点和方式、履约责任、解决争议的方法。当事人可以参照各类合同的示范文本订立合同。

9.4.4 房地产开发项目施工监理招标文件的编制

为指导监理投标方正确编制投标文件，监理招标文件中应包括以下内容和资料。

（1）投标须知，包括招标形式、投标时限和地点、中标原则等。

（2）招标文件简介，包括招标单位、项目名称、项目地点和概况、招标范围和内容、投标报价及承包方式等。

（3）投标报价表，包括报价说明、投标报价表格式。

（4）招标文件综合说明,包括招标文件的组成、招标文件的澄清、现场踏勘、投标费用等。

（5）投标文件的编制,包括投标文件的组成、投标文件的有效期、投标保证金、投标文件格式、份数等。

（6）开标、中标资格及定标的相关规定,包括签订合同、履约保证金、投标纪律的约定。

（7）投标文件标准格式,包括投标函、授权委托书、法定代表人资格证明书、公平竞争承诺书、投标保证金退还委托书、现场踏勘承诺书、监理工程师监理表等格式。

（8）合同书格式,包括发包人、承包人、工程概况、监理范围及形式、监理费及支付方式、双方责任、合同的变更和解除等。

（9）其他事项。

9.5 房地产开发项目设备与材料采购

9.5.1 设备与材料采购的方式

房地产开发项目所用设备和材料采购的方式主要有公开招标、邀请招标和其他方式三种。

1. 公开招标

设备、材料采购的公开招标是由招标单位通过第三方网络公开发布招标公告,邀请所有潜在的不特定的分供方参加投标,从所有投标单位中择优评选出中标单位,并签订合同。公开招标可使符合资格的供应商在公平竞争条件下,以合适的资格获得供货机会;使设备、材料采购者以合理价格获得所需的设备和材料;促使供应商进行技术改造,以降低成本、提高质量;可防止徇私舞弊的产生,有利于采购的公平和公正。但公开招标涉及环节众多,故所需工作时间较长,成本较高。

2. 邀请招标

邀请招标也称有限竞争性招标、选择性招标。设备材料采购的邀请招标是指根据分供方的资质、业绩选择一定数目的分供方,并发出邀请招标书,邀请参加投标,并从中选定中标单位的采购方式。

3. 其他方式

（1）询价采购方式。询价采购方式即设备、材料的采购者对国内外几家供货商的报价比较后,选择其中一家签订供货合同的采购方式。在采购权限划分范围内,采购规格、标准统一,价格变化幅度小的标的物时,可通过发出询价单的形式进行询价采购。

（2）直接订购方式。直接订购方式又称非竞争性采购方式,即设备、材料的采购单位直接与供货商联系,签订采购合同的方式。

（3）竞争性谈判。竞争性谈判是指采购单位或代理机构通过与多家供应商(一般不少于三家)进行谈判,最后从中确定中标供应商的一种采购方式。

（4）单一来源方式。单一来源方式是指在特殊情况下采取不询价或者比价的方式进行设备、材料采购，为实现某种特定性能要求，针对指定供应商，买卖双方协议价格，签订采购合同的方式。

（5）专业分包。专业分包即包工包料。园林绿化、通风空调、强弱电等房地产开发项目的专项工程一般会采用专业分包，根据项目实际的情况由房地产开发企业或建设单位进行定向采购，由分包队伍对材料或设备进行运输、安装、培养、保护、种植、维护等。

9.5.2　设备与材料采购的程序

房地产开发项目设备和材料的采购采用直接采购等方式，通过询价、对比市场价格、议价、确定价格、签订框架协议等程序完成。另外房地产开发项目建设过程中还有一些设备和材料的使用选择租赁的方式，可以通过招投标的方式确定租赁费用。

房地产开发项目建设过程中，设备与材料采用招标采购的方式，其工作的一般流程如下。

（1）采购规划环节，根据现场进度编制招标采购计划。《招标采购计划表》中物资设备、分包工程项目名称按照劳务分包、专业分包、物资设备采购、周转材料、机械设备租赁等分供方合同签订方式进行拆分。

（2）发出招标公告或投标邀请书。招标公告或者投标邀请书应当包括：投标人的名称和地址；招标设备材料的名称、数量、技术规格、资金来源；交货的地点和时间；获取招标文件或者资格预审文件的地点和时间；对招标文件或者资格预审文件收取的费用；提交资格预审申请书或者投标文件的地点和截止日期；对投标人的资格要求。

（3）资格预审。招标人可以根据招标货物的特点和需要对潜在投标人或者投标人进行资格审查。资格审查分为资格预审和资格后审。资格预审文件一般包括资格预审公告、申请人须知、资格要求、其他业绩要求、资格预审标准和方法、资格预审结果的通知方式。

（4）发放招标文件。招标文件一般包括：招标公告或者投标邀请书；投标人须知；投标文件格式；技术规格参数以及其他要求；评标标准和方法；合同主要条款。

（5）编制、递送投标文件。投标文件一般应包括：投标函；投标一览表；技术性能参数的详细描述；商务和技术偏差表；投标保证金；有关资格证明文件；招标文件要求的其他内容。招标人应当确定投标人编制投标文件所需的合理时间，依法必须进行招标的设备和材料，自招标文件开始发出之日起至投标人提交投标文件截止之日止，最短不得少于 20 日。

（6）开标、评标、中标。开标应当在招标文件确定的提交投标文件截止时间的同一时间公开进行，开标地点应当为招标文件中确定的地点。技术简单或技术规格、性能、制作工艺要求统一的设备材料，一般采用经评审的最低投标价法进行评标，对采购技术规格简单的初级商品、原材料、半成品以及其他的设备和材料，因为性能质量相同，故依据最低投标价进行评标；技术复杂或技术规格、性能、制作工艺要求难以统一的设备和材料，一般采用综合评估法进行评标，综合评估法主要以设备材料的投标价为基础，将评定的其他要素（包括运输费用、交货期、付款条件、设备性能、生产能力、零配件和售后服务等）按预定的方法换成价格，在原投标价基础上增加或扣减该值形成评标价格。招标人可以确定排名第一的合格中标候选人为中标人,或者可以授权评标委员会直接确定中标人。对中标人另有规定的,从其规定。

(7) 合同谈判与签订。《招标投标法》规定:中标方确定后,招标方或其招标代理机构应向中标方发出中标通知书,招标人和中标人应当在投标有效期内,并在自中标通知书发出之日起 30 日内,按照招标文件和中标人的投标文件签订书面订货合同。招标文件要求中标人提交履约保证金或者其他形式履约担保的,中标人应当提交,拒绝提交的,视为放弃中标项目,招标人要求中标人提供履约保证金或其他形式履约担保的,招标人应当同时向中标人提供货物款支付担保。

9.5.3　设备与材料采购招标文件的编制

9-1

设备与材料采购招标文件一般包括以下内容。

(1) 招标公告或投标邀请书,包括招标人的名称和地址,招标项目的名称、性质、数量、实施地点和时间,投标人资格,报名地点,招标人联系方式等。

(2) 投标人须知。

(3) 投标文件格式。

(4) 技术规格、参数及其他要求。

(5) 评标标准和方法。

(6) 合同书。

① 合同协议书,包括采购人、供货人、工程整体概况、供货范围、签约合同价款、供货周期、合同文件的组成等。

② 合同条款通用部分,包括一般规定、供货周期、包装、支付、违约、索赔、保险、不可抗力、争议、专利权、保密、合同文件的修改、文件版权等的约定。

③ 合同条款专用部分,包括一般规定、供货周期、包装、支付、违约、索赔、保险、不可抗力、争议、补充条款等的约定。

④ 技术标准和要求,包括现场条件和周围环境、采购范围、供货周期、质量要求、适用标准、技术要求、服务要求、签约合同价款、其他说明。

⑤ 合同附件,包括供货范围及价格表、供货通知单、预付款申请书、过程货款申请书、结算报告、最终结清支付核准书、履约担保、支付担保、物资供货方环保安全协议、工程质量终身责任承诺书、补充约定等。

(7) 其他事项。

本章小结

本章介绍了房地产开发项目在工程建设阶段的招标投标业务知识,主要包括房地产开发工程勘察与设计招标、施工招标、工程监理招标、设备与材料购置招标等招标工作的程序与方式。

习题

思考题

1. 开发工程监理招标的分类有哪些?

2. 施工招标的程序是什么?

3. 施工招标文件的内容有哪些?

4. 设备购置招标的程序是什么?

5. 开发工程设计招标的程序是什么?

第10章

房地产开发合同

【学习要点及目标】

◆ 掌握房地产开发合同的概念。

◆ 了解房地产开发合同的审批流程。

◆ 了解房地产开发合同的类型。

◆ 了解工程建设实施类合同的特征。

◆ 掌握建设工程施工合同的概念及主要内容。

◆ 掌握建设工程施工合同示范文本的组成。

◆ 了解勘察、设计合同的主要内容。

◆ 了解监理合同的主要内容。

【核心概念】

房地产开发合同、示范文本、建设工程施工合同、勘察合同、设计合同、监理合同等。

【引导案例】

甲公司于2016年7月以行政划拨方式取得一块国有土地使用权,2018年12月甲公司转型为房地产开发企业。2019年4月,经当地政府批准,甲公司取得的该地块由原先的行政划拨方式改为出让方式,出让合同约定由甲公司进行住宅小区的建设,并缴纳土地出让金。该项目计划总投资5亿元,建设工期为18个月。甲公司通过招标方式选择了乙施工单位,同时选择了丙监理单位。请问甲公司要分别与参与方签订哪些合同?在签订合同的过程中双方需注意哪些事项?

10.1 概述

10.1.1 房地产开发合同的概念

房地产开发合同是指在房地产开发的全过程中,当事人就房地产开发用地的取得和工程项目建设以及房屋销售服务等相关事宜的设立、变更、终止的权利义务关系而达成的协议。

房地产开发合同包括合同的主体、客体和内容三个要素。

1．合同的主体

合同的主体是指参加合同法律关系，依法享有权利、承担义务的当事人。房地产开发合同的主体可以是平等的自然人、法人及其他组织。由于房地产开发活动过程的复杂性，法律法规对具体的房地产开发合同主体的资格有严格的要求，只有具备了相应的资质条件，才能成为房地产开发合同的主体。

2．合同的客体

合同的客体是合同主体即签约当事人权利和义务所指向的对象，又称标的。房地产开发合同的客体是房地产开发工程项目。在法律关系中，主体之间的权利义务之争总是围绕着一定的对象开展，没有一定的对象，也就不存在权利和义务之分。

3．合同的内容

合同的内容是合同签约当事人之间的权利和义务。权利是指权利主体依据法律规定和约定，有权按照自己的意志做出某种行为，同时要求义务主体做出某种行为或者不得做出某种行为，以实现其合法权益。义务是指义务主体依据法律规定和权利主体的合法要求，必须做出某种行为或不得做出某种行为，以保证权利主体实现其权益，否则要承担法律责任。合同当事人的权利和义务建立在双方协商和平等互利的基础上，不存在一方强加于另一方的特权。合同一经签署，则合同中规定的当事人权利和义务受法律保护，当事人必须全面履行合同，任何一方不得擅自变更或解除合同。

10.1.2　房地产开发合同审批流程

房地产开发合同审批可以保证房地产开发合同的内容满足国家法律、法规和政策的要求，贯彻平等互利、协商一致和等价有偿的原则，同时，最大限度降低企业的各种风险。

本节从企业的角度说明房地产开发合同的审批流程。

房地产开发合同的审批共包括七个环节（图 10-1）：编制房地产开发合同文本、审核业务风险、审核法律风险、审核财务风险、审批、签署房地产开发合同和登记存档。

图 10-1　房地产开发合同的审批流程

1．编制房地产开发合同文本

编制房地产开发合同文本是指根据双方协商的结果及相关资料起草房地产开发合同文本的过程。只有采用非标准样本的房地产开发合同才需要缮制房地产开发合同文本。

1）收集相关信息

在编制非标准房地产开发合同文本之前，公司相关人员必须收集相关信息，包括业务协商的结果、公司以前的房地产开发合同样本、类似房地产开发合同的标准样本等,作为起草房地产开发合同文本的基础,同时将相关资料作为房地产开发合同的附件。

2)制定房地产开发合同框架

根据房地产开发合同的价格条款、交易方式等条件,同一类型的房地产开发合同会具有不同的框架体系,因此,在起草非标准房地产开发合同文本之前,必须先确定房地产开发合同的框架体系,根据价格条款、交易方式确定应包括的房地产开发合同类型。

3)起草房地产开发合同文本

对于房地产开发合同框架中的非标准房地产开发合同,房地产开发合同文本的起草必须遵循《民法典》相关法律、法规的规定,保证条款的合法性、严密性和可行性。对于关键条款,如数量条款、质量条款、价格条款、付款方式、付款时间、违约条款等,必须向公司的法律顾问咨询,保证用词准确,没有歧义,同时还必须对房地产开发合同的盈亏状况进行预测。

4)上报房地产开发合同

在起草完房地产开发合同文本之后,相关业务人员必须仔细检查房地产开发合同的各项条款,保证内容完整,用词准确,没有文字错误。并将检查过的房地产开发合同文本及盈亏预测等相关附件上报上级主管部门。

2. 审核业务风险

审核业务风险主要是评价房地产开发合同的业务前景、业务利润和风险控制措施。

1)评价业务前景

公司的部门主管在拿到业务员缮制的房地产开发合同文本后,首先需要对业务的发展前景进行评估。对于有发展潜力的业务,可以考虑适当增加优惠条款,以维护双方的长期合作关系;对于临时性和没有发展潜力的业务,必须对其他业务风险进行严格审核,并提出修改建议。

2)评价业务利润

在确定了业务的发展前景之后,部门主管需要根据业务发展前景来确定房地产开发合同的利润水平,同时将房地产开发合同的盈亏预测与相应的利润水平作对比。如满足利润要求,则签字同意,否则提出修改建议。

3)评价风险控制措施

在房地产开发合同满足了业务发展需求和利润要求之后,还必须对房地产开发合同中的风险控制措施进行评估,检查房地产开发合同条款是否对可能出现的风险采取了恰当的规避措施。如果规避措施得当,签字同意,否则提出修改建议。

3. 审核法律风险

审核法律风险是对房地产开发合同的合法性、严密性、可行性进行审核。这项工作由公司的法律顾问全面负责。只有非标准样本房地产开发合同需要进行法律风险审核。

审核法律风险的工作内容主要包括审核房地产开发合同的合法性、严密性及可行性,并严格根据审核结果对房地产开发合同文本进行修改。

4．审核财务风险

审核财务风险是指评价房地产开发合同的资金调拨、付款条件和财务费用。

审核的工作内容主要包括评价房地产开发合同的资金调拨和评价房地产开发合同的营利性。

5．审批

审批是指公司最高管理层对房地产开发合同做出最后的决策。

审批的工作内容主要是公司最高管理层在业务风险评价表和财务风险评价表的基础上，根据其对业务特点及公司资金状况的了解，对房地产开发合同的业务风险和财务风险做出综合评价。其若同意部门主管对业务风险和财务风险的评价，则签字认可，否则提出审批意见。

6．签署房地产开发合同

签署房地产开发合同是使房地产开发合同具备法律效力的过程。

1）确认房地产开发合同

在房地产开发合同完成公司内部的审批过程后，应尽快组织、协调房地产开发合同相关单位（主要包括用户、供应商、运输单位、保险公司以及房地产开发合同中所涉及的必须签章的单位和部门）完成房地产开发合同在相关单位的确认过程。

2）签署房地产开发合同

在房地产开发合同完成内部审批和外部审批过程之后，公司必须至少准备四份房地产开发合同正本（其中三份供公司内部相关部门使用），由公司最高管理层和房地产开发合同相关方的法定代表共同签字、盖章，使房地产开发合同生效。

公司管理层可亲自签署房地产开发合同，也可签署授权书，由授权人签字，完成房地产开发合同的签署过程。

7．登记存档

房地产开发合同的登记存档是公司档案管理的重要内容。

（1）填写房地产开发合同要素一览表。房地产开发合同签署之后，相关部门的业务人员必须填写房地产开发合同信息一览表，将房地产开发合同正本中的关键条款摘录出来，满足日常工作需要。

（2）存档使用。房地产开发合同签署完毕，三份房地产开发合同正本应交公司档案管理部门登记、编号，公司档案管理部门在房地产开发合同登记存档之后，必须将房地产开发合同正本交业务相关部门一份，如果是长期房地产开发合同还应将其交财务部门保存一份。

10.1.3 房地产开发合同的类型

根据房地产开发进程的阶段分，可以将房地产开发合同分为前期工作、建设实施和销售服务三种类型。

1）前期工作类合同

前期工作类合同主要指未进入施工阶段的合资、合作、土地取得或土地补偿等房地产开发前期过程中订立的相关合同,具体包括国有土地使用权出让合同、国有土地使用权转让合同、集体土地征用补偿合同、城市房屋拆迁安置补偿合同等。

2) 工程建设实施类合同

工程建设实施类合同主要是指在房地产开发工程建设活动中,以完成开发项目的设计与建设为目的,依法确定相互的民事权利和义务所签订的合同。具体包括勘察合同、设计合同、施工合同、监理合同等。

3) 房屋销售服务类合同

房屋销售服务类合同主要是指当事人在房地产商品进行转让和租赁等活动中订立的合同,主要包括房屋买卖合同、商品房预售合同、房地产租赁合同、物业管理委托合同等。

除上述三种类型的合同外,下面介绍两种特殊的合同类型。

1) EPC 工程总承包合同

EPC(engineering procurement construction)是指公司受业主委托,按照合同约定对工程建设项目的设计、采购、施工、试运行等实行全过程或若干阶段的承包。通常公司在总价合同条件下,对所承包工程的质量、安全、费用和进度负责。在 EPC 模式中,engineering 不仅包括具体的设计工作,而且可能包括整个建设工程内容的总体策划以及整个建设工程实施组织管理的策划和具体工作;procurement 也不是一般意义上的建筑设备材料采购,而更多的是指专业设备、材料的采购;construction 应译为“建设”,其内容包括施工、安装、试车、技术培训等。EPC 总承包模式在实践中的几种合同结构形式为:①交钥匙合同;②设计-采购总承包;③采购-施工总承包;④设计-施工总承包;⑤建设-转让等。

国际咨询工程师联合会(FIDIC)在 1999 年出版的《设计采购施工/交钥匙工程合同条件》适用于项目建设总承包的合同,也是由通用条件和专用条件两部分组成。通用条件条款的标题共 20 条 166 款,分别为:一般规定,雇主,雇主的管理,承包商,设计,员工,生产设备、材料和工艺,开工、延误和暂停,竣工试验,雇主的接收,缺陷责任,竣工后试验,变更和调整,合同价格和付款,由雇主终止,由承包商暂停和终止,风险与职责,保险,不可抗力,索赔、争端和仲裁。

2) 合作开发房地产合同

(1) 合作开发房地产合同的概念。合作开发房地产合同是指当事人订立的以提供出让土地使用权、资金等作为共同投资,以共享利润、共担风险、合作开发房地产为基本内容的协议。

(2) 合作开发房地产合同的特征。合作开发房地产合同具有三个基本的特征,即共同投资、共享利润、共担风险。

共同投资是指合作各方分别投入合法的出让土地使用权、资金、技术、管理等合作开发房地产所必需的要素。

共享利润是指房地产合作开发的各方共同分享房地产开发成果,分配比例由各方协议约定,分配方式可以是资金、房地产实物、经营权以及其他经济利益表现形式。

共担风险是指合作各方对房地产开发合作失败,或没有完全达到预期目标而导致的现实损失或预期损失进行分担。分担的比例和方式由各方自行约定。

(3) 合作开发房地产合同的分类。在实践中根据房地产开发的主体,可以将其分为两类。

一是以开发商的名义进行建设,房屋建成后,按照约定将部分房屋所有权转移给土地使用权人,同时土地使用权人也要把开发商应分得的房屋所占用的土地使用权转让给开发商。

二是以土地使用权人的名义进行开发,待房屋建成后,按照约定将开发商应分得的房屋及相应的土地使用权一并转让给开发商。

(4)合作开发房地产合同的主要内容。合作开发房地产合同一般包括以下主要内容:合作的基本原则;合作的目的;合作的方式;供地方的权利与义务;非供地方的权利与义务;风险分担方式;利益分配方式;房屋销售;物业管理;违约责任;变更和终止;其他必要内容。

房地产合作开发行为能够在一定程度上降低房地产开发的难度,根据合作开发当事人各自的资源情况取长补短,达到共同盈利的目的。在此过程中合作开发当事人可以将各自投资的现金、技术、设备等以合同或者其他约定形式加以确定,但是项目开发本身具有风险,加之市场环境是在不断地变化,因此最后盈利的多少也具有不确定性。不管盈利与否,合作各方都要共担其过程中的风险,具体分担多少,可视实际情况而定,如以投资的形式、利润分享的比例等来确定分担的风险,以体现权利与义务对等的原则。这些都是房地产合作开发的基础条件。

房地产合作开发实际上是一种对土地、技术、资金等房地产要素的调整配合,是合作开发主体为完成房地产项目的开发、经营目标而通过合同的方式将各个要素有机地结合到一起的行为。在我国,房地产合作开发模式起步较晚,但是发展迅速,这种模式强调的是共同投资、共享利润与共担风险,这就使房地产开发各方的抗风险能力增强,并促使企业价值要素发挥最大功效,因此合作开发已成为我国众多房地产企业的重要战略选择。

目前房地产开发合同的类型没有统一的划分标准,本节根据房地产开发进程的阶段划分为三种类型:前期工作类合同、工程建设实施类合同与房屋销售服务类合同。此外简要介绍了两种特殊的合同类型:EPC工程总承包合同与合作开发房地产合同。本节主要介绍工程建设实施类合同。

10.1.4 工程建设实施类合同

10-1

1. 工程建设实施类合同的特征

工程建设实施类合同除具有一般经济合同的法律特征外,还具有如下特征。

1)合同标的的固定性和完整性

房地产开发工程项目以土地和房屋为主要对象,土地和房屋不可移动,具有固定性。并且房地产开发工程项目是一个不可分割的整体。即使一个工程项目中的某些单项工程和专项工程可以分开施工,但也是为了实现项目的整体功能而存在的。因此拟定合同要注意其完整性,一个项目由多家承包企业独立承包,房地产开发企业与这些承包企业分别签订承包合同时,要注意项目划分合理、责任明确,且便于协调,不能出现含糊不清,甚至漏项的情况。

2)合同履约方式的连续性和阶段性

房地产开发项目是一个整体,同时房地产开发项目的实施是分阶段进行的,前者决定了工程建设实施类合同的连续性,后者则体现合同的阶段性。

首先,工程建设实施类合同的连续性和阶段性表现在合同系列履约的连续性和阶段性。

一个房地产开发项目往往分为勘察、设计和施工等阶段,房地产开发企业与有关单位签订的合同有勘察、设计合同和工程施工承包合同。由于房地产开发的各阶段工作是相互联系的,前者制约后者,因此,与之相应分阶段发生的一系列合同也应该是连续的,即房地产开发合同系列具有连续性和阶段性。

其次,工程建设实施类合同的连续性和阶段性表现在其主要合同,即施工承包合同履约方式的连续性和阶段性。一般货物贸易合同的履约方式,是当事人通过交货和付款结清双方权利和义务,这种结算方式可以是一次或分数次进行,对于货物质量,买方只需一次验收确认即可。或者说,货物贸易合同的履约方式,是当事人一次集中结算或分数次结清的权利和义务。

房地产开发工程的施工承包合同履约方式则不同。房地产开发项目投资额大、工期长、隐蔽工程多,项目的施工是循序渐进的过程。据此特点,房地产开发项目的施工承包合同的履约方式应具有连续性和阶段性,即将工程的实施过程分为若干个阶段,当事人双方根据合同规定的工程进度,分阶段结算款项;对于工程质量要分阶段检查确认,特别是对隐蔽工程更要加强质量监督检查。工程质量的检查内容包括施工材料和永久性设备、施工程序和规范、施工方式以及设计要求等,最后还要进行全面的竣工验收。直到各方面质量都满足了设计要求,承包方履行的义务才算完成。

3) 合同履约的期限性和风险性

房地产开发项目的建设过程也就是实现标的、履行合同的过程。一个项目建设周期往往较长,一般需要 1~3 年,因而履约具有风险性。例如施工承包合同的签订是在项目建设实施前进行的,其中有些条件是当事人无法估算的,如货币贬值、主要建筑材料和设备的价格上涨等,直接影响着承包方的盈亏,施工承包企业担负着较大的风险,并且项目的建设期越长,其风险性可能越大。施工承包合同履约的风险性不仅存在于承包方,发包方(房地产开发企业)也承担着风险。

(1) 由开发企业所选择的承包企业的信誉直接影响着工程的顺利实施,如有的承包企业的信誉不好,偷工减料,则工程质量得不到保证,给开发工程留下许多隐患。住房城乡建设部颁发的《城市房地产开发管理暂行办法》规定:"房地产开发项目的质量责任由房地产开发企业承担。房地产开发企业与设计、施工单位的质量责任关系,按照有关法律、法规的规定执行。"

(2) 在合同条款中明确指定的不可抗力,包括一切非人力所能控制的危险或意外事件,如战争、地震、洪水、海啸等。一旦不可抗力事件发生,承包方则可免除对开发企业所承担的履约义务,由此给开发企业带来的损失将由开发企业自负。

(3) 由于开发企业经验不足,签订了对己不利且风险大的条款。如在签订合同之前未仔细审查对方主体相应资格,导致合同效力存在瑕疵,对对方当事人没有约束力,无法追究其相应违约责任与赔偿。

2. 工程建设实施类合同的作用

1) 组织和协调作用

房地产开发项目的实施涉及多个方面,如勘察、设计、施工和安装等。任何一方面出现问题都将影响项目的顺利实施。房地产开发工程承包合同的一个重要作用就是组织和协调与开发项目有关的各个方面,这种组织与协调由合同中所规定的当事人必须履行的权利和义务为保证。合同一经当事人签订,当事人各方就建立起以开发项目为中心、以合同为依据的相互关系,这种关系是一种法律关系。也就是说,开发项目组织与实施中各个环节的协调是以法律为依据的,从而使开发项目的顺利实施有了保证。

2）监督作用

合同是当事人的行为准则,无论是作为业主的开发企业,还是作为承包商的施工企业,其一切行为和工作都以合同为依据。因为合同所签订的是双方的法律行为,因而双方都要受法律约束。在开发项目实施过程中,当事人是否履行合同中规定的权利和义务,则以合同为依据进行监督。监督方式有如下三种。

（1）行政监督。行政监督是指国家和地方各级经济委员会、工商行政管理部门和有关主管部门,根据行政程序,审批和鉴证合同的内容,监督合同的履行,有权对合同纠纷实行调解和仲裁,有权对合同的违法行为依法进行惩处。

（2）公证监督。公证监督是指国家机关为保障双方的合法利益,加强法律监督,对合同合法性的一种证明。

（3）银行监督。银行监督是指银行通过信贷管理和划拨结算,对经济合同的履行实行监督。

3）惩罚作用

经当事人双方签订的合同,双方必须按合同规定的条款履行义务。如要变动合同或修改合同和内容,必须经双方同意,否则,任何一方擅自变更或修改合同均属无效。若任何一方不履行合同,或不完全履行合同的义务,都要按合同中的要求或有关规定受到惩罚,违约方要承担由此而造成的损失。

4）解决双方纠纷的凭据

在合同的执行过程中,由于种种原因,当事人之间往往会出现这样或那样的争执和纠纷。有些纠纷通过当事人双方的协商可以解决,有些纠纷在协商后仍无结果,则需要提请合同管理部门或经济法庭调解或仲裁,甚至诉讼。对于在执行合同中所产生的纠纷,无论是请第三者调解还是仲裁,都必须以合同为凭据。

10.2　勘察、设计合同

10.2.1　勘察、设计合同的概念

建设工程的勘察包括选址勘察、初步勘察、详细勘察和施工勘察四个阶段,其主要工作内容有地形测量、工程勘察、地下水勘察、地表水勘察、气象调查等。建设工程勘察合同是指根据建设工程的要求,查明、分析、评价建设场地的地质地理环境特征和岩土工程条件,编制建设工程勘察文件的协议。

建设工程设计一般分为初步设计和施工图设计两个阶段,包括工业建筑设计和民用建筑设计。建设工程设计合同是指根据建设工程的要求,对建设工程所需的技术、经济、资源、环境等条件进行综合分析、论证、编制建设工程设计文件的协议。

10-2

10.2.2 勘察、设计合同的内容

1. 勘察合同的主要内容

（1）总述。主要说明建设工程名称、规模、建设地点、委托方和承包方的概况。

（2）委托方的义务。在勘察工作开展前，委托方应向承包方提交勘察范围的地形图、建筑平面布置图、勘察技术要求及附图，负责勘察现场的水电供应、平整道路、现场清理等工作。

（3）承包方的义务。勘察单位负责工程测量、工程地质、水文地质等勘察工作，并按合同规定的进度、质量要求提供勘察成果。

（4）工程勘察收费。勘察人根据发包人的委托，收集已有资料、现场踏勘、制定勘察纲要，进行测绘、勘探、取样、试验、测试、检测、监测等勘察作业以及编制工程勘察文件和岩土工程设计文件等收取的费用。

（5）违约责任。由于发包人未给勘察人提供必要的工作生活条件而造成停、窝工或来回进出场地，发包人除应付给勘察人停、窝工费（金额按预算的平均工日产值计算），工期按实际工日顺延外，还应付给勘察人来回进出场费和调遣费。由勘察人原因造成勘察成果资料质量不合格，不能满足技术要求时，其返工勘察费用由勘察人承担。

（6）合同争端的处理。

（7）其他规定。

2. 设计合同的主要内容

（1）总述。总述即对建设工程名称、规模、投资额、地点、合同双方的简单介绍等。

（2）委托方的义务。委托方应明确设计范围和深度，提供设计任务书（或可行性研究报告）、勘察资料、施工条件及有关技术资料等，负责向有关部门办理各阶段设计文件的审批工作。

（3）承包方的义务。承包方要根据要求进行设计，并按合同规定的进度和质量要求，提交设计文件；配合建设项目施工，进行设计技术交底，解决施工中的有关设计问题，负责设计变更和修改预算，参加试车考核和工程竣工验收。对于大中型工业项目和复杂的民用工程应派现场设计代表，并参加隐蔽工程验收。

（4）设计的修改和停止原则。甲方因故要求修改工程设计，经乙方同意后，除设计文件交付时间另定外，甲方应按乙方实际返工修改工日，并增付设计费用；原定任务书如有重大变更而重做或修改设计时，须具有设计审批机关或设计任务书审批机关的意见书，经双方协商，另订合同；甲方因故要求中途停止设计时，应及时书面通知乙方，已付设计费不退，并按该阶段的实际耗工时增付和结清费用，同时结束合同关系。

（5）设计费。甲方向乙方支付的设计费的数量及支付办法，由合同双方协商约定。

（6）违约责任。违约责任是指合同双方约定的具体违约条款与相应违约费用的支付办法。

（7）合同争端的解决。

（8）其他条款。

10.2.3 订立合同应具备的条件

(1) 勘察、设计合同当事人双方应具有法人资格。作为委托方,必须是有国家计划管理部门批准的建设项目,落实投资的企事业单位、社会组织;作为承包方,应当是具有国家批准的勘察、设计许可证,具有经有关部门核准的资质等级的勘察、设计单位。

(2) 勘察、设计合同的订立必须符合工程项目建设程序,应以国家批准的设计任务书或其他有关文件为基础。

10.2.4 勘察合同中发包人、勘察人责任

1. 发包人责任

(1) 发包人应以书面形式向勘察人明确勘察任务及技术要求。

(2) 发包人应提供开展工程勘察工作所需要的图纸及技术资料,包括总平面图、地形图、已有水准点和坐标控制点等,若上述资料由勘察人负责收集时,发包人应承担相关费用。

(3) 发包人应提供工程勘察作业所需的批准及许可文件,包括立项批复、占用和挖掘道路许可等。

(4) 发包人应为勘察人提供具备条件的作业场地及进场通道并承担相关费用(包括土地征用、障碍物清除、场地平整、提供水电接口和青苗赔偿等)。

(5) 发包人应为勘察人提供作业场地内地下埋藏物(包括地下管线、地下构筑物等)的资料、图纸,没有资料、图纸的地区,发包人应委托专业机构查清地下埋藏物。若因发包人未提供上述资料、图纸,或提供的资料、图纸不实,致使勘察人在工程勘察工作过程中发生人身伤害或造成经济损失时,由发包人承担赔偿责任。

(6) 发包人应按照法律法规为勘察人的安全生产提供条件并支付安全生产防护费用,发包人不得要求勘察人违反安全生产管理规定进行作业。

(7) 若勘察现场需要看守,特别是在有毒、有害等危险现场作业时,发包人应派人负责安全保卫工作;按国家有关规定,对从事危险作业的现场人员进行保健防护,并承担费用。发包人对安全文明施工有特殊要求时,应在专用合同条款中另行约定。

(8) 发包人应按照合同约定,对勘察人满足质量标准的已完工作及时支付相应的工程勘察合同价款及费用。

(9) 合同生效后,发包人无故要求终止或解除合同的,勘察人未开始勘察工作的,不退还发包人已付的定金,或发包人按照专用合同条款约定向勘察人支付违约金;勘察人已开始勘察工作的,若完成计划工作量不足 50%,发包人应支付勘察人合同价款的 50%;若完成计划工作量超过 50%,发包人应支付勘察人合同价款的 100%。

(10) 发包人发生其他违约情形时,发包人应承担由此增加的费用和工期延误损失,并给予勘察人合理赔偿。双方可在专用合同条款内约定发包人赔偿勘察人损失的计算方法或者发包人应支付违约金的数额或计算方法。

2. 勘察人责任

(1) 勘察人应按勘察任务书和技术要求并依据有关技术标准进行工程勘察工作。

（2）勘察人应建立质量保证体系,按本合同约定的时间提交质量合格的成果资料,并对其质量负责。

（3）勘察人在提交成果资料后,应为发包人继续提供后期服务。

（4）勘察人在工程勘察期间遇到地下文物时,应及时向发包人和文物主管部门报告并妥善保护。

（5）勘察人开展工程勘察活动时应遵守有关职业健康及安全生产方面的各项法律法规的规定,采取安全防护措施,确保人员、设备和设施的安全。

（6）勘察人在燃气管道、热力管道、动力设备、输水管道、输电线路、临街交通要道及地下通道(地下隧道)附近等风险性较大的地点,以及在易燃易爆地段及放射、有毒环境中进行工程勘察作业时,应编制安全防护方案并制定应急预案。

（7）勘察人应在勘察方案中列明环境保护的具体措施,并在合同履行期间采取合理措施保护作业现场环境。

（8）合同生效后,勘察人因自身原因要求终止或解除合同的,勘察人应双倍返还发包人已支付的定金,或勘察人按照专用合同条款约定向发包人支付违约金。

（9）因勘察人原因造成工期延误的,应按专用合同条款约定向发包人支付违约金。

（10）因勘察人原因造成成果资料质量达不到合同约定的质量标准的,勘察人应负责无偿给予补充完善,使其达到质量合格。由勘察人原因导致工程质量安全事故或其他事故时,勘察人除负责采取补救措施外,还应通过所投工程勘察责任保险向发包人承担赔偿责任,或根据直接经济损失程度,按专用合同条款约定向发包人支付赔偿金。

（11）勘察人发生其他违约情形时,应承担违约责任并赔偿因其违约给发包人造成的损失,双方可在专用合同条款内约定勘察人赔偿发包人损失的计算方法和赔偿金额。

10.2.5　设计合同中发包人、设计人责任

1. 发包人责任

（1）发包人应遵守法律,并办理法律规定应由其办理的许可、核准或备案,包括但不限于建设用地规划许可证、建设工程规划许可证、建设工程方案设计批准、施工图设计审查等。

发包人负责本项目各阶段设计文件向规划设计管理部门的送审报批工作,并负责将报批结果书面通知设计人。因发包人原因未能及时办理完毕前述许可、核准或备案手续,导致设计工作量增加和(或)设计周期延长时,由发包人承担由此增加的设计费用和(或)延长的设计周期。

（2）发包人应当负责工程设计的所有外部关系(包括但不限于当地政府主管部门等)的协调,为设计人履行合同提供必要的外部条件。

（3）合同生效后,发包人因非设计人原因要求终止或解除合同,设计人未开始设计工作的,不退还发包人已付的定金,或发包人按照专用合同条款的约定向设计人支付违约金;已开始设计工作的,发包人应按照设计人已完成的实际工作量计算设计费,完成工作量不足一半时,按该阶段设计费的一半支付设计费;完成工作量超过一半时,按该阶段设计费的全部支付设计费。

（4）发包人未按专用合同条款附件6约定的金额和期限向设计人支付设计费的,应按

专用合同条款约定向设计人支付违约金。逾期超过 15 天时,设计人有权书面通知发包人中止设计工作。自中止设计工作之日起 15 天内发包人支付相应费用的,设计人应及时根据发包人要求恢复设计工作;自中止设计工作之日起超过 15 天后发包人支付相应费用的,设计人有权确定重新恢复设计工作的时间,且设计周期相应延长。

(5) 发包人的上级或设计审批部门对设计文件不进行审批或本合同工程停建、缓建,发包人应在事件发生之日起 15 天内按本合同第 16 条(合同解除)的约定向设计人结算并支付设计费。

(6) 发包人擅自将设计人的设计文件用于本工程以外的工程或交第三方使用时,应承担相应法律责任,并应赔偿设计人因此遭受的损失。

2.设计人责任

(1) 设计人应遵守法律和有关技术标准的强制性规定,完成合同约定范围内的房屋建筑工程方案设计、初步设计、施工图设计,提供符合技术标准及合同要求的工程设计文件,提供施工配合服务。

设计人应当按照专用合同条款约定配合发包人办理有关许可、核准或备案手续的,因设计人原因造成发包人未能及时办理许可、核准或备案手续,导致设计工作量增加和(或)设计周期延长时,由设计人自行承担由此增加的设计费用和(或)设计周期延长的责任。

(2) 设计人应当完成合同约定的工程设计其他服务。

(3) 发包人擅自将设计人的设计文件用于本工程以外的工程或交第三方使用时,应承担相应法律责任,并应赔偿设计人因此遭受的损失。

(4) 由于设计人原因,未按工程设计文件目录约定的时间交付工程设计文件的,应按专用合同条款的约定向发包人支付违约金,前述违约金经双方确认后可在发包人应付设计费中扣减。

(5) 设计人对工程设计文件出现的遗漏或错误负责修改或补充。由于设计人原因产生的设计问题造成工程质量事故或其他事故时,设计人除负责采取补救措施外,应当通过所投建设工程设计责任保险向发包人承担赔偿责任或者根据直接经济损失程度按专用合同条款约定向发包人支付赔偿金。

(6) 由于设计人原因,工程设计文件超出发包人与设计人书面约定的主要技术指标控制值比例的,设计人应当按照专用合同条款的约定承担违约责任。

(7) 设计人未经发包人同意擅自对工程设计进行分包的,发包人有权要求设计人解除未经发包人同意的设计分包合同,设计人应当按照专用合同条款的约定承担违约责任。

10.3 施工合同

10.3.1 概述

1.施工合同的概念

施工合同即建设工程施工合同,又称作建筑安装工程承包合同,是发包人和承包人之间为完成具体建设工程项目的建筑施工和设备安装等工作,明确当事人双方权利和义务的协议。即根据施工合同规定,承包人应当完成具体建设工程项目的建筑施工、设备安装、设备调试、工程保修等工作内容,发包人应及时提供必要的施工条件并支付工程价款。

当建设单位将全部工程发包给一个施工企业承建时,所签订的合同为总承包施工合同;由于工程规模较大或者专业复杂,建设单位将工程分别发包给几个施工企业承建,则建设单位与各施工企业分别签订的合同为分包施工合同。

2. 施工合同的特征

建设工程施工合同,除具备合同的一般特征外,还具有自身的特征。

(1) 建设工程施工合同的标的具有特殊性。建设工程施工合同是从承揽合同中分化出来的,也属于一种完成工作的合同。与承揽合同不同的是,建设工程施工合同的标的为不动产建设项目。因此,使得建设工程施工合同具有内容复杂,履行期限长,投资规模大,风险较大等特点。

(2) 建设工程施工合同的当事人具有特定性。作为建设工程施工合同当事人一方的承包人,一般情况下只能是具有从事施工资格的法人。这是由建设工程合同的复杂性所决定的。

(3) 建设工程施工合同具有一定的计划性和程序性。由于建设工程施工合同与国民经济建设和人民群众生活都有着密切的关系,因此该合同的订立和履行,必须符合国家基本建设计划的要求,并接受有关政府部门的管理和监督。

(4) 建设工程施工合同是要式合同。建设工程施工合同应当采用书面形式。法律、行政法规规定合同应当办理有关手续的,还应当符合有关规定的要求。

3. 施工合同的种类

(1) 建设工程施工合同根据建设工程的种类不同,可分为土建工程施工合同、设备安装工程施工合同、管线工程施工合同与装饰装修工程施工合同,在这里不做详细介绍。

(2) 建设工程施工合同根据合同联系结构不同,可分为总承包合同与分别承包合同,还可分为总包合同与分包合同。

① 总承包合同与分别承包合同。

总承包合同是指发包人将整个建设工程承包给一个总承包人而订立的建设工程合同。总承包人就整个工程对发包人负责。

分别承包合同是指发包人将建设工程的勘察、设计、施工工作分别承包给勘察人、设计人、施工人而订立的勘察合同、设计合同、施工合同。勘察人、设计人、施工人作为承包人,就其各自承包的工程勘察、设计、施工部分,分别对发包人负责。

② 总包合同与分包合同。

总包合同是指发包人与总承包人或者勘察人、设计人、施工人就整个建设工程或者建设工程的勘察、设计、施工工作所订立的承包合同。总包合同包括总承包合同与分别承包合同,总承包人和承包人都直接对发包人负责。

分包合同是指总承包人或者勘察人、设计人、施工人经发包人同意,将其承包的部分工作承包给第三人所订立的合同。分包合同与总包合同是不可分离的。分包合同的发包人就是总包合同的总承包人或者承包人(勘察人、设计人、施工人)。分包合同的承包人即分包人,就其承包的部分工作与总承包人或者勘察、设计、施工承包人向总包合同的发包人承担连带责任。

上述几种承包方式，均受我国法律所承认和保护，但禁止建设工程的肢解承包、转包以及再分包。

4．施工合同的内容

根据我国《建设工程施工合同（示范文本）》要求，施工合同一般应具备以下主要内容。

（1）工程范围。合同双方都应当对合同工程范围条款进行明确的约定，在合同中附上工程项目一览表及其工程量。

（2）建设工期。在合同协议书内应明确注明开工日期、竣工日期和合同工期总日历天数。如果是招标选择的承包人，工期总日历天数应为投标书内承包人承诺的天数。

（3）中间交工工程的开工和竣工时间。一项整体的建设工程，往往由许多的中间工程组成，中间工程的完工时间影响着后续工程的开工，制约着整个工程的顺利完成，在施工合同中需对中间工程的开工和竣工时间做出明确约定。

（4）工程质量。在项目前期阶段合同双方应设定建设项目的规格、质量标准，在设计和施工阶段提出确保工程结构和安全性、可靠性的措施，就建设项目的耐久性、美观性、经济性、环境协调性、可维护性等其他要求做出明确规定，使得建设工程投入使用时能达到预定的质量标准，满足合同要求及隐含要求。

（5）工程造价。工程造价因采用不同的定额计算方法，会产生巨大的价款差额。在以招标投标方式签订的合同中，应以中标时确定的金额为准；如按初步设计总概算投资包干时，应以经审批的概算投资中与承包内容相应部分的投资（包括相应的不可预见费）为工程价款；如按施工图预算包干，则应以审查后的施工图总预算或综合预算为准。在建筑、安装合同中，能准确确定工程价款的，需予明确规定。如在合同签订当时尚不能准确计算出工程价款的，尤其是按施工图预算加现场签证和按时结算的工程，在合同中需明确规定工程价款的计算原则，具体约定执行的定额、计算标准以及工程价款的审定方式等。

（6）技术资料交付时间。工程的技术资料，如勘察、设计资料等，是进行建筑施工的依据和基础，发包方必须将工程的有关技术资料全面、客观、及时地交付给施工人，才能保证工程的顺利进行。

（7）材料和设备的供应责任。在施工合同中，材料和设备供应责任因采用不同供应方式而有所不同。若采用承包人采购方式，则发包人应在合同中详细约定材料设备供应的具体内容、品种、规格、数量及单价等各种条件，同时约定供应方应承担的具体责任。若采用发包人供材、发包人指定、发包人审核供应方式，则承包人应在合同中详细约定材料设备供应的具体内容、品种、规格、数量及单价等各种条件，供应方应承担的具体责任，材料设备的结算方式；发包人指定材料时应说明材料名称、品牌、型号、厂家、价格调整方式等；发包人限价时应注意约定发包人审核的程序及期限，以免耽误工期。

（8）拨款和结算。在施工合同中，工程价款的结算方式和付款方式因采用不同的合同形式而有所不同。在一项建筑安装合同中，采用何种方式进行结算，需双方根据具体情况进行协商，并在合同中明确约定。工程款的拨付需根据付款内容由当事人双方确定，具体有如下四项：预付款、工程进度款、竣工结算款、保修扣留金。

（9）竣工验收。此条款的约定应以国家有关部委颁发的《关于基本建设项目竣工验收的暂行规定》《工程施工及验收规定》《建筑工程施工质量验收统一标准》(GB 50300—2013)和其他有关的竣工验收规定及施工图纸说明书、施工技术文件为依据。

(10) 质量保修范围和质量保证期。施工工程在办理移交验收手续后,在规定的期限内,因施工、材料等原因造成的工程质量缺陷,要由施工单位负责维修、更换。国家对建筑工程的质量保证期限一般有明确要求。

(11) 相互协作条款。施工合同与勘察、设计合同一样,不仅需要当事人各自积极履行义务,还需要当事人相互协作,协助对方履行义务,如在施工过程中及时提交相关技术资料、通报工程情况,在完工时及时检查验收等。

此外,关于索赔、专利技术使用、发现地下障碍和文物、工程分包、不可抗力、工程保险、合同生效与终止等也是施工合同的重要内容。

10.3.2　施工合同的签订

1. 签订施工合同应具备的条件

(1) 初步设计和总概算已经批准。

(2) 工程项目已经列入年度建设计划。

(3) 有能够满足施工需要的设计文件和有关技术资料。

(4) 建设资金和主要建筑材料设备来源已经落实。

(5) 建设场地、水源、电源、气源及运输道路已具备或在开工前完成。

(6) 招投标工程,中标通知书已经下达。

2. 施工合同的签订程序

一般经济合同的签订主要有两个步骤,即提出要约与承诺。所谓提出要约,指当事人一方向另一方表示签订合同的愿望,并提出订立合同的主要条件,提出要约的一方称为要约人。要约是一种法律行为,要约人在一定期限内受其要约条件的约束,对方若同意接受要约条件,则要约人应与对方签订合同,否则应承担法律责任,赔偿由此给对方造成的经济损失。所谓承诺,指当事人另一方同意接受要约人提出的要约内容。接受方称为受要约人,要约一经受要约人接受,合同即告成立。

在实际的合同签订过程中,合同的成立并不是要约人提出要约,然后受要约人承诺这样一个简单过程,而是经过双方讨价还价,多次谈判,最后达成一致意见的复杂过程。要约与承诺是相对的,如发包方提出要约,承包方的承诺对发包方可能是要约,须经发包方再承诺。在招标投标中,从建设单位分发招标文件,承包单位提出投标报价,到建设单位发出中标通知书的过程,就是发包方与承包方分别提出要约和承诺的过程。因此,中标通知书发出后,中标的施工企业应与建设单位及时签订合同。依照《工程建设施工招标投标管理办法》的规定,中标通知书发出后 30 天内,中标单位应与建设单位依据招标文件、投标书等签订施工合同。投标书中已确定的合同条款不得更改,合同价应与中标价相一致。如中标企业拒绝与建设单位签订合同,则建设单位可不退还其投标保证金。

3. 公证与鉴证

签订合同必须以遵纪守法为原则,为了保证合同的合法性,应对双方当事人签订的合同进行公证或鉴证。

所谓公证，是指国家公证机关对合同合法性的一种证明。一般是根据合同当事人的申请，就合同签订的目的、内容等合法性和真实性以及执行的可能性进行审查，认为可以证明的，即签名盖章予以证明，否则不予公证。

所谓鉴证，是合同管理机关(工商管理部门)对当事人之间所签订的合同进行审查、鉴定并给予证明，确保合同的合法性。合同鉴证的内容为：当事人的合法资格；合同内容的合法性；业务范围；双方履约能力；是否符合平等互利、协商一致、等价有偿原则；条款是否齐全；责任是否明确；文字是否清楚；手续是否完备等。

经公证和鉴证的合同，都具有法律效力，但公证与鉴证是两个不同的概念。合同公证是国家公证机关对合同生效进行的法律监督，不负责监督履行，也不亲自调解仲裁；合同鉴证是合同管理机关对合同进行的行政监督，并有权监督合同履行，负有调解和仲裁的责任。

10.3.3　《建设工程施工合同(示范文本)》概述

为了指导建设工程施工合同当事人的签约行为，维护合同当事人的合法权益，2017年，依据《民法典》《建筑法》《招标投标法》以及国家相关法律法规，住房城乡建设部、国家工商行政管理总局对《建设工程施工合同(示范文本)》(GF—2013—0201)进行了修订，制定了《建设工程施工合同(示范文本)》(GF—2017—0201)(简称《示范文本》)。

1.《示范文本》的组成

《示范文本》由合同协议书、通用合同条款和专用合同条款三部分组成。

1) 合同协议书

《示范文本》合同协议书共计13条，主要包括工程概况、合同工期、质量标准、签约合同价和合同价格形式、项目经理、合同文件构成、承诺以及合同生效条件等重要内容，集中约定了合同当事人基本的合同权利义务。

2) 通用合同条款

通用合同条款是合同当事人根据《建筑法》《民法典》等法律法规的规定，就工程建设的实施及相关事项，对合同当事人的权利和义务做出的原则性约定。

《示范文本》的通用合同条款共计20条，具体条款分别为一般约定、发包人、承包人、监理人、工程质量、安全文明施工与环境保护、工期和进度、材料与设备、试验与检验、变更、价格调整、合同价格、计量与支付、验收和工程试车、竣工结算、缺陷责任与保修、违约、不可抗力、保险、索赔和争议解决。前述条款安排既考虑了现行法律法规对工程建设的有关要求，也考虑了建设工程施工管理的特殊需要。

3) 专用合同条款

专用合同条款是对通用合同条款原则性约定的细化、完善、补充、修改或另行约定的条款。合同当事人可以根据不同建设工程的特点及具体情况，通过双方的谈判、协商，对相应的专用合同条款进行修改补充。

由于合同标的内容各不相同，工程造价也就随之变动，承发包双方的自身条件、能力、施工现场的环境和条件也都各异，双方的权利、义务也就各有不同。因此，通用合同条款不可能完全适用于每个具体工程，需要进行必要的修改、补充，故配以专用合同条款。专用合同条款为通用合同条款的修改补充提供了一个协议的格式,承发包双方针对工程的实际情况,把对通用合同条款的修改、补充和不予采用的一致意见按照专用合同条款的格式形成协议。通用合同条款和专用合同条款就是双方统一意见的体现,成为合同文件的组成部分。

在使用专用合同条款时,应注意以下事项。

(1)专用合同条款的编号应与相应的通用合同条款的编号一致。

(2)合同当事人可以通过对专用合同条款的修改,满足具体建设工程的特殊要求,避免直接修改通用合同条款。

(3)在专用合同条款中有横道线的地方,合同当事人可针对相应的通用合同条款进行细化、完善、补充、修改或另行约定。

2.《示范文本》的性质和适用范围

《示范文本》为非强制性使用文本。《示范文本》适用于房屋建筑工程、土木工程、线路管道和设备安装工程、装修工程等建设工程的施工承发包活动,合同当事人可结合建设工程具体情况,根据《示范文本》订立合同,并按照法律法规规定和合同约定承担相应的法律责任及合同权利和义务;如无细化、完善、补充、修改或另行约定,则填写"无"或画"/"。

3. 2017 版与 2013 版《示范文本》新旧对比

与 2013 版《建设工程施工合同(示范文本)》相比,2017 版《示范文本》主要就计日工、缺陷责任期、质量保证金三大类共 8 个条款进行了修订,具体主要体现如下。

1) 结算条款修订

明确了"计日工"计价方式。2017 版《示范文本》将计日工条款中确定变更工作的单价变更为确定计日工的单价,采用固定单价乘以单项工程量的模式取费,改变了计价方式及程序,计取费用更有利于承包人。

2) 缺陷责任条款的修订

(1)缺陷责任期起算时间的变更。缺陷责任期起算点由实际竣工日期调整为工程通过竣工验收之日。本次修改确定了对竣工日期认定的标准,延长了缺陷责任期,增加了承包人的责任。

(2)特殊情况下的起算时间。2017 版《示范文本》规定了由发包人原因导致拖延竣工验收的,其缺陷责任期为承包人提交竣工验收报告 90 天后,工程自动进入缺陷责任期。由承包人原因导致工程无法按照合同约定期限进行竣工验收的,缺陷责任期从实际通过竣工验收之日起计算。本条款规定了双方不及时履行义务而各自应承担的相应不利后果,平衡了双方的责任比例。

(3)缺陷责任期内责任内容的变更。2017 版《示范文本》明确规定了缺陷责任期内造成工程缺陷时双方应承担的责任及费用。缺陷责任期内,由承包人原因造成的缺陷,承包人应负责维修,并承担鉴定及维修费用。由他人原因造成的缺陷,发包人负责组织维修,承包人不承担费用,且发包人不得从保证金中扣除费用。

3) 质量保证金条款的修订

(1)质量保证金预留比例的变更,调整了预留质量保证金的上限。2017 版《示范文本》将发包人累计扣留的质量保证金上限由工程价款结算总额的 5% 下降到 3%,进一步清理规范涉企收费,切实减轻建筑企业负担,规范建设工程质量保证金管理。

（2）质量保证金预留方式的变更,增加了质量保证金的替代方式。2017版《示范文本》明确了可以以履约保证金、工程质量保证金担保以及工程质量保险等其他担保方式预留质量保证金,增加了发包人担保方式的多样性,避免承包人负担过大资金压力。

10-3

（3）规范质量保证金类型,取消履约保证金与质量保证金同时并存的情形。在工程项目竣工前,已经缴纳履约保证金的,发包人不得同时预留工程质量保证金。采用工程质量保证担保、工程质量保险等其他保证方式的,发包人不得再预留保证金。

（4）增加了质量保证金的计息方式及退还程序。规定返还质量保证金的同时需支付利息。2017版《示范文本》规定了发包人在返还质量保证金时应当按照中国人民银行发布的同期同类贷款基准利率支付利息,这在一定程度上弥补了承包人的损失。

细化了质量保证金的返还条款。2017版《示范文本》单独增加了退还保证金的约定,规定在缺陷责任期内,承包人认真履行合同约定责任,到期后,承包人可向发包人申请返还质量保证金。

10.4　监理合同

10.4.1　监理合同的概念

工程监理作为工程建设不可缺少的一项重要制度,在我国已实施20多年。一大批基础设施项目、住宅项目、工业项目,以及大量的公共建筑项目按国家规定实施了强制监理。多年来的实践证明,工程监理对于控制建设工程质量、进度和造价,加强施工单位安全生产管理,提高建设投资效益发挥了十分重要的作用,已得到社会的广泛认可。

建设工程监理合同简称监理合同,是工程项目建设实施阶段房地产开发企业与监理机构所签订的对其他合同的履行过程进行监督、管理和协调,为保证其他合同顺利实施而签订的明确双方权利、义务关系的协议。根据所签订的监理合同,监理工程师在授权范围内代表房地产开发企业对工程质量、工期、资金使用等方面实施合同履行过程的监督,为房地产开发企业提供服务。

10.4.2　监理合同的特征

房地产开发企业与工程监理单位所签订的监理合同与其他房地产开发工程承包合同的最大不同点在于合同的标的。勘察设计合同、施工合同等合同的标的是产生新的物质成果或信息成果,而监理合同的标的是服务。服务的主要内容是控制工程建设的投资、质量、工期;进行工程建设合同管理,协调有关单位间的工作关系。

在监理过程中涉及三个方面的主体:房地产开发企业、承包单位和监理单位。房地产开发企业和监理单位签订监理合同,监理单位通过提供服务来获取酬金,不是建筑产品的直接经营者,不承包工程造价,对工程质量的缺陷问题也不负直接责任,仅对工程质量进行控制和检验。而在施工合同中承包单位是建筑产品的直接经营者,在生产建筑产品过程中通过管理、技术手段来获取利润。监理合同是房地产开发企业和监理单位之间所签订的明确双方权利、义务的协议,监理工程师通过在监理合同中所授权的范围,对工程的投资、工程质量等进行控制和监督,并提出合理化建议,该合同不对承包商产生直接约束,监理单位与承包单位之间虽没有直接的合同关系,但监理单位与承包商之间却存在监理与被监理的关系。

因此,监理合同具有服务性、非承包性、非经营性和授权性等特点。

10.4.3　建设工程监理合同示范文本的组成

我国于 1995 年由建设部和国家工商行政管理总局联合发布了《建设工程委托监理合同(示范文本)》(GF—95—0202)。1999 年 10 月 1 日我国正式实施《合同法》后,由建设部对示范文本进行了修改,并与国家工商行政管理总局在 2000 年 2 月重新发布了《建设工程委托监理合同(示范文本)》(GF—2000—0202)。在 2012 年由住房城乡建设部再次对其进行了修改,并与国家工商行政管理总局在 3 月重新颁布了《建设工程监理合同(示范文本)》(GF—2012—0202)。这个示范文本由以下三个部分和附录 A、附录 B 组成。

第一部分是协议书。

这一部分是该合同的核心部分,也是总协议、纲领性文件,主要内容包括:双方当事人确认的委托监理工程的概况(包括工程名称、地点、规模和工程概算总投资额或建筑安装工程费);总监理工程师(包括姓名、身份证号码、注册号);签约酬金(包括监理酬金和相关服务酬金);监理期限及其相关服务期限;双方承诺;合同订立的时间、地点;双方自愿履行约定各项义务的表示以及合同文件的组成等。除此之外还应包括:

(1) 协议书;

(2) 中标通知书(适用于招标工程)或委托书(适用于非招标工程);

(3) 投标文件(适用于招标工程)或监理与相关服务建议书(适用于非招标工程);

(4) 专用条件;

(5) 通用条件;

(6) 附录,即附录 A(相关服务的范围和内容)和附录 B(委托人派遣的人员和提供的房屋、资料、设备)。

建设工程监理合同是标准合同格式文件,双方在有限的空格内填写具体内容并签字盖章后,即发生法律效力。

第二部分是建设工程监理合同的通用条件。

这一部分是监理合同的共性条款或通用条款,适用于各类建设工程项目监理。其内容包括合同中所用词语的定义、解释,签约双方的义务、违约责任,支付,合同生效、变更、暂停、解除和终止,争议的解决以及其他一些情况。监理合同的双方当事人都应当遵守这些条款。

第三部分是建设工程监理合同专用条件。

由于每个具体的工程项目都有其自身的特点和要求,通用条件虽然可以适用于各类建设工程基础上的监理,但不能满足每个具体的工程项目监理的需要,所以还专门设置了专用条件,可以根据建设工程项目监理的需要对通用条件的某些条款进行补充、修正。

附录 A 是相关服务的范围和内容。

2007 年 5 月 1 日正式施行的《建设工程监理与相关服务收费管理规定》首次提出了"建设工程监理与相关服务",相关服务是相对于建设工程监理而言的。这一部分包括在勘察阶段、设计阶段、保修阶段及其他一些有关该工程项目的服务范围和内容。

附录 B 是委托人派遣的人员和提供的房屋、资料、设备。

10.4.4 2012 版与 2000 版监理合同对比

近年来,随着我国国民经济的快速发展、城镇化进程的加快推进,固定资产投资持续较快增长,民生工程、基础设施等建设任务繁重,一些工程项目的技术难度越来越大,标准规范越来越严,施工工艺越来越精,质量要求越来越高。社会经济环境已发生改变,所依据的有关法律法规和标准也在不断修订调整,2000 版监理合同已不能准确涵盖现阶段工程监理与相关服务实践中的复杂情况,难以满足工程监理与相关服务的相关各方的实际操作需要和诉求。

2000 年以来,国家先后颁布《建设工程质量管理条例》《建设工程安全生产管理条例》和《民用建筑节能条例》等法规,明确规定工程监理单位和监理工程师应当按照法律、法规和工程建设强制性标准实施监理,对建设工程的质量、安全生产和建筑节能承担监理责任。这些法规虽已实施,但并未在 2000 版监理合同中明确体现出来,影响了工程监理合同内容的全面性和准确性。

在工程监理承担着确保建设工程的投资效益和质量安全的艰巨任务及重要责任的情况下,尽快修订 2000 版监理合同,在合同中进一步明确工程监理的职责、内容、程序和方法,对于规范工程监理行为,严格要求工程监理单位和监理人员依法监理,认真履行监理职责,全面提升工程监理工作水平会发挥重要作用。

2012 版修订和调整的主要内容包括合同文件名称、合同文件组成和合同文件内容。

1. 合同文件名称

将《建设工程委托监理合同(示范文本)》修改为《建设工程监理合同(示范文本)》,主要考虑与国内其他合同示范文本名称的确立原则相一致,而且也符合国际通行做法。

2. 合同文件组成

2000 版监理合同由"建设工程委托监理合同""标准条件"和"专用条件"三部分组成,造成标准格式的"建设工程监理委托合同"与总的合同用词重复,容易导致概念混淆。修订后的合同文件包括"协议书"、"通用条件"、"专用条件"、附录 A 和附录 B 五部分,不仅在格式上与其他相关合同相一致,而且与国际惯例相协调。

3. 合同文件内容

1) 通用条件

考虑到 2000 版监理合同已应用十多年,委托人与监理工程师均很熟悉,本次修订尽可能保留了原有适用的条款。通用条件中修改和增加的条款主要体现在以下几个方面。

(1)"定义与解释"中,明确说明了合同中重要的用词和用语,避免产生矛盾或歧义。修改后的监理合同对 18 个专用词语进行了定义,比 2000 版监理合同中的定义增加 7 个专用词语,包括"监理""相关服务""酬金""不可抗力"等。

(2)将 2000 版监理合同中的"权利、义务、职责"调整为"义务、责任"两部分,避免了原监理合同中监理人相对于委托人的合同权利与委托人授予监理人可行使权力之间的概念冲突。

(3) 将 2000 版监理合同中的"附加工作"和"额外工作"合并为"附加工作"。虽然"附加工作"与"额外工作"的性质不同,附加工作是与正常服务相关的工作,额外工作是主观或客观情况发生变化时监理人必须增加的工作内容,但二者均属于超过合同约定范围的工作,且补偿的原则和方法相同。为便于合同履行中的管理,修改后的监理合同将二者均归于"附加工作"。

(4) 依据工程监理相关法规,明确了工程监理的基本工作内容,列出 22 项监理人必须完成的监理工作,包括:审查施工承包人提交的施工组织设计;检查施工承包人的工程质量;安全生产管理制度;审核施工承包人提交的工程款支付申请;发现工程质量、施工安全生产存在隐患的,要求施工承包人整改并报委托人;验收隐蔽工程、分部分项工程;签署竣工验收意见等。如果委托人需要监理人完成更大范围或更多的监理工作,还可在专用条件中补充约定。

(5) 2000 版监理合同中未规定合同文件出现矛盾或歧义时的解释顺序,修改后的监理合同不仅调整了合同文件的组成,而且明确了合同文件组成部分的解释顺序。

(6) 增加更换项目监理机构人员的情形。修改后的监理合同中明确了 6 种更换监理人员的情形,如有严重过失行为的、有违法行为不能履行职责的、涉嫌犯罪的、不能胜任岗位职责的等。此外,委托人与监理人还可在专用条件中约定可更换监理人员的其他情形。

(7) 明确了监理人的工作原则,增加了"在工程监理与相关服务范围内,委托人和承包人提出的意见和要求,监理人应及时提出处置意见。当委托人与承包人之间发生合同争议时,监理人应协助委托人、承包人协商解决"的规定。

(8) 取消了原监理合同中监理人员因过失对委托人的最高赔偿原则是扣除税后的全部监理费用的规定,体现委托人和监理人的权利公平原则。

(9) 增加了协议书签订后,因有关的法律法规、强制性标准的颁布及修改,或因工程规模或范围的变化导致监理人合同约定的工作量增加或减少时,服务酬金、服务时间应做相应调整的条款,体现委托人与监理人的权利平等原则。

(10) 2000 版监理合同中有关时间的约定无一定规律,如 30 日、35 日等,参照国际惯例,修改后的监理合同中的时间均按周计算,即 7 天的倍数,这种约定不仅增强了科学性,也便于使用者掌握。

(11) 新增合同当事人双方履行义务后合同终止的条件,使合同管理更趋规范化。

2) 专用条件

2000 版监理合同中,合同当事人就委托工程监理的所有约定均置于专用条件中,导致实践中很多内容约定得不够全面、具体,修改后的监理合同针对委托工程的约定分为专用条件、附录 A 和附录 B 三部分。

专用条件留给委托人和监理人以较大的协商约定空间,便于贯彻当事人双方自主订立合同的原则。为了保证合同的完整性,凡通用条件条款说明需在专用条件约定的内容,在专用条件中均以相同的条款序号给出需要约定的内容或相应的计算方法,以便于合同的订立。

10.4.5 建设工程监理合同的主要内容

建设工程监理合同的主要内容如下：

（1）词语定义。

（2）解释。

（3）双方当事人的义务。

（4）双方当事人的违约责任。

（5）合同生效、变更、暂停、解除与终止。

（6）支付。

（7）争议的解决。

（8）其他规定。

10.4.6 建设工程监理合同中的监理人、委托人的义务

1. 监理人的义务

1）监理的范围和工作内容

（1）监理范围在专用条件中约定。

（2）除专用条件另有约定外，监理工作内容包括如下十个方面。

① 收到工程设计文件后编制监理规划，并在第一次工地会议七天前报委托人。根据有关规定和监理工作需要，编制监理实施细则；熟悉工程设计文件，并参加由委托人主持的图纸会审和设计交底会议。

② 参加由委托人主持的第一次工地会议；主持监理例会并根据工程需要主持或参加专题会议；审查施工承包人提交的施工组织设计，重点审查其中的质量安全技术措施、专项施工方案与工程建设强制性标准的符合性。

③ 检查施工承包人工程质量、安全生产管理制度及组织机构和人员资格；检查施工承包人专职安全生产管理人员的配备情况。

④ 审查施工承包人提交的施工进度计划，核查承包人对施工进度计划的调整；检查施工承包人的试验室；审核施工分包人资质条件；查验施工承包人的施工测量放线成果；审查工程开工条件，对条件具备的签发开工令。

⑤ 审查施工承包人报送的工程材料、构配件、设备质量证明文件的有效性和符合性，并按规定对用于工程的材料采取平行检验或见证取样方式进行抽检。

⑥ 审核施工承包人提交的工程款支付申请，签发或出具工程款支付证书，并报委托人审核、批准。

⑦ 在巡视、旁站和检验过程中，发现工程质量、施工安全存在事故隐患的，要求施工承包人整改并报委托人；经委托人同意，签发工程暂停令和复工令。

⑧ 审查施工承包人提交的采用新材料、新工艺、新技术、新设备的论证材料及相关验收标准；验收隐蔽工程、分部分项工程。

⑨ 审查施工承包人提交的工程变更申请，协调处理施工进度调整、费用索赔、合同争议等事项；审查施工承包人提交的竣工验收申请，编写工程质量评估报告。

⑩ 参加工程竣工验收,签署竣工验收意见;审查施工承包人提交的竣工结算申请并报委托人;编制、整理工程监理归档文件并报委托人。

(3) 相关服务的范围和内容在附录 A 中约定。

2) 监理与相关服务依据

(1) 监理依据。

① 适用的法律、行政法规及部门规章;

② 与工程有关的标准;

③ 工程设计及有关文件;

④ 本合同及委托人与第三方签订的与实施工程有关的其他合同。

双方根据工程的行业和地域特点,在专用条件中具体约定监理依据。

(2) 相关服务依据在专用条件中约定。

3) 项目监理机构和人员

(1) 监理人应组建满足工作需要的项目监理机构,配备必要的检测设备。项目监理机构的主要人员应具有相应的资格条件。

(2) 本合同履行过程中,总监理工程师及重要岗位监理人员应保持相对稳定,以保证监理工作正常进行。

(3) 监理人可根据工程进展和工作需要调整项目监理机构人员。监理人更换总监理工程师时,应提前七天向委托人书面报告,经委托人同意后方可更换;监理人更换项目监理机构其他监理人员时,应以相当资格与能力的人员替换,并通知委托人。

(4) 监理人应及时更换有下列情形之一的监理人员。

① 有严重过失行为的;

② 有违法行为不能履行职责的;

③ 涉嫌犯罪的;

④ 不能胜任岗位职责的;

⑤ 严重违反职业道德的;

⑥ 专用条件约定的其他情形。

(5) 委托人可要求监理人更换不能胜任本职工作的项目监理机构人员。

4) 履行职责

监理人应遵循职业道德准则和行为规范,严格按照法律法规、工程建设有关标准及本合同履行职责。

(1) 在监理与相关服务范围内,对委托人和承包人提出的意见和要求,监理人应及时提出处置意见。当委托人与承包人之间发生合同争议时,监理人应协助委托人、承包人协商解决。

(2) 当委托人与承包人之间的合同争议提交仲裁机构仲裁或人民法院审理时,监理人应提供必要的证明资料。

(3) 监理人应在专用条件约定的授权范围内,处理委托人与承包人所签订合同的变更事宜。如果变更超过授权范围,应以书面形式报委托人批准。

在紧急情况下,为了保护财产和人身安全,监理人所发出的指令未能事先报委托人批准时,应在发出指令后的 24 小时内以书面形式报委托人。

（4）除专用条件另有约定外,监理人发现承包人的人员不能胜任本职工作的,有权要求承包人予以调换。

5）提交报告

监理人应按专用条件约定的种类、时间和份数向委托人提交监理与相关服务的报告。

6）文件资料

在本合同履行期内,监理人应在现场保留工作所用的图纸、报告及记录监理工作的相关文件。工程竣工后,应当按照档案管理规定将监理有关文件归档。

7）使用委托人的财产

监理人无偿使用附录B中由委托人派遣的人员和提供的房屋、资料、设备。除专用条件另有约定外,委托人提供的房屋、设备属于委托人的财产,监理人应妥善使用和保管,在本合同终止时将这些房屋、设备的清单提交委托人,并按专用条件约定的时间和方式移交。

2. 委托人义务

委托人应履行以下义务。

1）告知

委托人应在委托人与承包人签订的合同中明确监理人、总监理工程师和授予项目监理机构的权限。如有变更,应及时通知承包人。

2）提供资料

委托人应按照附录B的约定,无偿向监理人提供工程有关的资料。在本合同履行过程中,委托人应及时向监理人提供最新的与工程有关的资料。

3）提供工作条件

委托人应为监理人完成监理与相关服务提供必要的条件。

（1）委托人应按照附录B的约定,派遣相应的人员,提供房屋、设备,供监理人无偿使用。

（2）委托人应负责协调工程建设中的所有外部关系,为监理人履行本合同提供必要的外部条件。

4）委托人代表

委托人应授权一名熟悉工程情况的代表负责与监理人联系。委托人应在双方签订本合同后七天内,将委托人代表的姓名和职责书面告知监理人。当委托人更换委托人代表时,应提前七天通知监理人。

5）委托人意见或要求

在本合同约定的监理与相关服务工作范围内,委托人对承包人的任何意见或要求应通知监理人,由监理人向承包人发出相应指令。

6）答复

委托人应在专用条件约定的时间内,对监理人以书面形式提交并要求做出决定的事宜,给予书面答复。逾期未答复的,视为委托人认可。

7）支付

委托人应按本合同约定,向监理人支付酬金。

10.4.7　建设工程监理合同中的监理人、委托人的违约责任

1. 监理人的违约责任

监理人未履行本合同义务的,应承担相应的责任。

(1) 因监理人违反本合同约定给委托人造成损失的,监理人应当赔偿委托人损失。赔偿金额的确定方法在专用条件中约定。监理人承担部分赔偿责任的,其承担的赔偿金额由双方协商确定。

在专用条件中规定监理人赔偿金额应按下列方法确定:

赔偿金＝直接经济损失×正常工作酬金÷工程概算投资额(或建筑安装工程费)

(2) 监理人向委托人的索赔不成立时,监理人应赔偿委托人由此发生的费用。

2. 委托人的违约责任

委托人未履行本合同义务的,应承担相应的责任。

(1) 委托人违反本合同约定造成监理人损失的,委托人应予以赔偿。

(2) 委托人向监理人的索赔不成立时,应赔偿监理人由此引起的费用。

(3) 委托人未能按期支付酬金超过 28 天的,应按专用条件约定支付逾期付款利息。

在专用条件中规定的委托人逾期付款利息按下列方法确定:

逾期付款利息＝当期应付款总额×银行同期贷款利率×拖延支付天数

3. 除外责任

因非监理人的原因,发生工程质量事故、安全事故、工期延误等造成的损失,如监理人无过错,其不承担赔偿责任。

因不可抗力导致合同全部或部分不能履行时,双方各自承担其因此而造成的损失、损害。

本章小结

在房地产开发过程中,合同是不可忽视的重要部分,它规范了合同签订双方的权利与义务。本章主要介绍房地产开发合同的相关内容,包括房地产开发合同的概念、法律规范、审批流程以及类型,并对工程建设实施类合同(主要包括勘察、设计合同,施工合同以及监理合同)做了重点介绍。本章需重点掌握房地产开发合同的概念、建设工程施工合同以及建设工程监理合同的示范文本的组成。

习题

一、思考题

1. 简述房地产开发合同的概念及类型。

2. 试述工程建设实施类合同的特征及作用。

3. 简述施工合同、监理合同的概念。

4. 建设工程勘察合同和设计合同的主要条款有哪些？

5. 按照《建设工程设计合同（示范文本）》的规定，在设计合同的履行中，发包人要求终止或解除合同，后果责任包括哪些？

6. 监理合同中，协调双方关系的条款有哪些？

7. 什么是公证与鉴证，两者之间有什么区别？

二、材料分析题

某工程项目，业主委托监理单位全权进行施工阶段监理，分别与监理单位和施工总承包单位签订了合同。在施工过程中，总包单位没有做屋面防水的专门技术，按照合同约定，提出将屋面防水工程分包。为了保证施工质量，甲方代表选择了一家专业防水施工队，将屋面防水工程进行了分包（合同未签），并向施工单位和监理单位发了通知，要求总包单位配合防水分包单位施工。

试问：

1. 甲方代表的做法是否正确？为什么？

2. 总包单位提出异议，监理方应按什么程序协调有关方的关系？

3. 分包单位施工完毕后，向监理单位报送了工程款支付申请和工程结算书，监理方应如何处理？

第11章

房地产开发项目的工程建设管理

【学习要点及目标】
◆ 了解房地产开发工程建设的组织方式与管理模式。
◆ 熟悉房地产开发工程建设各阶段的管理控制原理。
◆ 熟悉房地产开发项目的控制对象和控制依据。
◆ 掌握房地产开发项目的进度控制。
◆ 掌握房地产开发项目的投资控制。
◆ 掌握房地产开发项目的质量控制。
◆ 熟悉开发过程中索赔与反索赔程序。

【核心概念】
工程建设的组织方式与管理模式、管理控制原理、进度控制、投资控制、质量控制、索赔与反索赔程序、横道图、网络图等。

【引导案例】
某市楼盘 2～11 幢楼为框架小高层 13 层。招标工期 400 天,投标工期 380 天。在施工过程中开发商、监理、施工方共同采取技术措施:使用混凝土早强剂等;采用组织措施:安排工人三班作业;采用合同管理措施:按照优质优价原则,评上市优奖励总造价的 1.5%,评上省优奖励总造价的 2%;采用经济措施:工期每提前一天奖励 1000 元。通过高效的工程建设管理,以及质量、成本、进度等控制管理措施,使该工程在 365 天内通过了竣工验收。

由于工程项目的方案各有不同,每一个项目都需要进行工程建设组织管理设计,如何综合考虑工程的安全、进度、投资、质量及协调参建各方的关系是开发过程中比较棘手的问题,本章将介绍以上房地产开发项目工程建设管理的相关问题。

11.1 房地产开发项目工程建设的组织与管理方式

房地产开发项目又称为建设工程项目,具体是指在一个总体设计或总预算范围内,由一个或几个互有内在联系的单项工程所组成,建成后在经济上可以独立运营核算,在行政上又可以统一管理的单位工程。

房地产开发项目工程管理的任务为:①对于房地产开发商来说,项目要求在保证质量的前提下,投资越少越好。②对于承包单位来说,则要研究投标策略,获取利润,以保护承包者的利益。

　　房地产开发项目工程建设管理,从广义上来讲,是指从项目决策到项目建成交付使用的全过程管理。包括:在项目施工建设过程中的计划、指挥、检查、调整和控制;在工程建设过程中与社会各相关部门的联络、协调等。从狭义上来讲,由于房地产开发商的建筑安装工作是委托承包给施工单位来完成的,所以其实质是房地产开发公司对施工单位在工程施工建造阶段的技术经济活动进行监督管理。在此阶段不仅可以实现项目的经济效益,而且可以实现其社会效益和环境效益。有效地实施工程建设管理也是合理节约开支、提高房地产开发项目投资效益的关键环节。本章是就狭义角度而言的。

　　房地产开发项目的工程建设阶段是房地产开发中的一个重要管理阶段,其目的是高效、优质、低耗、安全地完成房地产开发项目。在此阶段,开发者的目标将得以实现,设计的蓝图将变成现实。虽有资料表明对房地产开发项目经济效益影响最大的是项目的策划、可行性研究、决策及设计等前期工作,但开发项目总投资的70%以上是在工程建设阶段投入的,工程质量也是在此阶段形成的,其投资成本、工程质量、建设工期将直接影响到该项目投资目标的实现,且进度管理、成本管理和质量管理是房地产开发项目管理的三大核心,它们既是对立的又是统一的整体。因此,必须对房地产开发项目的工程建设管理给予高度重视。

11.1.1　房地产开发项目工程建设的组织方式

1. 自建

　　所谓自建,是指房地产开发企业自己组织施工队伍,自己配备或租用施工机械、采购材料,自己组织施工完成开发项目的工程建设。这种方式的优点是有利于开发企业对项目开发全过程的统一领导,对工程建设的质量、投资、工期的控制比较主动,易于管理。缺点是需要开发企业投入大量的财力、物力来装备施工队伍,消耗大量的精力管理施工队伍,这些对于经营管理型的开发企业并非易事,且不值得。加之开发项目的个体差异性、开发类型的多变性,施工力量和施工任务常常不足,技术装备与技术水平难以相称,因而无法借助专业化施工、社会化创作的优势,常常导致施工成本上升,施工质量下降。因此,自建的方式适用于兼营房地产开发业务的建筑企业。这类企业通常具有自建开发项目的能力,自建既经济又划算。

2. 委托施工

　　委托施工是开发企业将拟建工程通过招标、协商等办法委托给具有一定资质的建筑安装企业。委托的方式有完全委托和部分委托,即习惯上称为工程总承包和工程部分承包。

　　1)工程总承包

　　工程总承包是开发企业把开发项目工程设计文件所包含的全部内容一起委托给建筑承包商去完成,包括建筑材料和设备的采购工作。这种承包方式可以减少开发企业的具体事务和工作。开发企业的工程建设施工管理重心可放在检查监督上,因而减少管理力量的投入。这在国际上是最常用的工程施工组织方式之一。但在当前的中国建筑市场,各行为尚不规范,工程一旦总承包给一家建筑承包商之后,就可能被肢解分包,出现材料设备以次充好、以劣代优的现象,导致工程质量和工期失控的问题。

11-1

2）工程部分承包

我国建筑市场上的工程承包大多是指工程部分承包,这是一种承包内容比较灵活的承包方式：可以只承包基础工程,也可以承建主体结构工程、安装工程或装修工程；可以包工不包料,也可以包除主材之外的所有工料。这种委托施工方式使开发企业具有较大的主动权,可视条件灵活处理,把影响质量的关键要素控制在自己手中。但施工队伍之间、工种之间争议多、协调的工作量大。材料设备采购不仅工作量大,而且专业要求也高,往往给开发企业的工程建设管理工作增加了难度。采用工程部分承包方式在我国建筑市场中最为普遍。

11.1.2 房地产开发项目工程建设阶段的管理模式

房地产开发项目进入工程建设阶段后,开发企业对项目的管理有两种模式：自行管理和委托管理。

1. 自行管理

房地产开发企业自行组织工程建设管理班子进驻施工现场,直接行使业主的全部职权,对开发项目的施工质量、工程进度、建设投资进行控制,有时还负责主材和房屋设备的采购工作。这种模式在我国房地产开发中采用得较为普遍,其原因有三个：首先,我国许多房地产开发企业组建于计划经济时代,当时房地产开发工作立项照计划,分配按计划,只有工程建设过程的管理是重头戏。因此,这些企业一开始就配备了较强的专业技术力量对工程建设过程进行管理。其次,一些房地产开发企业认为自己聘请专业技术人员进行工程建设过程管理比较经济、比较放心。最后,我国工程建设咨询服务业以及工程总承包方式都起步较晚,其作用显露还需要时日。

2. 委托管理

委托管理是国际上在工程建设中惯用的管理模式。我国工程建设监理制度的推行为委托管理模式的发展提供了保证。开发项目工程建设阶段的委托管理是把已经取得开工许可证的工程委托给有资格的工程建设咨询管理公司(我国称为工程建设监理公司)对工程建设过程实施管理。从施工管理有效性的角度看,这种委托应包含施工招标；从工程建设管理有效性的角度看,这种委托应始于设计招标；从项目投资管理有效性的角度看,这种委托应包括项目策划、可行性研究、设计管理及施工管理。

11.1.3 房地产开发项目工程建设阶段的管理控制原理

1. 控制的目的和过程

控制被定义为对公司的生产经营活动、技术开发活动、管理活动进行检查、衡量和纠正,以确保目标得以实现的基本管理职能。控制作为一项基本管理职能,几乎渗透到企业管理的各个领域和各个层次。

控制的目的在于发现和查明偏离计划的偏差及其成因,采取正确的措施来纠正这些偏差,以确保计划的实施及计划目标的实现。控制过程大致分为计划与标准的制定、成效与实绩的评定、偏差纠正三个主要步骤。

2. 控制系统

控制系统是指由人、机构、制度和必要设备组成的，主要从事管理控制职能的系统。由于这种系统接收信息及实施控制职能间的关系，可分为反馈控制、前馈控制及防护性控制三类。

1）反馈控制

管理控制通常是一个反馈控制系统，如图 11-1 所示。

图 11-1 反馈控制系统控制流程

由上述控制过程可看出，反馈控制系统的优点是始终伴随控制对象的运动过程而工作，系统的效益与效率很高；缺点是时间的滞后性。应采取措施加速信息采集和分析的速度，建立有效的早期预警系统，改善决策程序与方法，加快决策的速度。

2）前馈控制

前馈控制是面向未来的控制，即未来导向的控制。前馈控制是依据对未来事物发展的预测来实施的控制。因而，前馈控制往往在偏差出现时就实行了有效的控制，彻底解决了反馈控制的滞后性问题。前馈控制的基本依据是对未来事态发展的预测，因而信息的收集和处理就显得尤为重要。前馈控制应用的最重要的控制工具就是预测技术和网络计划技术。

3）防护性控制

防护性控制是指在计划实施过程中采取的控制手段，例如通过岗位责任制、承包责任制等组织手段，以及建立互相制约、互相监督的约束制度来分解与核实的目标责任；通过定期检查、报告、评审、审计等管理措施所形成的检查与审核职能，对计划执行情况进行防护性控制。显然，防护性控制其实是上述两种控制系统在控制手段与手法上的补充。对于复杂项目的控制，如大型项目投资控制，它并不能独立形成一个有效的控制系统。

3. 房地产项目控制

项目控制是指针对一个项目来实施、以项目计划为标准实行的管理控制，其总任务是保证预定项目计划的实施，保证项目总目标的顺利完成。房地产项目开发，从立项决策、投资实施、市场营销到交付使用后的物业管理，涉及投资商、开发商、运营商、承包商、消费者还有政府机构、中介组织等，各种各样的组织机构都从不同的角度参与或影响到项目开发过程。在所有的组织机构中，开发商作为投资商的代理，是项目开发的主体，对项目开发过程起主导作用和控制作用。

11.1.4 房地产项目的控制对象和控制依据

1. 房地产项目的控制对象

房地产项目控制贯穿于项目整个寿命周期,早在投资前期的项目策划、目标设计阶段,就通过审核、检查、评估等各种手段,对各阶段性的工作成果进行控制。控制措施越早做出,控制效果越好。

1) 项目投资前期的控制对象

项目投资前期尚未明确项目的规模、性质、计划,也无法提出各种控制指标或标准,缺乏足够的控制依据,因而人们常常疏于项目前期的控制,这是很自然的,但通常也是十分危险的。而且在这一阶段出现决策错误,会带来无法估量的损失。项目前期的控制工作主要是企业管理决策层和项目上层的任务,主要内容表现为与项目有关的市场研究以及项目的性质、地址、环境评价;项目的市场定位、构思、方案策划、可行性研究或成果的审核、检验、评价及批准工作。

2) 项目投资实施期的控制对象

项目实施阶段的投资方案已经定型,项目有关的各种计划、方案、指标、合同等内容已全部确定,控制目标乃至各种控制标准均已确定,项目控制作为项目管理的重要职能便清晰而明确。

(1) 项目投资实施阶段的各参与方。

房地产项目投资实施期涉及政治、经济、法律、社会各个领域,关联政府、社团、企业、公众各个层面,投资环境复杂多变,涉及项目投资的所有利害关系者共同构成了项目投资实施期的控制对象。

① 咨询部门——由各类专业人员构成,提供信息和决策意见。

② 承包商——由各种专业公司提供设计施工等专业服务。

③ 供应商——提供原材料和设备订购服务。

④ 金融机构——银行、基金等金融机构,提供项目融资服务。

⑤ 公众——社会大众及其相应团体,关注项目的社会效益与环境效益。

⑥ 中介组织——提供市场调查、市场营销等中介服务。

⑦ 政府机构——为项目提供立法、审批、指导服务,关注项目社会与环境效益。

⑧ 劳动力——由社会各种专业人士、专门人才提供的劳动力。

⑨ 内部各部门——公司内部各部门专家关注管理资源、信息资料、业务经验。

(2) 项目投资实施阶段的各结构层次和各生产要素。

为了满足各层次控制内容和深度上的需要,应当把作为项目控制对象的项目结构划分为各种不同层次的单元,如项目、子项目、单位工程、分部工程、分项工程等。一般来说,越是高层,控制对象所涉及的层次越高,范围越广,内容越抽象;越是低层,控制的对象所涉及的层次越低,范围越小,内容越具体。例如,公司决策层控制对象一般只到项目或子项目层面;公司中层(业务主管)和项目管理层控制对象将涉及项目的单位工程或分部工程;项目管理机构的中层(项目业务主管层)的控制对象将直接深入分项工程(即具体的工作面)。

项目的各种生产要素(劳动力、材料、设备、资金等),都是项目投资实施的关键因素,自然也成为项目实施阶段的重要控制对象。所有的项目都必须制定相应的标准(如针对劳动效率的劳动定额,针对材料性能的强度指标、硬度标准,针对设备使用效果的使用率、完好率等质量指标等)、制度(如考勤制度、质量检验制度等)、程序和方法,对各生产要素实施有效控制。

(3) 项目投资实施阶段的各种考核与评估指标。

项目投资实施阶段的实施效果是通过一系列的指标体现的,这些指标便成为项目控制的主要对象。如反映项目投资经济性的指标(投资额、成本等);反映项目质量状况的指标(优良率、合格率及各种具体的质量数据);反映项目进度状况的指标(完工率、延误日期等);反映项目合同执行情况的指标(合同履约率、索赔金额等);反映项目安全性、稳定性、风险性的各类指标等。

(4) 项目投资实施阶段的各控制点。

控制点是指为了实施有效控制,在项目投资实施阶段的各环节、各部位、各场所设置的需重点加强监控的部位。如整个项目投资实施过程中的各关键性的阶段转换点(重要的分部工程、分项工程、单位工程竣工、验收等),对工程质量有重大影响的活动(如材料进场检验、混凝土灌注、强度检验、隐蔽工程验收等),对项目投资成本有重大影响的事项(如合同签约、竣工验收、采购、市场营销、促销等)。

3) 项目经营使用期的控制对象

房地产项目的经营使用期主要是物业管理,也有些自营租赁经营的项目,在其经营使用期还涉及经营成本、经营管理方面的控制对象(财务、人员、服务等)。物业管理的控制对象主要是业主,以及为业主提供的各种服务(服务质量、业主沟通、业主投诉等),此外还有房屋、设备及各种配套设施与设备。

2. 房地产项目控制的依据

凡是界定项目的有关文件均可成为项目控制的依据,如与项目有关的法律、法规文件、项目报批的有关文件、项目设计文件、项目预算及施工组织设计文件、项目合同文件等。由于项目控制的目的、任务和内容不同,其所依据的资料也有所不同。

11.2　房地产开发项目工程建设进度控制

11.2.1　进度控制的概念

房地产开发项目进度控制是指对房地产开发项目工程建设阶段的工作内容、工作程序、持续时间和衔接关系编制计划,并将该计划付诸实施,在实施的过程中经常检查实际进度是否按计划要求进行,对出现的偏差分析原因,采取补救措施或调整、修改原计划,直到工程竣工,交付使用。进度控制的最终目的是确保项目进度目标的实现,进度控制的总目标是建设工期的顺利进行。

房地产开发项目进度控制的阶段有项目可行性研究及立项阶段、项目建设阶段和项目交付使用后的适用阶段,其中项目建设阶段是房地产开发项目进度控制的核心。

由于项目的工程建设具有庞大、复杂、周期长、相关单位多等特点,因而影响进度的因素很多。可归纳为人的因素,技术因素,材料、设备与构配件因素,机具因素,资金因素,水文、地质与气象因素,其他环境、社会因素以及其他难以预料的因素等。其中人的因素影响最多,如计划不周导致停工,材料和相关作业脱节,工程无法正常进行;图纸供应不及时、不配套或出现差错;等等。进度控制人员必须首先对各种影响进度的因素进行分析,预测它们对工程进度的影响程度,确定合理的工程进度控制目标,编制可行的进度计划,并针对变化采取对策,定期地、经常地调整进度计划。

11.2.2 进度控制的计划系统及表示方法

1. 进度控制的计划系统

1) 开发项目前期工作计划

开发项目前期工作计划是指对可行性研究、设计任务书及初步设计的工作进度进行安排,使建设前期的各项工作相互衔接,使进度得到控制,前期工作形象进度计划表见表 11-1。

表 11-1 前期工作形象进度计划表

项目名称	建设性质	建设规模	可行性研究		设计任务书		初步设计	
			进度要求	负责单位负责人	进度要求	负责单位负责人	进度要求	负责单位负责人

2) 开发项目工程建设总进度计划

开发项目工程建设总进度计划是在初步设计被批准后,编制年度计划以前,根据初步设计,对工程项目从开始建设至竣工交付使用进行全过程的统一部署,以安排各单项工程和单位工程的建设进度,合理分配年度投资,组织各方面的协作,保证初步设计确定的各项建设任务的完成。

开发项目工程建设总进度计划是编制年度计划的依据,其内容包括:文字部分、工程项目一览表(表 11-2)、工程项目总进度计划表(表 11-3)、投资计划年度分配表(表 11-4)、工程项目进度平衡表(表 11-5)。

表 11-2 工程项目一览表

工程编号	单项工程和单位工程名称	工程内容	概算数/千元						备注
			合计	建筑工程费	安装工程费	设备购置费	工器具购置费	工程建设其他费用	

表 11-3 工程项目总进度计划表

工程编号	单项工程和单位工程名称	工程量		××××年				××××年				备注
		单位	数量	一季	二季	三季	四季	一季	二季	三季	四季	

表 11-4 投资计划年度分配表

工程编号	单项工程名称	投资额	投资分配/万元				
			年	年	年	年	年
	合计： 其中：建安工程投资 　　　设备投资 　　　工器具投资 　　　其他投资						

表 11-5 工程项目进度平衡表

工程编号	单项工程和单位工程名称	开工日期	竣工日期	要求设计进度			要求设备进度		要求施工进度			道路、水、电接通日期				
				交付日期		设计单位	数量	交货日期	供应单位	进场日期	竣工日期	施工单位	道路通行日期	供电		供水	
				技术设计	施工图	设备清单								数量	日期	数量	日期

在此基础上，分别编制综合进度控制计划、施工进度计划、验收和交付使用进度计划。

3）开发项目年度计划

开发项目年度计划既要满足工程建设总进度的要求，又要与当年可能获得的资金、设备、材料、施工力量相适应。开发项目年度计划包括文字部分、年度计划形象进度表（表 11-6）、年度竣工投产交付使用计划表（表 11-7）、年度建设资金平衡表（表 11-8）、年度设备平衡表（表 11-9）。

表 11-6 年度计划形象进度表

工程编号	单项工程名称	开工日期	竣工日期	投资额	投资来源	年初已完			本年计划						年末形象进度	建设条件落实情况			
						投资额	其中建筑安装工程投资	其中设备投资	投资			建筑面积				施工图	设备	材料	施工力量
									合计	其中建筑安装工程投资	其中设备投资	新开工	续建	竣工					

表 11-7 年度竣工投产交付使用计划表

工程编号	单项工程名称	总规模				本年计划完成				
		建筑面积	投资额	新增固定资产	新增生产能力	竣工日期	建筑面积	投资额	新增固定资产	新增生产能力

表 11-8　年度建设资金平衡表

工程编号	单项工程名称	本年计划投资	动员内部资金	为以后年度储备	本年计划需要资金	资金来源			
						预算拨款	自筹资金	基建贷款	……

表 11-9　年度设备平衡表

工程编号	单项工程名称	设备名称规格	要求到货		利用库存	自制		已订货		采购数量
			数量	时间		数量	完成时间	数量	完成时间	

项目计划之间是相互关联的,应视为一个系统来看待,即项目进度控制的计划系统。计划系统的思想应贯穿在计划的编制、执行和调整的全过程中。计划系统的思想还表现在项目其他参与各方(设计单位、施工单位、监理单位、材料物资供应单位等)围绕开发企业的进度计划,分别编制本单位的各种计划,并按各自计划实施。因而,各单位进度计划的控制实施必须是相互衔接和联系的,这样才能保证进度控制总目标的实现。

2. 进度计划的表示方法

进度计划的表示方法主要有两种:横道图和网络图。

1) 横道图

横道图又称为甘特图,是指计划任务中各个项目均以一条横道表示的进度图表。如图 11-2 所示,为分成两个施工段的某一基础工程施工的、用横道图表示的进度计划。

施工过程	工作日														
	1	2	3	4	5	6	7	8	9	10	11	12	13	14	15
挖基槽															
做垫层															
做基础															
回填															

图 11-2　用横道图表示的进度计划

2) 网络图

网络图是由箭线和节点组成的,用来表示工作流程的有向、有序网状图形。按照表示工作的符号不同,网络图分为双代号(箭线式)和单代号(节点式)网络图两种。

网络图法的基本原理是将项目的全部建设过程分解成若干个施工项目,并绘制成网络形式,通过网络图时间参数的计算,找出关键路线,利用最优化原理,不断改进网络计划方案,并寻求其最优方案。

(1)双代号网络图是以一条箭线及其两端节点编号表示一项工作的网络图,箭线表示活动(工序/工作),节点表示前一道工序的结束,同时也表示后一道工序的开始。双代号网络图只适合表示结束-开始的逻辑关系。

若工作的持续时间以数字形式标注在箭线下面,这种网络图称为双代号时标网络图,如图 11-3 所示。

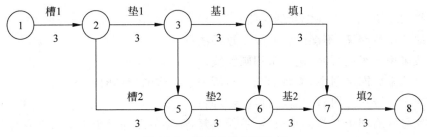

图 11-3　双代号时标网络图

双代号网络图中有虚活动,其既不消耗时间,也不消耗资源,仅仅表示工作的优先次序,在网络图中由一个虚箭线表示。借助虚活动可以更好地、更清楚地表达活动之间的关系。如表 11-10 为使用虚工作的常用情况。

表 11-10　虚工作常用情况

序号	工作之间的逻辑关系	表　示　方　法
1	双代号网络图规范中规定两个节点间只能有一个工作。两个节点间有两个工作时,必须使用虚工作	
2	A、B 完成后 C 开始,B 完成后 D 开始	

(2)单代号网络图是由一个节点表示一项工作(活动/工序),以箭线表示工作顺序的网络图,它可以方便地表示活动之间的各种逻辑关系,如图 11-4 所示。

网络图绘制的基本原则:

① 正确表达项目各工作间的逻辑关系;

② 不允许出现循环回路;

③ 线节点之间严禁出现带双向箭头或无箭头的连线;

④ 严禁出现无箭头节点或无箭尾节点的箭线;

⑤ 网络图中只能有一个起始节点和终止节点;

图 11-4　单代号网络图

⑥ 网络图中不允许出现中断的线路;

⑦ 箭线应避免交叉,不能避免时采用过桥法;

⑧ 箭线采用直线或折线,避免采用圆弧线;

⑨ 非时间坐标网络图中,箭线的长短与所表示工作的持续时间无关;

⑩ 箭线方向应从左向右顺着项目进展方向;

⑪ 双代号网络图中节点必须编号,不能重复,箭尾节点标号小于箭头节点标号,标号可采用连续或非连续编号的方式;

⑫ 网络图要条理清楚、布局合理、结构整齐;

⑬ 大型复杂项目网络图可分成几部分画在几张图纸上,分段处选择箭头与节点较少的位置,且要重复标出被切断处的节点标号。

横道图虽简单明了、容易理解、绘制,但不能很清晰、严格地反映出各个工作之间相互依赖、相互制约的逻辑关系,且不能确定计划的关键工作、关键线路与时差,难以适应大的进度网络计划。网络图则可以实现上述要求,并可使用计算机来进行绘制、计算、优化、调整,是一种先进的、通用的进度控制技术。

3. 网络计划的优化

网络计划的优化是在一定的约束条件下,按既定的目标对网络计划进行不断检查调整和完善的过程。网络计划的优化分为工期优化、费用优化和资源优化。

1) 工期优化

工期优化是压缩计算工期以达到要求的工期目标,或在一定的约束条件下,使工期最短的过程。工期优化一般是通过压缩关键工作的持续时间来实现的。

2) 费用优化

费用优化又叫时间成本优化,是寻求最低成本时的最短工期安排。

网络计划的总费用由直接费和间接费组成。直接费随工期的延长而减少,间接费随工期的延长而增加。这样,网络计划的总费用在一定范围内会随工期的延长而减少,当超过某一界线后,总费用又会随工期的延长而增加,如图 11-5 所示。因而必

图 11-5　工期与费用的关系

T_c:最短工期;T_o:最优工期;T_n:正常工期

定有一个总费用最少的工期,这就是费用优化所寻求的目标。

3)资源优化

资源是为完成任务所需的人力、材料、机械设备和资金等的统称。完成一项工程任务所需的资源量基本上是不变的,难以通过资源优化将其减少。资源优化是通过改变工作的开始时间,使资源按时间的分布符合优化目标。通常资源优化主要有"资源有限,工期最短"优化和"工期固定,资源均衡"优化两种。

11.2.3　施工阶段进度控制的主要工作内容

施工阶段是工程实体的形成阶段,对其进度进行控制是整个工程建设进度控制的重点。施工阶段进度控制的总任务就是在满足工程建设总进度计划要求的基础上,编制或审核施工进度计划,并对其执行情况加以动态控制,以保证项目按期竣工交付使用,如图 11-6 和图 11-7 所示。

图 11-6　工程进度检测的具体过程

图 11-7　工程进度调整的具体过程

1. 施工进度控制工作内容

施工进度控制从审核承包单位提交的施工进度计划开始,直至工程项目保修期满为止。其工作内容主要包括:①编制施工阶段进度控制工作细则。②编制或审核施工进度计划。

施工进度计划的编制和实施的责任在承包商。但经审核确认后,即应当视为合同文件的一部分。③按年、季、月编制工程综合计划。着重解决各承包单位施工进度计划之间、施工进度计划与资源保障计划之间及外部协作条件的延伸性计划之间的综合平衡与相互衔接问题。④下达工程开工令。⑤协助承包单位实施进度计划问题。特别是协助解决承包单位无力解决的内外关系协调问题。⑥监督施工进度计划的实施,这是施工阶段进行进度控制的经常性工作。⑦组织现场协调会解决工程施工过程中的相互协调配合问题。⑧签发工程进度款。⑨审批工程延期。⑩督促承包单位整理技术资料。⑪办理竣工验收。⑫处理争议和索赔。⑬整理工程进度资料。⑭工程移交。

2. 施工进度的检查与监督

施工进度的检查方式包括:定期、经常地收集由承包单位提交的有关进度报表资料;由驻地人员现场跟踪检查工程项目的实际进展情况。施工进度检查的主要方法是对比法。

3. 施工进度计划的调整

通过检查分析,当发现原有进度计划已不能适应实际情况时,为了确保进度控制目标的实现或需要确定新的计划目标,就必须对原有进度计划进行调整,调整方法主要有两种。

(1)压缩关键工作的持续时间。压缩关键工作的持续时间需要采取一定的措施来达到目的,具体措施包括:①组织措施。增加工作面,组织更多的施工队伍;增加每天施工的时间(如采用三班制);增加劳动力和施工机械的数量。②技术措施。改进施工工艺和施工技术;采用更先进的施工方法;采用更先进的施工机械。③经济措施。实行包干奖励;提高奖金数额;对所采取的技术措施给予相应经济补偿。④管理措施。改善外部配合条件;改善劳动条件;实施强有力的调度。

(2)组织搭接作业或平行作业。组织搭接作业或平行作业是在条件允许时部分作业间相互交错或平行作业时的有效措施。

4. 工程延期的控制

发生工程延期事件不仅影响工程的进展,而且会给开发企业带来损失,因此应加强工程延期的控制。

(1)申报工程延期的条件。由于以下原因导致工程拖期,承包单位有权提出延长工期的申请。①工程变更而导致工程量增加。②合同中所涉及的任何可能造成工程延期的原因,如延期交图、工程暂停等。③异常恶劣的气候条件。④开发企业造成的任何延误、干扰或障碍。⑤除承包单位自身以外的其他任何原因。

(2)工程延期的审批原则。①合同条件。任何工程延期都必须符合合同条件。②关键线路。发生延期事件的工程部位必须在施工进度计划的关键线路上,才能批准工程延期。

(3)实际情况。工程延期必须符合实际情况,承包单位应提交详细的申述报告(延期理由及依据),开发企业应对施工现场进行详细考察和分析,并做好有关记录。

5. 工期延误的制约

如果由于承包单位自身的原因造成工期拖延,又未按要求改变延期状态时,通常可以采用下列手段予以制约：①停止付款；②误期损失赔偿；③终止对承包单位的雇用。

6. 物资供应的进度控制

11-2

投资供应是实现项目三大目标控制的物质基础。正确的物资供应渠道与合理的供应方式可以降低工程费用，有利于投资目标的实现；完善合理的物资供应计划是实现进度目标的根本保证；严格的物资供应检查制度是实现质量目标的前提。

11.3　房地产开发项目工程建设投资控制

房地产开发项目工程建设投资控制是指在投资决策阶段、设计阶段、开发项目发包阶段和建设实施阶段，把开发项目的投资控制在批准的投资限额以内，随时纠正发生的偏差，确保开发项目投资管理目标的实现，力求在开发项目中合理使用人力、财力、物力，以获得良好的经济效益、社会效益和环境效益。

房地产开发项目工程建设投资控制的原则为设置科学投资控制目标、设计阶段投资控制是重点、变被动控制为主动控制和经济与技术结合是投资控制的高效手段。

11.3.1　项目投资失控的原因

1. 项目可行性研究的深度不够

在进行项目可行性研究时，收集的基础数据不足或不准确，采用的分析方法和计算方法不恰当，导致项目可行性研究的可靠性不足。这样，在项目实施后，势必造成被动和投资失控，这是项目决策阶段的问题。因而应提高项目可行性研究的科学性和可靠性，使项目的投资概算比较准确，为日后的投资控制提供保证。

2. 在各设计阶段所做的投资计算突破投资计划目标

在项目规划方案设计、初步设计和施工图设计过程中，设计人员对项目布局、建筑造型、结构形式、材料及设备选择等方面不注意经济性设计，而开发企业又缺乏对设计过程的审核，常常导致项目计划投资额的增加。

3. 在开发项目工程建设期间社会物价水平的上涨

房地产开发项目一般规模较大，所需的建设时间较长，因此会受到社会物价水平上涨的影响。若上涨幅度超过预期的水平，就会使项目投资额突破计划值。

4. 项目的设计变更引起费用增加

开发企业如要求改变原有项目的使用性质和功能，或提高项目装修设计和设施、设备水准，或扩大原有项目的建设规模和工程量，都会引起项目建设费用的提高。

5. 项目实施过程中不可预见因素的发生

由于房地产开发时间周期长,涉及面广,开发企业要面临一系列千变万化的不可预测因素的影响。诸如气候变化,产生不可抗拒的自然灾害,与勘察报告不同的地质条件引起地基处理费用的增加等,都会导致项目的计划投资失误。

6. 项目施工不能顺利进行引起费用增加

如果项目施工不能顺利进行,就会增加项目的建设成本,使项目建设投资额增加。有较多因素可能妨碍项目施工的顺利进行,如设计师不能按时提交施工图样;交通运输、供水供电等条件没有事先摸清,结果不能满足项目施工要求;开发企业自身没能及时做出必要的决策,地方建设管理部门、监督机构拖延审批时间等。

7. 其他原因

其他原因如政治事件、发生战争、人事纠纷、工程事故等,增加项目成本,引起计划投资额增加。

以上是对项目投资失控主要原因的分析,将有助于开发企业采取针对性措施控制项目投资。

11.3.2　工程建设投资控制的方法与步骤

1. 编制投资控制规划

投资控制规划根据项目的工程建设进度和项目的投资目标而确定。

投资目标是开发项目预计的最高投资限额,是进行投资控制的最基本依据,因而投资目标的确定应具有严谨性和科学性。投资控制目标应随工程建设过程的进展而分阶段地设置,即投资估算应是设计方案选择和初步设计阶段的投资控制目标;设计概算应是技术设计和施工图设计阶段的投资控制目标;施工图预算或工程承包合同价格是施工阶段建安工程的投资控制目标。各阶段目标之间是由略到详,前者控制后者,后者补充前者的有机联系的整体。

2. 费用比较

所谓费用比较,是指投资计划值与实际值的比较。在项目实施的各个阶段,应及时收集、汇总费用支出的实际值,要不断与计划值进行费用比较。在项目施工阶段,主要是实际投资与合同价的比较。在具体工作汇总时,应注意实际投资与实际支出费用的区别。另外,实际投资与合同价在构成方面也可能存在差异,如实际投资可能会增添一些合同价以外的费用,如技术措施费、索赔费等。

3. 未完工程投资预测

所谓未完工程投资预测,是在施工过程中,根据已完工程实际投资的情况以及对偏差原因的分析,对预测时间点以后各期和全部未完工程所需要的投资进行的估计和测算。这样做可以及时了解整个项目以后各期和最终所需要的投资数额,并了解是否会超过原定项目投资目标。

4．纠偏

所谓纠偏,是对系统实际运行状态偏离标准状态的纠正,以使实际运行状态恢复到或保持在标准状态,纠偏的措施可归纳为组织、经济、技术、合同四个方面。

11.3.3　工程价款的结算

1．我国现行工程价款结算的主要方式

我国现行工程价款结算的主要方式有四种。分别为按月结算、竣工后一次结算、分段结算、结算双方约定并经开户银行同意的其他结算方式。

2．工程款的计量支付

1) 工程计量的一般程序

通过计量来控制项目投资支出是投资控制的一个重要环节。对于采用单价合同的项目,工程量的大小对项目投资的控制有很重要的影响。工程计量的一般程序是承包方按协议条款约定的时间,向甲方代表提交已完工程量的报告,甲方代表接到报告后 3 日内按设计图纸核实已完工程数量,并在计量 24 小时前通知承包方,承包方必须为甲方代表进行计量提供便利条件并派人参加,予以确认。承包方无正当理由不参加计量时,由甲方代表自行进行计量,计量结果仍然视为有效,作为工程价款支付的依据。如果甲方代表在收到承包方报告 3 日内未进行计量,从第 4 日起,承包方报告中开列的工程量即视为已被确认,可作为工程价款支付的依据,因此,如无特殊情况,对工程计量不能有任何拖延。另外,甲方代表在计量时必须按约定时间通知承包方参加,否则计量结果按合同规定视为无效。

2) 合同价款的复核与支付

承包方根据协议所规定的时间、方式和经甲方代表签字的计量表,按照构成合同价款相应项目的单价和收费标准提出付款申请,申请由甲方代表审核签字后,由甲方予以支付。承包方提出的付款申请除对所完成的工程要求付款以外,一般还包括工程变更费用、索赔、价格调整的费用等,必须予以严格审核。

3．工程价款的动态结算

所谓动态结算就是结算时要考虑到货币的时间价值,考虑通货膨胀等动态因素的影响。实行项目投资的动态结算并完善其方法是尤为必要的,要把各种动态因素渗透到结算过程中,使结算大体能反映实际的费用。常用的动态结算方法有实际价格结算法、按调价文件结算法、调值公式法三种。

11.3.4　工程变更的控制

工程变更可能有许多方面的原因,工程变更包括设计变更、进度计划变更、施工条件变更和新增工程等。工程变更内容一般包括:增减合同中约定的工程数量;更改有关工程的

性质、质量、规格;更改有关部分的标高基线、位置和尺寸;增加工程需要的附加工作;改变有关工程的施工时间和顺序等。一般来说,适当及时的变更可以弥补前期工作的不足,但是,过于频繁或失去控制的变更会给项目带来重大损害甚至导致项目失败。因此,应严格控制工程变更。

1. 正常和必要的工程变更

项目的实施过程是个开放系统,受到很多因素的影响和干扰,并非所有事件都能预见到,实施过程本身是对项目的不断完善和修正的过程。因此,对工程项目的实现来说,工程变更的发生是不可避免的;从对项目目标的影响来说,有些变更是有利于项目目标实现的积极变更,有些变更虽对项目的实现有影响,但不变更可能使目标无法实现,变更则可避免更大的损失。这就是正常的和必要的工程变更。

2. 失控的工程变更

在项目实施过程中,经常出现人为随意改变设计、变动施工计划和安排等情况。虽然其根本原因在于投资体制的不足,但反映到项目上来,就是失控的工程变更。包括前期工作的误差引起的实施中的变更,对项目目标无益又不会影响项目实现的变更,以及未经充分协商一致,又非处在特别紧急情况下做出的变更等。这些变更往往导致项目受损或导致项目实施过程出现困难和障碍。

3. 工程变更的控制原则

工程变更的控制原则包括:尽量减少不必要的工程变更;协商一致的原则;必要变更尽量提前的原则;变更信息及时沟通的原则。

4. 工程变更的控制程序

工程变更的控制程序如下。

(1) 提出工程变更。工程变更可以由合同的任何一方提出。

(2) 审查工程变更。为有效控制投资,无论任何一方提出的工程变更,均应由甲方委托的代表(项目控制人员)予以审查批准。

(3) 编制工程变更文件。①工程变更令。其内容包括:变更项目、理由及详细说明承包单位、甲方代表的意见,业主审批意见及附件等。②工程量清单。③设计图样。

11.3.5　索赔

索赔是指当事人一方由于另一方未履行合同所规定的义务而遭受损失时,通过合法的途径和正常的程序,向对方提出补偿损失或额外消耗的行为。索赔具有必然性、合理性、客观性和合法性等特征。索赔按提出方的不同分为施工索赔和业主索赔。

1. 施工索赔

施工索赔是指由于发包方或其他有关原因,使承包方在工程施工过程中增加额外费用而向发包方提出的索赔。

1）施工索赔的内容

施工索赔的内容包括两个方面，即工期索赔和款项索赔，这两者往往是互相包含的。索赔成立的最终点是发包方向承包方赔偿工程款项。包括：①设计差错和工程变更索赔。②现场条件变化索赔。③缩短工期索赔。④延误工期索赔。

2）施工索赔的依据

施工索赔的依据包括工程资料、施工合同和有关法规。工程资料是核实和审查各有关索赔事件发生的依据，在工程资料中，最为重要的是施工记录，因此，做好施工记录，对承包方能否取得索赔补偿起决定性作用；施工合同和有关法规是索赔裁决的依据，因此在签订合同时，应考虑到索赔的可能性，并且要熟悉合同中的条款以及有关法规。

3）施工索赔程序

施工索赔的程序通常为提出索赔要求、提供索赔的证明材料、核实索赔的依据以及索赔的协商与裁决等。

（1）提出索赔要求。在引起索赔的事件出现后，承包方要及时向发包方提出索赔要求，尤其是对一些隐蔽工程的索赔，如不及时提出，事后处理时难度较大，并且容易引起争端。

（2）提供索赔的证明材料。在向发包方提出了索赔要求的意向后，承包方随即收集索赔的有关证明资料，如合同、有关法律和地方规章以及施工记录等，这些索赔依据是否充分是索赔成立与否的关键因素。因此，承包方在施工过程中，应做好详细的施工记录，保管好与工程项目有关的各种文件资料。在承包方向发包方提供索赔证明材料的同时还应提出索赔的额度和要求延展的工期。

（3）核实索赔的依据。发包方在接到承包方的索赔要求和索赔的有关证明材料后，应及时组织有关人员，收集己方所掌握的材料，并与对方材料进行对比分析，一方面，核实对方的索赔是否成立，依据是否充分；另一方面，对不合理的索赔（包括索赔的理由不足和索赔的额度不合理）要研究对策，收集反索赔的依据。

（4）索赔的协商与裁决。双方当面就索赔问题进行协商，力争通过协商、谈判达成谅解，顺利解决索赔问题。尽量避免用仲裁或诉讼的办法解决索赔争端，因为在工程项目实施过程中，整体利益往往建立在双方良好的合作关系上。只要双方实事求是、公平、合理、合法地处理索赔问题，索赔是可以顺利解决的，并且不影响双方的良好关系。经协商后发包方认可的索赔，应办理相应的索赔手续；若双方意见不统一，承包方可向合同管理机关申请仲裁，也可向人民法院提起诉讼，或放弃索赔。

2. 业主索赔

业主索赔是指由于承包方不履行或不完全履行约定的义务，使发包方受到损失时向承包方提出的索赔。业主索赔的主要内容有以下几个方面。

1）拖延工期索赔

由于承包方的原因，工程不能按合同规定的时间竣工验收，发包方对此提出索赔，要求承包方补偿拖延工期给发包方带来的损失。

拖延工期索赔的计算方法通常有两种：一是按清偿损失计算，即先在合同中确定拖延工期的日清偿损失额，拖延工期的总清偿损失额则由日清偿损失额与承包方引起的工期拖延日数的乘积；二是按拖延工期的实际损失额计算，拖延工期引起发包方的实际损失包括发包方的营业收入损失、扩大工程管理费用开支、额外支付贷款利息、使用设施的机会丧失等。

2）工程质量缺陷的索赔

工程质量不符合合同规定,发包方有权要求承包方修理或返工,由此发生的一切费用由承包方自行负担。并且,由于修理或返工造成工期延误,承包方还要按合同规定偿还逾期违约金。

3）不合格材料的索赔

承包方采购到不合格材料,发包方有权要求承包方调换,由此发生的运输费和其他有关费用由承包方负担。

4）保险费用索赔

为了减少工程施工过程中的风险,应在合同中订立保险条款,即在施工场地的承、发包方人员应办理生命财产保险,费用由各方自负。如果承包方未能按照合同条款进行投保,发包方可以投保并保证保险有效,由此支付的保险费可在应付给承包方的款项中扣回。

5）承包方不正当地放弃工程的索赔

若承包方不合理地放弃工程,则发包方有权要求承包方补偿由此给发包方带来的损失。

11-3

3. 索赔控制

作为发包方的开发企业或建设单位,要对承包方提出的索赔进行反驳,找出理由和证据否定对方提出的索赔,以推卸或减轻自己的责任,使自己不受或少受经济损失;并应加强对可能引起索赔的事件的预见,采取预防措施,减少索赔的发生。在处理索赔时,应注意以下几点内容。

（1）核实索赔事件的真实性。要确认对方所提出的索赔事件是否确实存在,虚假事件无法提出索赔。

（2）反驳索赔依据的充分性。索赔是否成立,关键是看索赔的法律依据是否充分,即能否在合同中找到依据,即使有依据也要找到对对方不利的条款,不能轻易承认赔偿。

通常,下列索赔是不成立的。

（1）索赔依据的法律效力不足。

（2）片面证据。

（3）索赔超过时效期。

（4）非承包方能控制的原因。

（5）非双方原因以及不可抗力以外的原因。

4. 审查索赔值的合理性

当难以从根本上否定对方的索赔时,要花费精力审查索赔值的合理性,力争将索赔值降至最低限度。所谓索赔值是否合理是指索赔值的计算方法是否恰当,计算数据是否准确。审查时应核实对方的数据是否与我方的有关工程的实际记录一致,其计算方法是否与合同报价中规定的方法一致。对对方在工程报价时未注意到工程量复杂程度、质量标准、工程范围而造成的错误报价,或出于投标策略降低报价所造成的损失不予补偿,应在索赔总额中扣除。

11.4　房地产开发项目工程建设质量控制

工程建设质量是房地产开发项目建设的核心，是决定项目成败的关键。工程建设质量控制的特点是影响因素多、质量波动大、质量变异大、质量隐蔽性和终检局限性大。工程建设质量对提高房地产开发项目的经济效益、社会效益和环境效益均具有重大意义，它直接关系着国家财产和人民生命的安全，也关系着我国房地产事业的发展。

11.4.1　质量控制概述

1. 质量

质量是指产品、过程或服务满足规定或潜在要求（或需要）的特性和特征的总和。中国质量管理协会对产品质量的定义是："产品质量是满足使用要求所具备的特性，即适用性。一般包括性能、寿命、可靠性、安全性、经济性等。"

从定义上看，产品或服务的特性和特征的总和构成了产品或服务的质量，而这些特性和特征又必须具备满足明确和隐含需要的能力。换句话说，产品或服务必须是符合其特性和特征要求的产品，即应具有符合性，同时其特性和特征又必须满足需求，即具有适用性，产品的符合性和适用性从两个角度全面反映了质量的涵义。

2. 工程项目质量

房地产开发项目可归为工程项目的一个种类，工程项目的质量也就包含了房地产开发项目的质量。

工程项目质量是国家现行的有关法律、法规、技术标准、设计文件及工程合同中对工程的安全、使用、经济、美观等特性的综合要求。工程项目一般是按照合同条件承包建设的，因此，工程项目质量是在合同环境下形成的。合同条件中对工程项目的功能、使用价值及设计、施工质量等的明确规定都是业主的需要，因而都是质量的内容。

从功能和使用价值来看，工程项目质量又体现在适用性、可靠性、经济性、外观质量与环境协调等方面。由于工程项目是根据开发企业的要求而兴建的，不同的开发企业也就有不同的功能要求，所以，工程项目的功能与使用价值的质量是相对于业主的需要而言的，并无一个固定和统一的标准。

工程项目质量也包含工作质量。工作质量是指参与工程建设者，为了保证工程项目质量所从事工作的水平和完善程度。工作质量包括：社会工作质量，如社会调查、市场预测、质量回访和保修服务等；生产过程工作质量，如政治工作质量、管理工作质量、技术工作质量和后勤工作质量等。工程项目质量的好坏是决策、勘察、设计、施工等单位各方面、各环节工作质量的综合反映，而不是单纯靠质量检验检查出来的。要保证工程项目的质量，就要求有关部门和人员精心工作，对决定和影响工程质量的所有因素严加控制，即通过提高工作质量来保证和提高工程项目的质量。

3．工程项目质量形成过程

工程项目质量是按照工程建设程序,经过工程建设系统各个阶段而逐步形成的,是受决策阶段工作质量、设计阶段工作质量、施工阶段工作质量和竣工验收阶段工作质量阶梯影响形成的综合质量。工程项目质量形成的系统过程如图 11-8 所示。

图 11-8　工程建设各阶段质量形成的系统过程

(1) 项目决策阶段工作质量(决策质量)。项目决策是在项目可行性研究及策划研究的基础上,就项目的投资规模、经营形式、开发方案、投资方案、资金筹措,以及市场定位、价格定位、营销策略等一系列重大问题所做的决策。决策质量关系着项目投资的成败,直接影响项目投资目标的实现,是质量控制的关键环节。决策质量的好坏,既取决于前期工作质量(信息是否掌握、问题是否研究透彻),又取决于决策者的素质水平。

(2) 项目设计阶段工作质量(设计质量)。项目设计是将项目可行性研究和项目策划中所提出的规划设想、使用功能、项目决策所提出的投资目标和投资方案等具体化的过程。房地产投资项目设计既包括整个项目的规划设计,也包括个别建筑物的建筑设计、结构设计等。项目设计质量直接关系到项目建成后的使用功能和使用价值。设计质量形成于项目设计的全过程,涉及参与项目设计的各专业、各层次的设计人员。

(3) 项目施工阶段工作质量(施工质量)。项目实施阶段有两项工作。其一是从投资者或建设者角度看待项目的实施过程,主要的工作是项目工程的发包、工程施工的监理、资金筹措以及项目开发建设过程中的协调、管理工作。其二是工程施工的承包者对项目施工的组织与管理工作,这一阶段的项目质量主要是施工质量。因而,又称项目实施阶段的质量为施工质量。施工质量是质量管理的主要环节。施工质量影响因素复杂,几乎参与工程施工的所有条件(4M1E),即人(man)、机械(machine)、材料(material)、方法(method)、环境(environment)都是质量控制的对象。

(4) 项目竣工验收阶段质量(竣工验收质量)。工程项目竣工验收阶段,就是对项目施工阶段的质量进行试车运转、检查评定、考核质量目标是否符合设计阶段的质量要求。这一阶段是工程建设向生产转移的必要环节,影响工程能否最终形成生产能力,体现了工程质量水平的最终结果。因此,工程竣工验收阶段是工程质量控制的最后一个重要环节。

因本章是针对房地产开发项目的工程建设阶段而言的,所以项目质量控制只围绕于项目施工阶段和竣工验收阶段阐述。

4. 工程项目质量控制

工程项目质量控制是指致力于满足工程质量要求,也就是保证工程质量满足工程合同、规范标准所采取的一系列的措施、方法和手段。工程质量要求主要表现为工程合同、设计文件、技术规范标准规定的质量标准。

工程项目质量控制按实施者不同,包括三个方面。

1) 业主的质量控制

业主的质量控制可以通过社会监理来实现,是指监理单位受业主委托,为保证工程合同规定的质量标准对工程项目进行的质量控制。其目的在于保证工程项目能够按照工程合同规定的质量要求达到业主的建设意图,取得良好的投资效益。其控制依据除国家制定的法律、法规外,主要是合同文件、设计图纸。在设计阶段及其前期的质量控制以审核可行性研究报告及设计文件、图纸为主,审核项目设计是否符合业主要求。在施工阶段进驻现场实地监理,检查是否严格按图施工,并达到合同文件规定的质量标准。

2) 政府的质量控制

政府的质量控制主要是以法律法规为依据,通过工程报建、施工图设计文件审查、施工许可、材料和设备准用、工程质量监督、重大工程竣工验收备案等主要环节进行的。

3) 承包单位的质量控制

承包单位的质量控制是以工程合同、设计图纸和技术规范为依据,对施工准备阶段、施工阶段、竣工验收交付阶段等施工全过程的工作质量和工程质量进行的控制,以达到合同文件规定的质量要求。

11.4.2　施工阶段的质量控制

工程施工是使业主及工程设计意图最终实现并形成工程实体的阶段,也是最终形成工程产品质量和工程项目使用价值的重要阶段。因此,施工阶段的质量控制历来都是工程项目质量控制的重点。

1. 项目施工质量控制过程

项目施工质量控制,是一个从对投入原材料的质量控制开始,直到完成工程质量检验、合格验收为止的全过程的系统控制过程,具体过程如图 11-9 所示。

图 11-9　施工质量控制过程(1)

工程项目一般由分项工程、分部工程和单位工程所组成,任何项目的建设,都是通过一道道工序来实现的。所以,项目施工的质量控制又是工序质量控制、分项工程质量控制、分部工程质量控制、单位工程质量控制和项目质量控制的系统控制过程,具体过程如图 11-10 所示。

图 11-10 施工质量控制过程(2)

2．项目施工质量控制方法

项目施工质量控制方法分为文件审核与现场质量检验两类。

1）文件审核

文件审核就是对项目有关质量的技术文件、报告、报表的审核,文件审核是项目质量控制的重要手段。其具体内容主要有如下数项。

① 审查进入施工现场的分包单位的资质证明文件,控制分包单位的质量;②审批施工承包单位的开工申请书,检查、核实与控制其施工准备工作质量;③审批施工承包单位提交的施工方案、质量计划、施工组织设计或施工计划,控制工程施工质量有可靠的技术措施保障;④审批施工承包单位提交的有关材料、半成品和构配件质量证明文件(出厂合格证、质量检验或试验报告等),确保工程质量有可靠的物质基础;⑤审核承包单位提交的反映工序施工质量的动态统计资料或管理图表;⑥审核承包单位提交的有关工序产品质量的证明文件(检验记录及试验报告)、工序交接检查(自检)、隐蔽工程检查、分部分项工程质量检验报告等文件、资料,以确保和控制施工过程中的质量;⑦审批有关工程变更、图纸修改和技术核定书等,确保设计及施工图纸的质量;⑧审核有关应用新技术、新工艺、新材料、新结构等的技术鉴定书,审批其应用申请报告,确保新技术应用的质量;⑨审批有关工程质量事故或质量问题的处理报告,确保质量事故或质量问题处理的质量;⑩审核与签署现场有关的质量技术签证、文件等;⑪检查施工承包单位的技术交底、施工日志等记录资料和文件,督促施工单位落实施工要求。

2）现场质量检验

现场质量检验的内容包括:开工的检验;工序交接检验;隐蔽工程检验;停工后复工前的检验;分项、分部工程完工后的验收;成品保护检验;原材料质量检验;设备运行质量检验。

常见的现场质量检验的方法有目测法、实测法和试验法三种。①目测法:通过看、摸、敲、照等人工作业直观检查施工质量的方法。②实测法:人工或借助工具、仪器、设备检测质量数据,通过实测数据与施工规范及质量标准所规定的允许偏差对照,来判定质量是否合格的方法。③试验法：借助仪器设备，通过试验手段对质量进行判断的检查方法。如对桩或地基的静载试验，确定其承载力；对钢结构进行稳定性试验，确定是否产生失稳现象；对钢筋对焊接头进行拉力试验，检验焊接的质量等。

3. 项目施工的工序质量控制

工序质量控制，就是对工序活动条件和工序活动效果的质量控制。工序质量控制通常采用控制图等统计分析工具，通过对工序子样检验的数据进行统计、分析，来判断整道工序的质量，进而实现对工序质量的控制。

1）工序质量控制的主要控制步骤

工序质量一般按如下步骤实施控制：①量测。通过检测工具和检测手段，对工序子样进行质量检验，获取质量数据。②分析。通过统计分析工具分析检验所得的数据，找出这些数据所遵循的规律。③判断。根据数据分布规律分析的结果，对整个工序的质量状况进行判断，从而确定该道工序是否达到质量标准。若出现异常情况，即刻寻找原因，采取对策和措施加以预防，以便达到控制工序质量的目的。

2）工序质量控制的主要内容

工序质量控制主要包括以下四方面的内容：①控制工序工艺和工序规程。②控制工序活动条件。工序活动条件的控制是工序质量控制的主要内容。工序活动条件主要是指影响工序质量的五大因素，即人、材料、机械设备、方法和环境。只要将这些因素切实有效地控制起来，就能使工序处于被控制状态，以保证质量正常和稳定。③控制工序活动效果。工序活动效果是评价工序质量是否符合标准的依据。为此，必须加强质量检验工作，对其质量状况进行综合统计与分析，及时掌握质量动态。当处于异常状态时，就必须停止进行下一道工序，采取措施纠偏。④设置工序质量控制点。质量控制点是指为了保证工序质量而对某些需要重点控制的关键部位、薄弱环节予以标记，设置重点防范、加强观测和控制的内容和程序，从而在一定时期内、一定条件下强化质量管理，使工序处于质量控制状态。

3）质量控制点的设置

质量控制点的设置应根据工程特点，视其重要性、复杂性、精确性、质量标准和要求而定。质量控制点的设置位置，可能是结构复杂的某一工序或部位，也可能是技术要求高、施工难度大的某一结构构件或分项、分部工程，还可能是影响质量关键的某一环节中的某一工序或若干工序，主要视其对质量特征影响的大小及危害程度而定，经常要考虑的有下列一些因素：人的行为因素、物的状态因素、材料和设备因素、操作技术因素、质量因素。

4）工序的质量检验

工序质量检验就是利用一定的方法和手段，对工序操作及其完成的产品质量进行测定、检查和验收，并将所测得的结果同该工序的操作规程及形成质量特性的技术标准进行比较，从而判断其是否合格的过程。工序质量检验也是对工序活动效果的评价。工序质量检验工作的内容主要有下列几项：①设定标准。把设计要求、技术标准、工艺操作规程等转换成该工序具体而明确的质量要求，并在质量检验中正确执行这些要求。②进行度量。对工序的质量特性进行检测。其中包括检查人员的感观度量、机械器具的测量和仪表仪器的测试，以及化验与分析等。通过度量，提供工序的质量特征值数据。③比较判定。把度量出来的质量特征值同该工序的质量技术标准进行比较,以发现差异。根据比较的结果来判断工序的质量是否符合规程、标准的要求,从而对该工序的质量状况做出判断。④做出处理。根据判定的结果,对合格的工序质量予以验收,对不合格的要查找原因,采取措施予以调整、纠偏或返工。⑤记录。把度量出来的质量特征值、质量分析、判断、评估与处理过程完整、准确、及时地记录下来,以备查用。

11.4.3　工程施工质量验收

工程施工质量验收是工程建设质量控制的一个重要环节,它包括工程施工质量的中间验收和工程的竣工验收两个方面。通过对工程建设中间产出品和最终产品的质量验收,从过程控制和终端两个方面把关,进行工程项目的质量控制,以确保达到业主所要求的功能和使用价值,实现建设投资的经济效益和社会效益。工程项目的竣工验收是项目建设程序的最后一个环节,是全面考核项目建设成果,检查设计与施工质量,确认项目是否投入使用的重要步骤。顺利并尽快完成竣工验收标志着项目建设阶段的结束和生产使用阶段的开始,对促进项目的早日投产使用,及早发挥投资效益,有着非常重要的意义。

建筑工程施工质量验收统一标准、规范体系由《建筑工程施工质量验收统一标准》(GB 50300—2013)和各专业验收规范共同组成。统一标准是规定质量验收程序及组织的规定和单位(子单位)工程的验收指标;各专业验收规范是各分项工程质量验收指标的具体内容,因此应用标准时必须相互协调,同时满足二者的要求。

此外,验收统一标准及专业验收规范体系的落实和执行还需要有关标准的支持,如对建筑施工所用的材料及半成品、成品的材质及性能要求,要依据国家和有关部门颁发的技术标准进行检测和验收。工程质量验收规范体系如图 11-11 所示。

图 11-11　工程质量验收规范体系

11.4.4　工程质量事故处理分析及处理

工程质量不符合规定的质量标准或设计要求称为工程质量事故。由于工程项目在施工过程中影响质量的因素较多,也易产生系统因素变异,所以不可避免地会出现工程质量事故。

1．工程质量事故的特点

通过诸多工程事故案例调查、分析表明，建筑工程质量事故更具有复杂性、严重性、可变性和多发性的特点。

（1）复杂性。施工项目质量问题的复杂性主要表现在引发质量问题的因素复杂，从而增加了对质量问题的性质、危害的分析、判断和处理的复杂性。例如建筑物的倒塌，可能是未认真进行地质勘察，地基的容许承载力与持力层不符；也可能是未处理好不均匀地基，产生过大的不均匀沉降；或是盲目套用图纸，结构方案不正确，计算简图与实际受力不符；或是荷载取值过小，内力分析有误，结构的刚度、强度、稳定性差；或是施工偷工减料、不按图施工、施工质量低劣；或是建筑材料及制品不合格，擅自代用材料等原因造成的。由此可见，即使同一性质的质量问题，有时原因也截然不同。

（2）严重性。工程项目一旦出现质量事故，轻者会影响施工顺序进行、拖延工期、增加工程费用，重者则会留下隐患成为危险的建筑物，影响使用功能或不能使用，更严重的还会引起建筑物的失稳、倒塌，造成人民生命、财产的巨大损失。所以对于建设工程质量问题和质量事故均不能掉以轻心，必须给予高度重视。

（3）可变性。许多工程的质量问题出现后，其质量状态并非稳定在发现的初始状态，而是有可能随着时间而不断地发展、变化。例如，混凝土结构出现的裂缝可能随环境温度的变化而变化，或随荷载的变化及负担荷载的时间而变化等。因此，有些在开始阶段并不严重的质量问题，如不能及时处理和纠正，有可能发展成一般质量事故，一般质量事故有可能发展成为严重或重大质量事故。所以，在分析、处理工程质量问题时，一定要注意质量问题的可变性，应及时采取可靠的措施，防止其进一步恶化而发生质量事故。

（4）多发性。施工项目中有些质量问题为质量通病；如屋面、卫生间漏水；抹灰层开裂、脱落；排水管道堵塞；预制构件裂缝等；另有一些同类型的质量问题，却一再重复发生，因此，总结经验，吸取教训，采取有效措施予以预防十分必要。

2．工程质量事故处理的依据

工程质量事故发生的原因是多方面的，有技术上的失误，也有违反建设程序或法律法规的问题；有些是设计、施工的原因，也有些是由于管理方面或材料方面的原因，引发事故的原因不同，事故责任的界定与承担不同，事故的处理措施也不同。总之，对于所发生的质量事故，无论是分析原因、界定责任，还是做出处理决定，都需要以切实可靠的客观依据为基础。

进行工程质量事故处理的主要依据有四个方面：质量事故的实况资料；具有法律效力的、得到有关当事各方认可的工程承包合同、设计委托合同、材料或设备购销合同以及监理合同或分包合同等合同文件；有关的技术文件、档案和相关的建设法规。

3．工程质量事故处理程序

工程质量事故分析、处理的程序，一般可按图11-12所示进行。

事故处理的目的是消除隐患，保证结构安全可靠，保证施工顺利进行。因此，事故处理的基本要求是：安全可靠，不留隐患，满足建筑功能和使用要求，技术可行，经济合理，处理方便。

图 11-12　质量事故分析、处理程序

11.4.5　质量管理的数理统计方法

1. 排列图法

排列图又称主次因素排列图。其作用是寻找主要质量问题或影响质量的主要原因,以便抓住提高质量的关键,取得好的效果。

排列图由一个横坐标、两个纵坐标、n 个直方形和一条折线所组成。横坐标表示影响质量的各个因素,按影响程度大小从左至右排列,左边纵坐标表示影响因素的频数,右边纵坐标表示累积频率,直方形高度表示因素影响的程度,由各影响因素累积百分数连成的折线称为排列图曲线或巴雷特曲线。图 11-13 是根据表 11-11 画出的排列图。

表 11-11　柱子不合格点频数频率统计表

序号	项目	容许偏差/mm	不合格点	频率/%	累积频率/%
1	轴线位移	5	35	46.05	46.05
2	柱高	±5	24	31.58	77.63
3	截面尺寸	±5	8	10.53	88.16
4	垂直度	5	4	5.26	93.42
5	表面平整度	8	2	2.63	96.05

续表

序号	项目	容许偏差/mm	不合格点	频率/%	累积频率/%
6	预埋钢板中心偏移	10	1	1.32	97.37
7	其他	—	2	2.63	100.00
	合计	—	76	100.00	—

图 11-13　排列图

在分析排列图时,一般将其中的累积频率分为三类:0～80%为 A 类,是主要影响因素;80%～90%为 B 类,是次要影响因素;90%～100%为 C 类,是一般影响因素。

2. 因果分析图

因果分析图也称作特性要因图,按其形状又可称为鱼刺图或树枝图。所谓特性,就是施工中出现的质量问题。所谓要因,也就是对质量有影响的因素或原因。

因果分析图是由原因和结果两部分组成,结果是具体的质量问题,原因即影响质量的因素,一般有人、机器设备、工艺方法、原材料和环境等五大原因,每一大原因又可分为中原因、小原因等。因果分析图满足寻找影响质量特性的大原因、中原因和小原因的需求。找出原因后便可以针对性地制定对策,加以改进。

3. 频数分布直方图

频数分布直方图是用于整理质量数据,并对质量波动分布状态及其特征值进行判断的图示方法。所谓频数,是在重复试验中,随机事件重复出现的次数,或一批数据中某个数据(或某组数据)重复出现的次数。

产品在生产过程中,质量状况总是会有波动的。为了解各因素对产品质量的影响情况,现场随机实测一批产品,得出相关数据,并将数据分组整理,统计每组出现的频数。然后在直角坐标系的横坐标轴上自小至大标出各分组点,在纵坐标轴上标出对应的频数,得到高度值为频数值的一系列直方形,即为频数分布直方图。

频数分布直方图的作用是,通过对数据的加工、整理、绘图掌握数据的分布状况,从而判断加工能力、加工质量,并估计产品的不合格率。频率分布直方图是控制图产生的直接理论基础。

4.控制图法

控制图是一种利用统计图表展示生产工序随生产过程中各个阶段质量状态波动的图形。由美国修哈德提出。质量波动分为正常波动和非正常波动。

(1)正常波动:由于材料不均匀、设备磨损、测量误差、操作微小的变化等偶然因素的影响产生的质量波动。

(2)非正常波动:由于以上因素产生较大变化所引起的质量变化。

控制图的基本思想就是把要控制的质量特性值用点子描在图上,若点子全部落在上、下控制界线内,且没有什么异常状况时,就可判断生产过程是处于控制状态。否则,就应根据异常情况查明并设法排除。通常,点子越过控制线就是报警的一种方式。

控制图分为计量值控制图和计数值控制图两类。

计量值控制图一般适用于以计量值为控制对象的场合。计量值控制图对工序中存在的系统性原因反应敏感,所以具有及时查明并消除异常的明显作用,其效果比计数值控制图显著,计量值控制图经常用来预防、分析和控制工序加工质量,特别是几种控制图的联合使用。

计数值控制图则用于以计数值为控制对象的场合。离散型的数值如一批产品的不合格品件数,虽然其取值范围是确定的,但是取值具有随机性,只有在检验之后才能确定下来。计数值控制图的作用与计量值控制图类似,其目的也是分析和控制生产工序的稳定性,预防不合格产品的发生,保证产品质量。

本章小结

房地产开发项目的工程建设阶段是房地产开发中一个重要的管理阶段,在这个阶段,开发者的意图将得以实质性地实施,设计的蓝图也随着工程的实施而逐渐变为现实。开发企业要想实现其预定的经济效益目标,必须非常重视这个阶段。需要根据经济、政治、法律、自然等外部环境,结合企业自身的实力、经验、开发经营计划选择合适的组织机构形式,并在进度控制、质量控制、投资控制方面制订合理计划,实行动态控制,发现偏差及时采取措施或适当调整计划,以便于项目实现预期的经济效益。另外,开发企业还应做好合同管理和安全管理工作,按照要求进行项目竣工验收。

习题

一、思考题

1. 房地产开发项目建设工程的组织方式有哪些?
2. 房地产开发项目工程建设阶段的管理模式有哪些?
3. 房地产开发项目工程建设管理的核心内容有哪些?
4. 什么是进度控制?影响进度的因素有哪些?

5. 投资控制的方法和步骤是怎样的？

6. 我国现行工程价款结算的主要方式有哪些？

7. 质量的内涵和质量控制的含义是什么？

二、案例分析题

某市楼盘项目计划工期为两年，施工项目经理部针对该项目编制的施工项目成本的计划总成本为 800 万元（其中第一年计划总成本为 300 万元，第二年计划总成本为 500 万元）。在该项目实施过程中，通过成本核算和有关成本与进度的记录得知，该项目开工后第一年末实际成本发生额为 200 万元。经查阅项目施工成本计划，第一年所完成施工内容的计划成本为 180 万元，试对该项目进行成本偏差与进度偏差同步分析。

第12章

房地产营销

【学习要点及目标】

◆ 了解市场营销的概念。

◆ 了解营销观念的发展过程。

◆ 掌握房地产营销的含义和特点。

◆ 了解房地产营销理论。

◆ 掌握项目市场细分的概念、特点、依据和原则。

◆ 掌握目标市场选择理论。

◆ 学会房地产多种营销策略。

◆ 掌握房地产收益获取方式。

【核心概念】

市场营销、房地产营销、房地产营销理论、项目市场细分、目标市场选择、营销策略、房地产收益获取方式等。

【引导案例】

上海第一豪宅？开盘 16 年，却还有一半没卖出去

提起豪宅，不得不提一句"汤臣一品"，只要关注过房地产的人应该都听过它的名字，它的每一次成交都会在地产界引起轰动。汤臣一品坐落在上海浦东陆家嘴滨江大道旁，其开建时浦东还是一片芦苇荡，当时的上海市中心是在浦西，"宁要浦西一张床，不要浦东一套房"是那时浦东在上海地位的写照。

2005 年 10 月 19 日，历时多年开发的汤臣一品终于开盘面世。一面世，汤臣一品就因为超高的价格夺得话题，当时开盘的价格为 11 万元/m²，而当时全国的在岗职工月平均收入才 1000 多元，从定价来看，汤臣一品从来面对的就不是普通的老百姓。汤臣一品总共有四栋楼，总建筑面积达 11.5 万多 m²，四栋楼呈品字形分布，但临江的两栋是出租的，另外两栋才是出售的，这出售的两栋楼最小的面积有 434m²，最大的面积达 1243m²，从面积上来看，汤臣一品也不是为普通老百姓准备的，它从出生就重新定义了"中国豪宅"的概念。2020 年，汤臣一品以 30 万元/m² 的成交价登顶了上海 2020 年的豪宅成交均价榜首，而汤臣一品上一次登顶豪宅成交均价榜首是在 2017 年的 11 月，成交价格在 34 万元/m²，这个价格目前也是中国豪宅成交价的"天花板"。更为惊人的是，这样成交价在亿元以上的豪宅，汤臣一品在 2020 年两个月内成交了 4 套，对普通购房者来说，这是无法想象的。据说想要在汤臣一品看房，必须先提交亿元以上的资产证明，否则连小区门都进不去。

尽管汤臣一品屡次刷新豪宅的成交单价,但自汤臣一品开盘以来,截止到2021年已经近16个年头,一直传说汤臣一品售出数量刚刚过半。

在房地产营销领域,销售价格和去化率(销售率)往往被视作一对矛盾指标,许多房地产项目会为了增加去化率而控制销售价格。而汤臣一品这样的成交量极低、成交价格极高、流动性明显很差的项目到底有什么样的魔力能吸引众富豪和明星一掷亿金购买呢?显然不同的市场定位决定了不同的营销策略,本章就将介绍房地产市场营销的不同策略问题。

12.1 房地产营销概述

12.1.1 市场营销概念

市场营销是一门独立的学科,20世纪初产生于美国,从20世纪50年代开始在经济发达国家趋于成熟。我国在20世纪80年代以后,营销的基本原理和策略才开始为企业经营者所熟悉,并在实践中得到了不同程度的应用。

市场是社会分工和商品交换的必然产物。随着商品经济和市场经济的发展,作为现代国民经济细胞的企业必将成为市场的主体,参与市场的经济活动。这样,企业的市场营销学才能发展起来,以适应市场经济的高度发展和市场竞争的需要。

营销并不等于销售和推销。美国"营销管理之父"菲利普·科特勒(Philip Kotler)曾经指出:销售并不是市场营销最重要的部分,销售是市场营销的尖端,是企业的市场人员的最基本的职能之一,但也不是最重要的职能。这是因为,营销人员如果能够真正了解购买者的需求,企业就能按照购买者的需求进行设计并生产适销对路的产品,就如同美国管理大师彼得·德鲁克(Peter Drucker)说过的:"市场营销的目的在于使推销成为不必要。"

美国市场营销协会定义委员会在1960年给市场营销下了这样一个定义:市场营销是引导商品和劳务从生产者流向消费者或用户的企业商务活动过程。这一定义将市场营销局限于流通领域的狭窄范围,而不是视为企业整个经营销售全过程。而菲利普·科特勒在1984年将其重新定义为:市场营销是指企业的这种职能——认识当前未满足的需要和欲望,估量和确定需求量大小,选择和决定企业能最好地为其服务的目标市场,并决定适当的产品、劳务和计划(或方案),以便为目标市场服务。

市场营销是企业的一项综合的经营业务活动过程,在以满足消费者需求和顾客利益为中心的思想指导下,开展市场调查和预测,进行环境分析,研究产品或者服务设计和开发,在市场细分的基础上,选择目标市场和分销渠道,制定促销策略,提供销售服务,反馈市场信息,在消费者或用户的满足中实现自己的各项目标。

12.1.2 营销观念的发展过程

1. 生产观念

生产观念是指导销售者行为的最古老的观念之一。生产观念认为,消费者喜欢那些可以随处买得到而且价格低廉的产品,是典型的"以产定销"观念。因此,企业应该注重提高生产效率、扩大生产、降低成本以扩展市场。显然生产观念是一种重生产、轻市场营销的商业哲学。

上述生产观念盛行于19世纪末至20世纪初,是在卖方市场的背景下产生的。西方资本主义国家在工业化初期,由于物资短缺,需求旺盛,产品供不应求,市场需求基本上是被动的,企业最关注的问题是提高生产率和生产能力,消费者没有选择的余地。因此企业的主要任务是努力提高效率、扩大生产、降低成本。企业的一切生产经营活动以产品生产为中心,围绕这种观念来安排一切业务。

2. 产品观念

产品观念认为消费者喜欢那些质量高、性能好而价格比较便宜的产品。企业应致力于提高产品质量,只要物美,客户必然会找上门来,无须推销。这种观点是在生产观念之后产生的,由于生产观念的作用,市场供应量增加,使供求关系得到缓解,消费者开始注意产品的质量、品种等,这时生产者只有提高产品的质量,增加品种,才能够将产品销售出去获得利润。但是这种观念会使得企业盲目自信,没有意识到产品可能不能迎合时尚,甚至与市场发展方向不同。

3. 推销观念

推销观念认为,消费者一般不会主动选择和购买商品,只能通过推销产生的刺激,诱导消费者产生购买行为。企业重视和加强推销和销售工作,消费者可能会买更多的产品。

20世纪30年代以后,随着工业化和生产机械化的发展,生产部门的劳动生产率和产量迅速提高,产品逐渐由供不应求变为供大于求,市场竞争日趋激烈,从而迫使企业的工作重点转为以销售为中心,企业注重用各种手段和方法吸引顾客,将产品尽多尽快地推销给消费者。企业之间主要表现在促销竞争,不管产品是否为消费者所需要,而是运用各种手段达到最大销售量。这样,推销部门的任务就是采用各种可能的方法,去说服和诱导消费者购买商品。至于商品是否符合顾客的需要,是否能让顾客满意,顾客是否会重复购买等问题,都无关紧要。

推销观念与生产观念、产品观念一样,本质上都是以企业为中心,以企业利益为根本,没有摆脱"以产定销"这一根本的经营观念。

4. 市场营销观念

市场营销观念认为,达到企业目标的关键在于正确确定目标市场的需要和欲望,以消费者为中心,比竞争者更有效地提供目标市场所需要的商品或者服务。"生产消费者的需求"就是市场营销观念的典型表现。

市场营销观念逐渐形成于20世纪50年代。随着第三次科学技术革命的兴起,产品技术不断创新,新产品竞相上市,产品供应量迅速增加,许多产品供过于求,市场竞争进一步激化。另外,消费者有了更多的可支配收入和闲暇时间,消费需求趋向更加多样化。这种情形要求企业改变以自己为中心的思维方式,转而认真研究消费者需求,正确选择为之服务的目标市场,并提供相应的营销策略以满足消费者的需要。许多企业家认识到,在进行生产之前,必须首先分析和研究消费者的需要,在满足消费者需要的基础上,企业才能生存和发展。按照市场营销观念,市场不是处于生产过程的终点,而是起点,不是供给决定需求,而是需求引起供给,哪里有需求,哪里才有生产和供给。因此,市场营销观念是"以需定产,以需定销"的观念,即要求企业贯彻"顾客至上"理念。

5. 生态营销观念

进入 20 世纪 70 年代以后,市场营销观念已在西方发达国家被普遍接受,但是有的企业片面强调满足消费者的需求和欲望,往往去追求企业并不擅长生产的产品,结果不但不能较好地满足消费者需求,同样也不能使企业获得预期的利润。因此,美国的一些市场营销学者在发展市场营销观念的基础上,提出了生态营销观念。生态学讲的是任何生物都必须保持与其生存环境协调平衡的关系才能得到生存和发展。将生态学理论应用到营销领域,就是主张任何一个企业都如同生物有机体一样,要与它们的生存环境相协调。

生态营销观念是指在消费者需求无限,市场产品丰富造成企业间竞争非常激烈的情况下,强调消费者需求和企业资源、优势相一致的一种营销思想。

因此,在科技发展,分工更细,专业化更强,企业与外部的相互依存关系日益密切的背景下,企业在决定其产品的数量和质量、使用的原材料、采用的技术装备、确定的价格水平等一系列问题时,不仅应先考虑市场需求,还应同时考虑企业自身的人、财、物等相关能力的优势和不足,即企业要以有限的资源去满足消费者无限的需求,必须扬长避短;企业在利益相关者交织成的网状系统中,不仅仅是为顾客创造价值,还必须满足多方的需求,实现各方的利益,才能维持组织的良性运转,避免仅以顾客需求为导向,使企业的运作陷入困境。

6. 社会营销观念

社会营销观念认为,企业的任务是确定目标市场的需要、欲望,比竞争者更有效地提供满足顾客的商品,同时维护与增进消费者的社会福利。20 世纪 70 年代起,随着全球环境破坏、资源短缺、人口爆炸、通货膨胀和忽视社会服务等问题日益严重,要求企业顾及消费者整体利益与长远利益即社会利益的呼声越来越高。1971 年,菲利普·科特勒最早提出了"社会市场营销"的概念,他要求企业生产经营不仅要考虑消费者需求,而且要考虑消费者和整个社会的长远利益。此后,这一概念得到了世界各国和有关组织的广泛重视,也得到了国内房地产开发企业中的一些有识之士的高度认同。社会营销观念的基本论点是:企业在生产和提供任何产品或服务时,不仅要满足消费者的需要和欲望,符合本企业的擅长,还要符合消费者和社会发展的长远利益,实现企业、消费者和社会利益三者的协调。社会营销观念是对市场营销观念的补充与完善。

社会营销观念是对市场营销观念的补充与修正,它要求市场营销者在制定市场营销政策时要统筹兼顾三方面的利益,即企业利益、消费者需求的满足和社会利益。

7. 大市场营销观念

大市场营销观念认为,为了成功地进入特定市场,并在那里从事业务经营,在策略上协调地使用经济的、心理的、政治的和公共关系的手段,以博得外国或地方各有关方面如经销商、消费者、供应商、市场营销研究机构、有关政府人员等合作与支持的一种战略思想和营销策略。这里的特定市场主要指贸易壁垒很高的封闭型或保护型的市场。

20 世纪 80 年代以来,随着全球经济的一体化,合作与共赢使世界各国在贸易合作中往来频繁。与此同时,国际贸易保护主义也愈演愈烈。国与国之间把关设卡,即使是一流的公司也常常为自己的产品进入某一国家或地区市场费尽心机。让产品或服务走向世界成为具有雄厚实力和发展前景的企业的最大心愿。针对这种现象,1984 年菲利普·科特勒提出了大市场营销理论。

与原有的市场营销理论相比,大市场营销理论认为,企业不仅要服从和适应外界环境,还应该影响和改变外部的经营环境,不仅要发现和满足目标顾客的需求,更应该在此基础上,打开和进入某一新的市场,或者创造或改变目标顾客的需求。这一理论首次将政治权力、公共关系等内容作为营销理论的一部分。它的出现,标志着市场营销理论从战术营销转向战略营销,被称为市场营销的第二次革命。

此外,营销理念还有品牌营销、关系营销、竞争营销、合作营销、诚信营销、文化营销、特色营销、环保营销、网络营销、知识营销等。这些理念都在不同程度上标志着营销理念越来越趋向于理性化和科学化的发展方向。市场营销观念的演变过程反映出随着社会的进步,企业要想立足,必须保证营销在不断地满足人们的需要的同时,也要通过先进的产品或者理念影响消费者,并且更多地考虑企业效益和社会效益的最佳结合,这本身也在为房地产市场营销开拓新的思路。

12.1.3　房地产营销的含义及特点

1. 房地产营销的含义

房地产营销是从消费者或用户对房地产商品需求的角度,研究房地产商品从生产到消费的整个过程中,企业如何组织整体营销活动,在掌握房地产营销规律的基础上确定房地产市场营销观念、制定房地产市场营销战略,提供销售服务,满足消费者或用户需求以实现企业自身的目标。

2. 房地产营销特点

1) 建立在市场营销理论的基础上

房地产市场营销是市场营销的分支,因此市场营销的一般原理及其策略能在房地产领域得到很好的运用,市场营销理念的发展过程也直接影响着房地产市场营销理念的变化。

2) 营销周期长

房地产商品的特性决定了房地产营销的周期长。与普通的商品相比,房地产投资者在产品进入市场前要做大量的市场调查和研究,在确定了目标市场后,进入较长的建设周期,短则几个月,长则几年。开盘后,因购买房产的资金投入较大,消费者在购买时也十分挑剔,不会轻易决定购买。甚至在房产市场有波动时,多数消费者会选择持币观望。这就决定了房地产营销活动要比一般商品的营销持续更长的时间。

3) 营销风险高

房地产生产投入的资金高,高额的资金投入不仅在短时间内不会有回报,相反还要受到国家政策、金融动态、物价水平等相关因素的影响,并且房地产的特殊性决定了房地产产品一经投入就不能改变,如果产品不符合市场需求,产品销毁重新生产的可能性几乎为零。这一切都决定了房地产产品的定位和目标市场的选择以及相关的营销策略的使用都具有很高的风险性。

4) 营销策略的特殊性

没有一模一样的房地产产品,也没有完全一样的房地产营销策略,也许仅仅是一路之隔的房地产产品在营销策略上可能有天壤之别。房地产营销没有可以效仿的营销个案,真正的房地产营销应该是准确把握所占地块的天文、地理、人文信息,来选择属于自己的市场定位和营销策略模式。这就需要营销始终要有新视角、新思路,这也是房地产营销的机遇与挑战所在。

5) 房地产营销受周围社区环境及相邻房地产商品的影响

房地产营销不同于一般商品的营销,楼盘的市场竞争往往是同区域不同价位楼盘的竞争或者相同价位不同楼盘间的竞争。而房地产商品价格不仅与其本身的用途等有直接关系,还取决于周围其他房地产的状况以及相关交通、社区环境、人文环境等的影响。

6) 房地产营销贯穿于楼盘开发全过程

真正意义上的房地产营销应贯穿于楼盘开发的始终。现实生活中,大多数房地产开发的前期与市场营销是无缘的,大部分房地产公司是选好址、定好开发的地块,取得预售许可证之后,才开始组建营销部门。但其实早在选址、设计之初营销就应该开始发生作用,在地块的选择之前应该通过营销调研来决定是否具有投资价值,而不是凭直观的市场感觉进行投资选择,以此来避免投资的盲目性。

7) 房地产营销和法律制度密切联系

房地产商品不像其他一般商品是靠实体物质在当事人之间流通完成的。在房地产经营中,不论是土地的获取,还是房地产商品的买卖、租赁、抵押等,都需要靠法律法规和合同来完成。

8) 完备的房地产营销过程是一项综合性的营销活动

房地产开发活动具有其特殊性,以项目为单位的市场开发要从全面开发市场调研、分析市场机会开始,对项目进行准确的定位以加强产品策划的执行力度,并充分强调营销策划的重要性。要求企业既要进行外部市场营销,又要进行内部市场营销。在外部营销上应把产品策略、定价策略、销售策略、促销策略等要素在时间与空间上协调一致,实现最佳的营销组合。内部营销要求企业内部所有部门均应在服务企业利益的大前提下,强化全局营销意识,提高营销人员的素质,以实现整体营销。

12.1.4　房地产营销理论

1. 房地产营销基本理论

1) 房地产营销中的 4P 理论

房地产市场营销中的 4P 理论又可以称为市场营销组合,指在特定时期内特定市场销售特定产品的市场营销决策的优化组合,是由密歇根大学教授杰罗姆·麦卡锡(Jerome McCarthy)于 1960 年提出的,"它的伟大在于它把营销简化并便于记忆和传播"。4P 理论是市场营销过程中可以控制的因素,也是企业进行市场营销活动的主要手段,对它们的具体运用,形成了最基本的企业的市场营销战略。

4P 是站在企业的角度来看营销,既使市场营销理论有了体系感,又使复杂的现象和理论简单化。4P重视产品导向而非消费者导向,它宣传的是"消费者请注意"。4P理论的主要内容有四个。

(1) 产品(product)。产品是对目标市场提供的商品和服务,要注意到产品的实体、服务、品牌和包装,具体来说产品是指企业提供给目标市场的货物和服务的集合,其中包括产品的效用、质量、外观、式样、品牌、包装和规格,此外还包括服务和保证等因素。产品包含核心产品、实体产品和延伸产品。广义的产品可以是有形的实体,也可以是无形的服务、技术、知识或智慧等。

(2) 价格(price)。价格主要包括基本价格、折扣价格、付款时间、借贷条件等。它是指企业出售产品所追求的经济回报,是消费者为获得产品所支付的货币的数量。价格是房地产营销中最敏感的因素,价格高低不但直接影响消费者的接受程度,还会影响到开发商的利润。价格的制定方法很多,如竞争比较法、成本加成法、目标利润法、市场空隙法等,这些方法的目标是使产品成为可交换的商品。企业以盈利为目标,所以定价要兼顾销售效率和企业效益的双重考虑,打价格战是一种定价和竞争策略,但价格低并不总是奏效,信息不对称使价格中蕴含了太多的附加臆测信息,如品质、期限、真伪、质量、效用等,价格不仅与产品本身相关联,也与品牌的附加内涵和价值相关联,与市场的供求关系相关联,与所选择的购物场所的信誉相联系。

(3) 地点(place)。地点通常包括分销渠道、储存设施、运输设施、存货控制,它代表企业为使其产品进入和达到目标市场所组织、实施的各种活动,包括途径、环节、场所、仓储和运输等。对于房地产开发商来说,楼盘选址在确定项目的初期就已经决定,后期售楼部的选址也是很重要的。大部分楼盘将售楼部选定在本楼盘的一楼,以方便客户随时看楼盘和户型等。策划公司和推广公司选择合理的位置,对于与客户洽谈和协商有很大的帮助。

(4) 促销(promotion)。促销是指企业利用各种信息载体与目标市场进行沟通的传播活动,包括广告推广、人员推销、营业推广与公共关系等。促销是销售的一种方式和手段,在各个商业领域均会使用。在房地产行业中,促销主要的手段有直接降价、免费送礼、内部员工价、团购、无理由退房、减首付、保价计划、先租后卖等。

4P策略是最为基础的一种策略方式,其特点十分明显。首先,这4种因素是企业可以调节、控制和运用的,如企业根据目标市场情况,能够自主决定生产什么产品,制定什么价格,选择什么销售渠道,采用什么促销方式。其次,这些因素都不是固定不变的,而是不断变化的。企业在内部情况、外部环境变化的影响下,必须能及时地做出相应的反应。最后这4种因素是一个整体,它们不是简单的相加或拼凑集合,而是应在统一的目标指导下,彼此配合、相互补充,能够求得大于局部功能之和的整体效应。

继4P理论提出之后,由于服务业在20世纪70年代迅速发展,有学者又增加了第五个P,即"人"(people);又因为包装在包装消费品营销中的重要意义,而使"包装"(packaging)成为又一个P;20世纪70年代,科特勒在强调"大营销"的时候,又提出了两个P,即公共关系(publications)和政治(politics)。当营销战略计划变得重要的时候,科特勒又增加了战略计划中的4P过程,即研究(probing)、划分(partitioning)即细分(segmentation)、优先(prioritizing)、定位(positioning),营销组合演变成了12P。但4P作为营销基础工具,依然发挥着非常重要的作用。

2）房地产营销中的 4V 理论

20 世纪 80 年代之后，随着高科技产业的迅速崛起，高科技企业、高技术产品与服务不断出现，营销观念、方式也不断丰富与发展，并形成独具风格的新型理念，在此基础上，国内的学者（吴金明等）综合性地提出了 4V 的营销哲学观。4V 是指差异化（variation）、功能弹性化（versatility）、附加价值（value）、共鸣（vibration）的营销组合理论。

（1）差异化营销一般分为产品差异化、市场差异化和形象差异化三个方面。产品差异化是指某一企业生产的产品在质量、性能上明显领先于同类产品的生产商，从而形成独立的市场；形象差异化指企业实施品牌战略和顾客导向战略而产生的差异。

（2）功能弹性化是指根据消费者消费要求的不同，提供不同质量、功能的产品，增加一些功能就变成奢侈品（或高档品），减掉一些功能就变成中、低档消费品。消费者可根据自己的习惯与承受能力选择具有相应功能的产品。20 世纪八九十年代，日本许多企业盲目追求多功能或全功能，造成的功能虚靡使功能缺乏弹性，而导致营销失败。

（3）附加价值由技术附加、营销或服务附加和企业文化与品牌附加三部分所构成。目前，在世界顶尖企业之间的产品竞争已不仅仅局限于核心产品与形式产品，竞争优势已明显地保持在产品的第三个层次——附加产品，即更强调产品的高附加价值。因而，当代营销新理念的重心在"附加价值化"。

（4）共鸣是企业持续占领市场并保持竞争力的价值创新给消费者或顾客所带来的"价值最大化"，以及由此所带来的企业的"利润极大化"，其强调的是将企业的创新能力与消费者所珍视的价值联系起来，通过为消费者提供价值创新使其获得最大程度的满足。

总而言之，4V 营销理论首先强调企业要实施差异化营销，一方面将自己与竞争对手区别开来，树立自己的独特形象；另一方面也便于消费者相互区别，满足消费者个性化的需求。再者，4V 理论要求产品或服务有更大的柔性，能够针对消费者的具体需求进行组合。最后，4V 理论更加重视产品或服务中的无形要素。

3）房地产营销中的 4C 理论

美国著名的营销理论专家罗伯特·劳特朋（Robert Lauterborn）于 1990 年在《4P 退休 4C 登场》中提出营销 4C 观点。4C 理论强调的是以消费者为中心，从消费者角度出发，以消费者需求去确定商品的情况，其中的消费者、方便、成本、沟通直接影响了企业在终端的出货与未来，因而又称整合营销理论。它比 4P 理论更贴近消费者，更容易被接受。4C 理论主要从着重于卖方市场转向了买方市场。从本质上讲，4P 思考的出发点是企业中心，是企业经营者要生产什么产品，期望获得怎样的利润而制定相应的价格，要将产品以怎样的卖点传播和促销，并以怎样的路径来选择销售。其中忽略了顾客作为购买者的利益特征，忽略了顾客是整个营销服务的真正对象。以客户为中心的新型营销思路的出现，使顾客为导向的 4C 理论应运而生。4C 理论的主要内容有 4 个。

（1）消费者（consumer）。消费者主要是指顾客的需求，企业不仅提供产品和服务，还要注重由此产生的客户价值（customer value）。消费者指消费者的需要和欲望。企业要把重视顾客放在第一位，强调创造顾客比开发产品更重要，满足消费者的需求和欲望比开发产品功能更重要，不能仅仅卖企业想制造的产品，而是要提供顾客确实想买的产品。

顾客需求有显性需要和潜在需要之分。显性需要的满足是迎合市场，潜在需要的满足是引导市场。营销人员的首要功课是要研究客户需求，发现其真实需求，再来制定相应的需求战略,以影响企业的生产过程。由于市场竞争的加剧,客户对于同质化产品表现出消费疲惫,而适度创新则是引导和满足客户需求的竞争利器。

顾客需求层次也是进行市场细分的依据之一。满足何种需求层次,直接决定了目标市场的定位抉择。根据马斯洛的需求层次理论,顾客需求从基本的产品需求向更高的心理需求满足的层次发展,因此,企业不仅要做产品,更要做品牌,通过创建品牌核心价值,营造新型生活方式,实现顾客在社会认同、生活品位等层次需求的满足。

(2)购买的便利性(convenience)。企业力争为顾客提供最大的购买便利和使用便利。比起传统的营销渠道,新的观念更重视服务环节,在销售过程中强调为顾客提供便利,让顾客既购买到商品,也购买到便利。企业要深入了解不同的消费者有哪些不同的购买方式和偏好,把便利原则贯穿于营销活动的全过程,售前做好服务,及时向消费者提供关于产品的性能、质量、价格、使用方法和效果的准确信息。售后应重视信息反馈和追踪调查,及时处理和答复顾客意见,对有问题的商品主动退换,对使用故障积极提供维修方便,对大件商品甚至提供终身保修的服务。

(3)购买成本(cost)。顾客成本是顾客购买和使用产品所发生的所有费用的总和,不仅是生产成本和价格,还包括顾客总的购买成本,包含时间、精力等。成本指消费者获得满足的成本,或是消费者满足自己的需要和预想所愿意付出的成本价格。其中包括:企业的生产成本,即生产适合消费者需要的产品成本;消费者购物成本,不仅指购物的货币支出,还有时间耗费、体力和精力耗费以及风险承担。因此企业要想在消费者支持的价格限度内增加利润就必须降低成本。

价格制定是单纯的产品导向,而顾客成本则除产品价格之外,还包括购买和熟练使用产品所发生的时间成本、学习成本、机会成本、使用转换成本、购买额外配件或相关产品的成本付出的总和。综合考虑这些成本,更有利于依据目标客户群的特征进行相关的产品设计和满足顾客的真实需要。

(4)沟通(communication)。沟通指企业与顾客双向沟通,可以尝试多种营销策划与营销策略组合,如果未能收到理想的效果,说明企业与产品尚未完全被消费者接受。这时,不能依靠加强单向劝导顾客,要着眼于加强双向沟通,增进相互的理解,实现真正的适销对路,培养忠诚的顾客。

顾客沟通首先明确企业传播推广策略是以顾客为导向而非企业导向或竞争导向。许多企业以竞争为导向制定促销策略,结果陷入了恶性竞争中。顾客导向才能使企业实现竞争的差异化并提升企业的核心竞争能力。顾客沟通也更强调顾客在整个过程中的参与和互动,并在参与互动的过程中,实现信息的传递以及情感的联络。一方面,沟通要选择目标客户经常接触的媒介渠道,另一方面,由于消费者每天所接触的信息来源非常广泛,因而单向的信息传递会由于消费者的信息接收过滤而造成传播效率低下。而沟通所强调的客户参与,则使顾客在互动的过程中对于信息充分接收并产生记忆。当前的体验营销就是客户在体验的过程中,了解产品与自身需求的契合,发现产品的价值所在,并在无形中领悟品牌文化,在潜移默化中达到心理的感动。而在体验的过程中,顾客的心声被企业接纳,又成为下一次创新的方向。

4C的核心是顾客战略。而顾客战略也是许多成功企业的基本战略原则,4C的基本原则是以顾客为中心进行企业营销活动规划设计,从产品到如何实现顾客需求(consumer's needs)的满足,从价格到综合权衡顾客购买所愿意支付的成本(cost),从促销的单向信息传递到实现与顾客的双向交流与沟通(communication),从通路的产品流动到实现顾客购买的便利性。

4) 房地产营销中的4R策略

4R是站在消费者的角度看营销,同时注意与竞争对手争夺客户。以消费者为导向,"便利"与"节省","沟通"与"关联"紧密相关。4R较4C更明确地立足于消费者,它宣传的是"请注意消费者和竞争对手"。4R策略的主要内容有4个。

(1) 与顾客建立关联(relevance)。与顾客建立关联是指在竞争性市场中,企业通过某些有效的方式在业务、需求等方面与顾客建立关联,形成一种互助、互求、互需的关系,把顾客与企业联系在一起。顾客是具有动态性的,顾客忠诚度也是变化的,要提高顾客的忠诚度,赢得长期而稳定的市场,避免其忠诚度转移到其他的企业,必须要与他们建立起牢固的关联,这样才可以大大降低顾客流失的可能性。

(2) 反应(reaction)。反应是指企业市场反应,在相互影响的市场中,对经营者来说最现实的问题不在于如何控制、制订和实施计划,而在于如何站在顾客的角度及时地倾听顾客的希望、渴望和需求,并及时答复和迅速做出反应,满足顾客的需求。因此,企业应该建立快速反应机制,了解顾客与竞争对手的一举一动,从而迅速做出反应。

(3) 关系(relation)。关系指要求不断改进企业与消费者的关系,实现顾客固定化。同时企业要注意的是尽量对每一种顾客的不同关系加以辨别,其中包括从一次性顾客到终生顾客的每一种顾客类型,分清不同的关系才不至于分散营销力量。与顾客建立起良好的关系,获得顾客的满意和忠诚感,才能保持顾客量,进一步把满意的顾客变成亲密的顾客。

(4) 回报(return)。回报是指市场营销为企业带来短期或长期的收入和利润的能力。一方面,追求回报是市场营销发展的动力;另一方面,回报是维持市场关系的必要条件。企业要满足客户需求,为客户提供价值,同时也要获取利润,因此,市场营销目标必须注重产出,注重企业在营销活动中的回报,一切市场营销活动都必须以为顾客及股东创造价值为目的。

5) 房地产营销的5S理论

5S也是以消费者为中心的,不过其更适用于指导服务人员在工作时应持有的态度。

(1) 微笑(smile)是指适当或适度的微笑。微笑包括健康、体贴和心灵上的宽容。营销人员要对消费者有体贴的心,才有可能具有发自内心的真正的微笑。

(2) 速度(speed)是指营销人员动作迅速,在此有两层含义:①物理上的速度,工作时要做的每件事都应尽量地快些,不要让顾客久等;②"演出"上的速度,导购员诚意十足的动作会让顾客产生满足感,使他们相应地不觉得等待的时间过长。不让顾客等待是服务好坏的重要衡量标准。`

(3) 真诚(sincerity)是指以虔诚、不虚伪的态度努力地认真工作,这是导购员的基本原则。导购员如果心中怀有尽心尽力地为顾客服务的诚意,顾客一定能体会得到,也可以减少许多误会和不愉快。

(4) 机敏(smart)指"精明、整洁、利落",以干净利落的方式来接待顾客,即所谓灵巧的服务。服务具有敏捷的方式和充分的准备,可以给消费者以专业、敬业之感。

(5) 研学(study)是指平时努力认真地研究消费者的购物心理、销售服务技巧,以及学习商品专业知识和市场趋势,这不仅能有效地提高接待顾客的能力,而且能卓有成效地提高销售业绩。

5S营销理论是在先前营销理论的基础上发展出来的,营销人员坚持5S销售原则,可以实现5S的三赢目标(消费者、营销人员、企业),即不但可以使顾客感到满意,而且营销人员的技能也有所增长,同时企业也获取了相应的利润。

2. 不同营销策略的比较

在市场营销过程中,4P、4V、4C、4R、5S策略有着各自的优势和劣势。

对于4P策略来说,其直观性、可操作性和易控制性是最大的优点。4P包含了企业营销所运用的每一个方面,它可以清楚直观地解析企业的整个营销过程,而且紧密联系产品,从产品的生产加工到交换消费,能完整地体现商品交易的整个环节,对于企业而言,容易掌握与监控,哪个环节出现了问题,都容易及时地诊断与纠正。4P的缺陷也是比较明显的,它是以企业为中心的,以追求利润最大化为原则,这势必会产生企业与顾客之间的矛盾,4P未从顾客的需求出发,其成本加利润法则往往不被消费者接受,企业也不考虑消费者的利益,只是采用各种手段让消费者了解其产品,从而有机会购买其产品,并未注意引导消费者的思想。

4V营销策略弥补了之前营销策略中的差异化问题,使得企业在市场中独树一帜。企业在研发出核心产品基础上,也要将企业文化和品牌文化融入产品中,满足消费者的物质需求和情感需求,同时消费者达到"价值最大化",企业达到"利润最大化",从而有利于企业的长期发展,上述目标均需在正确的市场细分和项目定位基础上才可实现。

4C营销策略注重以消费者需求为导向,克服了4P策略只从企业考虑的局限。但是,从企业的营销实践和市场发展的趋势来看,4C策略也有一些不足。首先,它立足的是顾客导向而不是竞争导向,而在市场竞争中,要取得成功既要考虑到客户,也要考虑到竞争对手。其次,4C策略在强调以顾客需求为导向时却没有结合企业的实际情况。最后,4C策略仍然没有体现既赢得客户,又长期地拥有客户关系的营销思想,被动适应顾客需求的色彩较浓,没有解决满足顾客需求的操作性问题。

4R营销策略的最大特点是以竞争为导向,弥补了4C策略的不足,主动地创造需求,运用优化和系统的思想去整合营销,通过关联、关系、反应等形式与客户形成独特的关系,把企业与客户联系在一起,形成竞争优势。其追求回报,企业必然实施低成本战略,充分考虑顾客愿意付出的成本,实现成本的最小化,并在此基础上获得更多的市场份额,形成规模效益。这样,企业为顾客提供价值和追求回报相辅相成,相互促进,客观上达到的是一种双赢的效果。当然4R策略也有缺陷,它要求同顾客建立关联,需要实力基础或某些特殊条件,并不是所有企业都可以轻易做到的。

5S营销策略与上述营销策略的共同之处为以消费者为导向,但是这个营销理论更加偏向于营销人员在销售时应该遵循的原则,包含营销人员的准备工作、销售时的态度和行为等。5S理论的缺陷在于营销人员在销售时具有主观性,这就需要企业对工作人员持续不断地进行专业知识和素养培训。

5 种基本策略的比较如表 12-1 所示。

表 12-1　5 种基本营销策略比较

项　　目	4P 组合	4V 组合	4C 组合	4R 组合	5S 组合
营销理念	生产者导向	消费者导向	消费者导向	竞争者导向	消费者导向
营销模式	推动型	拉动型	拉动型	供应链	推动型
满足需求	相同或相近需求	个性化需求	个性化需求	感觉需求	物质需求和精神需求
营销方式	规模营销	差异化营销	差异化营销	整合营销	差异化营销
营销目标	满足现实的、具有相同或相近的顾客需求，并获得目标利润的最大化	满足消费者个性化的需求，实现利润最大化	满足现实和潜在的个性化需求、培养顾客忠诚度	适应需求变化并创造需求，追求各方互惠关系的最大化	提高顾客满意度，实现老顾客的回头率最大化
营销工具	4P	4V	4C	4R	5S
顾客沟通	"一对多"单向沟通	"一对一"单向沟通	"一对一"单向沟通	"一对一"双向或单向沟通	"一对一"双向或单向沟通
投资成本和时间	短期低，长期高	短期较高，长期较低	短期较低，长期较高	短期高，长期低	短期较高，长期较低

12.2 房地产项目市场细分及目标市场的选择

12-1

12.2.1 房地产项目市场细分

房地产项目市场细分，是在目标市场营销观念的指导下，通过房地产市场调查，依据房地产市场消费者的需要和愿望、购买行为及购买习惯等方面明显的差异，将房地产市场划分为具有相似需求和欲望的消费者群体的市场分类过程，其中每一个消费者群为一个细分市场。房地产开发商对细分后的市场进行选择，选择自己具有开发优势和吸引力、最受消费者欢迎的房地产产品的子市场，在子市场上确立自己的经营优势和地位。

1. 房地产项目市场细分的作用

（1）有利于企业发现新的市场机会。对房地产需求本身的"异质性"是市场细分的客观基础。异质市场是指消费者对大部分商品的需求是多样化的，即具有不同质的要求，在房地产市场上，消费者对如别墅、高层、多层、多层电梯房、朝向、面积、格局、户型、楼层、小区环境、物业管理、周围的消费环境、小区停车位、公共交通情况等的需求不同。消费结构复杂的消费群体决定了房地产商品或服务的提供者要把大市场分成小市场，要比较具体地了解每一个细分市场，但不是对每一个子市场都予以足够的重视和分析，必须对子市场进行筛选。企业只选择最适合自己的市场进行开发。这种"适合"包含企业的研发、生产、资金、人员等实力能够与开发项目相匹配。

（2）有利于集中有效资源，提高房地产企业的竞争力。企业的人力、物力、财力的有限性使得房地产企业面对需求种类繁多的房地产市场,不可能全部掌控。在对房地产市场进行细分之后,企业选择适合自己的一项或几项子市场后,更能有针对性地组织开发和经营,集中有效资源为目标市场服务。

(3) 有利于制定有效的房地产市场项目的营销策略。营销策略针对消费者的需求,将消费者的需求细化,了解房地产消费者群体的特殊需求偏好,了解他们所需要的、关心的、担忧的因素,从而有针对性地进行营销策略的制定和调整,使产品能够适应消费市场,既可节省营销费用,又可扩大销售,提高市场占有率和知名度,实现企业营销目标。

(4) 有利于中小型房地产企业开发新市场。中小型房地产企业的人力、物力、财力等资源有限,在房地产市场上,不像大型房地产企业具有强有力的竞争优势。若这些企业可以发现部分消费者未被满足的需求和欲望,将其细分为一个与该企业能力相当的小市场,进行产品生产,提供服务,便可以获得较好的经济效益。

2. 房地产项目市场细分原则

房地产市场细分有许多方法,但不是所有细分方法都是有效的。如果对某种产品的需求不存在异质性,则可不必细分市场。市场细分做到对房地产营销有利,应遵循以下原则。

(1) 可测量性。可测量性是指各个细分市场的现实或潜在购买力和市场规模大小是可以识别、可以衡量的。也就是说,细分市场的划分应有明确的界限,而且市场的规模大小和购买力是可以判断的。

(2) 可进入性。可进入性是指房地产企业可能进入所选定细分市场的程度。主要从三个方面判断细分市场对于企业是否具有可进入性:①企业是否具有进入细分市场的条件;②企业是否能将产品推广到细分市场的消费者面前;③产品是否能够进入市场。

(3) 可盈利性。可盈利性是指房地产经营企业所选定的细分市场的规模能够使企业有利可图。如果细分市场没有发展前景又无利可图,那么市场细分是没有实际意义的。

(4) 可行性。可行性是指房地产企业选择的细分市场能否制定和实施相应有效的市场营销计划,包括产品、价格、渠道以及促销等。

3. 房地产项目市场细分依据

不同的商品具有不同的属性,顾客关注的内容自然有很大差距,房地产项目市场细分的依据应按房地产商品的类别分类研究。

(1) 住宅市场细分依据。住宅市场细分标准分为四类,即地理因素、人口因素、心理因素和行为因素。

① 地理因素包括城市状况、区位和环境。城市状况即消费者所在城市的状况属于大城市还是小城市,沿海城市还是内地城市,城市状况对消费需求影响很大。大城市、沿海城市经济发达,土地资源紧缺,人口密度大,住房紧张,对住宅需求量大且较为紧迫。相比之下,中小城市、内地城市经济发展缓慢,人口密度也低,对住宅的需求相对减弱。此外,对外开放程度、城市的繁荣程度、交通便利程度、文化娱乐设施等都会影响住房需求层次的变化。

消费者对区位和环境的需求直接影响到住宅的需求。住宅区位于城市中的繁华程度不同(如繁华区、偏僻区、边远区),功能分布不同(商业区、工业区、文化区、教育区、行政区、旅游区),自然景观和人文环境等因素的不同,都会造成住宅区规模、交通、地价、设施的不同,消费者需求也会出现明显的差异。

②　人口因素主要考虑社会阶层、人口年龄、家庭结构、家庭人口数量、家庭生命周期、收入、职业、文化程度、宗教、民族、国籍。下面以其中几项为例进行说明。

社会阶层。社会阶层是指在某一社会中具有相对同质性和持久性的群体,按家庭收入、受教育程度、工作性质、社会地位进行的分类,处于同一阶层的成员具有相似的价值观、兴趣爱好,不同阶层的成员则存在较大差异。

人口年龄。不同年龄的消费者对房地产的需求不同,如老年消费者在购房时更倾向于购买楼层低、朝向好、环境安静、小区健身设施完备、毗邻医疗卫生机构的住宅。

家庭结构。家庭结构是指家庭人口的构成状况,如单亲家庭、一家三代、几代同堂等。在不同类型家庭中,由于家庭辈数、人口数量不同,对住宅的面积、公共活动空间面积、户型都会要求不同,家庭规模的小型化趋势将导致家庭户数增加,但是对住宅单元面积和房间数的要求降低。

③　心理因素包括生活方式、购买动机、兴趣偏好等。生活方式是指人们对工作和娱乐的特定的习惯和倾向性的方式,这对房地产商品及其服务的需求也有影响,主要分社交型、回归自然型、舒适型、炫耀型、运动型、方便经济型等。生活水平的提高,休闲时间的增多,对住房的要求也在发生变化。

购买动机。购买动机有居住、改善、就业、求学、置业、投资保值等。不同的购买动机会使消费者对商品房有不同的关注,满足自己居住需要的消费者看重的是房屋质量、格局、朝向、小区环境等与健康生活息息相关的因素,而投资者则更多地关注房屋的地段和升值空间。

兴趣偏好。每户家庭在住宅需求上都有其特性,表现在对于住宅的房型、装修、色彩、室内平面布局、邻里、环境等方面的要求不同。因此,开发商应对住宅具有的共同个性、兴趣、主张、价值取向等心理偏好的需求进行归类,细分市场。

④　行为细分是指按照购买者对产品的购买时机、寻求利益、了解程度、态度、使用状况、频率、忠诚度、购买的不同阶段等行为变量,把购买者分割成不同群体。

购买时机。购买时机能够帮助企业促进产品的销售,抓住消费者对住宅的使用时机,及时提供与需求相一致的各类住宅商品及管理服务,是企业开拓和占领新的住宅市场的有效策略,例如在一所新建的重点中学旁边开辟小户型与中档户型的楼盘,既可以满足家长陪读、投资置业,也是教职员工居住和置业的理想选择。

使用者利益。根据顾客从产品中追求的不同利益分类,是一种很有效的细分方法。产品提供的利益往往并不是单一的,如同样是购买房屋,购房者中有的追求经济实惠,有的追求地段好增值快,有的追求交通便利、周围设施齐全,还有的追求华丽与显赫。

购买的不同阶段。消费者对房地产产品的了解程度往往因人而异。有的消费者有潜在需求但尚未与产品对接;有的消费者选到了自己要用的产品,但是对楼盘的开发、产品的质量、配套设施、物业管理等还存在疑虑;还有一些人正准备购买,但是对选择哪一楼盘还在犹豫之中。所以,需要营销人员对处于不同购买阶段的消费者群体进行市场细分。

(2)生产营业用房地产市场的细分标准。生产营业用房地产市场是整个房地产市场的重要组成部分。与住宅市场的标准不同的是,生产营业用房的购买者购买的目的不是用于消费,而是把生产营业用房作为生产过程的要素。作为营业和生产场所,购买的最终目的是要获得利润。使用性质是生产营业用房地产市场细分的主要因素。按使用性质的不同,可分为商场(商场、超市、专卖店、购物中心)、酒店业(饭店、餐厅、酒店、快餐店)、金融业(银行、证券公司、保险公司)、厂房、仓库、娱乐业、休闲业、文教业(学校、训练场、指导中心、博物馆、艺术中心、图书馆等)、写字楼。使用性质的不同对房屋使用功能、建筑质量、建筑结构设计以及层高等都有不同的要求。

4. 房地产项目市场细分步骤

(1) 调查阶段。市场营销人员要进行探讨性面访,主要是集中力量掌握消费者的消费动机、态度和行为。根据调查结果,市场营销人员应该着重收集产品的属性、品牌知名度及其受欢迎程度、产品使用方式、调查对象对产品类别的态度以及调查对象的人口统计、心理统计和媒体接触统计等资料。

(2) 分析阶段。在分析阶段中,通过对收集资料的分析找出差异性最大的细分市场。

(3) 归纳总结阶段。市场营销人员根据消费者的不同态度、行为、人口变量、心理变量和消费习惯,可以归纳总结出各个细分市场的特征,并且可以用每个细分市场最显著的差异特征为每个细分市场命名。

细分市场总是处于不断的变化中,所以要周期性地运用这种市场细分程序。同时通过调查消费者在选择某一品牌时所考虑的产品属性的先后顺序,可以划分现有的消费者细分市场和识别出新的细分市场。如在购买住宅时,首先确定价格条件的购买者属于价格支配型,首先确定户型的购买者属于户型支配型;进一步还可以将消费者划分为户型—价格—品牌支配型,并以此顺序形成细分市场;按质量—服务—户型这一属性支配顺序形成另一细分市场等。每一个细分市场可以拥有其独特的人口变量、心理变量和媒体变量。这种推理过程称为市场细分理论。

12.2.2　房地产项目目标市场选择

目标市场是企业在细分出来的若干子市场中,根据自身条件和特点,决定要进入的市场,目标市场由目标顾客组成。市场细分与目标市场选择是有区别的,市场细分是前提,没有有效的市场细分就不能科学地进行目标市场选择,所以细分市场就是为了企业选出最适合自己的目标市场。

房地产目标市场就是房地产企业在细分市场的基础上,经过评价和筛选后决定要进入的目标市场,也就是房地产企业准备用其产品或服务来满足的一组特定消费者。

房地产项目目标市场选择要满足以下条件。

(1) 符合房地产企业的目标和资源能力。某些细分市场虽然有较大吸引力,但是不能推动企业实现发展的主要目标,造成企业精力的分散,这样的细分市场应该考虑放弃。有些细分市场也许具备理想的规模和发展特征,然而从赢利的角度看,它未必有吸引力,所以也不能作为企业的目标市场。

除此之外,企业的资源条件是否适合在某一细分市场经营也是重要的因素。应选择企业有条件进入、能充分发挥其资源优势的细分市场作为目标市场。任何一家企业都不可能让所有的消费者满意,企业要确定自己的目标市场,并只为自己选择的目标市场提供满意服务。

（2）有一定的市场容量和良好的发展前景。细分市场预期规模的大小是决定该细分市场是否值得进入的主要因素。一个理想的目标市场不仅要有足够的实际购买力，还要有足够的潜在购买力，也就是说，既能实现企业的销售目标，又能保证企业有良好的发展前景。

（3）具有一定的竞争优势。企业选择的目标市场应该是没有完全被竞争者控制的市场，能够寻找到市场空白点。评价企业竞争力的指标有市场占有率、市场占有率增长情况、产品质量、品牌信誉、促销能力、生产能力、生产效率、单位成本、原料供应、研发能力、管理人员的素质等。

12.3 房地产市场营销策略

市场营销策略是指企业以顾客的需求为出发点，根据先前的市场调研确定的消费者期望值、需求量以及购买能力等信息，有计划地组织各项经营活动，通过协调一致的产品策略、价格策略、渠道策略、促销策略，为消费者提供满意的商品和服务，以实现企业目标的过程。我国企业的营销理论的应用和营销活动的推行，主要围绕企业可以控制的四大基本营销因素——产品、价格、渠道、促销来进行，由此产生的营销策略包括产品组合策略、价格策略、营销渠道策略、促销策略。

12.3.1 房地产价格策略

房地产价格是房地产市场运行的核心，商品价格是价值的货币表现，另外市场供求状况和竞争状况、国家政策、宏观环境、消费者心理因素等都应在制定价格时给予考虑。科学而合理的价格策略，不仅可以加速房地产产品的销售，给企业带来可观的经济效益，而且可以满足消费者的需要，树立企业形象，为未来发展打下坚实的基础。

房地产营销中的价格策略，就是房地产开发企业为了实现一定的营销目标而给产品制定的一个基本价格或浮动范围的方法。价格策略是在一定的内外环境的背景下进行的，受开发成本、市场需求、竞争价格、产品的差异性（区位、品牌、信誉、物业、房屋所有权等）、消费者心理、房地产商的发展目标、国家的法律政策等因素的影响。在房地产市场营销活动中，由于各企业选取的目标市场和营销策略的差异化，因而可选用不同的定价策略。

1. 新产品定价策略

新产品定价得当，就可能使其顺利进入市场，打开销路，占领市场，给企业带来利润；新产品定价不当，就可能导致失败，影响企业效益。新产品定价有三种主要方式。

（1）高价投放策略（又称吸脂定价），是指在新产品寿命初期，房地产企业将价格定得较高，以便在短期内获得丰厚利润，尽快收回投资。这种定价策略如同在牛奶中抽取奶油，取其精华，所以也称为吸脂定价策略。

（2）低价投放策略（又称渗透定价策略），它与高价投放策略正相反，即在向市场推出新产品时，利用消费者求廉的消费心理，在可行范围内将价格定得相对较低，吸引大量的购买者，以利于被市场所接受，迅速打开市场，提高市场占有率。

（3）满意定价策略，这是一种介于高价投放策略和低价投放策略之间的投放策略，即在产品成本基础上加适当利润，以获取社会平均利润为目标。制定这种价格，既保证企业有稳定的收入，又对顾客有一定的吸引力，使企业和顾客双方对价格都满意。

2．折扣定价策略

折扣定价是企业通过降低价格来争取顾客，扩大销量的优惠策略。

（1）现金折扣，这是房地产企业为鼓励顾客迅速付清购房款提供的一种价格优惠。现金折扣是对在规定时间内提前付款或用现金付款的顾客所给予的一种价格折扣，其目的是鼓励顾客尽早付款，加速资金周转，降低销售费用，减少财务风险。

（2）数量折扣，是房地产企业为鼓励顾客集中购买或大量购买所采取的一种策略。它是按照购买数量，给予不同的折扣比率，其目的在于鼓励顾客经常向本企业购买产品，有利于与可信赖的老客户建立长期的购销关系；此外，这种策略可以加快企业资金周转速度，使得企业迅速收回投资，降低企业经营风险。

3．心理定价策略

心理定价策略是房地产企业为了适应和满足消费者购买商品时的心理需要所采用的定价策略。

（1）整数定价策略指房地产企业在制定产品价格时以整数结尾，不带尾数。这种定价策略是迎合人们的求质心理，如商品价格定为每平方米 8000 元，而不是每平方米 7999 元。

（2）尾数定价策略又称非整数定价策略，是指房地产企业利用消费者对数字认识的某种心理，在产品定价时不取整数而保留尾数的定价策略，尽可能在价格上不进位，如商品房价格定为每平方米 8489 元或每平方米 9698 元。

（3）声望定价策略是指在顾客心目中有了一定声誉和被信任的房地产商品制定较高的价格。声望定价策略可以满足某些消费者的特殊欲望，如地位、身份、财富、名望等，还可以通过高价显示名贵品质，使消费者心理上有极大的满足感和安全感，因此，这一策略适用于一些名优产品。

12-2

（4）招徕定价策略是利用消费者的求廉心理，房地产企业将某商品的价格定得非常低，以此来吸引消费者，以招徕、扩大生意，加速资金周转。

（5）分级定价策略是指在制定价格时，把同类产品分成几个等级，不同等级的产品价格有所不同，从而使消费者感到产品的货真价实、按质论价。此方法更容易被消费者所接受。

12.3.2　房地产产品组合策略

1．房地产产品的概念

房地产产品是一个整体概念，凡是提供给市场的能够满足消费者或用户某种需求或欲望的任何有形建筑物、土地和各种无形服务或权益均为房地产产品。根据有形的物质形态与无形的非物质形态，将房地产产品整体概念划分为三个层次的内容，即核心产品、形式产品、附加产品。

（1）房地产核心产品——内在质量。核心产品是房地产整体产品概念中最基本的层次，指能满足消费者最基本的使用功能和基本利益，如安全、遮风避雨、舒适、邻里和睦、生活便利、保值增值等。

（2）房地产形式产品——外在质量。房地产形式产品是指产品的实体和外在表现，是房地产核心产品的基本载体，是房地产的各种具体产品形式，如房地产的区位、质量、外观造型与建筑风格、建筑材料、色调、名称、品牌、建筑结构与平面布局、室外环境等。

（3）房地产附加产品——服务质量。附加产品又称延伸产品，是消费者在消费和购买房地产时得到的各种附加服务或利益，如协助办理产权产籍、协助办理按揭贷款、物业管理、人文环境、景观设计等。

2．房地产产品组合的概念

企业为满足目标市场的需要，扩大销售，分散风险，增加利润，往往生产经营多种产品。房地产企业要开发多种产品适应顾客需要，以较好的产品搭配来实现企业营销目标和社会目标。为解决好这个问题，房地产企业有必要认识、分析和调整企业的产品组合。

房地产产品组合是指一个房地产企业生产经营的全部产品线和产品项目的组合方式，也就是房地产企业全部物业的结构或构成。产品线是指一组密切相关的产品项目，它们有类似的功能，只是在户型、档次、设计等方面有所不同，如工业厂房包括普通厂房和专业厂房，住宅包括别墅、高档住宅、中档住宅和低档住宅。产品项目是指那些不同的户型、档次、设计风格的单个物业。

房地产产品组合包括产品组合的宽度、深度和关联性三个要素，如表 12-2 所示。

表 12-2　产品组合的宽度、深度和关联性

	产品组合宽度＝4			
	产品线 1	产品线 2	产品线 3	产品线 4
产品线总长度＝12	A 型住宅	A 型商场	A 型办公楼	A 型厂房
	B 型住宅	B 型商场	B 型办公楼	B 型厂房
	C 型住宅	C 型商场	C 型办公楼	
	D 型住宅			

（1）房地产产品组合的宽度，即房地产企业拥有的产品线的数目。

（2）房地产产品组合的深度，即房地产企业的各条产品线拥有的产品项目的平均数，即

$$产品组合深度＝产品项目总数/产品线总数$$

（3）房地产产品组合的关联性，即房地产企业所有产品线之间的相关程度。

按照表 12-2 的产品类型，产品组合宽度为 4，产品线总长度为 12，得出产品组合深度为 12/4＝3。

3．房地产产品组合策略

（1）扩大产品组合策略，即增加产品组合的宽度或者深度。宽度的增加是在原产品组合中增加产品线；深度的增加是在原产品线内增加新的产品项目，增加房地产产品的规格及品种，如增加产品的深度。

户型多样化：30～50m²；55～80m²；90～100m²；120m² 以上。

格局多样化：一室一厅；二室一厅；二室二厅；三室一厅；三室二厅；四室二厅。

卫浴多样化：单纯卫生间(小户型的小卫生间)；卫生间兼浴室；双卫单浴；双卫双浴。

扩大产品组合有利于房地产企业充分利用各种资源,适应顾客多方面的需要,拓宽市场,有利于企业开展多角化经营,降低经营风险。但是,扩大产品组合也增加了企业经营的复杂程度,加大了企业管理的难度。

(2) 缩减产品组合策略。缩减产品组合策略,即从产品组合中剔除那些获利很少甚至不获利的产品线或产品项目。实行高度专业化,试图从生产经营较少的产品中获得较多利润。理论上能够减少资金占用,加快资金周转,提高保留产品线产品的质量,降低消耗,但是这种策略风险性较大,生产经营的产品在市场上一旦出现失利,企业将遭受严重损失。

(3) 产品线延伸策略,主要包括向上延伸策略、向下延伸策略、双向延伸策略。

① 向上延伸策略。向上延伸策略是企业将原先定位于低档市场的产品增加高档项目。这样的产品线延伸策略需要具备一定的条件,例如企业原来的声誉较高,具有向上延伸的能力,市场上存在对较高档次产品的需要,能应付竞争对手的反击等。

② 向下延伸策略。向下延伸策略是将原先定位于高档市场的产品线向中、低档市场延伸,在高档产品项目中增加低档项目,可以弥补企业高档产品销售增长缓慢的空缺;用低档产品反击竞争者;填补市场空隙。但是这种策略有一定的风险,企业生产低档产品,可能会损害原有高档产品的形象,甚至危害企业的形象。

③ 双向延伸策略。双向延伸策略是将原先定位于中档产品市场的企业,向产品线的上下两个方向延伸以扩大市场。这样可以扩大企业经营范围,提高企业竞争力。

在产品线延伸的策略中,房地产产品不同于一般的商品,其从定位到开发经历了一个很长、投入很多的过程,房地产产品的格局、结构等都不是轻易能够改变的,产品线的延伸会导致很多问题,例如房地产企业在经营状况不好时将一楼的大型商业用房间隔成不同的小开间商铺,也许在销售上会有所好转,但同时也将带来产权利益等方面的问题。

4. 房地产产品组合的优化

房地产产品组合不是静态组合,而是动态组合。随着企业内外条件的不断变化,房地产企业要及时对产品组合进行调整,适时地增加或删减一部分产品线和产品项目,使产品组合始终处于合理化、最优化的状态。消费趋势和消费结构的变化,新技术、新材料、新工艺使产品开发速度加快,现有竞争者的产品不断花样翻新和新竞争者的加入,产品具有的生命周期,企业内部条件和经营风格的变化等都是促使房地产产品组合调整的原因。

12.3.3　房地产营销渠道策略

房地产企业开发出来的产品项目,如何以最快的速度、最低的费用销售到购买者手中,是房地产企业提高经济效益、实现缩短项目周期、加速资金周转的重要环节。房地产营销活动中多数开发商在生产领域开发出的房地产产品,都是要通过流通领域即各种不同的营销中介将其出售给最终消费者。这些营销中介机构就形成了一条营销渠道。房地产的特殊性决定了流通的不是房地产产品而是使用权和所有权。

1. 房地产营销渠道的概念

房地产营销渠道是将房地产产品由开发商转移给最终消费者的途径。理解房地产营销渠道应把握以下三层定义。

（1）房地产营销渠道的起点是开发商（或业主），终点是消费者（包括购房人和承租人）。换言之，房地产营销渠道一端联系着房地产开发商（或业主），另一端联系着消费者，是从开发商（或业主）到消费者的全部过程，而不是某一个阶段。

（2）房地产营销渠道的参与者不仅包括开发商（或业主）、消费者，而且也包含各种类型的中介机构，如代理、居间等。由于房地产产品的信息不对称和异质性的特点，使得广大消费者对房地产的属性以及市场特征不能很好地理解，需要了解房地产产品特点和市场特征的中介机构参与进来。

（3）通过房地产营销渠道向消费者转移的产品可以是房地产所有权，也可以是房地产的使用权，由于房地产价值大，很多消费者并不足以获取房地产产品的所有权，而是通过租赁的方式获得一定年限的使用权，所以房地产营销渠道流通的房地产产品既有所有权，也有使用权。

2．房地产营销渠道过程

（1）研究，即收集制订计划和进行交换所需要的信息。

（2）促销，即继续关于所供应的房地产产品的说服性沟通。

（3）接洽，即寻找可能的购买者并与其进行沟通。

（4）配合，即使用提供的房地产产品满足购买者的需要，如装修、设计等。

（5）谈判，即为了转移房地产产品进行交易条件的谈判。

（6）融资，即为了补偿渠道工作的成本费用而对资金的取得和支付。

（7）风险承担，即承担与从事渠道工作有关的全部风险。

3．房地产营销渠道的作用

（1）有利于加速房地产企业的资金周转。

（2）有利于房地产营销渠道中各参与方的有效沟通。

（3）有利于提高经济效益。

（4）有利于提升房地产企业的经营管理水平。

4．房地产营销渠道参与者

（1）房地产开发商。房地产开发商是房地产产品的最初供应商，是房地产市场营销的源头和中心。

（2）房地产经销商。房地产经销商即房地产经营公司，是指拥有房地产商品的所有权和经营权的中间商，其从房地产开发商那里低价买进商品房或空置房，高价卖出而形成的差价即为企业利润。

（3）房地产中间商。房地产中间商即房地产经纪公司，它没有房地产产品的所有权，只是在买卖双方之间起到媒介作用，促成交易，获取佣金。房地产经纪公司代理销售房地产开发商的房地产产品的主要形式有以下几种。

①独家代理：指房地产开发商将房屋的出售（租）权单独委托给一家具有房地产经纪资质的机构代理。

② 共同代理:指房地产所有人将房屋的出售(租)权同时交给两家或两家以上具有房地产经纪资质的机构,谁先代理成功,谁就获得相应佣金的一种代理方式。

③ 参与代理:指房地产经纪机构参与已授权或共同代理的房地产经纪机构的代理业务,代理成功后,由独家代理公司或共同代理人按参与代理协议分配佣金的行为。

(4)消费者是整个营销系统的终点。在整个房地产营销系统中,房地产开发商、房地产经销商、房地产中间商都是为了促成交易,提供满足消费者需要的房地产产品,获取利润,实现自己的目的。

5. 房地产营销渠道的选择

房地产营销渠道是将房屋从房地产开发商手里转移到客户手里的途径。在房地产营销中主要的营销渠道有房地产开发商直销、房地产经营公司经销和委托房地产经纪公司代理销售三种方式。

(1)房地产开发商直销。这种不经过销售商,开发商把商品直接出售给消费者的方式,在房地产市场营销中经常使用,如有些规模较大、实力较强的房地产开发公司配有自己的房屋销售部门,专门负责销售本企业开发的房地产产品。房地产开发商直接销售,与消费者直接接触,有利于节省委托代理推销费用,有利于收集消费者对产品的意见,有利于改进企业的工作,提高竞争力和树立企业良好的形象。但是,这种方式要求房地产开发商拥有很强的销售队伍,包括一个有效的营销机构和既懂房地产营销又懂相关法律知识的高素质的营销人员队伍。房地产开发商采用直接销售方式的类型有三种。

① 大型房地产开发公司的项目。大型房地产开发公司内部一般设有销售部门,专门负责公司楼盘的销售,它们往往有自己的销售网络,提供的自我服务通常比房地产中间商更为有效。选择直接销售方式,一方面因为房地产开发商有实力;另一方面是公司认为本公司的人员会全力为公司促销,可以对促销进行很好的控制,这是委托销售所不具有的优点。因此,一些有实力的房地产开发商自己组建销售代理公司,强化对销售渠道的控制。

② 市场为卖方市场的项目。当市场为卖方市场时,推出的楼盘会供不应求,有很丰厚的利润,房地产开发商往往不需要专业的销售队伍,也就不需要委托他人销售了。

③ 楼盘素质优良。对于那些自身素质优良,市场反应非常好的项目,甚至还有一些业主预付了部分或全部建设费用的项目,无须委托他人销售,这时房地产开发商会选择直接销售方式。

此外,房地产开发商如果希望对项目本身加强控制,也往往选择直接销售方式。

(2)房地产经营公司经销。这是房地产开发商先将楼房按期(批)出售给特定的房地产经销公司,再由房地产经销公司出售给消费者的方式。这种方式的主要缺点是房地产价格昂贵,维持房地产这类存货的费用太高,在绝大多数情况下,房地产经销商难以承受,因此,房地产企业不宜采取这种方式。

(3)委托房地产经纪公司代理销售。一般的小型房地产开发企业,由于本身的实力不强以及聘用专职人员需较高成本等,多采用委托房地产经纪公司的销售方式;对于拥有销售队伍的大型房地产开发企业,有时也要借助房地产经纪公司的帮助。那些专长的房地产经纪公司并不是简单的销售介入,而是在项目的前期就已经介入,帮助房地产开发商进行项目定位、户型安排等,因此房地产经纪公司和房地产经纪人需要具有丰富的经验。

12.3.4 房地产促销策略

促销策略是市场营销策略组合的重要组成部分,是企业拓展市场的重要方法和手段。企业除通过运用产品策略、价格策略和渠道策略为顾客提供物美价廉、适销对路的商品和快捷便利的服务以外,还需要通过有效的促销活动将各种信息和利益传递给目标客户,形成与目标客户及公众的良性沟通。此外,企业需要通过促销活动有针对性地解决自身在营销活动实施过程中存在的问题,不断增强企业的市场竞争力。

1. 房地产促销方式与特点

房地产企业所运用的促销方式有四种,即广告、营业推广、人员推销和公共关系,如表 12-3 所示。

表 12-3 常见房地产促销工具一览

广告	电视、广播、报纸、网络、杂志、包装、路牌、购物袋广告、车体广告、宣传条幅、企业产品名录、宣传手册、海报、宣传单等
营业推广	销售竞猜、抽奖、交易会、展览会、样板间展示、延期付款、低息贷款、抵押贷款、折扣、搭配销售、以租代售、先租后售、买房送车、买房送车位、附送家电、附送装修等
人员推销	现场推销、上门推销、电话推销等
公共关系	记者招待会、新闻发布会、庆典(开业、周年)、捐赠、公益活动、赞助、年度人物评选、公司期刊、名人与明星作秀楼盘等

(1) 广告。广告是房地产企业用来直接向消费者传递信息的最主要的促销方式,它是企业通过付款的方式,采取非人员沟通的形式,利用各种传播媒体进行信息传播,以刺激消费者产生需求,扩大房地产租售量的促销活动。房地产广告的目的是要在一定时期内对于某个特定的房地产视听接收者完成特定的传播任务和达到一定的沟通程度。其主要作用是介绍房地产知识、传递信息,沟通产需、刺激需求。

房地产广告策略的制定主要考虑以下因素。

第一,要熟知《广告法》的相关内容以及《中华人民共和国反不正当竞争法》等涉及房地产企业宣传与竞争的相关法律条款,避免产生不良后果。

第二,要明确房地产广告的目标以及房地产广告的内容。

第三,要确定选择什么样的媒体及不同媒体的费用,做好房地产广告费用预算。

第四,要评价房地产广告效果。评价的目的是在选定的几种广告方式上进行动态调整。例如当报纸的宣传力度大于电视广告时,就应该加大报纸广告的投入,减少电视广告的投入;销售人员会询问前来咨询或者购买的消费者,他们获得产品信息的途径,这种行为就是对广告效果的动态跟踪。

(2) 营业推广。营业推广也称作销售促进,是指房地产企业通过各种营业(销售)方式来刺激消费者购买或租赁房地产的促销活动,例如价格折扣、赠送、有奖销售等。它是直接针对房地产商品本身采取的促销活动,特别强调利益、实惠、方便的刺激与诱导,具有很强的诱惑力和吸引力。它既可以刺激顾客采取购买行动,又可以刺激中间商和企业的销售人员努力销售产品。

在营业推广的方式中,开发商可以选择与金融机构联合,在住房抵押贷款的品种、利率、期限、付款方式上推出一系列的促销措施;或与房屋装饰公司、建材供应商联合搞促销,甚至可以选择通信公司 VIP 客户优惠等方式进行营业推广。还有的企业针对投资性客户免费为其代理租赁或代理销售。

(3) 人员推销。人员推销是房地产企业的推销人员通过与消费者进行接触和洽谈,向消费者宣传介绍开发商、房地产商品及服务的相关信息,达到促进房地产租售的活动。在人员推销过程中,通过销售人员直接与顾客接触与沟通,不仅传达了企业和产品的相关信息,还能够了解顾客的需求,特别具有针对性。同时,受过良好培训的一线销售员通过与顾客面对面的直接接触,既能发挥销售人员的人格魅力,又能体现房地产企业的人文服务,增加产品的吸引力。

(4) 公共关系。公共关系是指房地产企业为取得公众的信任,提高企业或产品的知名度和美誉度,树立企业或产品形象,运用各种公关工具所进行的公关活动。通常,公关活动是由有关新闻单位或社会团体进行的宣传活动。房地产公共关系注重塑造形象、推销形象、协调关系,提高消费者信任度,在逐步取得楼盘自身良好的销售业绩的基础上,不断提升开发企业自身的社会公众形象,最后达到凡是该企业开发的项目,即使不花费很大功夫做推广,社会公众都会自然地产生认同感的程度。

不仅如此,房地产公共关系活动的内容还要包括保持与政府职能部门、新闻媒体等的交往,并要配备解决公共关系危机的部门及受过专门培训的公关人员。这时公共关系的作用除了宣传企业和产品的形象,还可把企业的公共关系危机做到"防患于未然",起到未雨绸缪的作用。

2. 促销组合策略

房地产促销组合指企业将人员推销、广告、公共关系、营业推广四种方式有效地组合在一起,不同促销方式具有相互推动的作用,以求达到最佳的促销策略。

促销组合是一个动态组合,由于房地产建设周期较长,企业所面临的内外环境的变化决定了促销组合策略也要随之进行调整。同时促销组合也是一种多层次组合,每种促销方式都有许多促销手段可供选用,进行促销组合就是适当地选择各种促销方式。

促销组合选择的依据有以下几方面。

(1) 房地产产品的特性。区分不同类型的房地产产品才能正确选择促销方式进行组合,例如工业物业的促销因其销售群体人数较少但购买力大,广告和公共关系所占的比例就相对较小,而人员推销和营业推广要占很大的比例。在住宅房地产促销中,由于购买者众多,分布的范围广而且分散,同时对产品了解不多,广告方式和人员推销要占很大比例。

(2) 市场状况。竞争者的促销选择直接影响到房地产企业的促销效果,例如竞争对手已经选择在《看房直通车》栏目做广告,获得消费者的青睐,自己还选择在街头发小广告,就很可能使自己产品的档次、形象下降,导致失去竞争力。

(3) 房地产建设的阶段。筹划期主要通过户外广告引发公众注意,通过公共关系宣传企业形象;而在楼盘正式销售时就应该各种促销手段齐用,强化促销效果,形成一种立体性的攻占市场的霸势,以取得较好的销售业绩。

(4) 促销目标。在一定时期内,开发商的促销目标是迅速增加房地产的销售面积,提高市场占有率,那么它的促销组合应注重于广告和营业推广,强调短期效益;如果开发商的促销目标是塑造企业形象,为今后占领市场、赢得有利的市场竞争地位奠定基础,那么它的促销组合应注重公共关系和公益性广告,强调长期效益。企业促销费用计划的内容如表 12-4 所示。

12-3

表 12-4 企业促销费用计划的内容

销售现场计划	1. 售楼处企划、设计、施工布置; 2. 小区内及工地围墙、看板、标识等 POP 设计和制作; 3. 售楼处图表、模型、效果图、道旗等装饰物的设计和制作; 4. 多媒体影片的企划、撰写、设计、拍摄、制作
广告计划	1. 报纸广告企划、设计、文案、印刷、刊出; 2. 杂志广告企划、设计、文案、印刷、刊出; 3. 电视和网络广告企划、设计、文案、印刷、刊出
宣传促销计划	1. 楼书、套型图、会刊的企划、设计、文案、印刷; 2. DM、海报、请柬、慰问函、贺卡、信封、刻字等的企划、设计、文案、完稿、印刷; 3. 促销活动的策划、设计、布置等
其他计划	1. 销售人员的名片、名牌、制服、培训等; 2. 代理公司的酬金; 3. 其他

12.4 房地产收益的获取方式

12.4.1 出售

房屋出售又称为房屋买卖,是指房屋所有人将房屋转让或销售给需求者,购买者接受房屋并按照约定支付价款,房屋所有者以此获得收益的行为。采用出售方式,开发企业能尽快收回投资,却也可能会损失项目或房屋的增值,对某些项目或房屋而言,也损失了商业经营收益。这与采用出租或自主经营方式获取房地产开发收益的结果是不同的。

现房出售具有产权清晰,即买即住的优点,可以对已存在的房屋进行选择,但由于一次性付款数额大,或分期付款时间长,对买卖双方的资金压力都很大。房屋预售是指在房屋尚未建成之前预先将房屋销售给消费者,消费者预先支付定金或房款的行为。房屋预售的只是房屋的一张期货合约。在工程开工之前或施工过程中,开发商可以收取售房款作为建设费用投资到工程施工中,使资金循环加速,利用率提高。同时,由于从银行处贷款减少,也就可以少付利息,可以大大地降低房屋积压的风险。房屋预售不失为一种有效的融资方式。同时,对于房屋买主来说,房屋预售可以以较低的价格购买房产,并可获得房屋建设过程中的涨值,还可以将房屋转卖,有利于短期投资。

当房屋分割转让出售时,应委托(或成立)物业管理公司来维持物业的正常运行。应特别指出的是:不应分割出售大型现代化商业房地产,否则,将由于多个所有权属关系,使专业经营管理机构难以参与(不可能,或成本太高),从而不可避免地导致整体经营和管理的匮乏,最终使物业服务体系崩溃,丧失商业房地产应有的价值和定位,甚至引起不良的社会反应。事实上,一些其他类型的大型物业的分割也有类似弊端。

出售收益可以发生在项目完工以后,也可实行预售(俗称卖楼花),在项目建设中就获取收益。对于成片开发的土地,则在投入达到一定程度后,才会发生转让收益。在符合国家和项目所在地政府有关规定的前提下,应尽可能提前出售房地产。这是开发企业分散风险、保证收益、筹措后续建设资金的有效方法。但同时,这也可能使开发企业损失未来房地产的增值。

出售收益的大小是由可出售面积和售价水平决定的。可出售的面积包含房产证上的面积与土地证上的占地面积,房产证上的面积有房屋的建筑面积和公摊面积。在出售房屋时,应按照建筑面积加上分摊的公共部位与公用房屋建筑面积。房屋售价由开发企业根据未来房地产的区位、功能、预计的投入成本和市场状态等因素合理确定(国家限价的除外)。按规定最终售价应经当地物价部门审核。

12.4.2　出租

出租是指房地产开发企业作为出租人将其投资开发的房地产出租给承租人使用,由承租人向出租人支付租金的行为。适合出租的房地产包括住宅、商场、写字楼和工业厂房等,开发企业如果能承受资金压力,则可采取出租方式经营其开发的房地产。这样,既适应了相关需求,又不至于损失未来可能的增值,并维持长期效益,分享房地产经营收益。当房地产分割出租时,应委托(或成立)物业管理公司来维持物业的正常运行;对分割出租的商场物业类,则应委托专业管理公司(当开发企业缺乏相应能力时)来负责其日常经营,以维护物业形象和完整的服务体系。

在这种交易中房屋所有权不变,承租者支付房租,获得一定时期内的房屋使用权;出租者获得房租,出让一定时期内的房屋使用权。

房屋出租在回收资金方面不同于房屋出售,房屋出售可以迅速地收回房屋投资,加速资金的周转,较好地缓和房屋建设资金短缺的问题,而房屋出租则资金回收期长,资金周转时间长。但在目前情况下,由于受消费者收入水平及支付能力的限制,房屋经营不能采用单一的出售方式,应该出租和出售并举。

出租收益一般发生在开发项目完工之后,但也可实行预租。采取预租时,开发企业可提供优惠来吸引用户。

出租收益的大小由可出租的面积和租金价格水平决定。出租面积可按使用面积计算,也可按建筑面积计算,住宅用房的租赁应当执行国家和房屋所在城市规定的租赁政策;出租从事生产、经营活动的房屋可由开发企业与用户协商议定最终租价和其他租赁条款。

12.4.3　营业

开发酒店、商场、旅游、娱乐类收益性房地产,开发企业可采取直接经营收益性房地产的方式,即营业方式来回收投资,并赚取利润。这种方式使得开发企业拥有所有权、使用权和经营权,开发企业在拥有房地产的同时,直接获得房地产的全部经营收益。如果经营得当,这种收益将会是长期的、稳定的、不断增长的。采用营业方式则要求开发企业有经营能力和经验,否则,就应委托专业管理公司经营。

营业收入发生在开发项目竣工之后,且一般要经过一段时间才会进入稳定收入阶段。需要说明的是,某些特殊房地产的经营(如经营码头、公路等)要求得到政府的特殊许可。

营业收入的大小要在方案分析阶段,根据项目特征、经营内容、经营管理能力、预计的市场状况、目前类似物业的经营状况等情况进行分析和合理预测来确定。

在实践中,开发企业可依据房地产类型、规模、市场状况、自身的实力(包含资金实力、融资能力)和经验,采用某种方式或综合采用两三种方式获取收益。

12.5 房地产营销模式及其选择

评价一个房地产企业经营好坏的关键标准之一,就是营销业绩(包括营销额、市场占有率、利润等)的高低。房地产企业的营销实力,决定了营销业绩的好坏。一个房地产企业的成功与失败,70%是由企业的营销策略和营销模式决定的。房地产企业区域性强、差异性大、融资多、需求广泛而缺乏弹性,这些特点决定了房地产交易操作难度大、专业性强。要抢占房地产市场,营销至关重要。在房地产营销中,开发商对其所开发的楼盘项目营销所采取的方式和方法即营销模式,起着举足轻重的作用。

随着房地产产品的不断细化以及购房者置业行为和心理的不断成熟,房地产营销模式已不仅仅局限于产品本身和产品表面,而是注重挖掘产品内涵,倡导一种更深层次、更有力量的营销方式,来拓展更为宽广的营销渠道,赢得更大的利润空间。因此,探究房地产营销模式的含义、类型,选择合适的营销模式,对房地产营销的成功起着关键性作用。

12.5.1 房地产营销模式的含义

广义地讲,营销模式(marketing model)是一种体系,而不仅仅是一种手段或方法。目前,公认的营销模式从构筑方式上划分,有以下两大主流:一是以市场来进行细分,通过企业管理体系细分、延伸、归纳出的市场营销模式;二是以客户来进行整合,通过建立客户价值核心,整合企业各环节资源的整合营销模式。概括来说,市场营销模式是以企业为中心而构筑的营销体系,整合营销模式则是以客户为中心而构筑的营销体系。

12.5.2 房地产营销模式的类型

从房地产市场发展历程及趋势来看,房地产营销模式可分为两类:传统营销模式和新型营销模式。前者是房地产发展初期卖方市场自然形成的结果,后者主要是针对互联网及通信工具的普遍应用而言,是网络经济从各个方面冲击、刷新传统经济的结果。

1. 传统营销模式

传统营销模式主要有以下三种。

1) 开发商自产自销模式

这种营销模式从项目前期可行性研究、获得土地、申报立项、组织设计、施工到营销,全部由开发商独立完成。它由开发商本身组建营销队伍,营销人员与开发商是同一系统主体,有着信息沟通及时、矛盾小、效率高,节约成本、保持利润等优点,这种模式是开发商最易接受、最乐于采用的销售模式。

但是,这种自产自销模式不符合社会化大分工越来越细的发展趋势,存在以下缺点:①开发商承担全部任务,负担重且精力分散;②要求开发商实力雄厚、部门机构齐全、人力资源充沛,加大了经营成本;③缺乏有经验的专业化营销队伍和策划人员,市场需求信息不充分,在市场竞争中处于不利地位;④"小而全"的开发兼营销团队易造成专业不精、顾此失彼。

2) 代理商模式

作为中介机构,房地产营销代理商从事房地产估价、咨询、经纪等活动。它利用丰富的市场信息、专业的市场调研及营销策划人员对项目进行全程策划,提供咨询服务,包括项目立项、可行性研究、市场需求分析、户型设计、市场定位、楼盘包装、价格制定、广告策略等。

此种营销模式的优点在于:①有广泛的客户网络,市场定位准确;②产品定价以市场需求为准,更贴近市场可接受价格,具有价格优势;③加快营销进度,能够加快资金利用效率尽早收回开发成本,减少财务费用;④可突出核心竞争力,做出精品,做出品牌;⑤理性销售控制有助于降低市场风险。

代理商模式有如下不足:①增加房地产企业营销成本,如代理费;②开发商与代理商为不同利益主体,为促进营销,广告费用进一步增加;③开发商与代理商是不同系统的主体,信息沟通上的滞后性和策划上的差异性易造成决策矛盾、策划思路执行不到位等;④代理商同时代销多个楼盘,精力分散;⑤容易产生不规范竞争,对房地产企业而言,营销风险较大。

3) 房地产超市

这种营销模式是建立统一的集中式房地产营销中心,目前在上海已经出现。其他地方的各种房地产楼盘展销会、住交会是其雏形。地产商把其产品模型放在超市的展厅内,配以各种产品说明资料、置业顾问,以及提供房地产专家咨询、赠礼品等促销活动等。超市里还可引入房地产相关行业,如法律、金融、装饰等,还有二手房交易等。另外,在超市里采用先进的电子技术及设备、多媒体展示等,汇总房地产的各种信息并及时公布。

房地产超市不仅为广大房地产行业的从业者提供了一个展示优质住宅产业产品的稀有平台,也为广大购房者提供了一个真正意义上的购房看展的机会。楼市调控政策威力巨大,改变的只是营销策略和节奏,而不是长期的需求。通过楼盘的集中展示及一些促销优惠活动,让部分购房者省去看房的奔波。让有买房、投资需求的市民利用空闲时间到房地产超市、房地产展会上去参观,选择自己喜欢的房子,都可以达到互惠互利的效果。

这种营销模式的优点是:①有利于开发商与开发商、开发商与消费者之间的信息交流,并且消费者可先在超市里选择好房源,然后再去现场参观比较,从而节省了消费者的选房时间;②有利于房地产企业与房地产相关企业(如建材、装饰企业)的交流和合作;③有利于政府部门获取信息,更好地进行宏观调控。

这种营销模式的缺点是:①增大了开发商的成本,如参展费;②维持房地产超市的正常持续经营费用过高。

以上三种模式都是在传统产业经济下发展起来的。在当今房地产市场营销中,随着社会化大分工越来越精细,消费者极具个性化,瞬息万变的房地产市场已不局限于传统营销模式。

2. 新型营销模式

2007 年年末以来,面对日益严峻的经济形势,国内房地产市场的有效需求被大大抑制,市场观望气氛浓厚,楼市成交价跌量少,在传统营销模式下难以突围,房地产市场必然要依靠谋求营销创新来取得突破。

新型营销模式主要有以下几种。

1) 联合营销

联合营销是结合传统营销的优点,让开发商和代理机构都参与营销过程。开发商在委托代理机构的同时,本身对营销工作也给予较大的关注和投入,代理机构则发挥自己的特长,做全程深度策划,优化营销渠道。联合营销渠道的建立旨在集中开发商和代理机构的优势,避免单纯直接营销和间接营销的不足,其成功的操作关键在于开发商和代理机构彼此信任,利益共享,并且依赖于代理机构高超的专业素养和优良的职业道德。

2) 异地推广

由于房地产商品的不可移动性特点,除少数投资型产品外,传统营销模式主要集中在本地市场消费,极少将目光投向异地市场。目前由于营销压力增大,不少地区的开发商开始突破地域局限,实施异地营销推广。这说明外地潜在的巨大购买力逐渐得到开发商的重视,而开发商通过拓宽异地营销渠道,又可以缩短项目营销时间,实现利润最大化。在实施异地营销过程中,开发商多是与当地公司进行合作推广,这样一方面可以缩减销售成本,实现快速销售的目的;另一方面异地营销也成为房地产公司进行品牌扩张的又一种方式。通过房产的外地销售,可以取得该地区消费者的认可,既可以抓住最新的市场机遇,实现销售的目的,又可以借助优质的产品扩大企业品牌效应,寻求在当地的合作机会。

3) 三级市场联动

这种模式是将二级市场的产品通过三级市场进行深度分销。就是每个二手店铺的销售员在客户选购二手房的时候,根据客户的需要,适时推荐一手新房,以促进新房的销售。这种方式的优势在于开发商投入很少,而通过大量的三级网络传播,能够获得良好的销售效果。随着内地房地产市场的不断发展,预计二、三级市场联动营销将会成为未来发展的一个重要渠道模式。

4) 连锁营销

这种模式是实力雄厚的代理商提供专业化系统服务的新形式。房地产代理市场的发展趋势是规模化、专业化,因此,有实力的代理商在兼并小机构的同时,也引进了连锁经营方式,以其规模化经营、低成本运作、专业化服务改进经营模式,拓展服务范围,形成强大的市场竞争力,是市场的一支生力军。而连锁经营专业系统的服务给客户带来的安全感和便捷感,也是其他房地产营销渠道无法比拟的。

5) 网络营销

随着网络基础设施的健全和网络知识的普及,新经济下的网络营销正悄然来临。网络营销是指以互联网为传播平台,以消费者为中心,以市场需求和认知为导向,利用各种网络手段来实现企业营销目的的一系列行为。

网络营销的手段主要有:①网上房展。开发商或代理商把有关楼盘的详细资讯放在网上,消费者可随时查阅。②网上房地产竞拍。先制定好规则以确保竞拍成功。如常见的"门槛规则"(到楼盘现场参观过,登记了个人详细情况的消费者才能参加竞拍)和"入围规则"(前若干名入围,名次靠后的可替补名次靠前的)。③网上房地产市场调查。这类调查一般层面广、互动交流及时。④网上公关宣传。例如,互联网广播、网上广告、电子杂志、网站友情链接与搜索、网络社区、二手房的交易信息及"在线评估""在线律师"等各种咨询服务。

随着互联网风起云涌,互联网将成为房地产迅猛发展的全新推动力。互联网在融入生活细节的同时,也将对房地产营销的传统产业格局产生深刻影响,房地产营销模式的革新势在必行。随着横跨新房、二手房、家居全产业链的房地产家居互联网平台的问世,必定为整个房地产产业营销发展注入新鲜的活力和强韧的牵引力,给业界带来一种全新的思路和平台运营模式,在购房者中具有无可比拟的影响力和号召力,满足购房者轻触鼠标即可置业、装修等各种需求。共寻房地产营销新模式的利器,打破房地产市场营销坚冰,是房地产市场营销发展的前提,也是其发展后的最终结果。

12.5.3　房地产营销模式的选择

不同的产品,不同的位置,不同的客户群,自然产生不同的营销模式。这是以纵向的时间轴线的思维角度考虑的营销模式,是一种战略角度的营销模式。市场永远处在变化中,企业永远在浪尖处前行。各种营销模式对企业本身没有绝对的优劣,每个模式都有利有弊。因此无法断言哪一种方式最适合房地产商的发展,只能把种种利弊呈现在眼前。"只有适合自己的,才是最好的。"不同的房地产开发企业可以依据自身的情况,结合市场环境选择营销模式。

房地产营销商选择营销模式时,需考虑的因素主要有以下几点。

(1)考虑市场的成熟程度。传统营销模式多以推广、传播产品为主,也就是俗称的"产品主义",采用的是功能性诉求的模式。随着房地产市场越来越成熟,消费者对于产品的理解和认识有了一定深度,这种模式逐渐显得单一,于是传统营销模式之间交叉混合使用得到发展,也催生了新型营销模式。但是对于市场成熟程度较低的二、三线城市而言,传统营销模式可能依然是最适合当地市场的模式。而且,如果是高端产品,立足点必然采用以产品为核心的营销模式。如果是新颖但是非原创的产品,则要以推广为核心。但是随着项目的进展,无论是以产品还是以推广为核心,都会慢慢转向以渠道为核心的模式。

(2)考虑消费者的需求特性。消费者的价格敏感性和需求特性对营销模式影响最大。无论是采用价值追随、价格略低的营销模式,还是差异化价值的定位,都是以营销商对消费者的判断作为基础的。

(3)考虑竞争对手的营销策略。营销是一个互动博弈的过程,需要根据竞争对手的模式变化进行选择,竞争对手的实力、营销策略重心以及营销模式的有效性都会影响到营销模式的决策和选择。

(4)考虑环境的变化。社会环境、市场环境、经济环境、政治环境、自然环境等变化莫测,所以需要营销商保持警觉性和敏感性,不断调整营销模式来吻合营销环境。

(5)考虑企业竞争战略。在项目开发的过程中,项目的竞争战略是由公司战略决定的,而营销模式是实现公司战略和竞争战略的途径和方式。从这个逻辑上来说,一方面,营销模式的选择必须在竞争战略的框架下;另一方面,营销模式又能验证竞争战略的有效性。例如,某项目一期开发阶段因为急需资金回笼,薄利快销成了这个阶段的营销模式。随着资金的充裕,企业度过了成长期,做大做强的企业战略会改变后期的营销模式。

(6) 考虑企业资源和能力。企业的创新能力、财务状况、管理能力、成本控制能力、人力资源水平等方面的差异,造成企业拥有的资源和能力不可能处于同一个水平线上,产品、品牌、价格、渠道等方面的核心竞争力不同,企业在营销模式的选择上就会出现差异。

基于以上影响因素,在营销模式的选择上,房地产企业依据自身情况去选择合适的模式是最基本方式。以代理商模式为例,一般来说,下列情况较宜于采用代理商模式:

(1) 缺乏后续操作项目的临时性项目公司;

(2) 多家企业联合开发的项目;

(3) 成立时间不长,或由其他行业新进入房地产开发领域的企业;

(4) 大规模运作,所运作项目需要树立品牌形象的开发企业;

(5) 进入新的地理区域,需要专业代理商拓展市场、树立品牌的开发企业;

(6) 不以房地产开发为主业的企业。

同时,房地产公司在选择代理商时,要考察代理机构是否具备以下几个条件。

(1) 拥有以自身营销网络为基础的强大营销能力。

有实力的代理商一般会有独立的、在一定区域分布的房地产营销门面或网点,他们在代理一级市场业务时,也同时开展房地产的二、三级市场的业务。依靠这些网络,代理商不但能将所代理的产品尽快组织推向市场,而且能通过自己拥有的二、三级市场的资源,以调剂、置换的灵活方式间接促进代理产品的营销。没有营销网络,仅靠在被代理项目现场被动地坐地营销,最多只能称得上是"伪代理商",其所起的作用还过是开发商自己掏钱为别人开一个售楼处。因此,是否具备有效的营销网络,是考察房地产代理商营销能力的首要条件。

(2) 丰富的客户信息资源。

代理商的营销网点往往能从市场收集到许多购房信息,这些信息都来自实际的购买群体。这些信息汇集和组织起来就成为代理商手中的客户资源。这些客户资源是"市场黄金",也是每个代理商手中的核心优势。代理商拥有客户资源的广度和深度,影响着代理项目的营销进度和质量。丰富的客户资源加以有效运用,最直接的效果是可以加快项目的资金回笼,为开发商提高资金运转效率,并使项目的效益最大化。

(3) 有效的信息收集、分析和运用能力。

代理商通常会通过自身的网络组织定期的市场调查,也会做一些不定期的问卷调查,基本上知悉市场上主要竞争对手的情况,也了解购房群体的深层次诉求。利用和分析日积月累的信息库,便构成市场需求的整体概貌。据此代理商就能够比较准地把握市场走势,精确判断客户群体的各方面需求;可以在项目的市场定位、建筑风格和品质、户型面积、环境营造、合理配套以及价格体系制定等方面向开发商提供有益的参考。

(4) 成熟的管理经验和专业的团队。

一个成熟的代理商必定有自己成熟的管理模式和管理团队。从营销操作、团队建设到财务管理都有丰富的管理经验和完善的管理制度,各个流程都按专业化、规范化和标准化的模式运作。成熟管理的优点也通过代理商的专业营销团队在业务操作中体现出来。日常工作有标准规范的程序,遇到偶发事件也有成熟的预案来应对。从售楼窗口到后台管理,在岗人员的言行举止,无处不体现成熟管理的风范。

(5)强大的营销策划能力、宣传推介能力和合同执行能力。

代理商一般实行全流程作业,即在项目展开初期,就针对所代理项目组织具有必要广度和深度的市场调查、分析,进而开展项目策划、营销策划、宣传推广、楼盘营销、督促履约,直至配合交楼和售后市场跟踪调查等全流程环节的全盘代理。因此代理商必须具备全面而独立的市场分析、策划、设计、推广和合同执行能力。

(6)能帮助开发商拓展合作领域。

有实力的代理商在业务运作过程中,通常会积累相当广泛的社会公共关系,如相关的政府管理部门以及与房地产相关联的上下游行业,这也是代理商可以运用的公关资源。运用这些资源可以为其所服务的开发商引进合作资金或合作伙伴,减少项目运行中的公关障碍并有助于代理商拓展事业,和开发商结成更紧密的联盟。

本章小结

房地产营销是房地产开发中的一个重要环节。在这个阶段,开发者通过市场细分,目标市场的选择,以及营销策略的实施,实现房地产开发企业的利益。本章介绍了市场营销、市场细分、目标市场的选择、营销策略和房地产收益的获取方式等内容。重点掌握市场细分及目标市场的选择、营销策略和房地产收益的获取方式。

习题

一、思考题

1. 如何理解房地产营销的含义?
2. 房地产营销的特点有哪些?
3. 试述房地产营销的五大理论。
4. 什么是房地产市场细分? 市场细分的原则有哪些? 如何进行房地产市场细分?
5. 房地产市场的营销策略有哪些?
6. 简述房地产收益的获取方式及特点。
7. 如何选择合适的房地产营销模式?
8. 房地产商在选择代理商时要考虑哪些条件?

二、材料分析题

某房地产商开发的某项目推出市场后销量不佳,一个月仅成交三套。于是开发商转变策略,委托某销售代理公司销售。代理商接手后进行调查,发现主要是原有的设计和营销策略不当。于是,代理商的建设设计研究部参与了其户内设计的修改,并建议开发商利用其下属的各地房地产项目的庞大客户资源,整合集团其他机构资源,进一步加强项目品牌宣传。通过整改,该项目重新推出市场,销售业绩大幅提高。

阅读以上案例,试分析为什么房地产开发商采用直接销售渠道导致了失败,而采用间接销售渠道取得了成功。直接销售渠道与间接销售渠道各有哪些优缺点?

第13章

房地产开发经营中的税收

【学习要点及目标】

◆ 了解我国的税收制度。

◆ 熟悉房产税的概念、征税范围、纳税人、征税对象及税率。

◆ 熟悉城镇土地使用税的概念、纳税人、征税对象及税率。

◆ 熟悉耕地占用税的概念、纳税人、征税对象及税率。

◆ 熟悉土地增值税的概念、纳税人、征税对象、清算单位及税率,掌握土地增值税的作用及计算方法。

◆ 熟悉契税的概念、纳税人、征税对象及税率。

◆ 了解增值税的概念、纳税人、征税对象及税率。

◆ 了解企业所得税、城市维护建设税、教育费附加、印花税的概念,纳税人,征税对象及税率。

【核心概念】

税收、税收制度、房产税、城镇土地使用税、耕地占用税、土地增值税、契税、增值税、企业所得税、城市维护建设税、教育费附加、印花税等。

【引导案例】

2021 年 10 月 23 日第十三届全国人民代表大会常务委员会第三十一次会议通过《全国人民代表大会常务委员会关于授权国务院在部分地区开展房地产税改革试点工作的决定》,房地产税再次成为舆论焦点。此次改革的思路清晰,即国务院制定房地产税试点具体办法,试点地区人民政府制定具体实施细则。试点期限为五年。

早在 1986 年,我国就颁布了《中华人民共和国房产税暂行条例》,但征税对象主要是企业经营用房,居民个人住房长期游离在征税范围之外。随着房地产市场的持续繁荣,建立包含居民住房在内的房产税征收体系的呼声日益高涨。2010 年,《国务院批转发展改革委关于 2010 年深化经济体制改革重点工作意见的通知》(国发〔2010〕15 号)中首次提出"逐步推进房产税改革",2011 年 1 月上海、重庆率先开展个人住房房产税试点。党的十八届三中全会进一步提出扩大房产税试点范围,加快房产税立法。党的十九大以来,中央多次强调要坚持"房子是用来住的,不是用来炒的"房地产市场发展定位和指导思想,进一步明确了房产税改革这一市场化的政策调控方向。2021 年 3 月,我国"十四五"规划正式发布,提到要"推进房地产税立法,健全地方税体系,逐步扩大地方税政管理权"。

随着 2021 年 10 月全国人大常委会授权国务院在部分地区开展房地产税改革试点工作

决定的出台,标志着房产税试点扩容,推进落地速度加快。此前,上海和重庆试点的都称为"房产税",而不是"房地产税",业内普遍认为,将要推行的"房地产税改革试点",其范围较"房产税"范围更广。回顾前期上海和重庆两地的试点实践,上海仅针对本地居民新购且属于该居民家庭第二套及以上的住房和非本市居民家庭在上海市新购的住房征税,重庆仅针对别墅和高端住宅征税。时至今日,上海、重庆两市实行房产税改革试点已10年有余,试点效果并不理想。未来房地产税制度如何设计,这不仅是社会各界十分关注的经济问题,更是影响社会稳定的重要民生问题。

13.1 税收制度概述

13-1

13.1.1 税收

13-2

1. 税收的概念

税收是国家为满足社会公共需要,凭借公共权力,按照法律所规定的标准和程序,参与国民收入分配,强制取得财政收入的一种基本方式。它体现了国家与纳税人在征税、纳税的利益分配上的一种特殊关系,是一定社会制度下的一种特定分配关系。税收是各国财政收入最主要的来源。

2. 税收的特征

(1)税收的强制性。强制性是指税收是政府凭借公共权力,通过颁布法律或政策来进行强制征收。负有纳税义务的单位和个人,都必须遵守国家强制性的税收法令,依法纳税,否则就要受到法律的制裁,这是税收法律地位的体现。

(2)税收的无偿性。无偿性是指国家征税后,税款归国家所有,不需要对纳税人偿还,也不用向纳税人支付任何报酬或付出代价。税收的无偿性是相对的,对具体纳税人而言,纳税后并未获得任何报酬,从这个意义上讲,税收不具有偿还性。税收的这种无偿性是与国家凭借政治权力进行收入分配的本质相联系的。税收无偿性是税收的本质体现,它反映的是一种社会产品所有权、支配权的单方面转移关系,而不是等价交换关系。税收的无偿性是区分税收收入和其他财政收入形式的重要特征。

(3)税收的固定性。固定性又称规范性,是指税收是按照国家法律规定的标准征收的,不能人为地随意调整征税标准,其在一定时期内是相对稳定的,是一种固定的连续收入。对于税收预先规定的标准,征税和纳税双方都必须共同遵守,非经国家法令修订或调整,征纳双方都不得违背或改变这个固定的比例或数额以及其他相关规定。

13.1.2 税收制度

13-3

1. 税收制度的概念

税收制度(简称"税制")是一个国家根据其税收政策、税收原则,结合本国国情和财政政策需要所制定的各项法律法规及征收管理办法的总称。它反映的是国家与纳税人之间的经济关系,是国家财政经济制度的重要组成部分。广义的税收制度是指税收的各种法律制度的总称,包括税收基本法规、税收管理制度、税收征收管理制度以及税收计划、会计、统计工作制度等。狭义的税收制度是指国家的各种税的法律法规和征收管理制度,包括各种税收条例、实施细则、征收管理办法和其他有关的税收规定等。

2. 税收制度的组成要素

税收制度的组成要素是指构成每一具体税种的基本元素,具体包括征税对象、纳税人、税率、纳税环节、纳税期限、税收优惠、违章处理等要素。其中征税对象、纳税人、税率是税制的三大基本要素。征税对象即课税客体,是指根据什么来征税,是征税的标的物。一般而言,作为征税对象的可以是物品、收入或行为等。不同的课税对象构成不同的税种,税种与税种的区别以及税种的名称,通常取决于不同的课税对象。换言之,征税对象是一个税种区别于另一个税种的主要标志。纳税人是指税法规定的对国家直接负有纳税义务的单位和个人。它主要解决了向谁征税或由谁纳税的问题。纳税人可以区分为自然人和法人两类。

税率是税额与课税对象之间的数量关系或比例关系,是计算应纳税额的尺度,体现税收负担的深度,是税制建设的中心环节。在课税对象和税基既定的条件下,税率的高低直接关系着国家财政收入和纳税人的负担,也关系着国家、集体和个人三者的经济利益。税率的高低和税率形式的运用,是国家经济政策和税收政策的体现,是发挥税收经济杠杆作用的关键。

我国现行的税率分为三种基本形式,即比例税率、定额税率和累进税率。

(1) 比例税率就是对同一征税对象,不论数额大小,都按照同一比例征税。我国的增值税、城市维护建设税、企业所得税等采用的是比例税率。

(2) 定额税率又称为固定税率,是税率中的一种特殊形式。它不是按照课税对象规定的征收比例,而是按照征税对象的计量单位规定固定税额,一般适用于从量计征的税种。

(3) 累进税率指的是按照征税对象数额的大小,划分为若干等级,每个等级由低到高规定相应的税率,征税对象数额越大,税率越高。反之,数额越小,税率越低。累进税率又分为全累税率和超累税率两种形式。

3. 我国现行税收制度

13-4

我国现行税收制度形成于 1994 年的税制改革。这次税制改革是新中国成立以来范围最广、影响最大的一次改革,是适应建立社会主义市场经济体制的要求,按照"统一税制、公平税负、简化税制、合理分权、理顺分配关系、保证财政收入"的指导思想,选择以流转税制和所得税制为重点,建立一个多税种、多次征、主次分明的复合式税制结构。2003 年 10 月,从出口退税改革开始,我国开始了新一轮税制改革。2006 年全面取消了农业税,2008 年实行了内外统一的企业所得税,2009 年增值税转型改革全面推行。经过 1994 年税制改革和此后多年的逐步完善,我国已经初步建立了适应社会主义市场经济体制的税收制度。

营业税和增值税是我国两大主体税种。2011 年,经国务院批准,财政部、国家税务总局联合下发营业税改增值税试点方案。从 2012 年 1 月 1 日起,在上海交通运输业和部分现代服务业开展营业税改增值税(简称"营改增")试点。自 2012 年 8 月 1 日起至年底,国务院将扩大营改增试点至 10 省市;2013 年 8 月 1 日,营改增范围已推广到全国试行,将广播影视服务业纳入试点范围。2014 年 1 月 1 日起,将铁路运输业和邮政服务业纳入营改增试点,至此交通运输业已全部纳入营改增范围;2016 年 3 月 18 日召开的国务院常务会议决定,自 2016 年 5 月 1 日起,中国将全面推开营改增试点,将建筑业、房地产业、金融业、生活服务业全部纳入营改增试点。2017 年 11 月 19 日国务院颁布第 691 号国务院令,决定废止《中华人民共和国营业税暂行条例》,至此,营业税全面退出历史舞台。"营改增"是自 1994 年分税制改革以来最重要的一项税制改革。

我国现行税收制度共设有 20 个税种,按其性质和作用大致可以分为五类:

(1) 流转税类,包括增值税、消费税和关税。

(2) 所得税类,包括企业所得税、外企所得税和个人所得税。

(3) 资源税类,包括资源税、城镇土地使用税、土地增值税和耕地占用税。

(4) 财产税类,包括房产税、城市房地产税、车船税和契税。

(5) 行为税类,包括印花税、城市维护建设税、车辆购置税、固定资产投资方向调节税、环境保护税和烟叶税。

13.2 房产税

13.2.1 概述

房产税又称房屋税,是以房屋为征税对象,按房屋的计税余值或租金收入为计税依据,向产权所有人征收的一种税。房产税按照税收分类属于财产税范畴。房产税是中外各国政府广为开征的古老的税种之一,大多以房屋的某种外部标志作为确定负担税额的标准。

我国从古代开始就有朝代对房屋征税,周代的"廛布",唐朝的间架税,清朝初期的"市廛输钞""计檩输钞",清末和民国时期的"房捐"等,都是以房屋为对象征税。新中国成立后,1950 年 1 月政务院公布的《全国税政实施要则》规定全国统一征收房产税。同年 6 月,将房产税和地产税合并为房地产税。1951 年 8 月 8 日,政务院公布《城市房地产税暂行条例》。1973 年简化税制,将试行工商税的企业缴纳的城市房地产税并入工商税,只对有房产的个人、外国侨民和房地产管理部门继续征收城市房地产税。1984 年 10 月,国有企业实行第二步利改税和全国改革工商税制时,确定对企业恢复征收城市房地产税。同时,鉴于中国城市的土地属于国有,使用者没有土地产权的实际情况,将城市房地产税分为房产税和城镇土地使用税。1986 年 9 月 15 日,国务院发布《中华人民共和国房产税暂行条例》,决定从当年 10 月 1 日起施行。对在中国有房产的外商投资企业、外国企业和外籍人员仍征收城市房地产税。2011 年 1 月 8 日,根据《国务院关于废止和修改部分行政法规的决定》(国务院令第 588 号)对《中华人民共和国房产税暂行条例》第八条进行了修订。

条例颁布多年来,目前仅对经营性物业进行征收。鉴于个人住房房产税全国推行难度较大,目前已从个别城市开始试点。2011 年 1 月 28 日,上海、重庆开始试点房产税。上海市人民政府 2011 年 1 月 27 日印发《上海市开展对部分个人住房征收房产税试点的暂行办法》,办法规定从 2011 年 1 月 28 日起对上海居民家庭新购第二套及以上住房和非上海居民家庭的新购住房征收房产税,税率因房价高低分别暂定为 0.6% 和 0.4%。重庆作为个人住房房产税改革试点,从 2011 年 1 月 28 日开始向个人房产征收房产税。重庆主城 9 区内存量增量独栋别墅、新购高档商品房、外地炒房客在重庆购第二套房,将被征收房产税,其税率为 0.5%~1.2%。

13.2.2 房产税的征税范围及纳税人

1. 征税范围

根据《中华人民共和国房产税暂行条例》规定,房产税在城市、县城、建制镇和工矿区征收。城市、县城、建制镇、工矿区的具体征税范围,由各省、自治区、直辖市人民政府确定。1986 年 9 月 25 日颁布的《财政部、税务总局关于房产税若干具体问题的解释和暂行规定》中对房产税征税范围做出了具体解释:"城市"是指经国务院批准设立的市;"县城"是指未设立建制镇的县人民政府所在地;"建制镇"是指经省、自治区、直辖市人民政府批准设立的建制镇;"工矿区"是指工商业比较发达,人口比较集中,符合国务院规定的建制镇标准,但尚未设立镇建制的大中型工矿企业所在地。开征房产税的工矿区须经省、自治区、直辖市人民政府批准。

2. 纳税人

房产税由产权所有人缴纳。产权属于全民所有的,由经营管理的单位缴纳。产权出典的,由承典人缴纳。产权所有人、承典人不在房产所在地的,或者产权未确定及租典纠纷未解决的,由房产代管人或者使用人缴纳。房产税纳税义务人包括产权所有人、经营管理单位、承典人、房产代管人或者使用人。

13.2.3 房产税的计税依据和税率

1. 计税依据

房产税依照房产原值一次减除 10%~30% 后的余值计算缴纳。具体减除幅度由省、自治区、直辖市人民政府规定。没有房产原值作为依据的,由房产所在地税务机关参考同类房产核定。房产出租的,以房产实际租金收入为房产税的计税依据。2008 年 12 月 31 日颁布的《财政部、国家税务总局关于房产税城镇土地使用税有关问题的通知》中对于如何确定房产原值问题做出明确解释:"对依照房产原值计税的房产,不论是否记载在会计账簿固定资产科目中,均应按照房屋原价计算缴纳房产税。房屋原价应根据国家有关会计制度规定进行核算。对纳税人未按国家会计制度规定核算并记载的,应按规定予以调整或重新评估。"

2. 税率

我国现行房产税税率采用的是比例税率。房产税分为按从价(房产余值)和从租(房产租金收入)两种方式计算缴纳。

(1) 从价计算缴纳的,税率为 1.2%。

(2) 从租计算缴纳的,税率为 12%。

自 2008 年 3 月 1 日起,对个人出租住房不区分用途,按 4% 的税率征收房产税。对企事业单位、社会团体以及其他组织按市场价格向个人出租用于居住的住房,也按 4% 的税率征收房产税。

13.2.4　房产税应纳税额的计算

从价计征和从租计征两种方式的计算公式如下。

(1)从价计征的计算。从价计征是按房产的原值减除一定比例后的余值计征,其公式为

$$应纳税额＝应税房产原值×(1－扣除比例)×1.2\%$$

(2)从租计征的计算。从租计征是按房产的租金收入计征,其公式为

$$应纳税额＝租金收入×12\%$$

13-5

13.2.5　房产税的减免范围

根据《中华人民共和国房产税暂行条例》有关规定,下列房产免税。

(1)国家机关、人民团体、军队自用的房产。国家机关、人民团体、军队自用的房产是指这些单位本身的办公用房和公务用房。上述免税单位出租的房产以及非本身业务用的生产、营业用房产不属于免税范围。

(2)由国家财政部门拨付事业经费的单位自用的房产。事业单位自用的房产,是指这些单位本身的业务用房。为了鼓励事业单位经济自立,由国家财政部门拨付事业经费的单位,其经费来源实行自收自支后,从事业单位经费实行自收自支的年度起,免征房产税三年。

(3)宗教寺庙、公园、名胜古迹自用的房产。宗教寺庙自用的房产是指举行宗教仪式等的房屋和宗教人员使用的生活用房屋。公园、名胜古迹自用的房产是指供公共参观游览的房屋及其管理单位的办公用房屋。公园、名胜古迹中附设的营业单位,如影剧院、饮食部、茶社、照相馆等所使用的房产及出租的房产,应征收房产税。

(4)个人所有非营业的房产。个人所有的非营业的房产主要是指居民个人住房。对个人所有的居住用房,不分面积大小,均免征房产税。对个人拥有的营业用房或出租的房产,不分用途,均应征收房产税。

(5)经财政部批准免税的其他房产。主要包括:企业办的各类学校、医院、托儿所、幼儿园自用的房产,免征房产税;为鼓励利用地下人防设施,地下人防设施暂不征收房产税;经有关部门鉴定,对毁损不堪居住的房屋和危险房屋,在停止使用后,可免征房产税;对微利企业和亏损企业的房产,可由地方根据实际情况在一定期限内暂免征收房产税。企业停产、撤销后,对其原有的房产闲置不用的,经省、自治区、直辖市税务局批准可暂不征收房产税;房屋大修停用在半年以上的,经纳税人申请,税务机关审核,在大修期间可免征房产税;凡是在基建工地为基建工地服务的各种工棚、材料棚、办公室、食堂等临时性房屋,在施工期间,一律免征房产税。

《财政部、国家税务总局关于廉租住房经济适用住房和住房租赁有关税收政策的通知》中规定:对廉租住房经营管理单位按照政府规定价格、向规定保障对象出租廉租住房的租金收入,免征房产税。此外,纳税人纳税确有困难的,可由省、自治区、直辖市人民政府确定,定期减征或者免征房产税。

13.3 城镇土地使用税

13.3.1 概述

城镇土地使用税是以城市、县城、建制镇、工矿区范围内的土地为征税对象,以实际占用的土地面积为计税依据,按规定税额对拥有土地使用权的单位和个人征收的一种税。城镇土地使用税按照税收分类属于资源税范畴。1988年9月27日国务院发布了《中华人民共和国城镇土地使用税暂行条例》,在全国范围内开征城镇土地使用税。该条例分别于2006年12月31日、2011年1月8日、2013年12月7日进行了三次修订。开征城镇土地使用税对于促进城镇土地合理利用,调节土地级差收入,提高土地使用效益具有重要意义。

13.3.2 征税范围及纳税人

1. 征税范围

根据《中华人民共和国城镇土地使用税暂行条例》规定,城镇土地使用税的征税范围是城市、县城、建制镇、工矿区范围内的土地,包括国有和集体所有的土地。

2006年4月30日《财政部、国家税务总局关于集体土地城镇土地使用税有关政策的通知》对城镇土地使用税的征税范围做出新规定:"在城镇土地使用税征税范围内实际使用应税集体所有建设用地、但未办理土地使用权流转手续的,由实际使用集体土地的单位和个人按规定缴纳城镇土地使用税。本通知自2006年5月1日起执行,此前凡与本通知不一致的政策规定一律以本通知为准。"该通知将城镇土地使用税的征税范围扩大到集体建设用地。

2. 纳税人

纳税人为在城市、县城、建制镇、工矿区范围内使用土地的单位和个人,包括国有企业、集体企业、私营企业、股份制企业、外商投资企业、外国企业以及其他企业和事业单位、社会团体、国家机关、军队以及其他单位、个体工商户以及其他个人。

13.3.3 税率及应纳税额的计算

1. 税率

城镇土地使用税采用定额税率,即采用有幅度的差别税额。按大、中、小城市和县城、建制镇、工矿区分别规定每平方米城镇土地使用税每年应纳税额。城镇土地使用税每平方米每年税额标准具体规定如下:

(1) 大城市1.5~30元;

(2) 中等城市1.2~24元;

(3) 小城市0.9~18元;

(4) 县城、建制镇、工矿区0.6~12元。

2. 应纳税额的计算

城镇土地使用税计算公式如下:

$$应纳城镇土地使用税额＝纳税人实际占用的土地面积×适用单位税额$$

13.3.4　税收优惠范围

根据《中华人民共和国城镇土地使用税暂行条例》及有关规定,下列土地免缴城镇土地使用税:

(1) 国家机关、人民团体、军队自用的土地;

(2) 由国家财政部门拨付事业经费的单位自用的土地;

(3) 宗教寺庙、公园、名胜古迹自用的土地;

(4) 市政街道、广场、绿化地带等公共用地;

(5) 直接用于农、林、牧、渔业的生产用地;

(6) 经批准开山填海整治的土地和改造的废弃土地,从使用的月份起免缴土地使用税5～10年;

(7) 由财政部另行规定免税的能源、交通、水利设施用地和其他用地;

(8) 对廉租住房、经济适用住房建设用地以及廉租住房经营管理单位按照政府规定价格、向规定保障对象出租的廉租住房用地。

13.4　耕地占用税

13.4.1　概述

耕地占用税是指国家对占用耕地建房或者从事其他非农业建设的单位和个人,依据实际占用耕地面积、按照规定税率一次性征收的税种。耕地占用税按照税收分类属于行为税范畴。我国于1987年4月1日由国务院发布了《中华人民共和国耕地占用税暂行条例》,并在2007年12月1日发布了修订版,新条例自2008年1月1日起施行。2018年12月29日第十三届全国人民代表大会常务委员会第七次会议通过《中华人民共和国耕地占用税法》,自2019年9月1日起施行,《中华人民共和国耕地占用税暂行条例》同时废止。本法第一条规定:"为了合理利用土地资源,加强土地管理,保护耕地,制定本法。"因此,开征耕地占用税的目的在于加强耕地保护,限制非农业建设占用耕地,促进土地资源的合理利用。

13.4.2　纳税人

耕地占用税的纳税人为占用耕地建房或者从事非农业建设的单位或者个人,包括国有企业、集体企业、私营企业、股份制企业、外商投资企业、外国企业以及其他企业和事业单位、社会团体、国家机关、部队以及其他单位、个体工商户以及其他个人。除占用耕地缴纳该税外,占用园地、林地、草地、农田水利用地、养殖水面、渔业水域滩涂以及其他农用地建设建筑物、构筑物或者从事非农业建设的,依照本法的规定也应缴纳耕地占用税。

耕地占用税纳税人应主要依据农用地转用审批文件认定。农用地转用审批文件中标明用地人的,用地人为纳税人;审批文件中未标明用地人的,应要求申请用地人举证实际用地人,实际用地人为纳税人;实际用地人尚未确定的,申请用地人为纳税人;占用耕地尚未经批准的,实际用地人为纳税人。

13.4.3　税额标准与计算

1.税额标准

(1) 人均耕地不超过 1 亩的地区(以县、自治县、不设区的市、市辖区为单位,下同),每平方米为 10~50 元;

(2) 人均耕地超过 1 亩但不超过 2 亩的地区,每平方米为 8~40 元;

(3) 人均耕地超过 2 亩但不超过 3 亩的地区,每平方米为 6~30 元;

(4) 人均耕地超过 3 亩的地区,每平方米为 5~25 元。

在人均耕地低于 0.5 亩的地区,省、自治区、直辖市可以根据当地经济发展情况,适当提高耕地占用税的适用税额,但提高的部分不得超过上述税额标准第二条确定的适用税额的 50%。占用基本农田的,应当按照上述税额标准第二条确定的适用税额或者依法确定的当地适用税额,加按 150% 征收。

占用园地、林地、草地、农田水利用地、养殖水面、渔业水域滩涂等农用地的,适用税额可以适当低于本地区依法确定的适用税额,但降低的部分不得超过 50%。具体适用税额由省、自治区、直辖市人民政府提出,报同级人民代表大会常务委员会决定,并报全国人民代表大会常务委员会和国务院备案。

由国务院财政、税务主管部门根据人均耕地面积和经济发展情况确定各省、自治区、直辖市的平均税额。由于我国不同地区之间人口和耕地资源的分布很不均衡,有些地区人口稠密,耕地资源相对匮乏;而有些地区则人烟稀少,耕地资源比较丰富。同时,各地区之间的经济发展水平也存在较大差异。考虑到不同地区之间客观条件的差别以及与此相关的税收调节力度和纳税人负担能力方面的差别,耕地占用税在税率设计上采用了地区差别定额税率。各省、自治区、直辖市耕地占用税平均税额见图 13-1。

资料来源:财政部、税务总局

图 13-1　各省、自治区、直辖市耕地占用税平均税额(元/m²)

各省、自治区、直辖市耕地占用税适用税额的平均水平,不得低于《中华人民共和国耕地占用税法》所规定的平均税额。

2. 应纳税额的计算

$$应纳税额＝实际占用耕地面积(m^2)×适用税额$$

13.4.4 税收优惠范围

1. 免征耕地占用税的情形

(1) 农田水利设施占用耕地,免征耕地占用税。

(2) 军事设施、学校、幼儿园、社会福利机构、医疗机构占用耕地,免征耕地占用税。

(3) 农村烈士遗属、因公牺牲军人遗属、残疾军人以及符合农村最低生活保障条件的农村居民,在规定用地标准以内新建自用住宅,免征耕地占用税。

(4) 农村居民经批准搬迁,新建自用住宅占用耕地不超过原宅基地面积的部分,免征耕地占用税。

(5) 占用园地、林地、草地、农田水利用地、养殖水面、渔业水域滩涂以及其他农用地建设直接为农业生产服务的生产设施,免征耕地占用税。

2. 减征耕地占用税的情形

(1) 铁路线路、公路线路、飞机场跑道、停机坪、港口、航道、水利工程占用耕地,减按每平方米 2 元的税额征收耕地占用税。

(2) 农村居民在规定用地标准以内占用耕地新建自用住宅,按照当地适用税额减半征收耕地占用税。

根据国民经济和社会发展的需要,国务院可以规定免征或者减征耕地占用税的其他情形,报全国人民代表大会常务委员会备案。符合规定免征或者减征耕地占用税情形后,纳税人改变原占地用途,不再属于免征或者减征耕地占用税情形的,应当按照当地适用税额补缴耕地占用税。

13.5 土地增值税

13.5.1 概述

1. 土地增值税的概念

土地增值税是指对有偿转让国有土地使用权、地上的建筑物及其附着物并取得收入的单位和个人所征收的一种税,不包括以继承、赠与方式无偿转让房地产的行为。1993 年 12 月 13 日国务院发布了《中华人民共和国土地增值税暂行条例》,1995 年 1 月 27 日财政部发布了《中华人民共和国土地增值税暂行条例实施细则》,决定自 1994 年 1 月 1 日起在全国开征土地增值税。根据 2011 年 1 月 8 日公布的第 588 号国务院令,本法进行了修订。

2．开征土地增值税的意义

开征土地增值税，是国家运用税收手段规范房地产市场秩序，合理调节土地增值收益分配，维护国家权益，促进房地产开发健康发展的重要举措。我国开征土地增值税的目的和意义主要有三个方面。

（1）规范房地产市场交易秩序，促进社会公平。改革开放后，我国对土地使用管理制度逐步进行了改革，确立了房地产有偿使用、允许转让土地使用权的政策和制度，这从根本上促进了我国房地产开发和房地产交易市场的发展。对于合理配置土地资源，提高土地使用效益，增加政府财政收入，以及带动国民经济相关产业的发展，都产生了积极作用。但是，由于土地管理的各项制度不健全、不配套，以及行政管理上的偏差，在房地产业发展中也出现了一些问题。主要体现为房地产开发过热，炒买炒卖房地产的投机之风盛行，房地产价格上涨过猛，国有土地资源收益流失过多，冲击和危害了国民经济的健康协调发展，也造成了社会分配不公。开征土地增值税，可以规范房地产市场交易秩序，有力促进社会公平。

（2）抑制土地炒买炒卖，保障国家的土地权益，增加财政收入。在我国，土地资源属国家所有，国家为整治和开发土地投入了巨额资金，应参与土地增值收益分配，并取得较大份额。同时，对房地产开发者投资、开发房地产，也应保证其获得合理收益，即能够得到合理的投资回报，以促进房地产业的正常发展。然而，有些地区出于招商引资或急于求成搞建设的考虑，盲目进行土地开发，竞相压低国有土地批租价格，致使国家土地增值收益流失严重，极大地损害了国家利益。通过对土地增值收益征税，可以在一定程度上堵塞漏洞，减少国家土地资源及增值性收益的流失，遏制土地投机行为，保护房地产开发者的合法权益，维护国家的整体利益。对土地增值收益征税，可以为增加国家财政收入开辟新的来源。

（3）加强国家对房地产市场的宏观调控，促进国民经济健康稳定发展。房地产税收对经济周期可以起到有效的调节作用，促进房地产市场的健康稳定发展。当前，房地产投资过热，投资增幅持续居高不下，已经威胁到房地产业的健康发展。开征土地增值税，利用税收杠杆对房地产业的开发、经营和房地产市场进行适当调控，促进土地资源的合理利用，可以引导社会资金的流向，调控整个国家房地产业的发展速度和发展方向，降低投机者的交易收益，从而遏制投机，抑制投资，保证房地产业的健康、稳定和持续发展。

13.5.2 纳税人和税率

1．纳税人

土地增值税的纳税人为转让国有土地使用权、地上的建筑物及其附着物并取得收入的单位和个人，其包含两层意思：一是只针对国有土地使用权发生转让的行为征税，转让集体土地使用权不征该税；二是只针对有偿转让国有土地使用权、地上的建筑物及其附着物的行为征税，以继承、赠与方式无偿转让房地产的行为不征该税。这里所称的单位和个人，是指各类企业单位、事业单位、国家机关和社会团体及其他组织、个体经营者。

2．税率

根据《中华人民共和国土地增值税暂行条例》的相关规定，土地增值税实行四级超率累进税率。土地增值税税率见表 13-1。

表 13-1 土地增值税税率

级数	计税依据	适用税率/%	速算扣除系数/%
1	增值额未超过扣除项目金额 50% 的部分	30	0
2	增值额超过扣除项目金额 50%，未超过扣除项目金额 100% 的部分	40	5
3	增值额超过扣除项目金额 100%，未超过扣除项目金额 200% 的部分	50	15
4	增值额超过扣除项目金额 200% 的部分	60	35

上面四级超率累进税率，每级"增值额未超过扣除项目金额"的比例，均包括本比例数。

13.5.3　土地增值税的计税依据

土地增值税的计税依据是指纳税人转让房地产所取得的增值额。增值额为纳税人转让房地产所取得的收入减除规定扣除项目金额后的余额。

1. 收入的确定

纳税人转让房地产所取得的收入，包括货币收入、实物收入和其他收入，即与转让房地产有关的经济收益。

13-7

2. 扣除项目的确定

在计算土地增值税时允许扣除的项目主要包括六类。

（1）取得土地使用权所支付的金额，是指纳税人为取得土地使用权所支付的地价款和按国家统一规定缴纳的有关费用。以协议、招标、拍卖等出让方式取得土地使用权的，地价款为纳税人所支付的土地出让金；以行政划拨方式取得土地使用权的，地价款为转让土地使用权时按规定补交的出让金；以转让方式得到土地使用权的，地价款为向原土地使用权人实际支付的地价款。缴纳的有关费用是指纳税人在取得土地使用权过程中为办理有关手续，按国家统一规定缴纳的有关登记、过户手续费。

（2）开发土地和新建房及配套设施的成本，是指纳税人房地产开发项目实际发生的成本，包括土地征用及拆迁补偿费、前期工程费、建筑安装工程费、基础设施费、公共配套设施费、开发间接费用。

土地征用及拆迁补偿费包括土地征用费、耕地占用税、劳动力安置费及有关地上、地下附着物拆迁补偿的净支出、安置动迁用房支出等。前期工程费包括规划、设计、项目可行性研究和水文、地质、勘察、测绘、"三通一平"等支出。建筑安装工程费是指以出包方式支付给承包单位的建筑安装工程费，以自营方式发生的建筑安装工程费。基础设施费包括开发小区内道路、供水、供电、供气、排污、排洪、通讯、照明、环卫、绿化等工程发生的支出。公共配套设施费包括不能有偿转让的开发小区内公共配套设施发生的支出。开发间接费用是指直接组织、管理开发项目发生的费用，包括工资、职工福利费、折旧费、修理费、办公费、水电费、劳动保护费、周转房摊销等。

（3）开发土地和新建房及配套设施的费用，是指与房地产开发项目有关的销售费用、管理费用、财务费用。财务费用中的利息支出，凡能够按转让房地产项目计算分摊并提供金融机构证明的，允许据实扣除，但最高不能超过按商业银行同类同期贷款利率计算的金额，其他房地产开发费用，按取得土地使用权所支付的金额、开发土地和新建房及配套设施的成本计算的金额之和的 5％以内计算扣除。

凡不能按转让房地产项目计算分摊利息支出或不能提供金融机构证明的，房地产开发费用按取得土地使用权所支付的金额、开发土地和新建房及配套设施的成本计算的金额之和的 10％以内计算扣除。计算扣除的具体比例，由各省、自治区、直辖市人民政府依法规定。

（4）旧房及建筑物的评估价格，是指在转让已使用的房屋及建筑物时，由政府批准设立的房地产评估机构评定的重置成本价乘以成新度折扣率后的价格。评估价格须经当地税务机关确认。旧房及建筑物重置成本价是指对旧房及建筑物按转让时建材价格及人工费计算，建筑同样面积、同样层次、同样结构、同样建设标准的新房及建筑物所需花费的成本费用。旧房及建筑物的成新度是指按旧房及建筑物的新旧程度做一定比例的折扣。

此外，转让旧房的，应按房屋及建筑物的评估价格、取得土地使用权所支付的地价款和按国家统一规定交纳的有关费用以及在转让环节缴纳的税金作为扣除项目金额计征土地增值税。对取得土地使用权时未支付地价款或不能提供已支付的地价款凭据的，不允许扣除取得土地使用权所支付的金额。

（5）与转让房地产有关的税金。是指在转让房地产时缴纳的增值税、城市维护建设税、印花税等。因转让房地产交纳的教育费附加，也可视同税金予以扣除。

（6）财政部规定的其他扣除项目。对从事房地产开发的纳税人，可按取得土地使用权所支付的金额与开发土地和新建房及配套设施的成本之和加计 20％的扣除。

13.5.4　土地增值税应纳税额的计算

土地增值税按照纳税人转让房地产所取得的增值额和规定的税率计算征收。增值额为纳税人转让房地产所取得的收入减除规定扣除项目金额后的余额。计算土地增值税税额，可按增值额乘以适用的税率减去扣除项目金额乘以速算扣除系数的简便方法计算，具体公式如下：

土地增值额＝转让房地产所取得的收入－扣除项目金额

应纳税额＝增值额×适用税率－扣除项目金额×速算扣除系数

四级税率所对应的土地增值税应纳税额计算公式如下：

（1）增值额未超过扣除项目金额 50％的土地增值税税额＝增值额×30％；

（2）增值额超过扣除项目金额 50％，未超过 100％的土地增值税税额＝增值额×40％－扣除项目金额×5％；

（3）增值额超过扣除项目金额 100％，未超过 200％的土地增值税税额＝增值额×50％－扣除项目金额×15％；

（4）增值额超过扣除项目金额 200％的土地增值税税额＝增值额×60％－扣除项目金额×35％，公式中的 5％、15％、35％为速算扣除系数。

例 13-1 某企业出售自有房地产,销售收入为 810 万元,其扣除项目金额为 360 万元,计算该企业应缴纳的土地增值税。

解:土地增值额＝转让房地产所取得的收入－扣除项目金额

$$＝(810-360)万元$$
$$＝450 万元$$

增值额占扣除项目比例＝$450 \div 360 \times 100\%$
$$＝125\%$$

故本项目属于增值额超过扣除项目金额 100%,未超过扣除项目金额 200%的部分,适用税率为 50%。

应纳税额＝增值额×适用税率－扣除项目金额×速算扣除系数

应纳土地增值税＝$(450 \times 50\% - 360 \times 15\%)$万元＝171 万元

例 13-2 某房地产开发企业出售一栋酒店,取得销售收入 5000 万元。企业为开发该项目支付土地出让金 800 万元,房地产开发成本为 2000 万元,开发该项目支付的贷款利息为 130 万元。企业为转让该项目缴纳增值税、城市维护建设税及教育费附加等共计 280.5 万元。此外,当地政府规定,企业可以按土地使用权出让费、房地产开发成本之和的 5%计算扣除其他房地产开发费用。计算该企业为该项目需缴纳多少土地增值税?

解:本题中扣除项目金额包括以下几部分:

土地出让金 800 万元,房地产开发成本 2000 万元,贷款利息 130 万元,与转让房地产有关的税金 280.5 万元。

其他房地产开发费用＝(土地使用权出让费 + 房地产开发成本)×5%

$$＝(800 + 2000) \times 5\% 万元$$
$$＝140 万元$$

另外,税法规定,从事房地产开发的企业可以按土地出让费和房地产开发成本之和的 20%加计扣除。

加计扣除＝(土地使用权出让费 + 房地产开发成本)×20%

$$＝(800 + 2000) \times 20\% 万元＝560 万元$$

因此

扣除项目金额＝$(800 + 2000 + 130 + 280.5 + 140 + 560)$万元
$$＝3910.5 万元$$

土地增值额＝转让房地产所取得的收入 － 扣除项目金额

$$＝(5000 - 3910.5) 万元$$
$$＝1089.5 万元$$

增值额占扣除项目比例＝$\dfrac{1089.5}{3910.5} \times 100\%$
$$＝27.86\%$$

故本项目属于增值额未超过扣除项目金额 50%的部分,适用税率为 30%。

应纳税额＝增值额×适用税率－扣除项目金额×速算扣除系数

$$＝1089.5 \times 30\% 万元$$
$$＝326.85 万元$$

13.5.5 土地增值税的优惠范围

（1）房地产企业建设普通住宅出售的，增值额未超过扣除金额 20% 的，免征土地增值税。所谓普通标准住宅，是指按所在地一般民用住宅标准建造的居住用住宅。普通标准住宅与其他住宅的具体划分界限由各省、自治区、直辖市人民政府依法规定。

（2）因国家建设需要依法征用、收回的房地产，免征土地增值税。这类房地产主要是指因城市实施规划、国家建设的需要而被政府批准征用的房产或收回的土地使用权。因城市实施规划、国家建设的需要而搬迁，由纳税人自行转让原房地产的，参照有关规定免征土地增值税。符合上述免税法规的单位和个人，须向房地产所在地税务机关提出免税申请，经税务机关审核后，免予征收土地增值税。

（3）个人因工作调动或改善居住条件而转让原自用住房，经向税务机关申报核准，凡居住满 5 年或 5 年以上的，免予征收土地增值税；居住满 3 年未满 5 年的，减半征收土地增值税。居住未满 3 年的，按法规计征土地增值税。

（4）2008 年 10 月 22 日，财政部、国家税务总局发布的《关于调整房地产交易环节税收政策的通知》中规定，对个人销售住房暂免征收土地增值税。

（5）企事业单位、社会团体以及其他组织转让旧房作为廉租住房、经济适用住房房源且增值额未超过扣除项目金额 20% 的，免征土地增值税。

13.5.6 土地增值税的清算

土地增值税清算，是指纳税人在符合土地增值税清算条件后，依照税收法律、法规及土地增值税有关政策规定，计算房地产开发项目应缴纳的土地增值税税额，并填写《土地增值税清算申报表》，向主管税务机关提供有关资料，办理土地增值税清算手续，结清该房地产项目应缴纳土地增值税税款的行为。国家税务总局在 2006 年 12 月 28 日发布了《关于房地产开发企业土地增值税清算管理有关问题的通知》，自 2007 年 2 月 1 日起执行；2010 年 5 月 19 日，国家税务总局发布《关于土地增值税清算有关问题的通知》，对土地增值税清算工作做出明确的规定。

1. 土地增值税的清算单位

土地增值税以国家有关部门审批的房地产开发项目为单位进行清算，对于分期开发的项目以分期项目为单位清算。项目中同时包含普通住宅和非普通住宅的，应分别计算增值额。

2. 土地增值税的清算条件

（1）符合下列情形之一的，纳税人应进行土地增值税的清算：房地产开发项目全部竣工、完成销售的；整体转让未竣工决算房地产开发项目的；直接转让土地使用权的。

（2）符合下列情形之一的，主管税务机关可要求纳税人进行土地增值税清算：已竣工验收的房地产开发项目，已转让的房地产建筑面积占整个项目可售建筑面积的比例在 85% 以上，或该比例虽未超过 85%，但剩余的可售建筑面积已经出租或自用的；取得销售（预售）许可证满三年仍未销售完毕的；纳税人申请注销税务登记但未办理土地增值税清算手续的;省税务机关规定的其他情况。

13.6 契税

13.6.1 概述

契税是土地、房屋权属转移时向承受的单位和个人征收的一种税。"土地、房屋权属"的转移是指"土地使用权、房屋所有权"的转移。"承受"是指以受让、购买、受赠、交换等方式取得土地、房屋权属的行为。契税按照税收分类属于财产税范畴。

我国契税最早起源于东晋时期的"估税",当时规定,凡买卖田宅、奴婢、牛马,立有契据者,每一万钱交易额官府征收四百钱即税率为 4%,其中卖方缴纳 3%,买方缴纳 1%。北宋开宝二年(969 年),开始征收印契钱,由买方缴纳,并规定缴纳期限为 2 个月。从此,开始以保障产权为由征收契税。以后历代封建王朝对土地、房屋的买卖、典当等产权变动都征收契税,但税率和征收范围不完全相同。由于契税是以保障产权的名义征收的,长期以来都是纳税人自觉向政府申报投税,请求验印或发给契证。新中国成立后,政务院于 1950 年发布《契税暂行条例》,规定对土地、房屋的买卖、典当、赠与和交换征收契税。1954 年财政部经政务院批准,对《契税暂行条例》的个别条款进行了修改,规定对公有制单位承受土地、房屋权属转移免征契税。

改革开放后,国家重新调整了土地、房屋管理方面的有关政策,房地产市场逐步得到了恢复和发展。为了适应建立和发展社会主义市场经济形势的需要,充分发挥契税筹集财政收入和调控房地产市场的功能,从 1990 年起,就开始了《契税暂行条例》的修订工作。1997 年国务院发布了《中华人民共和国契税暂行条例》,并于同年 10 月 1 日起开始实施。并在 1997 年 10 月 28 日颁布了《中华人民共和国契税暂行条例细则》,增强了契税征收工作的操作性。2020 年 8 月 11 日第十三届全国人民代表大会常务委员会第 21 次会议通过了《中华人民共和国契税法》,自 2021 年 9 月 1 日起施行,原《中华人民共和国契税暂行条例》同时废止。

13.6.2 征税对象和纳税人

1. 征税对象

契税的征税对象是转移的土地、房屋权属。具体包括以下五项内容:土地使用权出让;土地使用权转让,包括出售、赠与和互换;房屋买卖;房屋赠与;房屋互换。

国有土地使用权出让是指土地使用者向国家交付土地使用权出让费用,国家将国有土地使用权在一定年限内让予土地使用者的行为。土地使用权转让是指土地使用者以出售、赠与、互换或者其他方式将土地使用权转移给其他单位和个人的行为(不包括农村集体土地承包经营权的转移)。土地使用权出售是指土地使用者以土地使用权作为交易条件,取得货币、实物、无形资产或者其他经济利益的行为。土地使用权赠与是指土地使用者将其土地使用权无偿转让给受赠者的行为。土地使用权互换是指土地使用者之间相互交换土地使用权的行为。房屋买卖是指房屋所有者将其房屋出售,由承受者交付货币、实物、无形资产或者其他经济利益的行为。房屋赠与是指房屋所有者将其房屋无偿转让给受赠者的行为。房屋互换是指房屋所有者之间相互交换房屋的行为。

2．纳税人

契税的纳税义务人是境内转移土地、房屋权属，承受的单位和个人。包括企业单位、事业单位、国家机关、军事单位和社会团体以及其他组织、个体经营者及其他个人（包括中国公民和外籍人员）。

13.6.3 税额计算

1．税率

契税税率为3％～5％。契税的适用税率由省、自治区、直辖市人民政府在有关规定的幅度内按照本地区的实际情况确定，并报财政部和国家税务总局备案。2008年10月22日，财政部、国家税务总局发布的《关于调整房地产交易环节税收政策的通知》中规定，为适当减轻个人住房交易的税收负担，支持居民首次购买普通住房，经国务院批准，调整房地产交易环节有关税收政策，并自2008年11月1日起实施。通知中规定对个人首次购买90m^2及以下普通住房的，契税税率暂统一下调到1％。首次购房证明由住房所在地县（区）住房建设主管部门出具。

2．计税依据

契税的计税依据如下。

（1）土地使用权出让、出售、房屋买卖，计税依据为土地、房屋权属转移合同确定的成交价格。成交价格是指土地、房屋权属转移合同确定的价格，包括承受者应交付的货币、实物、无形资产或者其他经济利益。

（2）土地使用权赠与、房屋赠与以及其他没有价格的转移土地、房屋权属行为，为税务机关参照土地使用权出售、房屋买卖的市场价格依法核定的价格。

（3）土地使用权交换、房屋交换，为所交换的土地使用权、房屋的价格的差额。交换价格不相等的，由多交付货币、实物、无形资产或者其他经济利益的一方缴纳税款。交换价格相等的，免征契税。以划拨方式取得土地使用权的，经批准转让房地产时，应由房地产转让者补缴契税。其计税依据为补缴的土地使用权出让费用或者土地收益。

为避免偷逃税款，税法规定，成交价格明显低于市场价格并且无正当理由或者所交换土地使用权、房屋价格的差额明显不合理并且无正当理由的，由征收机关参照市场价格核定。

3．应纳税额的计算

契税应纳税额按照规定的税率和规定的计税依据计算征收。应纳税额计算公式为

$$应纳税额＝计税依据×税率$$

应纳税额以人民币计算。转移土地、房屋权属以外汇结算的，按照纳税义务发生之日中国人民银行公布的人民币市场汇率中间价折合成人民币计算。

13.6.4　税收优惠

根据《中华人民共和国契税法》规定,有下列情形之一的,免征或者减征契税:

(1) 国家机关、事业单位、社会团体、军事单位承受土地、房屋权属用于办公、教学、医疗、科研、军事设施;

(2) 非营利性的学校、医疗机构、社会福利机构承受土地、房屋权属用于办公、教学、医疗、科研、养老、救助;

(3) 承受荒山、荒地、荒滩土地使用权用于农、林、牧、渔业生产;

(4) 婚姻关系存续期间夫妻之间变更土地、房屋权属;

(5) 法定继承人通过继承承受土地、房屋权属;

(6) 依照法律规定应当予以免税的外国驻华使馆、领事馆和国际组织驻华代表机构承受土地、房屋权属。

根据国民经济和社会发展的需要,国务院对居民住房需求保障、企业改制重组、灾后重建等情形可以规定免征或者减征契税,报全国人民代表大会常务委员会备案。

省、自治区、直辖市可以决定对下列情形免征或者减征契税:①因土地、房屋被县级以上人民政府征收、征用,重新承受土地、房屋权属;②因不可抗力灭失住房,重新承受住房权属。免征或者减征契税的具体办法由省、自治区、直辖市人民政府提出,报同级人民代表大会常务委员会决定,并报全国人民代表大会常务委员会和国务院备案。

经批准减征、免征契税的纳税人改变有关土地、房屋的用途,不再属于规定的减征、免征契税范围的,应当补缴已经减征、免征的税款。

13.7　相关税收

13.7.1　增值税

我国于 2012 年启动营改增试点,2016 年 3 月 24 日,财政部和国家税务总局发布《关于全面推开营业税改征增值税试点的通知》(财税〔2016〕36 号),宣布自 2016 年 5 月 1 日起,全面推开营改增试点,将建筑业、房地产业、金融业、生活服务业等全部纳税人纳入试点范围。至此,营改增覆盖原来适用营业税的所有行业,从而使增值税全面替代营业税。

营改增是推进供给侧结构性改革的重大举措,是近年来我国实施的减税规模最大的改革措施,也是推进财税体制改革的重点任务。营改增对于推动构建统一简洁税制和消除重复征税,有效减轻企业和群众负担,拉长产业链条扩大税基,落实创新驱动发展战略,促进新动能成长和产业升级,带动增加就业,起到了一举多得的重要作用,既为当前经济增长提供了有力支撑,也为今后持续发展增添了强劲动力。

2017 年 11 月 19 日国务院颁布第 691 号国务院令《国务院关于废止〈中华人民共和国营业税暂行条例〉和修改〈中华人民共和国增值税暂行条例〉的决定》,自公布之日起施行,标志着在我国全面取消了实施 60 多年的营业税,至此,营业税全面退出历史舞台。

1993 年 12 月 13 日国务院公布了《中华人民共和国增值税暂行条例》,2017 年 11 月 19

日进行了第二次修订,并自公布之日起施行。增值税是我国现行流转税体系中的主体税种之一,也是我国最大的税种。在我国境内销售货物或者加工、修理修配劳务,销售服务、无形资产、不动产以及进口货物的单位和个人,为增值税的纳税人,应当缴纳增值税。

2016 年 3 月 31 日国家税务总局发布了《房地产开发企业销售自行开发的房地产项目增值税征收管理暂行办法》,自 2016 年 5 月 1 日起施行,以明确房地产开发企业销售自行开发的房地产项目如何征收管理的相关问题。房地产开发企业销售自行开发的房地产项目,以及房地产开发企业以接盘等形式购入未完工的房地产项目继续开发后以自己的名义立项销售的,适用该办法。

1. 一般纳税人征税管理

13-9

1)销售额

房地产开发企业中的一般纳税人销售自行开发的房地产项目,适用一般计税方法计税,按照取得的全部价款和价外费用,扣除当期销售房地产项目对应的土地价款后的余额计算销售额。销售额的计算公式如下:

$$销售额 = (全部价款和价外费用 - 当期允许扣除的土地价款) \div (1 + 11\%)$$

当期允许扣除的土地价款按照以下公式计算:

当期允许扣除的土地价款 =

(当期销售房地产项目建筑面积 ÷ 房地产项目可供销售建筑面积)× 支付的土地价款

当期销售房地产项目建筑面积是指当期进行纳税申报的增值税销售额对应的建筑面积。房地产项目可供销售建筑面积是指房地产项目可以出售的总建筑面积,不包括销售房地产项目时未单独作价结算的配套公共设施的建筑面积。支付的土地价款是指向政府、土地管理部门或受政府委托收取土地价款的单位直接支付的土地价款。

一般纳税人销售自行开发的房地产老项目,可以选择适用简易计税方法按照 5% 的征收率计税。一经选择简易计税方法计税的,36 个月内不得变更为一般计税方法计税。一般纳税人销售自行开发的房地产老项目适用简易计税方法计税的,以取得的全部价款和价外费用为销售额,不得扣除对应的土地价款。

2)预缴税款

一般纳税人采取预收款方式销售自行开发的房地产项目,应在收到预收款时按照 3% 的预征率预缴增值税。应预缴税款按照以下公式计算:

$$应预缴税款 = 预收款 \div (1 + 适用税率或征收率) \times 3\%$$

适用一般计税方法计税的,按照 11% 的适用税率计算;适用简易计税方法计税的,按照 5% 的征收率计算。一般纳税人应在取得预收款的次月纳税申报期向主管税务机关预缴税款。

3)进项税额

一般纳税人销售自行开发的房地产项目,兼有一般计税方法计税、简易计税方法计税、免征增值税的房地产项目而无法划分不得抵扣的进项税额的,应以《建筑工程施工许可证》注明的"建设规模"为依据进行划分。

不得抵扣的进项税额 = 当期无法划分的全部进项税额 ×(简易计税、免税房地产项目建设规模 ÷ 房地产项目总建设规模)

4）纳税申报

一般纳税人销售自行开发的房地产项目适用一般计税方法计税的,应以当期销售额和11％的适用税率计算当期应纳税额,抵减已预缴税款后,向主管税务机关申报纳税。未抵减完的预缴税款可以结转到下期继续抵减。

一般纳税人销售自行开发的房地产项目适用简易计税方法计税的,应以当期销售额和5％的征收率计算当期应纳税额,抵减已预缴税款后,向主管税务机关申报纳税。未抵减完的预缴税款可以结转到下期继续抵减。

2. 小规模纳税人征收管理

1）预缴税款

房地产开发企业中的小规模纳税人采取预收款方式销售自行开发的房地产项目,应在收到预收款时按3％的预征率预缴增值税。应预缴税款按照以下公式计算:

$$应预缴税款 = 预收款 \div (1+5\%) \times 3\%$$

小规模纳税人应在取得预收款的次月纳税申报期或主管税务机关核定的纳税期限向主管税务机关预缴税款。

2）纳税申报

小规模纳税人销售自行开发的房地产项目,应以当期销售额和5％的征收率计算当期应纳税额,抵减已预缴税款后,向主管税务机关申报纳税。未抵减完的预缴税款可以结转到下期继续抵减。

13.7.2 企业所得税

企业所得税是指对我国境内的企业和其他取得收入的组织以其生产经营所得为课税对象所征收的一种税。2007年3月16日第十届全国人民代表大会第五次会议通过了《中华人民共和国企业所得税法》,决定自2008年1月1日起施行,2018年12月29日第十三届全国人民代表大会常务委员会第七次会议通过该法的第二次修订。2007年12月6日国务院发布了《中华人民共和国企业所得税法实施条例》,自2008年1月1日起施行,2019年4月23日修订了该条例。

企业所得税的纳税人包括在中国境内成立的企业、事业单位、社会团体以及其他取得收入的组织。纳税人来源于中国境内、境外的生产经营的所得(包括销售货物所得、提供劳务所得、转让财产所得、股息红利等权益性投资所得、利息所得、租金所得、特许权使用费所得、接受捐赠所得和其他所得),都应依法缴纳企业所得税。企业所得税以应纳税所得额为计税依据。企业每一纳税年度的收入总额,减除不征税收入、免税收入、各项扣除以及允许弥补的以前年度亏损后的余额,为应纳税所得额。

企业所得税的税率为25％,此外,非居民企业适用税率为20％,符合条件的小型微利企业,减按20％的税率征收企业所得税,国家需要重点扶持的高新技术企业,减按15％的税率征收企业所得税。企业的应纳税所得额乘以适用税率,减除依照本法关于税收优惠的规定减免和抵免的税额后的余额,为应纳税额。计算公式为

$$应纳税额 = 应纳税所得额 \times 适用税率 - 减免税额 - 抵免税额$$

13.7.3　城市维护建设税

城市建设维护税是指国家对缴纳增值税、消费税的单位和个人就其缴纳的税额为计税依据而征收的一种税。2020年8月11日第十三届全国人民代表大会常务委员会第二十一次会议通过《中华人民共和国城市维护建设税法》，并自2021年9月1日起施行。国务院于1985年2月8日发布的《中华人民共和国城市维护建设税暂行条例》同时废止。我国自2010年12月1日起，国务院决定统一内外资企业和个人城市维护建设税。

城市维护建设税的纳税人包括缴纳增值税、消费税的各类企业、单位、个体经营者和其他个人。城市维护建设税以纳税人实际缴纳的消费税、增值税税额为计税依据，分别与上述两种税同时缴纳。应纳税额计算公式为

$$应纳税额 = (增值税 + 消费税) \times 适用税率$$

城市维护建设税按照纳税人所在地实行差别比例税率：纳税人所在地在市区的，税率为7%；在县城、镇的，税率为5%；不在市区、县城或镇的，税率为1%。对进口货物或者境外单位和个人向境内销售劳务、服务、无形资产缴纳的增值税、消费税税额，不征收城市维护建设税。

13.7.4　教育费附加

教育费附加是对缴纳增值税、消费税的单位和个人就实际缴纳的两种税税额征收的一种附加。征收教育费附加是为了加快发展地方教育事业，多渠道筹集教育经费，扩大地方教育经费的资金来源。1986年4月28日国务院发布《征收教育费附加的暂行规定》，开始征收教育费附加，该规定历经三次修订。教育费附加是以各单位和个人实际缴纳的增值税、消费税的税额为计征依据，附加率为3%，分别与增值税、消费税同时缴纳。其计算公式为

$$教育费附加 = (增值税 + 消费税) \times 3\%$$

13.7.5　地方教育附加

地方教育附加是指各省、自治区、直辖市根据国家有关规定，为贯彻落实《国家中长期教育改革和发展规划纲要(2010—2020年)》，进一步规范和拓宽财政性教育经费筹资渠道，增加地方教育的资金投入，促进地方教育事业发展，开征的一项地方政府性基金。2011年7月1日发布的《国务院关于进一步加大财政教育投入的意见》要求，全面开征地方教育附加，各地区要加强收入征管，依法足额征收，不得随意减免。

地方教育附加以单位和个人实际缴纳的增值税、消费税的税额为计征依据。地方教育附加征收标准统一为单位和个人(包括外商投资企业、外国企业及外籍个人)实际缴纳的增值税和消费税税额的2%。其计算公式为

$$地方教育附加 = (增值税 + 消费税) \times 2\%$$

13-10

13.7.6 印花税

印花税是对经济活动和经济交往中书立、领受具有法律效力的凭证的行为所征收的一种税。1988 年 8 月 6 日国务院 11 号令发布《中华人民共和国印花税暂行条例》，自 1988 年 10 月 1 日起施行，2011 年 1 月 8 日进行了修订。印花税是一种具有行为税性质的凭证税。

印花税的纳税义务人是我国境内书立、领受凭证的单位和个人。包括国内各类企业、事业、机关、团体、部队以及中外合资企业、合作企业、外资企业、外国公司企业和其他经济组织及其在华机构等单位和个人。具体来讲，纳税义务人可以分为五类：立合同人、立据人、立账簿人、领受人、使用人。

印花税的征税对象即应纳税凭证可以分为五大类：①购销、加工承揽、建设工程承包、财产租赁、货物运输、仓储保管、借款、财产保险、技术合同或者具有合同性质的凭证；②产权转移书据；③营业账簿；④权利、许可证照；⑤经财政部确定征税的其他凭证。

根据应纳税凭证的性质不同，印花税税率有比例税率和定额税率两种形式。纳税人分别按比例税率或者按件定额计算应纳税额。与房地产业有关的部分印花税税目税率见表 13-2。

表 13-2 与房地产业有关的部分印花税税目税率

序号	税目	范围	税率	纳税人
1	加工承揽合同	包括加工、定做、修缮、修理、印刷广告、测绘、测试等合同	按加工或承揽收入 0.05% 贴花	立合同人
2	建设工程勘察设计合同	包括勘察、设计合同	按收取费用 0.05% 贴花	立合同人
3	建筑安装工程承包合同	包括建筑、安装工程承包合同	按承包金额 0.03% 贴花	立合同人
4	财产租赁合同	包括租赁房屋、船舶、飞机、机动车辆、机械、器具、设备等合同	按租赁金额 0.01% 贴花，税额不足 1 元，按 1 元贴花	立合同人
5	借款合同	包括银行及其他金融组织和借款人	按借款金额 0.05% 贴花	立合同人
6	产权转移书据	包括财产所有权、版权、商标专用权、专利权、专有技术使用权、土地使用权出让合同、商品房销售合同等	按所载金额 0.05% 贴花	立据人
7	权利、许可证照	包括政府部门发给的房屋产权证、工商营业执照、商标注册证、专利证、土地使用证	按件贴花 5 元	领受人

案 例

2013 年 11 月 24 日中央电视台(以下简称"央视")《每周质量报告》报道称，调查发现多家知名房地产公司欠缴土地增值税，数目惊人，2005—2012 年的 8 年间，房地产开发企业应缴而未缴的土地增值税总额超过 3.8 万亿元。此报道一出，在业内引起轩然大波。

业内部分人士对报道内容持异议,并引起争论。经过两天的争论之后,央视曝光"多家知名房企欠缴巨额土地增值税"一事最终以官方注解"对税收政策和征管方式存在误解误读"了结。

国家税务总局财产行为税司负责人表示,由于房地产行业经营情况复杂,土地增值税税制设计也比较复杂。土地增值税清算需要审核大量跨若干年度收入、成本和费用情况,税收征管难度大并容易产生执法风险。近日引起社会关注的有关人员对欠税的巨额推算,方法是不正确的,对税收政策和征管方式存在误解误读。业内人士表示,土地增值税是先预缴后清算的税收,"应缴未缴的土地增值税"并不能定义为拖欠,而是待项目达到一定进度后进行清算。到了清算的节点,税务部门会下一个清算通知书给房地产开发企业,由企业安排清算工作,并通过中介出一份鉴定报告,与清算报告一同交到主管税务部门,税务部门对清算结果认可后,由房地产开发企业申报,再纳税,而不能说申报前就是拖欠税款。

有专家认为,按照我国的会计制度,与房地产开发有关的费用直接计入当年损益,但土地增值税是按照项目而非按照年份来征税,在一个项目未达到清缴条件时,企业在当年的年报中记为"应付税金"是一种预提方式,完全符合税收和会计要求。不过在实操层面,确实可能存在一些企业为了拖欠税款拖延项目进度,而地方政府对企业行为"睁一只眼闭一只眼"的现象。时隔一个月之后,作为对"欠税门"的反击,央视《东方时空》报道称,吉林万科城、广州万科金域蓝湾等多个项目已经达到清缴土地增值税的条件,但企业并未主动申报,而当地税务主管部门并未要求企业清缴。央视称,仅万科一家企业,应缴而未缴的土地增值税就超过40亿元。那么,按照我国土地增值税征缴规定应该如何界定是否欠缴? 只有清楚了解相关规定,才能得出结论。

根据《中华人民共和国土地增值税暂行条例》及其细则,目前对房地产开发企业土地增值税实行销售时预征、项目终了进行清算,多退少补的制度。预征一般按照销售收入的一定比例征收,预征率由各省级税务机关按照规定区分不同类型房地产确定。例如,北京实行差别化土地增值税预征率政策,征收比例为 2%~5%。内蒙古自治区按商品房销售价格确定预征率进行预征土地增值税,土地增值税预征率为 1%~6%。

笔者认为,税务部门应进一步完善制度措施,加强土地增值税征管。一是加强税收政策的宣传,做好政策解读;二是加强调查研究,及时处理清算中发现的新问题,进一步完善土地增值税政策;三是继续加强督导检查,推动土地增值税清算工作全面深入开展;四是强化科学管理,坚持信息管税,加强土地增值税管理信息系统建设,严控核定征收,防止税款流失;五是简化征税方案,寻求简便可行且接近真实值的估计方法,增强征税实务操作的便利性。

(资料来源:北京商报)

本章小结

本章主要介绍了与房地产开发相关的各项税收的内容及计算依据和方法,介绍了包括房产税、城镇土地使用税、耕地占用税、土地增值税、契税、增值税、企业所得税、城市维护建设税、教育费附加、印花税等税种的概念、纳税人、征税对象及税率。

习题

思考题

1. 简述税收的概念和特征。

2. 什么是税收制度？税收制度的组成要素有哪些？

3. 我国现行税收制度按其性质和作用可以分为哪几类？

4. 简述房产税的征税范围。

5. 房产税减免的范围包括哪些？

6. 简述城镇土地使用税的税收优惠范围。

7. 简述耕地占用税的计税依据及税收优惠范围。

8. 我国开征土地增值税的目的有哪些？

9. 计算土地增值额的扣除项目包括哪些？

10. 简述土地增值税的清算单位和清算条件。

11. 简述土地增值税的优惠范围。

12. 契税的征税对象和税收优惠范围包括哪些内容？

参考文献

[1] 丁烈云.房地产开发[M].3 版.北京:中国建筑工业出版社,2008.

[2] 成荣妹,冯斌.建设工程招标投标与合同管理[M].北京:中国建材工业出版社,2005.

[3] 徐占勋.论合作开发房地产合同[D].长春:吉林大学,2009.

[4] 徐微.合作开发房地产合同研究[J].中国不动产法研究,2006(1):8.

[5] 李鹏越,张歆媛,王春宝.浅谈 EPC 交钥匙合同[J].法制与社会:锐视版,2007(2):286.

[6] 徐绳墨.FIDIC 的 EPC 交钥匙合同文件介绍(二)[J].建筑经济,2002(8):29-31.

[7] 肖印海.房地产开发中合作建房合同的法律思考[D].成都:四川大学,2005.

[8] 管晓伟.房地产开发企业建设项目合同管理[J].山西建筑,2008(11):243-244.

[9] 丁烈云,叶艳兵.建设工程合同管理系统决策支持体系研究[J].土木工程学报,2003(3):100-104.

[10] 黄娟.房地产合作开发组织模式研究[D].重庆:重庆大学,2011.

[11] 丛经培.工程项目管理[M].北京:中国建筑工业出版社,2006.

[12] 刘薇,滕一峰.房地产开发与管理[M].北京:北京大学出版社,2010.

[13] 黄福新.房地产策划师·基础知识[M].北京:中国劳动社会保障出版社,2007.

[14] 全国监理工程师培训教材编写委员会,全国监理工程师培训教材审定委员会.工程建设质量控制[M].北京:中国建筑工业出版社,1997.

[15] 郑晓云,谢颖.房地产开发与经营[M].北京:科学出版社,2010.

[16] 刘洪玉.房地产开发[M].北京:首都经济贸易大学出版社,2001.

[17] 李清立.房地产开发与经营[M].北京:清华大学出版社,2004.

[18] 中国建设监理协会.建设工程监理合同(示范文本):应用指南[M].北京:知识产权出版社,2012.

[19] 周小平.房地产开发与经营[M].北京:清华大学出版社,2011.

[20] 郑连庆.建筑工程经济与管理[M].3 版.广州:华南理工大学出版社,1996.

[21] 朱江.房地产经济学[M].大连:东北财经大学出版社,2007.

[22] 冯彬,邓宇思,杜文娟.工程项目投融资[M].北京:中国电力出版社,2009.

[23] 马秀岩,卢洪升.项目融资[M].大连:东北财经大学出版社,2008.

[24] 王全民,王来福,刘秋雁.房地产经济学[M].大连:东北财经大学出版社,2003.

[25] 赵宏良.我国建设工程项目的 BOT 融资方式应用分析[J].经济师,2005(10):277.

[26] 吴志强,李德华.城市规划原理[M].北京:中国建筑工业出版社,2010.

[27] 全国城市规划执业制度管理委员会.城市规划原理[M].北京:中国计划出版社,2011.

[28] 朱昌廉,魏宏杨,龙灏.住宅建筑设计原理[M].北京:中国建筑工业出版社,2011.

[29] 曹纬浚.一级注册建筑师考试辅导教材(第 5 分册):建筑经济 施工与设计业务管理[M].北京:中国建筑工业出版社,2002.

[30] 惠劼,张倩,王芳.城市住区规划设计概论[M].北京:化学工业出版社,2006.

[31] 谭术魁.房地产开发与经营[M].上海:复旦大学出版社,2006.

[32] 张建中,冯天才.房地产开发与经营[M].北京:北京大学出版社,2009.

[33] 孔凡文,何红.房地产开发与经营[M].大连:大连理工大学出版社,2012.

[34] 朱家瑾.居住区规划设计[M].北京:中国建筑工业出版社,2007.

[35] 周俭.城市住宅区规划原理[M].上海:同济大学出版社,2006.

[36] 张伶伶,孟浩.场地设计[M].北京:中国建筑工业出版社,2011.

[37] 史贵镇.全国房地产估价师执业资格考试历年真题与模拟冲刺:房地产开发经营与管理[M].北京:中国建筑工业出版社,2012.

[38] 刘晓君.工程经济学[M].2 版.北京:中国建筑工业出版社,2008.

［39］ 刘洪玉.房地产开发经营与管理［M］.北京：中国物价出版社,2001.

［40］ 陈双,郭平.房地产开发［M］.北京：人民交通出版社,2008.

［41］ 高晓晖.房地产开发与经营［M］.上海：上海财经大学出版社,2005.

［42］ 柳立生.房地产开发与经营［M］.武汉：武汉理工大学出版社,2009.

［43］ 余健明.项目决策分析与评价［M］.北京：中国计划出版社,2012.

［44］ 吴德庆,马月才,王保林.管理经济学［M］.5 版.北京：中国人民大学出版社,2010.

［45］ 国家发展改革委建设部.建设项目经济评价方法与参数［M］.3 版.北京：中国计划出版社,2006.

［46］ 何红.房地产开发经营与管理［M］.北京：化学工业出版社,2008.

［47］ 中华人民共和国建设部.房地产开发项目经济评价方法［M］.北京：中国计划出版社,2000.

［48］ 赵国杰.技术经济学［M］.天津：天津大学出版社,1999.

［49］ 张同庆.房地产信托业务投融资实务［M］.2 版.北京：中国法制出版社,2020.

［50］ 葛春凤,李贵良.房地产金融实务［M］.3 版.武汉：武汉理工大学出版社,2018.

［51］ 刘章生,刘群红.房地产金融［M］.北京：化学工业出版社,2020.

［52］ 中华人民共和国招标投标法：注解与配套［M］.4 版.北京：中国法制出版社,2017.

［53］ 实用版法规专辑招标投标［M］.6 版.北京：中国法制出版社,2019.

［54］ 国家发展和改革委员会法规司,国务院法制办公室财金司,监察部执法监察司.中华人民共和国招标投标法实施条例释义［M］.北京：中国计划出版社,2012.